HISTORICAL ATLAS SERIES 01
전면개정판

아틀라스
한국사

HISTORICAL ATLAS SERIES — 01
전면개정판

아틀라스 한국사

한국교원대학교
역사교육과 교수진 지음

전면개정판을 펴내며

"상고하건대 역사를 읽는 자는 반드시 먼저 강역을 정해놓고 읽어야 한다. 그래야 점거한 상황을 알 수 있고, 전벌(戰伐)에서의 득실을 살필 수 있고, 분합(分合)의 연혁을 상고할 수 있다."

순암 안정복은 『동사강목』 서문에서 이 책에 지리고(地理考)를 특별히 싣는 경위를 이 처럼 설명하고 있다. 역사상의 어떤 사건이나 주제를 지리적 관점에서 바라보고 공간적 으로 파악해야만, 그 역사의 진정한 모습을 생생하게 이해할 수 있다는 뜻일 것이다.

시간과 공간을 아우르는 마땅한 역사책이 없던 상황에서, '지도와 함께 읽는 역사책'을 표방한 사계절출판사의 기획으로 『아틀라스 한국사』를 출간한 지도 20년 가까이 지났 다. 중고등학교 역사부도 이외에는 참조할 만한 역사지도 책이 없었던 터라 작업에 많은 어려움이 따랐지만, 집필진과 제작진의 노력으로 출간에 이를 수 있었다.

『아틀라스 한국사』는 일반 시민들을 포함해 학생들은 물론 역사 전공자들에게도 많은 사랑을 받았다. 그동안 역사를 공간 속에서 이해하려고 노력한 성과물이 없기도 했지만, 한국교원대학교 역사교육과에 소속된 한국사 연구자들의 공동 작업이라는 점이 주목받 았기 때문이라고 생각한다. 또한 이 책은 역사 전공자들에게 역사 지리 관련 연구의 필요 성과 관심을 촉구하는 데에도 일정 부분 기여한 측면이 있다. 그러나 책이 출간되고 오랜 시간이 지나다 보니 지도는 물론이고 글 내용도 수정하고 보완할 부분이 많이 발견되었 다. 이에 한국교원대학교 역사교육과 한국사 전공 교수진은 마침 사계절출판사 창립 40 주년을 맞아 책의 모든 내용과 형식을 전면 개정하는 작업에 착수하게 되었다.

전면개정판은 지난 20년 동안 축적된 한국사 연구의 성과를 반영했을 뿐만 아니라, 그

동안 쌓아온 아틀라스 역사 시리즈 제작 노하우를 총동원하여 처음부터 끝까지 새롭게 구성했다. 한국사를 이해하는 데 꼭 필요한 113개의 주제로 구석기시대부터 현재에 이르는 한국사 통사를 구성했다. 특히 산업과 경제의 발전에서 문화와 생활의 향상에 이르기까지 경제사와 문화사 측면을 대폭 보강했다. 아울러 구판에서는 볼 수 없었던 '특집' 코너를 15개 추가하여 시대별로 사회적·문화적 발전상을 강조했다. '벽화와 비문을 통해 본 고구려의 대외교섭', '신안 앞바다 해저선의 유물들', '근대 지식인의 세계여행', '코리안 디아스포라' 등 특집 기사를 통해, 지도와 글이 맞물려 역사의 순간을 드러내는 이 책의 장점을 더욱 부각하고자 했다.

역사 텍스트를 지도로 구현하는 일은 매우 어렵고 힘든 작업이다. 지도와 그래프, 도판 등 시각자료를 초판에 비해 대폭 보강하여 한국사를 전면 재구성하고, 하나하나에 모두 역사가의 해석을 담았다. 구판 제작의 경험을 바탕으로 고지도부터 음영기복지도까지 최신 제작 기술의 정수를 담고자 했다. 책의 말미에는 한국사 주요 통치자의 명단과 시각자료의 출처 및 소장처 등을 수록했다. 이제 막 한국사 공부를 시작하는 학생뿐 아니라 공부를 더욱 확장하려는 사람들에게도 유용한 참고서가 될 것이다.

이 책이 나오기까지 많은 분들의 노고가 있었다. 먼저 초판 원고를 새로 쓰고 지도와 도판 등 시각자료를 대폭 보강한 집필진과 지도 제작, 디자인, 편집에 힘쓴 제작진의 노고에 진심으로 감사를 드린다. 그리고 이 책의 출판을 위해 헌신적인 지원을 아끼지 않은 사계절출판사 강맑실 사장과 담당자 여러분께도 심심한 사의를 표하는 바이다.

2022년 9월
집필진을 대표하여 송호정

차례

일러두기

- 날짜 표기는 3부(남북국시대)까지는 『삼국사기』의 기록을 따랐다. 그리고 1895년까지는 음력, 정부에서 공식적으로 양력을 사용하기 시작한 1896년부터는 양력으로 표기했다.
- 중국 인명과 지명은 5부(조선)까지는 한국어 한자음, 6부(근대)와 7부(현대)는 중국어 발음으로 표기했다. 단, 현재의 지명을 가리킬 때에는 중국어 발음으로 표기했다.
- 일본 인명과 지명은 일본어 발음으로 표기했다.
- 시각자료의 출처와 소장처는 책의 말미에 밝혀두었다.

고창 죽림리 지석묘군

원시

지구상에 인류가 등장한 것은 300~200만 년 전부터라고 한다. 그때부터 지금까지의 인류 역사에서 문자 기록이 남아 있어서 우리가 알고 있는 역사는 3,000~4,000년에 지나지 않는다. 그 이전을 원시시대라고 하며, 이 시기의 역사는 고고학적 유적·유물을 통하여 알아볼 수 있다.

원시시대는 인간이 사용한 도구에 따라 구석기시대, 신석기시대, 청동기시대로 구분한다. 우리 민족사의 무대가 되는 한반도와 만주 지역에서 확인되는 인간의 삶의 자취는 약 70만 년 전으로 거슬러 올라간다. 평양시 부근의 검은모루 유적과 같은 전기 구석기 유적은 그 대표적인 예이다. 이후 1만여 년 전 빙하기가 끝나고 기후가 따뜻해짐에 따라 생활환경이 변화했다. 빗살무늬토기를 제작하고 고기잡이와 사냥, 채집 등을 하며, 씨족마다 몇십 명씩 무리를 이루어 공동체적인 삶을 영위했다. 청동기시대에는 농업이 본격화하고 농업 생산력이 늘어나면서 원시공동체사회가 해체되었다. 또한 사회 안에서 사유재산이 발생하고 계급이 생겨나면서, 이것이 고대국가의 성립으로 이어진다.

원시시대의 전개

약 250만 년 전~약 1만 년 전
세계 구석기시대

약 70만 년 전
만주와 한반도에서 구석기시대 시작

BC 약 8000
고신석기시대 시작
제주도 고산리 유적
원시 무문토기 등 발견

BC 약 6000
신석기 문화 시작
간석기, 빗살무늬토기 사용

BC 약 4000
일부 지역에서 농사 시작

BC 약 2500
번개무늬토기, 덧무늬토기 사용

BC 약 1000
민무늬토기, 구멍무늬토기 사용
청동기시대 시작

인류가 자연과 가장 밀접한 연관을 가지고 생활했던 구석기시대는 약 250만 년 전~1만 년 전의 시기를 말한다. 만주와 한반도의 경우 구석기인의 자취는 약 70만 년 전으로 거슬러 올라간다. 현재까지 구석기인의 인골은 1962년 함경북도 웅기 굴포리를 시작으로 충청남도 공주 석장리, 평안남도 덕천 승리산 동굴 등에서 확인되었고, 그 숫자가 증가하고 있다. 이 가운데 덕천 승리산 동굴에서 출토된 인골의 턱뼈와 어금니는 시기상 구석기시대 전체에 걸쳐 있어, 구석기시대부터 한국인이 한반도에 살았다는 주장을 대변하는 중요한 자료가 되었다.

우리나라뿐 아니라 세계의 모든 구석기인들은 동굴이나 바위 그늘에 살면서 채집과 사냥을 통해 식량 자원을 확보했다. 채집을 할 때는 용도에 맞게 찍개, 주먹도끼, 가로날도끼 등을 만들어 썼다. 긁개, 밀개, 찌르개 등 조그맣고 날카로운 도구도 만들었으며, 동물 뼈나 뿔로도 도구를 만들어 사용했다. 특히 불을 이용하면서부터는 음식물을 익혀 먹었다. 구석기사회는 채집과 사냥이 생계의 기본 틀이었다. 사냥에 필요한 인원으로 사회의 규모를 결정했는데, 약 25명 정도가 한 무리를 이룬 것으로 보인다. 빈부 격차가 없는 사회였기 때문에 사냥의 성과물은 무리 안에서 공평하게 분배되고 소비되었을 것이다.

한반도는 기원전 1만 년경 빙하기가 끝나면

한반도 구석기시대 주요 유적지

● 주요 구석기 유적

● 현재 주요 지명

동관진(종성)
굴포리(웅기)
▲ 백두산

복원한 승리산인 아래턱 뼈 화석을 토대로 복원한 청동상. 호모 사피엔스에 속하는 35세 가량의 남자로 추정된다.

승리산 동굴(덕천)

평양 ● 만달리
검은모루 동굴(상원)
전곡리(연천)
상무룡리(양구)
춘천
서울
점말 동굴(제천)
금굴(단양)
수양개(단양)
두루봉 동굴(청주)
석장리(공주)

동 해

황 해

고례리(밀양)
죽내리(순천)
부산

주먹도끼 구석기시대 대표 도구로 다양한 용도로 사용했다.

제주
빌레못

단양 금굴 유적 구석기~청동기 문화층이 차례로 모두 나타나는 드문 동굴로, 당시 사람들의 생활 흔적을 확인할 수 있다. 입구 높이 8미터, 넓이 7~10미터, 동굴 길이 85미터.

한반도 신석기시대 주요 유적지

● 주요 신석기 유적
● 현재 주요 지명

서포항(굴포리)
범의구석(무산)
토성리
동북지방 토기 바닥이 납작한 것이 특징이다.
용연리 신암리
당산(정주) 세죽리(영변)
평양 금탄리
지탑리(봉산) 동 해
내평리
춘천 오산리(양양)
암사동(서울)
서북지방 토기 전기에는 첨저형 토기가 제작되었지만, 후기에는 목단지와 굽잔 등의 특징을 지닌다.
황 해
계화도(부안)
대흑산도 동삼동(부산)
상노대도 연대도(통영)
송도(여수) 하노대도
소흑산도
고산리
중서부지방 토기 빗살무늬토기. 바닥이 뾰족한 것이 특징이다.
남부지방 토기 전기에는 덧무늬토기가 제작되었다. 이후 중서부지방의 영향을 받는다.

서 오늘날과 같은 모습을 지니게 되었다. 온대와 난대 식물이 자라 숲이 우거졌고, 빙하기에 살던 몸집 큰 동물 대신 노루, 멧돼지, 토끼 등 몸집이 작은 동물들이 살게 되었다. 이 새로운 자연환경 속에서 인류가 처음으로 원시 농경과 목축으로 식량을 생산하는 신석기시대가 시작되었다. 제주 고산리 유적 제1 하층에서 약 1만 년 전의 원시 무문토기가 확인되어 신석기시대가 기원전 8000년경부터 시작되었음을 알 수 있었다.

신석기시대에 자연환경이 바뀌면서 인간은 생활에 필요한 정교한 간석기를 만들어 사용했다. 활을 발명했고, 각종 돌칼과 돌도끼 및 돌자귀, 숫돌 등을 만들었다. 신석기시대의 주요 생산 활동은 사냥과 고기잡이, 야생 식물 채집이었다. 신석기시대 후기(기원전 4000년경)가 되면 일부 지역에서 원시적인 농업이 시작된다. 황해도 봉산군 지탑리와 부산 동삼동에서 조와 기장이 발굴되었고, 평양의 남경 유적에서도 다량의 곡물이 출토되었다. 차일드(V. Gordon Childe)는 농경이 지닌 인류사적 의의를 강조하며, '신석기혁명', '농업혁명'이라고 하였다.

농사를 짓기 시작하면서 사람들의 생활 공간

이 밭 주변으로 고정되었다. 정착생활을 시작한 신석기인들은 강가나 낮은 구릉의 평지에 움집을 짓고 살았다. 집 안에 곡식의 씨앗이나 음식을 저장할 곳을 만들었으며, 먹을거리 저장이나 음식 조리에 쓸 토기도 만들었다. 이들은 고기잡이와 사냥, 채집 등도 행하며, 씨족별로 몇십 명씩 무리를 이루어 공동체 생활을 영위했다.

신석기인들은 임신한 모습의 여인상이나 여신상 등 주술적 의미를 갖는 물건들을 만들어 다산과 풍요를 기원했다. 당시 사람들은 모든 자연물에 영혼이 있다는 정령신앙을 갖고 있었으며, 특정 동물을 숭배하는 토테미즘을 바탕으로 사회를 운영했다. 또한 영혼 숭배와 조상 숭배뿐 아니라 무당과 주술의 힘을 믿는 샤머니즘도 나타났다.

신석기인들은 씨족 단위로 함께 살았다. 당시는 아이가 태어나면 어머니만 확실히 알 수 있었기 때문에 모계 사회를 이루었다. 수확물은 장기 저장이 불가능했을 뿐 아니라 공동 노동의 소산이었으므로 공동 분배했다. 따라서 구석기시대부터 신석기시대까지를 원시공동체사회라고 부른다.

청동기의 사용과 국가의 형성

우리나라에서는 기원전 1000년경 청동 도구를 처음 사용하기 시작했다. 청동은 귀한 재료여서 청동 칼이나 청동 거울 등 주로 부족장의 종교적 능력을 상징하는 의기를 만드는 데 사용했다. 일반 사람들은 청동을 소유하기 어려웠고 호미, 낫, 보습 같은 농기구를 만들 때 여전히 돌과 나무를 사용했지만, 청동기시대의 도구들은 이전 시기에 비해 더 날카롭고 정교해졌다. 그 결과 농경과 목축이 비약적으로 발전했다.

청동기인들은 주로 조, 피, 기장, 수수 등을 가꾸었으며, 물이 괸 낮은 땅에 벼농사를 짓기 시작했다. 이전 시기에도 벼농사를 한 흔적이 남아 있지만, 청동기시대부터 본격적으로 성행했다. 농경이 발달하면서 사람들은 강가, 야산 아래나 언덕 기슭에서 살았다. 이제 야생 채집이나 사냥보다 농사와 목축이 훨씬 중요해졌다.

청동기 문화는 기원전 1000년경부터 중국 남만주 랴오닝성 지역에서 한반도 쪽으로 들어왔다. 당시 남만주에서 한반도에 걸쳐 청동기 문화를 누리며 살았던 주민은 중국 문헌에 나오는 예족(濊族)과 맥족(貊族), 곧 예맥족이다. 이들이 바로 문헌에 기록된 최초의 우리 조상이다.

당시 남만주~한반도의 청동기 문화는 랴오허 일대를 접경지대로 하여, 크게 요서 지역의 청동기 문화와 요동 지역의 청동기 문화로 구분된다. 요서 지역에서는 산융(山戎)·동호(東胡)가 반농반목을 하며 청동기 문화를 발전시켰다. 이들은 동물을 사실적으로 묘사하여 장식한 청동제 장신구나 각종 무기류, 삼족기 등을 사용했고, 돌덧널무덤에 시신을 매장했다. 이후 연(燕), 제(齊) 등 중원 세력들과 경쟁하다가 내몽골 지역으로 밀려나 유목민이 되었다.

이에 비해 한반도나 요동~서북한 지역에서는 비파형 동검과 함께 기하무늬가 있는 청동 거울이나 단추 등 작은 청동 장식품을 많이 사용했다. 초기 단계의 무덤으로는 주로 고인돌이 조영되었는데, 한반도 서북지방~랴오둥반도를 중심으로 집중 분포하고 있다. 그다음에 비파형 동검을 부장한 돌널무덤이 유행했고, 미송리형토기와 팽이형토기라는 요동~서북한 지역만의 독특한 토기가 만들어졌다.

요동·서북한 지역의 탁자식 고인돌 분포도

- 탁자식(북방식) 고인돌
- 현재 주요 지명

라오위안 · 선양 · 통화 · ▲백두산 · 라오양 · 강계 · 미송리(의주) · 단둥 · 함흥 · 라오둥반도 · 장리(평양) · 문흥리(강동) · 원산 · 다롄 · 대동강 · 개성 · 춘천 · 서울 · 한강 · 황 해 · 산둥반도

장리 고인돌 북한의 평양직할시 상원 장리에서 조사된 고인돌로, 청동기시대 고조선 지배지의 무덤으로 추정된다. 내부에서 한 쌍의 남녀가 춤추는 청동 장식이 출토되었다.

세형 동검 한반도 서북 지방에서 집중적으로 출토되는 한국식 동검으로 검몸이 가늘고 날카로워 세형 동검이라 부른다. 예산 동서리 출토 동검과 영암 출토 거푸집.

비파형 동검 악기 비파를 닮았다 해서 붙은 이름이며, 중국 랴오허를 중심으로 그 동쪽(요동)과 서쪽(요서) 지역(현재의 랴오닝성 일대)에서 주로 출토되어 랴오닝식 동검이라고도 한다. 기원전 8세기를 전후해 요서에서는 산융, 고죽, 영지 등의 민족이 비파형 동검을 사용한 것으로 보인다. 그보다 동쪽에서 비파형 동검을 사용한 집단은 예맥족과 고조선이다. 차오양 십이대영자 출토 동검과 거푸집.

청동기 유물·유적 분포도
- 비파형 동검 출토지
- 세형 동검 출토지
- 현재 주요 지명

비파형 동검 문화는 기원전 5세기를 지나면서 중국 전국시대 철기 문화의 영향을 받았다. 그 결과 무덤 양식이 나무곽무덤으로 바뀌고 동검도 세형 동검으로 바뀌면서 철제 무기와 농기구를 사용하는 세형 동검 문화로 발전하였다. 이러한 변화는 고조선 사회의 전개와 변천을 이해하는 데 중요하다.

청동기의 사용으로 평등한 원시공동체사회가 무너지고 계급이 발생했다. 점차 부족 내의 여러 집단 간에 경제적인 우열이 생기고, 주요 자원을 둘러싸고 부족 간 대립도 커져서 그들 사이에 지배와 예속 관계가 나타났다. 그리고 마을에는 방어를 위한 환호와 목책이 등장한다. 울산 검단리나 부여 송국리 유적이 그러한 예에 속한다. 시간이 지나면서 목책은 토성으로 바뀌기도 했는데, 서양의 성채국가와 유사하다고 할 수 있다.

힘과 재산을 지닌 강력한 지배자(군장)는 사람들을 다스리고 권력과 재산을 지키기 위해 법을 만들었다. 그리고 사람들이 그 법을 지키도록 감시하고, 법을 어기면 처벌할 수 있도록 관리 조직과 군대를 만들었다. 자연히 국가(國家)가 발생했고, 그 가운데 한국사 최초의 국가 고조선이 등장했다.

검단리 유적 울산광역시 검단리에 있는 청동기시대의 대표적인 마을 유적으로 총 면적이 6,000제곱미터에 이른다. '환호(環濠)'로 불리는 동근 도랑과 93채의 집터를 발견했으며, 돌화살촉, 돌칼 등 224점의 석기와 민무늬토기 등이 출토되었다. 마을 안팎에는 저장용 지상 건물, 광장, 의례 공간 등의 생산시설, 환호나 목책 같은 방어시설, 동물을 잡기 위한 함정과 무덤이 배치되었다.

백제금동대향로

02

고대

BC 2333
고조선 건국(『동국통감』)

BC 1000

BC 약 1000
중국 동북 지방에서 청동 단검 문화 시작

BC 약 700~600
고조선, 역사 무대에 등장

BC 약 194
위만, 준왕 밀어내고 왕위 찬탈

BC 108
고조선 멸망

BC 57
박혁거세, 신라 건국(『삼국사기』)

BC 37
고주몽, 고구려 건국(『삼국사기』)

BC 18
온조, 백제 건국(『삼국사기』)

AD 1

42
김수로, 금관가야 건국

100

179
고구려, 고국천왕 즉위

200

234
백제, 고이왕 즉위

300

313
낙랑군, 고구려에 의해 멸망

371
백제, 고구려 평양성 공격
고구려 고국원왕 전사

372
전진, 고구려에 불교 전함

384
동진, 백제에 불교 전함

400

400
신라, 광개토왕의 구원으로 왜 물리침

427
고구려, 평양 천도

475
장수왕, 한성 함락
백제, 웅진 천도

494
부여 멸망

500

512
신라 이사부, 우산국 점령

528
신라, 불교 공인

538
백제, 사비 천도

555
진흥왕, 북한산을 순행해 강역 확정

600

농경과 청동기 문화에 바탕을 두고 성립한 최초의 고대국가가 고조선이다. 고조선은 단군왕검이 세웠다고 전해진다. 그 시기는 대체로 중국 동북 지방에 청동 단검 문화가 발전하던 기원전 700~600년경으로 추정된다. 고조선은 기원전 4세기에 이미 중국에 알려져 있었고 연나라와 세력을 겨루기도 했으며, 차츰 주변의 소국들을 아우르고 요동과 한반도 서북부로 영토를 넓혔다. 기원전 194년경에는 위만이 정권을 빼앗아 왕조가 위만조선으로 교체되었다. 위만조선은 한반도의 여러 소국이 한나라와 교역하는 것을 통제하면서 발전했다.

고조선 후기 단계에 만주와 한반도 지역에 부여를 비롯하여 옥저와 동예, 고구려, 삼한 등이 등장했다. 이러한 고대의 여러 나라 가운데 주변 지역을 정복하여 넓은 영토와 군사력, 경제력을 갖춘 고대국가로 발전한 나라는 고구려, 백제, 신라였다. 삼국은 기원전 108년에 고조선을 멸망시킨 뒤 그 옛 지역의 소국 통합을 방해하던 한나라의 세력을 몰아내고 성립했다. 그 뒤 삼국은 서로 경쟁하면서 중국의 침략에 맞서는 한편, 활발히 교류하면서 독창적인 문화를 발전시켰다.

고조선의 국가 형성과 발전

BC 2333
고조선 건국(『동국통감』)

BC 약 1000
중국 동북 지방에서
청동 단검 문화 시작

BC 약 700~600
고조선, 역사 무대에 등장(『관자』)

BC 약 200
고조선, 연의 공격으로 일시 위축

BC 약 195
위만, 고조선으로 망명

BC 약 194
위만, 준왕 밀어내고 왕위 찬탈
준왕, 남쪽에서 한왕(韓王) 칭함

BC 193 이후
고조선, 동옥저·임둔·진번 복속

BC 141
한 무제 즉위

BC 108
한 무제, 고조선 수도 왕검성 함락
고조선 멸망

『삼국유사』에는 우리 겨레가 처음으로 나라를 창건한 역사적 경험을 신화로 이야기한 단군신화가 실려 있다. 단군신화는 청동기 문화를 기반으로 하는 정치 세력이 여러 부족을 통합하고 최초의 국가 고조선을 세우면서, 자신들의 집권이 정당하고 합법적인 절차에 의한 것이었음을 뒷받침하기 위한 사상으로 제시한 것이다. 비록 비현실적인 표현들로 꾸며져 있으나 그 속에는 고조선 건국 시기의 역사적 사실들이 함축적으로 표현되어 있다.

단군왕검은 1,500년 동안 나라를 다스렸다고 한다. 옛날부터 우리 조상들이 단군조선의 역사가 오래되었음을 1,500년이라는 긴 시간으로 표현한 것이다. 건국신화에 쑥과 마늘이 등장하

는 것으로 보아 고조선사회는 농업을 중시했고, 풍백·우사·운사로 표현된 지배 권력이 형성되어 있었음을 알 수 있다. 건국 시기는 '조선(朝鮮)'이라는 명칭이 처음 나오는 『관자(管子)』의 기록을 근거로 기원전 700~600년경으로 추정한다.

공간적으로 고조선인들은 남만주의 요동 일대와 한반도 서북 지역을 중심으로 살았다. 이 지역은 일찍부터 농경이 발달한 곳으로 주민은 주로 예족과 맥족으로 구성되었다. 당시 고조선

고조선, BC 4~3세기

- 고조선의 영토
- 연의 영토
- 고조선의 영토였던 지역
- 연·진 장성
- ○ 당시 주요 지명
- ● 현재 주요 지명

연 세력의 진출로
요동 지역 고조선 주민이
서북한 지역으로 이동

BC 209 연·제 수만 호
고조선으로 피난 옴

연진 와당 장성을 따라 중국의 기와들이 나타난다. 왼쪽은 연나라, 오른쪽은 진나라의 기와이다. 이 길을 따라 중국 문물이 고조선으로 전래되었음을 알 수 있다.

은 그 서쪽에 있던 종족들과 마찬가지로 통치 조직이 완비되지 않았고, 각기 우두머리를 지닌 집단들이 느슨한 연맹체를 이루고 있었다. 『관자』에 따르면, 고조선에서는 호랑이 가죽(문피)이 특산물로 생산되었는데, 기원전 7세기경 중국 산둥반도에 있던 제(齊)의 재상 관중이 환공에게 조선의 특산물인 호랑이 가죽을 조공받자고 건의한 사실이 있다.

기원전 4~3세기경 중국 선진 문화의 전파와 주민의 이주 등으로, 랴오닝 지역과 한반도 지역에 이전의 돌을 사용한 무덤 대신 나무로 곽을 짜서 묻는 움무덤과 철기 문화가 전래되었다. 춘추시대에 중국에서는 고조선을 '조선후국(朝鮮侯國)'이라 칭했는데, 고조선은 '왕(王)'을 칭하고 연(燕)을 공격하려고 했다. 왕은 주변에 산재한 지역 집단의 연맹장 역할을 수행하면서 박사(博士), 대부(大夫)와 같은 관료체계를 갖추고 있었다. 당시 고조선은 이미 고대국가로서의 특성을 갖추고 있었다.

이러한 역사적 움직임을 기반으로 기원전 2세기 초에는 새로운 세력에 의해 정권 교체가 이루어졌는데, 그 결과가 바로 위만조선이다. 위만은 연나라 사람으로 연왕 노관(盧綰)의 부장으로 있었는데, 노관이 흉노 땅으로 망명하자 독자의 길을 택한다.

지역 읍락사회에 기반을 둔 위만조선은 통치 체제를 정비하여 왕 밑에 문관으로 상(相) 직과 무관으로 장군(將軍) 직을 두고 비왕 및 대부 등의 관료체계를 갖추고 있었다. 서북한 지역의 나무곽무덤에서 출토되는 화려한 부장품과 현재 전해지는 범금팔조 중 세 개의 조목을 보면, 당시 사회에 권력과 경제력의 차이가 생겨나고 재산의 사유화가 이루어지면서 형벌과 노비도 발생했음을 알 수 있다.

위만과 그 자손은 평양을 중심으로 하는 한반도 서북 지역뿐 아니라 남방이나 동방으로 세력을 확장하여 진번(眞番)과 임둔(臨屯)도 지배

청동기시대 초기 동북아시아의 여러 종족 및 국가, BC 7~5세기

하에 두었다. 그 북쪽에 위치한 동옥저(東沃沮)도 공납을 받으며 지배했다. 이처럼 위만조선은 주변 지역을 정복하고 지배체제를 확립한 후, 지배하의 여러 부족이나 소국들이 중국 군현에 직접 조공하거나 그들과 교역하는 것을 금하고, 중계 무역의 이득을 독점했다. 이러한 경제·군사적 발전을 기반으로 고조선은 한(漢)과 대립했다. 이 같은 고조선의 행동은 위만이 한과 맺은 이른바 외신(外臣)의 규정에 어긋나므로 한을 자극했다. 결국 한 무제는 흉노와 밀접하게 관계를 맺으며 힘을 키우던 위만조선을 멸망시키고(기원전 108년), 그 땅에 한군현을 설치했다.

고조선과 한의 전쟁

- 고조선의 영역
- 한의 영역
- 만리장성
- → 고조선의 공격
- → 한의 공격
- ✳ 격전지
- ○ 당시 주요 지명
- ● 현재 주요 지명

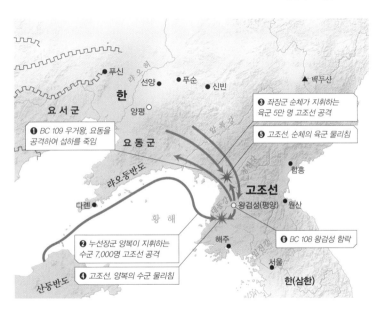

❶ BC 109 우거왕, 요동을 공격하여 섭하를 죽임
❷ 누선장군 양복이 지휘하는 수군 7,000명 고조선 공격
❸ 좌장군 순체가 지휘하는 육군 5만 명 고조선 공격
❹ 고조선, 양복의 수군 물리침
❺ 고조선, 순체의 육군 물리침
❻ BC 108 왕검성 함락

부여와 삼한, 한사군

기원전 108년 고조선의 수도 왕검성이 함락된 후, 고조선 땅에는 4개의 군(郡)이 설치되었다. 한의 지배하에서 고조선인들은 촌락 단위로 군현에 예속되었다. 그러나 곧이어 한군현의 지배에 대한 저항이 일어났다. 임둔군과 진번군이 폐지되고, 현도군이 요동 지역으로 쫓겨가는 변동이 잇따랐다. 그러나 고조선사회의 중심부였던 한반도 서북 지역에 설치된 낙랑군은 지배 영역이 축소되긴 했지만, 기원후 4세기 초까지 유지되었다. 3세기 초에는 요동 지역의 공손씨 세력에 의해 낙랑군의 남부 지역에 대방군이 설치되었다.

한군현은 군현의 외곽 지역에 거주하던 예족·맥족·한족(韓族)사회의 정치적 성장을 압박하는 외적 요소로 작용했다. 한편 한군현을 통해 유입되는 선진 문물은 토착사회의 변화를 자극했다. 예족·맥족·한족사회는 한편으로는 한군현 세력에 대항하고 다른 한편으로는 그들로부터 유입되는 선진 문물을 수용하면서, 여러 국가를 차례로 수립했다.

부여(扶餘)는 기원전 3세기경 북만주 지역(현 헤이룽장성과 지린성 일대)에 예맥족이 세운 고대국가였다. 기원후 49년 부여 왕은 광무제에게 사신을 보내어 공물을 바치고 조복의책(朝服衣

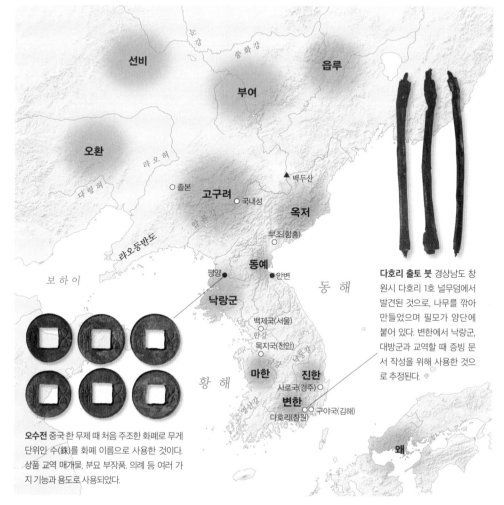

다호리 출토 붓 경상남도 창원시 다호리 1호 널무덤에서 발견된 것으로, 나무를 깎아 만들었으며 필모가 양단에 붙어 있다. 변한에서 낙랑군, 대방군과 교역할 때 증빙 문서 작성을 위해 사용한 것으로 추정된다.

오수전 중국 한 무제 때 처음 주조한 화폐로 무게 단위인 수(銖)를 화폐 이름으로 사용한 것이다. 상품 교역 매개물, 분묘 부장품, 의례 등 여러 가지 기능과 용도로 사용되었다.

동아시아의 초기 국가, AD 1세기경

주요 국가의 영역
○ 당시 주요 지명
● 현재 주요 지명

幀)을 받았다. 『삼국지』 「위서」 동이전 부여조에는 "(부여는) 매우 부유하고 선조 이래 남의 나라에 패한 적이 없었다"라고 기록되어 있다. 부여는 상당히 수준 높은 경제력과 강력한 통치력, 군사력을 보유하고 있었다. 중앙에서는 왕이 귀족과 관리를 거느리며 통치에 임했고, 커다란 종족적 기반을 가진 대가(大加)들이 왕이 살던 곳의 사방 즉 사출도(四出道)에 거주하면서 중앙 왕실과 연맹을 이루었다. 사출도란 부여 땅의 사방으로 뻗어 있는 도로망과 자치적인 부족 집단을 가리킨다.

부여는 285년 랴오허 상류에서 일어난 선비족 출신 모용외(慕容廆)의 침략을 받아 국가적인 위기에 처했다. 국왕 의려(依慮)가 자살하고 자제들이 옥저로 망명했다. 부여 본국은 의려의 아들 의라(依羅)에 의해 재건되었으나 이미 옛날의 모습을 찾아볼 수 없는 무력한 상태였다. 부여는 4세기에 들어 고구려의 침략을 받은 후 서쪽으로 전연(前燕) 가까이에서 고립무원의 상태로 있다가 346년 전연 왕 모용황(慕容皝)이 보낸 세자 모용준(慕容儁)과 병사 1만 7,000명의 침략을 받았다. 이때 국왕 현(玄)과 5만여 명의 백성이 포로로 잡혀가는 타격을 입고 부여는 그 중심 세력을 잃었다. 이후 부여는 전연과 전진(前秦)에 신속했고, 가야와 마찬가지로 국가 발달이 순조롭지 못해 연맹체 단계에서 중앙집권적 고대국가로 전환하지 못한 채 494년 멸망하고 말았다.

위만조선이 등장하기 이전에 그 남쪽인 한반도 중·남부 지역에는 진국(辰國)이 있었다. 진국은 한족의 여러 부족과 소국이 제의와 대중 교역을 통해 상호 결속한 완만한 형태의 연맹체로 여겨진다. 위만조선이 망한 뒤 많은 수의 고조선인들이 남쪽 진국 지역으로 이주했다. 그들 중 준왕으로 대표되는 세력 집단이 '한왕'을 칭하고 진국 지역의 여러 부족 집단을 통합해나갔다. 한 단계 앞선 금속기 문화를 지닌 고조선계 주민들이 이주해옴에 따라, 한반도 중·남부 지

부여의 세력 범위, AD 3세기경

▨ 부여의 세력 범위
● 현재 주요 지명

● 북쪽 경계는 약수(弱水)인데, 눈강, 제1쑹화강으로 추정된다. 남쪽 경계는 카이위안과 후이파허 상류를 연결하는 선보다는 북쪽에 있었다. 서쪽 경계는 농안-창춘-쓰핑 일대, 동쪽 경계는 장광차이링과 웨이후링으로 하고 있었다.

치치하얼 / 쟈오둥 / 쟈오저우 / 다안 / 쟈오위안 / 빈셴 / 젠안 / 무위 / 라오허선(위수) / 읍루 / 창링 / 눙안 / 닝안 / 창춘 / 지린 / 부여 / 선비 / 시라오허 / 둥랴오허 / 쓰핑 / 하 다 강 / 둔화 / 옌지 / 화뎬 / 카이위안 / 후이파허 / 티에링 / 선양 / 류허 / 백두산 / 옥저 / 차오양 / 타이쯔허 / 푸순 / 랴오양 / 국내성 / 고구려

역의 한족사회에도 고조선의 철기 문화가 전파되어 철기와 목제 농기구를 사용하는 농사기술이 보급되었다. 대전-익산, 대구-경주, 김해-마산 등지에서 집중적으로 발굴되는 새로운 금속기 문화의 유적과 유물이 그 같은 사실을 말해준다. 그 결과 이들 지역을 중심으로 마한(馬韓)·진한(辰韓)·변한(弁韓)의 삼한(三韓)이 형성되었다.

삼한의 소국들은 국읍(國邑) 주수(主帥)가 여러 취락으로 구성된 읍락들을 통제하는 정치체였지만, 각 읍락을 완전히 제압하지는 못했다. 삼한은 비슷한 문화를 영위하던 여러 소국과 부족을 포함하는 종족 단위로서의 성격을 띠었다. 바로 이 삼한을 바탕으로 백제(百濟), 신라(新羅) 등 고대국가가 등장한다.

부여 군사의 갑옷 중국 지린성 위수 라오허선 유적에서 출토된 것을 복원했다. 얇은 철 조각을 실로 꿰매어 만들었다. 함께 출토된 철제 칼, 창 등을 보면, 부여의 군사력이 매우 강했음을 알 수 있다.

고구려의 건국과 성장

고구려는 기원전 1세기 이후 고조선사회의 외곽에서 중국 군현의 직간접 지배에 저항하는 한편 그 선진 문물의 영향을 받으면서 성립한 나라로, 압록강 중류 지역에 거주하던 맥족사회에 부여 방면에서 남하해온 일부 세력이 결합하여 형성되었다.

기원전 1세기경 부여에서 성장한 주몽은 무리를 이끌고 남쪽 압록강 유역으로 와서 나라를 세웠다. 부여에서 이주해 점진적으로 세력을 강화한 주몽과 계루(桂婁) 집단은 소노 집단을 누르고 연맹체의 주도권을 장악했다. 이들 연맹체에 속한 여러 소국과 부족은 서로 주도권을 다투다가 마침내 다섯 집단으로 통합되었다. 그 다섯 집단이 계루부 왕실을 중심으로 5부(部)가 되었다.

『삼국사기』에 따르면, 고구려는 시조 동명왕(주몽) 때부터 비류국, 행인국, 북옥저 등을 무력으로 정복하고 선비족과 말갈족도 물리쳤다. 이어 개마국, 구다국 등도 병합하여 영토를 넓혀

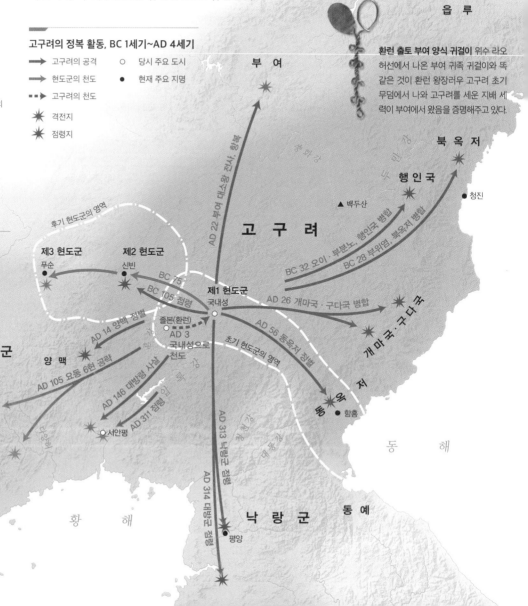

고구려의 정복 활동, BC 1세기~AD 4세기

→ 고구려의 공격　　○ 당시 주요 도시
⇒ 현도군의 천도　　● 현재 주요 지명
⇢ 고구려의 천도
✹ 격전지
✹ 점령지

환런 출토 부여 양식 귀걸이 위수 라오허선에서 나온 부여 귀족 귀걸이와 똑같은 것이 환런 왕장러우 고구려 초기 무덤에서 나와 고구려를 세운 지배 세력이 부여에서 왔음을 증명해주고 있다.

읍 루

부 여

고 구 려

북옥저

행 인 국

● 청진

▲ 백두산

AD 22 부여 대소왕 전사, 부여 병합

BC 32 오이·부분노, 행인국 병합

BC 28 부위염, 북옥저 병합

제3 현도군
● 푸순

제2 현도군
● 신빈

BC 75

BC 105 점령

제1 현도군
국내성

AD 26 개마국·구다국 병합

개마국·구다국

졸본(환런)

AD 14 양맥 정벌

AD 3
국내성으로
천도

초기 현도군의 영역

AD 56 동옥저 정벌

후기 현도군의 영역

요 동 군

양맥

AD 105 요동 6현 공략

AD 146 대방령 사살

AD 311 점령

● 서안평

동 옥 저

● 함흥

AD 313 낙랑군 점령

동 해

AD 314 대방군 점령

낙 랑 군

동 예

● 평양

황 해

나갔다. 고구려의 정복 사업은 기원후 1세기 말 태조왕 대에 이르러 더욱 활발해졌다. 압록강·훈강 유역의 소국들을 완전히 정복한 것은 물론, 동쪽으로 동옥저를 정벌하고 남쪽으로 청천강 상류까지 진출했다. 고구려는 동옥저 지역으로 부터 동해안의 풍부한 물자를 공납받을 수 있었고, 중국과의 전쟁에 필요한 후방 기지를 확보할 수 있었다. 나아가 태조왕은 한나라의 요동군을 공격하여 여섯 현을 빼앗는 전과를 올리고 현도군도 푸순 부근으로 쫓아냈다.

2세기 이후 계루부 왕실의 권력이 강화되었다. 2세기 후반 고국천왕은 을파소를 재상으로 등용하고 그의 건의에 따라 진대법을 시행했다. 진대법은 빈민 구제책으로서 곡식이 떨어질 때인 3~7월에 백성들에게 곡식을 꾸어주었다가 추수를 한 다음 갚도록 한 것이다.

고국천왕 사후 왕위 계승을 둘러싸고 동생 발기(發岐)와 연우(延優) 사이에 분쟁이 생겼다. 연우가 연나부의 지원을 받아 소노부와 연계한 발기를 제압하고 즉위했다(산상왕). 이 왕위 계승 분쟁을 고비로 왕위가 아버지에서 아들로 이어지는 부자상속제가 확립되고 군주 개인에 대한 충성이 강조되었다. 그리고 이전의 부족적 전통에서 벗어나 왕권을 강화했다. 또한 형이 죽은 후 형수를 취하는 취수혼(娶嫂婚)도 자취를 감

추었다. 왕비도 특정 부족 출신으로 한정하고 왕족과 왕비족이 연합하여 왕권을 강화했다. 동천왕 대에 중국의 왕조들과 교섭하는 과정에서 위와 관계가 약화되어 244년 유주자사 관구검의 대규모 침공을 받았다. 위군에 의해 환도산성이 함락되고, 동천왕은 옥저 방면으로 달아났다.

3세기 후반 들어 고구려의 대외활동이 다시 활발해지고, 왕권과 중앙집권이 강화되었다. 이를 바탕으로 고구려는 영토 확장에 나섰다. 먼저 한반도와 요동을 연결하는 압록강 하구의 서안평을 점령한 다음(311), 남쪽 낙랑군과 대방군을 차례로 점령했다(313~314).

환도산성(산성자산성) 고구려의 산성. 평상시에도 군사가 1만여 명 상주했다는 이 산성은 국내성 대신 도성의 역할을 하기도 했다. 남벽 아래에는 여러 시기에 걸쳐 조성된 고구려 지배자들의 무덤이 분포해 있다. 중국 지린성 지안시 소재.

국내성 부근 유적

░	고분군 밀집 지역
∧	고분
⊓⊔	성곽
∷∷	철도
—·—	북한·중국 국경선

백제의 건국과 성장

청동기시대부터 한반도 북쪽에서 많은 유이민이 남쪽으로 내려왔는데, 백제는 부여·고구려 계통의 유이민이 한강 유역에 세운 나라였다. 백제 건국설화에 따르면, 비류와 온조가 남으로 무리를 이끌고 내려와 각각 미추홀(인천)과 하남 위례성(서울)에 자리 잡았다가 뒤에 비류가 온조에 합류했다고 한다.

이러한 설화는 기원 전후 무렵부터 여러 차례에 걸쳐 이주한 집단들이 연합하는 과정에서 초기에는 미추홀 집단이 우세했다가 뒤에 위례 집단이 강성해져 중심 세력이 된 것으로 해석된다. 백제 왕족의 성이 부여씨이고, 지금의 한강 유역에서 고구려식 무덤인 돌무지무덤이 발견된 것 역시 건국설화가 역사적 사실임을 말해준다.

기원 전후 한강 유역에 자리 잡은 백제는 먼저 마한의 예속에서 벗어나려 노력했고, 점차 마한 지역으로 진출했다. 그리고 동북 방면에 있던 말갈과 북쪽 낙랑 세력의 계속되는 침략을 잘 막아내면서 세력을 넓혀갔다. 『삼국지』에 따르면 2세기 후반에 들어서 낙랑군의 세력이 약화되고 한강 이남 지역의 한(韓)과 예(濊)가 강

백제의 발전, 1~4세기 전반

- 백제의 영역
- 백제의 공격로
- 백제의 교역로
- 마한 정복을 위한 전진 기지
- 현재의 위치를 알 수 없는 지명
- 당시 주요 지명
- 현재 주요 지명

314 고구려에 의해 대방군 멸망
246 신지, 대방군 공격 대방태수 궁준 전사
280 이후, 서진과 교역
250년경 목지국 병합

성해지자, 낙랑군 인구의 상당수가 남쪽 한 지역으로 이탈하는 일이 발생했다고 한다. 이는 2세기 후반부터 한족으로 대표되는 백제가 성장

위례성 주변의 유적

- 위례성의 세력권
- 서울·경기 경계선
- 백제 토성의 위치
- 현재 주요 지명

● 기원 전후한 시기 고구려 지역에서 내려온 백제 건국 세력은 한강 유역에 자리하면서 많은 토성을 쌓았다. 그 중심에 있는 몽촌토성과 풍납동토성이 남북으로 위례성을 이루고, 그 아래에 왕실 고분군인 석촌동 고분군이 자리하고 있다.

했음을 말해주는 것이다.

　고이왕 때인 246년에는 대방 태수가 전사하는 큰 충돌이 있었는데, 이를 계기로 이후 중국 군현과의 대결에서 백제 측이 우세해졌다. 이처럼 백제가 국가로 성장하는 과정에서는 마한의 영향력에서 벗어나고 중국 군현과의 경쟁에서 우위를 차지하는 것이 중요한 과제였다.

　3세기 후반 고이왕은 넓어진 영토와 새로 편입된 백성을 효과적으로 통치하기 위해 지배체제를 정비했다. 제가회의체의 성립과 그 회의를 이끌어가는 좌평의 설치로 국왕의 권력을 더욱 강화하고 수장층들을 중앙귀족화했다. 또한 백관의 공복을 제정하고 율령을 반포하는 등 국가제도를 정비했다. 국가의 공식 사무를 담당하는 관청도 새로 설치하여 중앙집권적 국가체제를 강화했다.

　4세기 들어 백제는 강력한 고대국가로 성장했다. 근초고왕은 대대적인 정복 사업을 꾀하는 한편 왕권을 강화했다. 근초고왕은 낙동강 유역에 자리한 가야 소국들을 정복한 데 이어 영산강 유역의 마한 소국들을 정복하여 영토를 남해안까지 확대했다. 다시 북으로 눈을 돌려 옛 대방 땅으로 나아가 고구려군을 크게 물리치고 태자 근구수의 활약으로 고구려 고국원왕을 평양성에서 살해했다.

　대내적으로는 4세기에 왕위 계승이 형제 상속에서 부자 상속으로 바뀌었으며, 왕비족이 진씨(眞氏)로 고정되었다. 또한 국가적 성장을 완성하는 의미에서 불교를 받아들이고, 박사 고흥에게 국사책『서기(書記)』를 쓰게 하는 등 일련의 작업을 진행했다.

백제의 전성기, 4세기 후반

▨ 백제의 최대 영역
（『삼국사기』에 따름）

－ － － 각국의 경계

⟶ 근초고왕 대 주요 활동

✳ 주요 격전지

● 백제의 군사 요지

▭ 백제 양식 금공품 출토지

○ 당시 주요 지역

● 현재 주요 지역

371 겨울, 근초고왕 평양성 공격. 고국원왕 전사

369년 고구려 고국원왕이 치양성을 약탈하자, 근구수태자가 이를 물리치고 수곡성까지 점령

함흥

청천강

비열홀

평양성

대동강

치양성

금강산

해주

고 구 려

원천리

설악산

주양(춘천)

강릉

동 해

개성

칠중성

임진강

예성강

위례성

황 해

현성

석촌동

인천

판교

술천성

법천리

태백산

수원

요리(화성)

충주

정재리(아산)

진천

갈산리(아산)

용원리

주성리

부장리

수촌리

신봉동(청주)

369

웅진성(공주)

나성리

369

사비성(부여)

신 라

금성

대구

무산성

소백산맥

울산

입점리

백 제

낙동강

전주

거물성

가 야

남원

금관경

지리산

부산

봉덕리

498

나주 광주

발라

갈두리

탐 라

석촌동 4호분 일제강점기에 작성된 보고서에 따르면, 당시 석촌동 일대에는 돌무지무덤이 무려 약 66기가 있었다고 한다. 돌로 무덤을 만들고, 네모꼴 단을 쌓아 올리며, 시신을 무덤의 꼭대기나 가운데에 묻었는데, 이는 고구려 초기 도읍지가 있었던 압록강 중류 지방에서 전형적으로 나타난다. 이것은 백제 최고 지배층이 고구려 계통임을 말해준다.

신라의 건국과 성장

BC 57
박혁거세, 신라 건국(『삼국사기』)

101
파사이사금, 월성을 쌓고 거처를
금성에서 월성으로 옮김

102
음즙벌국(안강), 실직곡국(삼척),
압독국(경산) 복속

231
감문국(경북 개령) 복속

236
골벌국(경북 영천) 복속

356
내물마립간 즉위. 이때부터 김씨가
왕위 독점

377~382
내물마립간, 전진에 사신 파견

400
광개토왕의 구원으로 왜 물리침

경주 월성 『삼국사기』에 따르면 파사이사금 대(101)에 쌓은 것으로, 둘레가 1,423보라고 되어 있다. 기록으로 볼 때 월성을 쌓은 뒤 처음 거처인 남산 서쪽에서 이곳으로 도성을 옮겼음을 알 수 있다.

신라 6촌과 6부

- 6촌
- 6부
- ○ 주요 유적
- ● 현재 주요 지명

신라는 한반도 동남부 경주평야를 중심으로 발전한 진한 12개 소국 중 하나인 사로국에서 시작되었다. 박(朴)·석(昔)·김(金)의 시조설화에서 알 수 있듯이, 여러 세력 집단이 연합하여 이루어진 나라였다. 건국 설화에 따르면, 박혁거세가 신라를 건국하기 전에 경주 지역에는 고조선 계통의 유민들이 6개의 촌락을 이루며 살고 있었는데, 그가 이들을 통합해 나라를 세웠다고 한다(『삼국사기』「신라본기」). 이것은 이주민을 가리키는 박혁거세와 6촌의 촌장들이 연합하여 나라를 세웠음을 말해준다.

신라의 초기 지배자는 거서간 또는 차차웅이라 불렸다. 거서간은 군장, 차차웅은 무(巫, Shaman)를 뜻하는데, 이는 초기 신라의 정치적 군장이 제사장적 성격이 짙었음을 말해준다. 이 단계에 경주평야 일대의 여러 집단들은 정치·군사적 결집력이 약했으며, 이들에게는 농업 공동체적인 성격이 상당히 남아 있었다.

사로국은 동해안 지역에서 온 석탈해 세력이 지배 세력으로 가담했으나, 김알지의 등장으로 다시 김씨 세력이 지배하게 되었다. 이 과정에서 주변의 소국들과 연합하거나 이들을 정복하면서 발전했다. 사로국의 세력이 커지면서 사로국 중심의 연맹체적 성격이 강화되었다. 사로국 중심의 연맹체에 포함된 각 집단은 일정한 자치력을 가지고 연합했다. 연맹체의 장은 연장자나 계승자라는 뜻의 이사금(尼師今)이라 불렸는데, 이것에서 임금이란 말이 생겼다고 한다. 이사금은 유력한 집단의 특정 가계에서 세습되거나 선

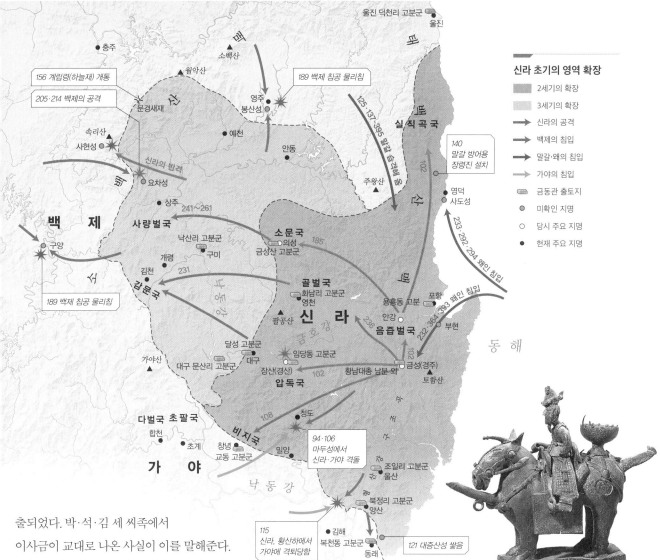

출되었다. 박·석·김 세 씨족에서
이사금이 교대로 나온 사실이 이를 말해준다.

　이사금 시기 신라는 남동해안에 있던 울산과
동래 지역의 소국들을 정복한 데 이어 동해안
지역과 낙동강 유역의 소국들까지 정복했다. 그
리하여 2세기 중반에는 낙동강 동쪽, 소백산맥
남쪽, 동해안 강릉 남쪽 지역에 있던 소국을 대
부분 복속시켰다.

　사로국은 동해안을 따라 북으로 세력을 확대
해나갔다. 서로는 영천을 병탄하고 대구 지역으
로 나아가 김천 방면으로, 또 의성을 거쳐 상주
로 세력을 뻗쳐나갔다. 남으로는 동래와 양산 방
면으로 힘을 뻗쳤다. 이러한 기반 위에서 신라
는 4세기 후반 마립간(麻立干) 시대에 비약적으
로 발전했다. 마립간은 '여러 수장이 참석한 회
의의 주재자'란 뜻과 '대수장(대군장)'이란 뜻을
갖고 있는데, 이 시기에 사로국은 집권력이 강
해져 김씨족이 왕위를 세습했고, 진한 각 지역

소국들에 대한 통제도 강화했다. 사로국은 고구
려와 함께 전진에 사신을 파견했으며(377), 4년
뒤에는 다시 사신을 보내어 '해동의 상황은 옛
날과 다르다'면서 세력을 과시하는 자신감을 보
이기도 했다.

　4세기 후반 왜가 쳐들어오자 내물마립간은
400년에 고구려 광개토왕에게 구원을 요청하여
물리쳤다. 그러나 전투 후에도 일부 고구려군이
주둔하여 신라는 고구려의 강한 영향력 아래 놓
이게 되었다. 눌지마립간이 이러한 상황에서 벗
어나기 위해 고구려에 인질로 가 있던 동생 복
호를 귀환시키고, 백제와 동맹을 맺어 고구려의
남진에 공동 대응했다(433). 마립간 시기에 신
라는 낙동강 이동, 소백산맥 이남의 각 지역에
대한 통제력을 강화했다.

기마 인물형 토기 4세기 마립간
시기에 국가가 발전함에 따라 막
대한 재화와 노예 등 물질적 부가
수도 금성(경주)으로 유입되었다.
이 기마 인물상은 경주 금령총에
서 발굴된 것으로 술이나 물을 담
는 제사 용기로 보인다. 신라 기
마무사의 모습을 이해하는 데 도
움을 준다.

가야 연맹체의 흥망

가야는 신라가 성립할 무렵 낙동강 서쪽 지역에서 작은 나라로 시작했다. 건국설화에 따르면, 가야 아홉 마을의 우두머리들이 무리를 이끌고 구지봉에 올라 「구지가」를 부르면서 춤을 추며 놀다가 하늘로부터 황금알을 얻었는데, 그 알에서 나온 아이들이 각기 왕이 되었다고 한다.

가야의 여러 소국 가운데 가장 앞선 나라는 김해에 있던 금관가야(본가야)였다. 낙동강 유역의 기름진 충적 평야에 자리 잡은 금관가야는 농경 문화를 발전시킬 수 있었을 뿐 아니라 낙랑군·왜와의 해로를 통한 교역의 중심으로도 급부상했다. 그리하여 1세기 무렵에는 이 지역의 풍부한 철을 중국·일본과 교역하는 중심지가 되었다.

가야는 우수한 철제 도구도 많이 만들었다. 창원 다호리 유적과 성산패총 야철 유지를 통해 이 지역이 당시 철 생산의 중심지였음을 알 수 있다. 가야는 철기를 낙랑과 왜에 수출하는 한편 두 지역의 교역을 중개하면서 경제력을 키워 나갔다. 또 일부 세력은 일본 지역으로 진출하여 일본의 문화 발전과 국가 수립에 기여했다.

그러나 여러 나라로 나뉘어 있던 가야는 연맹을 이루기는 했으나, 강력한 힘을 지닌 하나의 통합된 나라가 되지는 못했다. 소국들 각자가 교역을 통해 경제력을 키우고 독립성을 유지했기 때문이다. 낙랑과의 교역을 중심으로 성장한 금관가야가 4세기 초 낙랑군과 대방군의 멸망 등 국제 정세의 변동에 따라 제 역할을 할 수 없게 되자, 남해안 일대에 자리 잡은 가야 연맹체 소국들은 자기들을 중심으로 세력을 구축하려고 난을 일으켰다(포상팔국의 난). 그 시도는 신라의 간섭으로 좌절되었지만 금관가야의 힘이 크게 약해지는 계기가 되었고, 이후 가야 연맹체는 흔들리기 시작했다. 한편 가야 연맹체는 초기부터 신라와 영토 문제를 둘러싸고 낙동강 하류 지역에서 여러 차례 싸웠지만 번번이 패했다. 이렇게 낙동강 동쪽으로의 진출이 좌절되자, 가야는 서쪽의 백제와 긴밀한 관계를 맺으며 신라를 견제했다.

4세기에서 5세기 초 신라가 강성해지자 가

가야의 대외교류, 4세기경

——— 가야 교역로
——— 백제 교역로
——— 신라 교역로
----- 주요 국경
● 주요 교역지
○ 당시 주요 도시

야는 큰 타격을 받았다. 한편 4세기 후반 신라는 왜병이 침입하자 고구려에 도움을 요청했다. 400년 고구려 광개토왕은 기병과 보병 5만 명을 파견했다. 고구려군은 신라의 수도를 거쳐 낙동강 하류 유역으로 진격, 왜군과 가야군을 대파했다. 이를 고비로 가야의 세력은 크게 약화되었다.

427년 고구려가 평양으로 천도하자 신라와 백제가 고구려의 남하에 공동 대응하기 위해 다시 가까워졌고, 가야는 이 틈을 타서 세력을 만회했다. 이때 가야는 고령 지역에 자리 잡은 대가야를 중심으로 통합해갔다. 고령의 대가야는 가야의 대표 세력으로 성장해 삼국과 경쟁하면서 중국 남조의 남제(南齊)에 조공하여 '보국장군본국왕(輔國將軍本國王)'이란 작호를 받았다.

532년 신라 법흥왕 때 김해의 금관가야가 신라에 복속되었다. 위기의식을 느낀 가야의 여러 나라들은 대가야를 중심으로 뭉쳐 신라에 맞서는 한편 백제와 동맹을 맺었다. 그리하여 554년 관산성 전투 때 백제를 지원했으나 이 전투에서 신라가 승리함으로써 백제 편에 섰던 대가야는 신라에 병합되었다(562).

결국 가야는 초기 고대국가 단계로 진입했으나 백제, 신라와 겨룰 만한 세력으로 성장하지 못하고 두 나라의 각축 속에서 신라에게 멸망하고 말았다. 가야 연맹체에 속한 소국들은 각기 정치적인 독자성을 유지했을 뿐 아니라 문화적으로도 통합을 이루지 못하면서 국가가 발전하는 데 한계가 있었다. 결국 가야는 강력한 중앙집권적 통치체제를 이룩한 삼국과의 경쟁에서 도태될 수밖에 없었다.

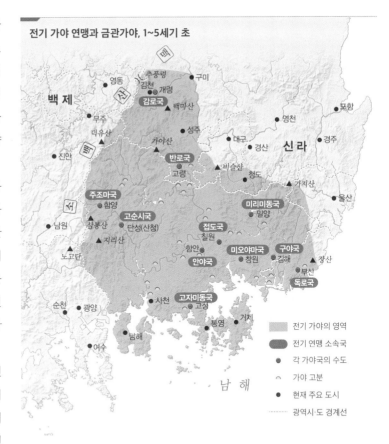

전기 가야 연맹과 금관가야, 1~5세기 초

전기 가야의 영역
전기 연맹 소속국
각 가야국의 수도
가야 고분
현재 주요 도시
광역시·도 경계선

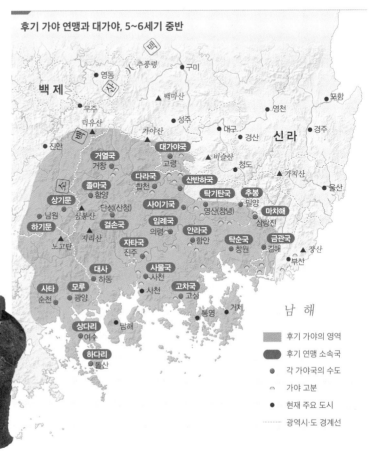

후기 가야 연맹과 대가야, 5~6세기 중반

후기 가야의 영역
후기 연맹 소속국
각 가야국의 수도
가야 고분
현재 주요 도시
광역시·도 경계선

판갑옷과 투구 긴 철판을 가로 방향으로 이어 붙이고 어깨도 보호하도록 만든 판갑옷과 투구이다. 가야의 뛰어난 제철 기술과 철기 제작 기술의 정수를 보여준다.

광개토왕과 장수왕의 정복 활동

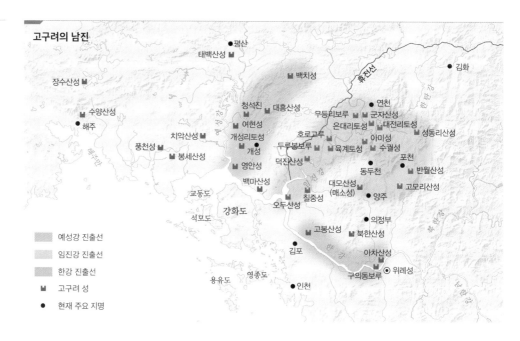

고구려의 남진

예성강 진출선
임진강 진출선
한강 진출선
고구려 성
현재 주요 지명

4세기 후반 고구려를 둘러싼 국제 정세는 유동적이었다. 고구려는 요동을 둘러싸고 후연(後燕)과 대립했고, 남쪽의 백제와 예성강 유역을 무대로 치열한 공방전을 벌였다. 한편 백제와 연결된 왜가 신라를 압박하자 392년 내물마립간이 고구려에 구원을 요청하며 왕자 실성을 인질로 보냈다.

이런 가운데 18세의 젊은 나이에 즉위한 광개토왕(재위 391~413)은 거란의 일파인 비려를 정벌하고 요동을 차지하여 이 지역의 영유권을 확인했다. 이후 숙원 사업이던 백제 정벌에 나섰는데, 먼저 4만의 병력으로 백제를 공격하여 임진강 일대를 차지했다.

광개토왕은 백제 본토로 깊숙이 들어가 성을 여러 개 함락시킨 뒤 한강을 건너 백제의 수도 한성으로 진격했다. 백제는 왜군을 끌어들여 고구려와의 싸움에서 주도권을 잡으려고 여러 차례 시도했으나 그때마다 번번이 실패했다. 고구려군은 한성을 공격하여 백제 아신왕으로부터 "영원히 노예가 되겠다"라는 항복을 받아냈다.

이로써 고구려는 임진강 이북 지역을 완전히 차지했을 뿐만 아니라 400년 신라의 구원 요청을 받아 왜병을 물리침으로써 신라에 대한 영향력을 더욱 강화했다.

남쪽의 위협을 없앤 고구려는 이제 서북쪽으로 후연 공격에 나섰다. 철이 많이 날 뿐만 아니라 농사짓기에도 좋은 요동을 놓고 치열한 공방전을 벌인 끝에 400년대 초 병합시키고, 이어 랴오허를 건너 후연의 북진을 공략했다. 고구려는 그 여세를 몰아 동북방의 부여와 숙신(말갈)마저 굴복시켰다. 이로써 고구려는 북으로 아무르강, 남으로 임진강, 동으로 연해주, 서로는 랴오허 유역에 이르는 광활한 대국이 되었다.

광개토왕을 이은 장수왕 또한 분열되어 있던 중국의 여러 왕조와 다각적인 외교를 펼치면서, 고구려를 동아시아 최대 강국으로 발전시켰다. 장수왕은 평양으로 천도했는데(427), 영토의 확장에 따라 안으로 체제를 재정비할 필요가 있었기 때문이다. 평양 천도 후 장수왕은 3만의 병력으로 백제의 수도 한성을 공략했다(475). 먼저

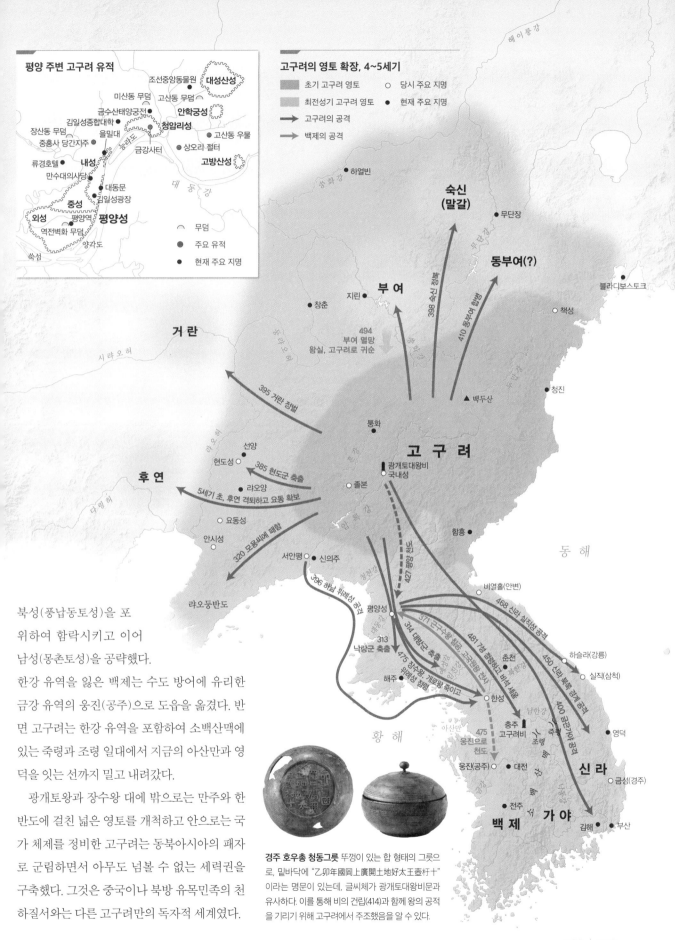

평양 주변 고구려 유적

조선중앙동물원
대성산성
미산동 무덤
고산동 무덤
금수산태양궁전
안학궁성
김일성종합대학
청암리성
을밀대
장산동 무덤
고산동 우물
중흥사 당간지주
상오리 절터
류경호텔
내성
고방산성
만수대의사당
대동문
중성
김일성광장
외성
평양역
평양성
역전벽화 무덤
양각도
쑥섬
능라도
금강사터
대동강

⌒ 무덤
● 주요 유적
• 현재 주요 지명

고구려의 영토 확장, 4~5세기

초기 고구려 영토
최전성기 고구려 영토
→ 고구려의 공격
→ 백제의 공격
○ 당시 주요 지명
● 현재 주요 지명

헤 이 룽 강

숙신
(말갈)
무단장

동부여(?)

블라디보스토크

부여
창춘
지린
책성

398 숙신 정복

410 동부여 정벌

494
부여 멸망
왕실, 고구려로 귀순

청진

거란

시 랴 오 허

백두산

395 거란 정벌

통화

고 구 려

광개토대왕비
국내성

후연

선양
현도성
385 현도군 축출
랴오양
5세기 초, 후연 격퇴하고 요동 확보
졸본

함흥

요동성
안시성
320 모용씨에 패함

서안평
신의주

다 링 허

396 하남 위례성 공격

동 해

랴오둥반도

낙랑군 축출
313

427 평양 천도

314 대방군 축출

비열홀(안변)

468 신라 실직성 공격

371 근구수왕 출병, 고국원왕 전사
평양성

춘천

하슬라(강릉)

481 경 고성까지 바싹 세움

450 신라 북부, 하슬라

실직(삼척)

475 장수왕, 개로왕 죽이고

해주

위례성 함락

한성

남한강

400 금관가야 공격

황 해

아산만

충주
고구려비
475
웅진으로
천도

조령

영덕

웅진(공주)
대전

죽령

금성(경주)

신 라

전주

가 야

김해

부산

백 제

북성(풍납동토성)을 포
위하여 함락시키고 이어
남성(몽촌토성)을 공략했다.
한강 유역을 잃은 백제는 수도 방어에 유리한
금강 유역의 웅진(공주)으로 도읍을 옮겼다. 반
면 고구려는 한강 유역을 포함하여 소백산맥에
있는 죽령과 조령 일대에서 지금의 아산만과 영
덕을 잇는 선까지 밀고 내려갔다.

광개토왕과 장수왕 대에 밖으로는 만주와 한
반도에 걸친 넓은 영토를 개척하고 안으로는 국
가 체제를 정비한 고구려는 동북아시아의 패자
로 군림하면서 아무도 넘볼 수 없는 세력권을
구축했다. 그것은 중국이나 북방 유목민족의 천
하질서와는 다른 고구려만의 독자적 세계였다.

경주 호우총 청동그릇 뚜껑이 있는 합 형태의 그릇으
로, 밑바닥에 "乙卯年國岡上廣開土地好太王壺杅十"
이라는 명문이 있는데, 글씨체가 광개토대왕비문과
유사하다. 이를 통해 비의 건립(414)과 함께 왕의 공적
을 기리기 위해 고구려에서 주조했음을 알 수 있다.

웅진·사비시대 백제의 발전

고구려 광개토왕의 계속된 공격에 이은 장수왕의 남하정책으로 백제는 큰 위기를 맞이했다. 475년 장수왕이 공격해오자 개로왕은 급히 왕자를 신라로 보내 원병을 요청했다. 그러나 신라의 군사 2만 명이 도착하기도 전에 크게 패하고 말았다. 이 과정에서 개로왕이 전사하고 수도 한성이 함락되는 등 큰 타격을 입는다. 백제는 방어에 유리한 웅진으로 수도를 옮겨 고구려의 압력에 맞섰고, 더 이상의 침공은 저지할 수 있었다. 그러나 이 과정에서 한강 유역을 상실했을 뿐만 아니라 가야 지역에 뻗어 있던 영향력도 크게 약화되었다.

그 뒤 왕위에 오른 동성왕은 23년간 재위하면서 고구려군의 남진을 막아 웅진 백제를 안정시키고 재흥의 기틀을 다지는 데 주력했다. 백제와 신라는 동맹을 더욱 굳게 다지기 위해 왕실 사이에 혼인을 맺기도 했다(493). 국내적으로는 지방을 통제하기 위해 왕의 신료들을 왕후(王侯)로 임명하여 지방을 통치하게 하는 왕후제(王侯制)를 시행했다. 이것은 왕족 자제들을 각지에 파견하여 지방을 지배하였다는 22담로제의 일부이거나 그 선행적 형태로 보인다.

동성왕에 이어 왕위에 오른 무령왕은 군사력을 강화하여 고구려와 수차례의 전투를 성공적으로 수행했고 영역의 확대를 계속 추진했다. 백제는 양(梁)에 보낸 국서에서 고구려를 여러 차례 격파하여 다시 강국이 되었다고 과시하며 자신감을 나타내기도 했다. 무령왕 대에는 특히 섬진강 하구 일대와 광양만, 순천만 일대를 차지했다. 제방 축조 등의 수리 사업을 국가적으로 관리하고 한반도 서남부 지역의 논농사 개발에 힘써 영토 상실로 축소된 국가의 재정 기반을 보완한 것은 주목할 만한 정책이다. 이렇게 동성왕 대와 무령왕 대를 거치면서 백제는 국력을 회복하고 안정을 되찾았다.

이와 함께 소수 귀족 중심의 정치 운영을 지양하고, 중앙 정계에 참여하는 귀족들의 범위를 확대하여 정치적 안정을 도모했다. 그리고 왜와 관계를 돈독히 하고 중국 남조의 여러 나라들과도 교류하여 실추된 국위를 만회하고 대외적 안정을 꾀했다. 이런 노력이 효과를 나타내어 점차 국력이 충실해지자, 538년 백제 성왕은 평야지대인 사비(지금의 부여)로 다시 천도하고 국호를 '남부여'로 고쳐 중흥을 꾀했다. 통치제도 면에서도 6좌평제를 정립하고 16등 관등제를 정비했다. 중앙에 내외관 22부 관서를 설치했고 도성을 5부로 구획했으며 각 부에는 5항(巷)을 두었다. 전국의 영역은 군(郡)으로 편제하고 각 군 아래 성(城)을 두었으며 군 위에 광역의 통할 단위인 방(方)을 두었다. 그리고 불교를 진흥시켜 사상적 통일을 꾀했다.

사비 천도 후 성왕은 먼저 동남방 가야 지역으로 진출을 꾀했다. 안라국(경남 함안) 지역을

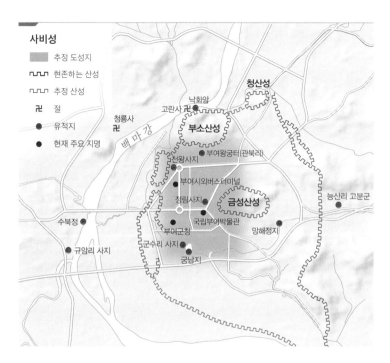

사비성

- ▨ 추정 도성지
- ⌒⌒ 현존하는 산성
- ⌒⌒ 추정 산성
- 卍 절
- ● 유적지
- ● 현재 주요 지명

낙화암
고란사 卍
청산성
청룡사 卍
백마강
부소산성
천왕사지
부여왕궁터(관북리)
부여시외버스터미널
정림사지
금성산성
능산리 고분군
국립부여박물관
수북정
부여군청
망해정지
규암리 사지
군수리 사지
궁남지

웅진·사비시대의 백제, 5~6세기

- 웅진·사비 천도 후의 영역
- 성왕 대 일시 진출한 영역
- --- 각국의 경계
- → 고구려의 공격
- ⇢ 백제의 천도
- → 백제의 공격
- → 신라의 공격
- ⌒ 전방후원분 분포 지역
- ○ 당시 주요 지명
- ● 현재 주요 지명

고구려
평양성
475. 9 고구려 장수왕 위례성 점령
529 고구려 안장왕 공격
수곡성
해주
칠중성
혈성
인천
위례성
수원
술천성(여주)
553 신라, 백제에게 획득
551 백제, 한강 하류 점령
웅진(공주)
관산성(옥천)
사비(부여)
554 백제 성왕, 신라를 공격하던 중 전사
상주
554 신라, 백제에게 승리
금성
신라
죽령
조령
금강산
설악산
주양(춘천)
강릉
동 해
황 해
백제
가야
고창
담양
남원
지리산
안라국(함안)
금관경
부산
영광
나주
영암
광양만
순천만
강진
해남
탐라
대구
울산
낙동강

양직공도 양 원제 재위 연간(526~536) 소역이 양에 파견된 외국 사절을 그린 그림이다. 단아한 용모에 대수포(大袖袍)를 착용한 백제 사신의 그림, 그리고 백제 담로제에 관한 언급과 진(晉) 말에 낙랑이 요서 진평현을 차지했다는 기록이 있어 백제사 연구에 중요한 자료가 되고 있다.

나주 신촌리 금동관 백제가 공주에 도읍하던 시기에 영산강 지역을 다스리던 수장의 무덤에서 출토되었다. 중앙 왕실에서 지방관에게 하사한 것으로 보인다. 전라남도 나주시 반남면 신촌리 9호 무덤 출토.

두고 신라와 오랫동안 대치했다. 그리고 고구려에서 왕위 계승을 둘러싸고 지배층 사이에 다툼이 일어난 틈을 타서 신라와 함께 공격, 한강 유역의 땅을 되찾았다(551). 그러나 2년 뒤, 동맹군이었던 신라가 백제 땅인 한강 하류 지역을 급습하여 빼앗았다. 신라의 배신에 격분한 백제는 신라를 공격했으나, 사비에서 금성으로 통하는 첫 관문인 관산성(충북 옥천) 전투에서 성왕이 전사하고 3만의 병사가 몰살당하는 패배를 당했다. 6세기 후반 이후 백제는 동요하는 민심을 다잡아 결집하는 등 국정 안정에 주력했다. 그리고 이를 바탕으로 다시 대내외적으로 적극적인 활동을 펼치기 시작했다.

백제의 해상을 통한 대외교섭

웅진(무령왕릉)

사비

신 라

동 해

백 제

금성

하마다

조린지 불상

쓰시마

가네다성

시모노세키

조후성

백제부 신사

이키섬

후쿠오카

오노성

다자이후

기이성

기쿠치성

고토열도

나가사키

운젠산

후나야마 고분

아소산

구마모토

구다라키

규 슈

가고시마

다네가시마

백제의 해상 교역로

4세기

전진

라오둥반도

서안평

고구려

비사성

평양

보 하 이

백령도

한성

당항성

산둥반도

황해

동해

부안

기벌포

신라

금성(경주)

백제 가야

왜

쓰시마

나라

이키섬

후쿠오카

동진

양주

세토내해

건강(난징)

5세기

북위

라오둥반도

서안평

고구려

비사성

평양

보 하 이

백령도

한성

산둥반도

적산

사비

당항성

웅진

신라

황해

동해

부안

기벌포

금성(경주)

백제 가야

왜

쓰시마

나라

송

이키섬

후쿠오카

양주

세토내해

건강(난징)

6세기

북제

라오둥반도

서안평

고구려

비사성

평양

보 하 이

당항성

천안

신라

산둥반도

사비

웅진

황해

동해

부안

기벌포

금성(경주)

백제

왜

쓰시마

나라

양주

이키섬

후쿠오카

건강(난징)

세토내해

항주(항저우)

명주(닝보)

양·진

일본에 전해진 백제 문화

▢ 백제 유적

▤ 백제식 산성

⌒ 주요 고분

● 사찰과 불상

○ 당시 주요 지명

● 현재 주요 지명

백제가 기반을 두고 있던 한강 유역은 한반도 중앙부에 자리 잡고 있어 서북 방면과 동북 방면에서 내려오는 이주민 집단이 거쳐 가는 곳이다. 그런 만큼 백제가 이 지역에 정착한 유이민 집단과 주변에 있는 여러 마한의 읍락을 통합하여 집권력을 갖춘 국가로 발전하기 위해서는 동북 및 서북 방면으로부터 침공해오는 세력을 저지하는 것이 관건이었다. 특히 인접한 낙랑, 대방 세력이 뻗어 오는 것을 막아야 했다.

3세기에 국가제도를 정비한 백제는 4세기 들어 북쪽 대방군 지역으로 세력을 확대하여 고구려의 남진을 저지하고, 남쪽으로는 한반도의 서남부 지역을 통합해 영역을 크게 확대했다. 또한 낙랑이 멸망한 이래 그 누구도 주도권을 잡지 못하고 있자, 낙랑이 가지고 있던 해상 무역권을 차지하기 위해 노력했다.

4세기 들어 진(晋)이 북방 유목민족에 쫓겨 남쪽으로 밀려나면서(이후 '동진') 바다의 무역로가 중국의 세력권

무령왕릉 청동 거울 무령왕릉에서는 중국 거울이 3점 나왔다. 의자손수대경(宜子孫獸帶鏡)과 방격규구신수경(方格規矩神獸鏡)이 왕 쪽에서, 수대경(獸帶鏡)이 왕비 쪽에서 나왔다. 사진은 '방격규구신수경'으로, 네모난 구획(방격)과 T자나 L자, V자 모양의 무늬, 그리고 신선과 동물의 무늬가 표현되어 있다. 무덤에 거울을 부장하는 풍습은 도교적 내세관이나 중국 남조의 상장 의례의 영향을 받은 것으로 본다.

청자육이호 무령왕릉에서는 중국 자기가 9점이나 발견되었다. 청자 단지 2점, 흑자 병 1점, 백자 잔 6점이 그것이다. 이 청자 단지는 귀가 6개인 항아리여서 '청자육이호'라고 부른다.

칠지도 전면의 "태화 4년(369)에 칠지도를 만들어 왜 후왕에게 주기 알맞다"는 내용과 후면의 "왜왕을 위해 만들었으니 후세에 전하여라"라는 기록을 통해 백제가 왜와 우호적 관계를 지속하려는 의도에서 왜왕에게 증여한 것으로 볼 수 있다. 덴리시 이소노카미 신궁 소장.

에서 벗어났다. 근초고왕은 이를 틈타 낙랑, 대방의 고대 동방 무역로를 차지하려고 노력했다. 중국 산둥반도와 보하이 연안에서 한반도 서해안과 남해안을 거쳐 일본열도로 이어지는 바닷길은 한나라 이래 가장 중요한 해상 무역로로, 낙랑과 대방은 이 무역로의 중심 지역이었다. 또한 풍부한 철 생산량을 바탕으로 낙랑, 왜와 교역하던 가야의 소국들도 이 무역로상에 위치했다.

백제는 이 연안 항로를 따라 동진의 수도 건강에 사신을 보내어 국교를 열고 조공책봉관계를 맺었다. 이후 남중국 왕조와 교류를 지속했고, 다양한 중국 문물을 수용했다. 풍납동토성에서 발견되는 전문도기(錢文陶器) 등 중국산 시유도기와 거기에 담은 물자 등은 이런 과정을 거쳐 수입된 것이며, 백제의 지방 세력이 무덤에서 발견된 각종 중국산 도자기도 중국 조정에서 구하여 분배한 것이다.

한편 동진에서 들어온 최대의 문화 요소는 불교였다. 384년 서역 승려 마라난타가 동진에서 백제로 왔다. 마라난타를 맞이한 뒤 백제 조정은 이듬해 불사를 창건하고 10인을 승려로 출가시켰다.

백제는 중국과 교역하는 과정에서 서해를 바로 건너가지 못하고 고구려 해안을 따라 북상한 후 랴오둥반도 남단에서 산둥반도로 건너가야 했다. 이 길은 험한 파고보다 고구려의 방해가 더 큰 문제였다. 이를 극복하기 위해 백제는 근초고왕 이후 적극적으로 노력하여 서해 직항로를 개척했다. 백령도 부근(초도)에서 적산까지는 200여 킬로미터에 불과하지만 이 직항로 개척에는 300여 년이란 긴 세월이 걸렸다. 그러나 391년 광개토왕의 공격을 받아 관미성(한강 하구)을 빼앗기고 475년 장수왕의 공격을 받아 한강 유역을 상실한 뒤 웅진으로 천도하면서 서해 직항로를 고구려, 신라에게 넘겨줄 수밖에 없었다. 따라서 웅진시대의 백제는 안전한 서해 직항로 확보를 통한 대외관계의 새로운 모색이 국력 만회의 전제 조건이 될 수밖에 없었다.

이 때문에 6세기 무령왕 대와 성왕 대에는 남조의 양·진과 교섭할 때 황해를 가로지르는 위험한 항로를 택할 수밖에 없었다. 그러나 이는 6세기 초·중엽 백제가 대외관계를 펼치는 데 또 하나의 활로로 작용했고, 왜와의 문화 전파·기술 이전이 용이해지는 계기가 되었다.

신라의 발전

500
지증왕 즉위

503
지증왕, 신라 국호 확정 왕호도
마립간에서 왕으로 바꿈

512
이사부, 우산국 점령

514
지증왕 죽고 법흥왕 즉위

520
법흥왕, 율령 반포

528
법흥왕, 불교 공인

531
병부와 상대등 설치

532
신라, 금관가야 정복

536
중국 연호 대신 독자 연호 '건원' 사용

540
법흥왕 죽고 진흥왕 즉위

545
진흥왕, 거칠부 시켜 「국사」 편찬

553
신라, 한강 하류 점령

555
진흥왕, 북한산을 순행하여 강역을
확정

562
신라, 대가야 병합

568
마운령비, 황초령비 세움

576
진흥왕 사망

신라는 6세기에 접어들면서 발전의 기반을 다져나갔다. 농기구를 개량하고 소를 농사에 이용한 결과 지증왕 대에 농업 생산이 크게 증가했다. 농업 생산이 늘어남에 따라 순장을 금지했는데, 농업 노동력의 확보라는 점에서 주목할 만한 조치였다. 수도 경주에 시장도 열렸다. 국가로서의 면모가 날로 새로워지는 것에 맞추어 나라 이름도 "덕업을 날로 새롭게 하고 사방을 망라한다"라는 뜻의 '신라(新羅)'라고 새로 정했다. 왕권을 더욱 강화하고, 왕의 칭호도 마립간에서 중국식의 '왕(王)'으로 바꾸었다. 나아가 우세한 군사력과 무기로 주변의 여러 지역을 정복했는데, 여기에는 동해에 있는 우산국(울릉도)도 포함된다.

나라의 면모를 새롭게 한 신라는 법흥왕 대에 국가체제를 더욱 정비했다. 먼저 나라 운영의 기본이 되는 율령을 반포하고(520), 6부의 지배 계층에게 세력의 정도에 따라 차등적으로 위계를 사여하여 상하로 편제한 관등제를 마련했다. 관등제의 실시는 중앙과 지방을 각각 경위(京位)와 외위(外位)로 편제함으로써, 신라 영역 내의 모든 정치 세력을 왕을 정점으로 하는 일원적인 지배체계 아래 두는 것이었다. 이는 곧 중앙집권체제의 성립을 의미한다. 한편 지방 행정 제도도 확충했다. 지방에 치소성(治所城)을 설치하고 군주(軍主)와 도사(道使)를 파견함으로써 국가권력이 지방 촌락사회까지 통제권을 행사하게 되었다.

법흥왕은 국가 지배체제를 완성하는 의미로 귀족들의 반대를 물리치고 불교를 공인하여 사상의 통일을 꾀했다(528). 그리고 신라의 영토 확장에 중추적 역할을 맡게 되는 병부와 진골 귀족회의의 내표로서 상대등을 설치하고(531), 벼슬의 높낮이에 따라 옷 색깔을 달리하는 공

신라의 영토 확장, 6세기

- 진흥왕 즉위 초의 영역
- 진흥왕 대에 확장한 영역
- 진흥왕 대에 진출했다가 후퇴한 영역
- ➡ 지증왕 대 진출
- ➡ 법흥왕 대 진출
- ➡ 진흥왕 대 진출
- 신라의 순수비
- 그 밖의 비석들
- ▲ 주요 산
- 〜 주요 고개
- ○ 당시 주요 지명
- ● 현재 주요 지명

청천강

대동강

평양성

●해주

황   해

북한산 신라 진흥왕 순수비
1816년 김정희가 신라 진흥왕이 세운 순수비임을 확인했다. 진흥왕이 553년 백제로부터 한강 하류 지역을 빼앗아 신주(新州)를 설치하고 555년 북한산을 순행하여 강역을 확정한 일이 있었는데, 그것을 기념해 세운 것으로 보인다.

복제를 실시하는 등 관료체제의 기틀도 다졌다. 530년 이후 신라 최고 수장인 왕은 '성왕', '대왕', '태왕' 등의 칭호로 표현되었고, 귀족회의의 직접적인 제약에서 벗어나 그 위에 군림하는 초월적 권력자로서의 위상을 가졌다. 마지막으로 법흥왕은 중국의 연호를 쓰는 대신 신라 최초로 '건원(建元)'이라는 독자적 연호를 사용했다(536). 이것은 신라가 대내적으로는 왕권을 확립하고 대외적으로는 중국과 대등한 국가임을 자각하고 있었다는 증거이다. 신라가 진흥왕 대

려

마운령비 568

황초령비 568

함흥

556 비열홀주 설치

동 해

비열홀주(안변)

금강산 ▲

신 라

555. 10 진흥왕, 한강 유역을
영토로 편입 후 '북한산 신라
진흥왕 순수비' 세움

설악산 ▲

춘천

하슬라(강릉)

512 이사부, 우산국 점령

우산국

553 한강 하류
백제 영역 탈취

551 한강 상류
고구려 10군 탈취

실직(삼척)

한산비

한산

신주

수원

성

태백산 ▲

소백산 ▲

봉평 신라비

울진

단양 적성비 550년경

국원경(충주)

금현성(진천)

죽령

조령

이화령

도살성

상주

추풍령

포항 냉수리비

중성리비

포항

525

웅진

대전

사비

관산성(옥천)

팔공산

영천

경주 남산 신성비

금성(경주)

영천 청제비

임신서기석

달구벌(대구)

50 이사부,
살성과 금현성 함락

54 백제가 쳐들어오자
왕을 죽이고
제군 3만 명 섬멸

완산(전주)

덕유산

육십령

대가야(고령)

울산

비화가야
(창녕)

창녕비 561

금관경

백 제

광주

팔랑치

지리산

안라국(함안)

부산

562 진흥왕의 대가야
정복으로 가야 연맹체는
모두 신라에 병합됨

532 법흥왕,
금관가야 병합

에 비약적인 대외 팽창을 추진할 수 있었던 것도 이와 같은 여러 방면의 노력이 뒷받침되었기 때문이다.

진흥왕은 정복 사업을 활발하게 벌였다. 551년에는 백제와 함께 고구려를 공략하여 한강 상류의 10개 군을 빼앗은 데 이어, 백제로부터 한강 하류까지 빼앗아 이 지역을 독차지했다. 신라는 한강 하류의 풍부한 생산물과 백성을 차지함으로써 국력을 크게 키운 것은 물론, 이를 계기로 일약 삼국 간 항쟁의 중심 무대에 뛰어들게 되었다.

관산성 전투에서 백제군을 대파한 신라는 가야에 대한 마지막 공세에 나섰다. 안라국과 비화가야를 차례로 정복한 데 이어 562년 고령의 대가야마저 정복함으로써 낙동강 일대를 완전히 손에 넣었다. 북쪽으로는 강원도와 함경도 해안 지방까지 나아갔다. 동해안을 따라 북상하여 안변에 비열홀주를 설치하고(556) 함흥평야까지 진출했다. 오늘날 남아 있는 창녕비, 북한산비, 마운령비, 황초령비 등의 순수비는 진흥왕 대의 정복 활동을 상징적으로 보여준다.

진흥왕은 국력의 팽창에 힘입어 자신을 제왕 또는 짐이라 부르고 독자적으로 '개국(開國)'이라는 연호를 사용하는 등 자부심을 보였다. 한편 진흥왕은 15~16세의 귀족 자제들 가운데 뛰어난 인재를 뽑아 화랑이라 부르고, 여러 계층 출신의 청소년을 그 밑의 낭도로 삼았다. 화랑도(花郞徒)는 일종의 예비 병력의 훈련조직이자 인재를 양성하고 등용하는 창구로서, 훗날 삼국 간 전쟁과 통일 과정에서 중요한 역할을 한다.

경주 계림로 보검 보검 장식은 고대 그리스, 로마, 이집트, 서아시아 등지에서 널리 유행한 기법이다. 이를 통해 당시 신라와 중앙아시아의 문물 교류와 신라 문화의 국제성을 짐작할 수 있다. 길이 36센티미터.

경주 98호 남분 유리병 고대 그리스의 포도주 항아리인 '오이노코에'에서 유래했다. 실크로드를 통한 국제 교류를 살펴볼 수 있는 자료이다.

삼국의 사상과 문화

삼국시대 이전에 왕은 정치적 지배자로서의 위상보다 종교적 역할과 비중이 컸다. 그리고 불교가 수용되기 전에는 한국 고대인의 정신세계에 천신신앙과 무속이 큰 영향을 미쳤다. 삼국 및 가야의 건국 이야기는 모두 하늘에서 지배자가 내려오는 것으로 시작한다. 삼국의 왕실은 제천 행사 때 건국신화를 재현했는데, 이를 통해 자신들이 하늘의 자손임을 강조했다. 한편 삼국에서는 자연을 구성하는 요소 가운데 산천과 거석 및 거목, 특정 동물 등에 정령이 있고, 이것이 인간의 길흉화복에 큰 영향을 미친다고 하는 무속신앙이 널리 유행했다.

삼국은 국가적 통합을 이루기 위해서는 부족적 전통의 토착신앙보다 수준 높은 고등 종교가 필요했다. 그래서 중앙집권국가로 발돋움하기 위한 왕권 강화의 이념으로 불교를 수용했다. 고구려는 4세기 후반 소수림왕 때 전진으로부터 불교를 받아들였고, 백제는 침류왕 때 동진으로부터 불교를 받아들였다. 이보다 늦게 불교가 들어온 신라는 토착신앙에 젖어 있던 귀족들의 반대로 진통을 겪다가, 6세기 법흥왕 때 이차돈의 순교를 계기로 불교를 공인했다.

불교가 처음 삼국에 수용되었을 당시의 신앙 형태는 교리에 대한 이해에 바탕을 두었다기보다는 주술적이고 현세 기복적인 성격이 두드러졌다. "불교를 믿어 복을 구하라"라는 왕의 하교는 그러한 불교 이해의 일면을 보여준다. 삼국시대에 불교는 왕권 강화와 새로운 국가 정신 확립에 필요하다고 생각되어 왕실을 중심으로 수용되었고 이후 국가적 신앙으로 발전했다. 특히 신라에서는 법흥왕, 진흥왕, 진평왕, 선덕여왕 등이 불교식으로 왕명을 짓고, '왕즉불(왕은 곧 부처)'이라면서 왕실의 권위를 높이려 했다.

중국 문물의 본격적인 수용과 더불어 삼국에 유학이 보급되었다. 그것은 주로 교육기관을 통해 이루어졌다. 고구려에서는 4세기 후반 소수림왕 대에 태학을 설치하여 귀족 자제들에게 유교 경전을 가르쳤다. 지방에는 경당을 세워 학문과 무술을 가르쳤다. 백제에서는 오경박사를 두어 유학을 가르쳤다. 6세기 중엽 양(梁)에서 『시경』과 『예기』에 밝은 사람을 찾은 기록이 있는데, 이를 통해 백제에서 유학이 매우 발달했음을 알 수 있다. 신라에서는 화랑도가 청소년 교육에서 주요한 역할을 했다. 화랑도에서 강조한 충과 효 그리고 신의 덕목은 원광의 세속오계에 잘 반영되어 있다. 한편 진흥왕 순수비에는 『서경』의 왕도사상을 빌려다가 진흥왕의 업적을 찬양하고 왕자의 권위를 내세운 내용이 있으며, 임신서기석에는 두 청년이 유교 경전과 도덕을 공부하고 그것을 몸소 실천하겠다고 맹세한 내용이 보인다. 당시의 유학은 사상적 측면이 중시되기보다는 중국 문물을 수용하는 데 필요한 한문을 공부하기 위한 방편으로 활용되었고, 지배층의 교양으로 받아들여졌다.

한편 후한 때쯤 등장한 노교는 북위 때 정비되어 삼국 말기에 우리나라에 전래되었다. 신선

임신서기석 신라의 청년으로 짐작되는 두 사람이 3년 동안 『시경』 『상서』 『예기』 등을 차례로 습득하자고 맹세한 내용이 새겨져 있다.

무용총 수렵도 무용총 서벽 그림으로, 기복이 있는 산악에서 기마무사가 사냥을 하고 있는 장면을 나타내고 있다. 사실적인 기마 인물과 달리는 동물 사이사이에 배치된 도안화된 산악과 수목 표현은 한국 고대 산수화의 발생과 수준을 시사한다. 지린성 지안시 소재

삼국의 불교 수용, 4~6세기

- 불교의 전래
- ○ 당시 주요 지명

전 진

고 구 려

○ 국내성(지안)

평양 ○

소수림왕
372 전진 왕 부견, 사신과 승려 순도를 보내
불상과 경문을 줌. 전진에 사신을 보내 사례
374 승려 아도가 옴
375 처음으로 초문사를 창건하여 순도를 머무르게 함
또 이불란사를 창건하여 아도를 머무르게 함
광개토왕
392 교서를 내려 불교를 믿고 복을 구하도록 함

침류왕
384 동진에서 승려 마라난타가 옴
385 절을 세우고 승려 10명의 출가를 허락

장천 1호분 예불도 전실의 후면 괴부에 그려져 있는데, 오른쪽 아래에서 묘주 부부로 보이는 남녀 2인이 오체투지의 자세로 불상을 향해 부처에 대한 공경을 나타내고 있다. 지린성 지안시 소재.

○ 한성

백 제

신 라

○ 일선군(구미)
금성(경주) ○

눌지마립간
417~458 고구려 승려 묵호자 도착
모례, 집에 굴을 파서 방을 만들어 묵호자를 편히 머물게 함
묵호자, 양나라에서 보낸 향을 살라 눌지마립간의 딸을 낫게 함
소지마립간
479~500 아도 화상이 시중드는 세 사람과 모례의 집에 옴
아도 화상이 죽고, 세 사람은 경과 율을 강독

법흥왕
527 이차돈의 순교
528 불교 공인

일 본

○ 아스카

성왕
552 일본에 불교 전래

동 진

이차돈 순교비 신라 불교의 공인을 위해 순교한 이차돈을 추모하기 위해 818년 건립되었다. 육각형의 면석 가운데 한면에 이차돈의 순교 내용과 장면이 조각되어 있어 『삼국사기』와 『삼국유사』의 기록이 실재했던 일임을 증명한다.

연가칠년명 금동불입상 현재까지 남아 있는 초기 불교 조각 중에서 가장 오래된 연대를 지닌 불상이다. 광배 뒷면에, '연가(延嘉)' 연간의 일곱 번째 해인 기미년(539)에 고구려의 수도 평양에 있던 동사(東寺)라는 절에서 만든 불상 1,000구 가운데 29번째라는 내용이 새겨져 있어 고구려 불상임을 알 수 있다. 경남 의령 출토. 높이 16.2센티미터.

사상을 바탕으로 민간신앙 등 여러 사상과 종교가 어우러져 만들어진 도교는 우리 고대의 민간신앙 가운데 산천 숭배나 불로장생을 추구하는 신선사상 등과 비길 수 있는 요소가 많았다. 그래서 삼국에 전래되어 큰 마찰 없이 수용되었고, 민간신앙과 결부되어 이해되었다.

고대국가가 발전하면서부터 한자를 사용하는 문자 생활이 시작되었다. 이후 율령이 반포되고 문서 행정이 확대되면서 문자 습득은 관리 임용의 필수 요소가 되었고, 경당과 화랑도 등을 통해 문자 교육과 한학이 보급되었다. 삼국시대 한문학의 대표적 성과물은 사서이다. 왕실이 주도한 사서 편찬은 중앙집권적 체제를 지향하는 고대국가의 성장을 말해주는 상징적 사업으로, 고구려의 『유기』와 『신집』, 신라의 『국사』, 백제의 『서기』 등이 그 구체적 결과물이다.

석굴암 본존불

03

남북국시대

600

598
수 문제, 고구려 침략(1차 침입)

612
수 양제, 고구려 침략(2차 침입)
을지문덕, 수나라 군대 크게 격파(살수대첩)

618
수 멸망, 당 건국

631~646
고구려, 천리장성 쌓음

642
고구려 연개소문, 영류왕 죽이고 보장왕 세움
백제, 신라 대야성 함락

645
당, 고구려 공격
고구려, 안시성 전투 승리

660
나당연합군 공격으로 백제 멸망

668
나당연합군 공격으로 고구려 멸망

676
신라, 기벌포에서 당군 격파. 삼국통일

685
통일신라, 전국을 9주 5소경으로 재편

698
대조영, 동모산 기슭에 진국 건국

700

713
진국, 국호를 발해로 바꿈

723
혜초, 인도 순례 여행 떠남

732
발해 장문휴, 당나라 등주 공격

751
김대성, 불국사 창건

757
발해, 상경 용천부로 천도

765
경덕왕 죽고 혜공왕 즉위

800

822
김헌창의 난

828
장보고, 청해진 설치

846
장보고, 염장에게 살해당함

894
최치원, 진성여왕에게
시무책 10여 조를 올림

900

926
발해, 거란에 의해 멸망

삼국이 정립한 후 계속되었던 영토 확보 전쟁은 신라의 삼국통일로 귀결되었다. 그것은 한반도의 남쪽을 차지하는 데 그친 불완전한 통일이었으나 오랫동안 계속되던 전쟁이 마침내 끝나고 평화가 찾아왔다는 데 큰 의의가 있다. 또한 신라가 백제, 고구려 유민들과 힘을 합쳐 당나라 군대를 몰아내는 과정에서 삼국이 하나의 민족이라는 삼한일통의식도 생겨났다. 당나라의 제도와 문물을 받아들여 통일된 사회를 운영하는 과정에서 신라는 고대사회로부터 한 걸음 더 나아갔다.

한편 통일신라의 북쪽 고구려의 옛 땅에서는 고구려 장군이던 대조영이 발해를 세웠다. 698년 건국한 발해는 926년 멸망할 때까지 옛 고구려에 견줄 만한 넓은 영토와 강한 국력을 가진 국가를 이루었다. 10대 선왕 때에 와서는 해동성국이라고 불렸다. 발해는 한반도 남쪽의 통일신라(676~935)와 비슷한 기간 동안 존속하면서 서로 경쟁했다. 그래서 이 시대를 남북국시대라고 한다. 통일신라는 늘어난 영토와 인구를 다스리기 위해 정치, 경제, 사회의 여러 제도와 조직을 다시 정비했다. 또 일반 백성에까지 널리 확산된 불교신앙과 왕성한 불교학 연구를 바탕으로 불교 문화를 활짝 꽃피웠다. 발해 역시 적극적인 대외정책을 펴면서 나라를 정비하여 동북아시아의 강국으로 떠올랐다.

고구려·수 전쟁

581년 건국한 수(隋)는 돌궐을 복속시키고, 남조의 진(陳)을 공략하여 멸망시켰다(589). 이로써 300여 년간 남과 북으로 분열되었던 중국이 하나의 왕조로 통합되었다. 수는 중국을 통일하자마자 주위로 세력을 뻗어나갔다. 당시 북방에서 세력을 떨치며 중원을 압박하던 돌궐을 여러 차례 정벌하고, 이간책을 써서 동돌궐과 서돌궐로 분열시켰다(583). 이후 수는 자국 중심의 일원적 국제질서를 구축하고자 마지막 남은 강국 고구려를 압박했다.

고구려는 수의 공격에 대비하여 성곽을 수리하고 군량미를 비축했으며, 병장기를 개선하고 전쟁 물자를 확보하는 데 진력했다. 한편으로는 일부 돌궐 집단과 연결을 모색했다. 차츰 고구려와 수 사이에 긴장이 고조되었다. 고구려 세력권에 대한 수의 영향력이 점점 커짐에 따라 거란과 말갈의 일부 집단이 고구려 세력에서 이탈하여 수로 넘어갔다. 고구려 조정은 이러한

중국 수나라시대의 동아시아, 6세기 말~7세기 초

수 문제 시대의 영역 ── 대운하
수 양제 시대의 영역 〜〜 만리장성

서돌궐
동돌궐 몽골고원
타림분지
돈황
고구려
요동성
토욕혼
탁군
(베이징)
탕구트
평양 동 해
티베트
황 하 백제 신라 왜
사비 금성
티베트고원
황 해 아스카
대흥
(시안) 동도(뤄양)
수
(581~618)
강도(양저우)
양 쯔 강 여항
(항저우)
동중국해
남해(광저우)
남중국해
드바라바티
주애

진랍 참파(임읍)
(2~15세기)

흐름을 차단하기 위해 598년 수의 전진 기지인 요서의 영주(지금의 차오양)를 공격하여 기선을 제압했다. 이에 자극을 받은 수 문제는 아들 양량(楊諒)에게 30만 대군을 주어 육지와 바다로 고구려를 침입했다. 그러나 수나라 군사들은 원정 준비 부족으로 랴오허를 건너지도 못하고 질병과 기근에 시달리다 되돌아가고 말았다.

문제의 뒤를 이어 양제가 즉위하자(604) 동아시아는 다시금 전쟁의 소용돌이에 휩쓸렸다. 즉위 과정에서 정통성에 문제가 있었던 양제는 아버지와 동생이 실패한 고구려 공략에 강하게 집착했다. 여기에다 양국 간에 놓여 있는 대외관계상의 근본적인 이해 충돌이 작용하여 전쟁이 일어났다.

612년 수 양제는 113만이 넘는 대군을 직접 이끌고 고구려 정벌에 나섰다. 고구려가 손을 잡으려던 돌궐은 이미 수에 굴복한 뒤였으며, 백제는 사태의 추이만을 지켜보고 있었다. 더구나 신라는 수에 걸사표(乞師表)를 올려 오히려 고구려 정벌을 요청한 상황이었다. 고구려는 서쪽 국경인 랴오허 일대의 요동성을 비롯한 여러 성의 방어 준비를 더욱 강화했다. 고구려군은 요동성, 건안성 등으로 들어가서 수의 침략을 막아냈다.

요동성을 포위하고 공성을 계속하던 수의 육로군은 6월까지 별다른 전공 없이 공방전만 되풀이했다. 장기전으로 군량이 바닥나고 가을철 추위가 닥쳐오면 원정군은 위험에 빠질 형편이었다. 이에 수 양제는 우문술과 우중문을 사령관으로 하는 30만 정예군을 편성했다. 육로군은 단기간에 평양 부근까지 진격했다. 그러나 해로군은 이미 패하여 육로군을 지원할 형편이 못 되었고, 육로군은 강행군에 지치고 굶주린 상태였다. 다른 방도가 없는 침공군은 급히 퇴각했

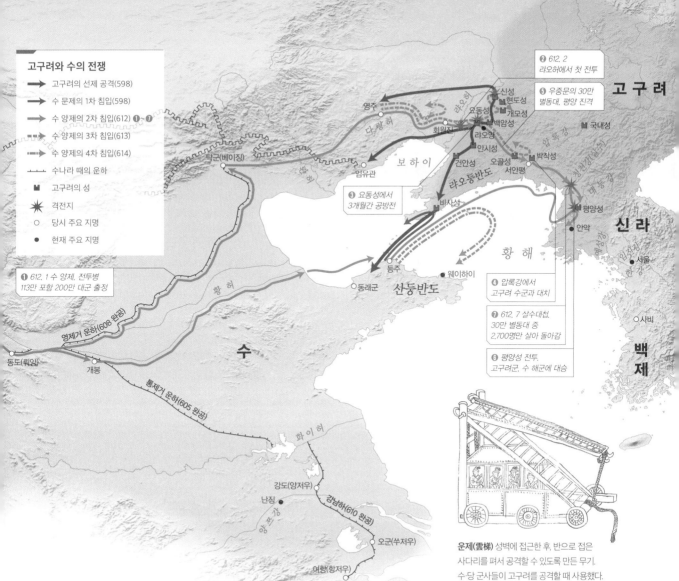

고구려와 수의 전쟁

→ 고구려의 선제 공격(598)
→ 수 문제의 1차 침입(598)
→ 수 양제의 2차 침입(612) ❶~❼
⇢ 수 양제의 3차 침입(613)
⇢ 수 양제의 4차 침입(614)
⚞⚟ 수나라 때의 운하
▉ 고구려의 성
✳ 격전지
○ 당시 주요 지명
● 현재 주요 지명

❶ 612. 1 수 양제, 전투병 113만 포함 200만 대군 출정

❷ 612. 2 라오허에서 첫 전투

❸ 요동성에서 3개월간 공방전

❹ 압록강에서 고구려 수군과 대치

❺ 우중문의 30만 별동대, 평양 진격

❻ 평양성 전투, 고구려군, 수 해군에 대승

❼ 612. 7 살수대첩, 30만 별동대 중 2,700명만 살아 돌아감

신성 / 현도성 / 개모성 / 요동성 / 백암성 / 회원진 / 라오양 / 안시성 / 건안성 / 오골성 / 서안평 / 박작성 / 국내성 / 비사성 / 등주 / 웨이하이 / 동래군 / 산둥반도

탁군(베이징) / 영주 / 임유관 / 라오둥반도 / 보하이 / 황 해 / 평양성 / 안악 / 신라 / 서울 / 백제 / 사비

동도(뤄양) / 개봉 / 영제거 운하(608 완공) / 통제거 운하(605 완공) / 황 허 / 수 / 화이허 / 강도(양저우) / 난징 / 강남하(610 완공) / 오군(쑤저우) / 여항(항저우)

운제(雲梯) 성벽에 접근한 후, 반으로 접은 사다리를 펴서 공격할 수 있도록 만든 무기. 수당 군사들이 고구려를 공격할 때 사용했다.

다. 고구려군은 물러나는 적의 후면을 공격하다가 청천강(살수)에서 포위망에 들어온 적군에 결정적인 타격을 가했다. 불과 수천 명의 생존자만이 요동성 수군 본영으로 돌아갔다.

고구려 침공에 실패한 수 양제는 이듬해 613년 다시 고구려 원정에 나섰다. 그러나 원정군이 요동에 머물 때 국내에서 반란이 일어나 더 이상 전쟁을 수행할 수 없다고 판단하고 철군했다. 이미 고구려 원정에서 엄청난 인적·물적 피해를 본 수의 백성들 사이에서는 '요동으로 가 헛되이 죽지 말라'는 내용의 민요가 널리 퍼졌으며, 각지에서 조정에 반대하는 반란이 일어났다. 그럼에도 수 양제는 다음 해 또 고구려 원정을 강행했으나 결국 라오허 유역에 도달했다가 철군했다.

수의 네 차례에 걸친 고구려 침공은 별다른 성과 없이 패배로 끝났고, 전란과 노역에 지친 백성들의 반란이 각지에서 일어났다. 수많은 반란이 전국적으로 번져 수는 멸망하고 당이 뒤를 이었다.

안악3호분 행렬도 황해남도 안악군 오국리에 있는 고분 벽화. 갑옷 차림에 창을 든 고구려 군사들이 출전하는 모습을 당차고 씩씩하게 표현했다.

고구려·당 전쟁

618년 수가 망하고 당이 일어서자 동아시아에는 잠시 평화가 찾아왔다. 수와의 전쟁에 지친 고구려는 쉴 틈을 얻기 위해 당과 친선을 도모했고, 수의 무참한 패배를 지켜본 당으로서도 섣부르게 고구려를 넘볼 수 없는 형편이었다.

당 태종이 즉위하면서 두 나라 사이에 다시 전운이 감돌았다. 국내의 군웅 세력을 완전히 제압한 당은 동돌궐을 복속시키고 서역을 정벌하는 등 점차 세력을 확대해나갔다.

고구려는 앞으로 닥쳐올 전쟁에 대비하기 위해 631년부터 16년에 걸쳐 천리장성을 쌓고 있었다. 동북의 부여성에서 랴오둥반도의 비사성(다롄)에 이르는 긴 성이었다. 이렇게 고구려와 당 사이에 긴장이 높아지고 있을 무렵, 고구려에서 정변이 일어났다. 영류왕은 연개소문을 천리장성 공사의 감독으로 임명했는데, 당에 대해 강경한 연개소문을 국경으로 보

고구려와 당의 전쟁, 645년
→ 당의 침입 (❶~❼)
→ 고구려의 항전
✳ 격전지
🏯 고구려 성
🏯 당에 함락된 고구려 성
○ 당시 주요 지명
● 현재 주요 지명

내 그의 세력을 약화시키려는 이유도 있었다. 이를 눈치챈 연개소문이 먼저 귀족들과 왕을 죽이고 왕의 조카인 보장왕을 새로 왕위에 앉혔다(642). 그리고 자신은 막리지가 되어 모든 권력을 장악하고, 대외적으로 강경책을 쓰면서 당과의 일전도 마다하지 않았다. 고구려와 당의 숙명적 대결은 시간문제였다.

645년 당 태종은 고구려를 굴복시키기 위해 오랫동안 준비한 대규모의 군대를 요동으로 출발시켰다. 그해 4월 당군은 랴오허를 건너 고구려를 공격했다. 초반에는 당군이 우위를 점했다. 당의 주력군은 개모성, 요동성, 백암성 등 요동 지역에 있는 고구려의 주요 성들을 차례로 함락시켰다. 한편 해로를 통해 침공해온 당의 수군은 비사성을 공략한 뒤 북진했다. 남북 양쪽에서 당군이 안시성(랴오닝성 하이청시 잉청 자산성)을 향해 진공했다.

한편 침공군을 저지하기 위해 고구려 중앙군이 안시성 지역으로 출동했고, 각각 15만여 명의 병력을 동원한 양군이 안시성 교외에서 마침내 대회전을 벌였다. 이 회전에서 당군의 기동력과 포위 작전에 말려들어 고구려군이 대패했다. 이어 당군은 안시성을 공략하기 위해 총력을 기울였다.

안시성은 요동 평야에서 평탄한 대로를 따라 평양성으로 향하는 길목에 있었다. 이 성을 둘러싼 공방전에서 안시성 군민은 몇 달에 걸쳐 당군의 공세를 잘 막아냈다. 그 사이에 고구려군은 전열을 재정비할 수 있었으며, 서리가 내리고 추위가 엄습하기 시작하면서 당군은 군수품 조달이 어려워졌다. 게다가 연개소문은 당의 침공에 대응하기 위해 몽골고원의 유목민 집단 설연타와 동맹을 맺었다. 고구려와 설연타 양국의 협공을 받을 위기에 처하자 당군은 전면적으로 후퇴했고, 퇴각하는 당군의 후면을 공격한 고구려군은 큰 전과를 거두었다.

중국의 역사책 『자치통감』은 퇴각하는 당군의 참담한 모습을 이렇게 기록하고 있다. "요수

에 이르자 길이 온통 진흙 수렁에 막혀 수레나 말이 나아가지 못했다. 군사들이 나무를 베어 길을 만들고 수레를 이어 다리를 놓았다. 태종도 나무를 지고 섶을 묶어 이들을 도왔다. 강을 건너자 이제는 눈보라가 몰아쳤다. 군사들의 옷이 젖어 얼어 죽는 자가 많았으므로 길에 불을 피워 눈이 녹기를 기다려 나아갔다."

당은 한 번의 패배로 물러서지 않고 그 뒤에도 끊임없이 군사를 내어 고구려를 침략했지만 이렇다 할 전과를 거두지 못했다. 혼자 힘으로는 고구려를 정벌할 수 없음을 깨달은 당은 결국 신라와 손을 잡는 것으로 전략을 바꾸었다.

백암성 사진은 백암성 북벽의 모습으로 아직도 성벽 아래 쪽에는 고구려 당시의 성벽이 남아 있다. 645년 당 태종이 대규모 군대를 이끌고 고구려를 침략해 개모성, 요동성을 차례로 함락시키고 백암성에 도달했다. 이때 성주 손대음이 당과 내통해 성문을 열어주어 함락되고 말았다.

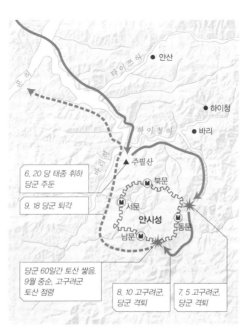

안시성 전투, 645년

→ 당군의 침입로
⇢ 당군의 퇴각로
● 현재 주요 지명

6. 20 당 태종 휘하 당군 주둔

9. 18 당군 퇴각

당군 60일간 토산 쌓음. 9월 중순, 고구려군 토산 점령

8. 10 고구려군, 당군 격퇴

7. 5 고구려군, 당군 격퇴

주필산

북문

서문

안시성

동문

남문

안산

타이쯔허

하이청

바리

하이청허

벽화와 비문을 통해 본 고구려의 대외교섭

고구려는 드넓은 유라시아대륙과 접하고 있었기 때문에 중국, 일본뿐만 아니라 유연, 돌궐 등 내륙 아시아에 이르기까지 폭넓은 대외 활동을 벌일 수 있었다. 8세기 초 돌궐제국의 영웅 퀼 테긴(685~731)을 기리는 비가 오르콘 강변에서 발견되었는데, 이 비문에는 6세기 돌궐의 무한카간(재위 553~572)이 죽었을 때 고구려에서 조문 사절을 보냈다는 내용이 적혀 있다.

고구려 말의 권력자 연개소문은 내륙 아시아와의 인적, 물적 교류를 정치적으로 잘 활용했다. 645년 당 태종이 쳐들어오자, 그는 몽골고원을 석권하고 있던 설연타에게 사신을 보내 동맹을 맺었다. 그해 설연타는 당나라 후방인 오르도스 지역을 공격함으로써 고구려를 지원했다. 이 같은 끈끈한 관계는 고구려가 망한 뒤에도 계속되었다. 일부 고구려인은 몽골고원 방면으로 이주하여 돌궐의 카간 밑에서 활약했다.

7세기 후반 당 고종의 아들 이현(李賢)이 죽은 뒤 그의 무덤에 그린 예빈도(禮賓圖)에는 고구려 사신을 포함한 여러 나라 사절들이 등장한다. 이 그림에 고구려인을 넣은 이유는 남북조시대 이래로 고구려를 중국 동방의 주요 국가로 인식했기 때문이다. '동방의 강국 고구려'라는 인식은 수 대부터 널리 퍼져나갔다. 수나라 말에 '요동에 가 헛되이 죽지 말라'라는 내용의 노래가 유행한 것도 그런 일면을 말해준다. 당 대에도 그러한 인식이 지속되었다. 특히 645년 당 태종의 고구려 원정 실패는 당대뿐 아니라 뒷 시기까지도 중국인들에게 강

둔황 벽화의 조우관 쓴 인물 유마거사가 질병을 앓고 있을 때 문수보살이 문병을 하고 법문을 나누었다는 『유마힐경』의 내용을 중국화해서 그린 유마힐경변상도(둔황 335호 석굴)의 일부이다. 이 벽화에서 복색을 달리한 여러 사람들, 즉 외국의 왕자나 관인을 나타낸 그림 중에 조우관을 쓴 두 사람이 보인다.

고구려의 대외교류, 7세기

- ▨ 고구려의 최대 영토
- ━ 실크로드
- ━ 바다를 통한 교역로
- ○ 당시 주요 지명
- ● 현재 주요 지명

발하쉬호
알타이산
시르다리야
아랄해
우루무치
키다라~헤프탈
톈산산맥
투르판
타쉬켄트
카스피해
아무다리야
쿠차
사마르칸트
둔황
카쉬가르
니야
파미르고원
호탄
쿤룬산맥
토욕혼

티베트고원
티베트(토번)
· 라싸

아프라시압 벽화의 조우관 쓴 인물 사마르칸트 아프라시압 궁전 유적의 1호실 서쪽 벽 벽화. 오른쪽에 조우관 쓴 사람이 두 명 보인다. 7세기 후반 당과 전쟁을 수행하는 과정에서, 당을 측면에서 견제할 수 있는 동맹국을 찾아 서역을 방문했던 고구려 사신을 그린 것으로 여겨진다.

한 인상을 남겼다. 각각 642년과 686년에 제작된 둔황 막고굴 220호와 335호 석굴의 유마힐경변상도에 고구려인이 등장하는 것도 그런 측면에서 이해할 수 있다. 고구려를 동방의 대표적인 나라로 여기는 당나라 사람들의 인식은 고구려 멸망 후에도 '도관칠개국육판은합(都管七箇國六瓣銀盒)' 그림 등 당시의 불교 미술에서 확인된다.

7세기 들어 고구려인은 서역 끝자락에 있는 나라에까지 발자취를 남겼다. 1965년 우즈베키스탄 사마르칸트의 한 언덕에서 발견된 아프라시압 궁전 벽화에 동아시아인 두 명이 그려져 있었는데, 궁전 벽에 쓰인 소그드어를 통해 그들이 7세기 후반 바르후만왕 때 이곳을 방문한 고구려 사신일 수 있다는 주장이 강력하게 제기되었다. 그림에서 오른쪽의 깃털을 꽂은 모자, 즉 조우관(鳥羽冠)을 쓰고 환두대도를 찬 남자 사신 둘이 고구려인일 가능성이 높기 때문이다. 이 그림은 7세기 후반~8세기 초에 제작된 것으로, 고구려가 7세기 후반 당과의 전쟁을 수행하는 과정에서 동맹국을 찾아 서역으로 파견한 사절을 그린 것으로 여겨진다.

고구려는 일본과도 관계를 맺고 있었다. 일본 사신들은 선진 문화를 배우기 위해 때때로 고구려를 찾아왔다. 고구려의 학자, 예술가들도 일본에 후세에 길이 남을 업적을 남겼다. 595년 일본으로 건너간 불승 혜자는 일본 쇼토쿠태자의 스승으로 활동했고, 610년에 건너간 불승 담징은 5경을 전수했을 뿐만 아니라 채색 종이와 먹 만드는 법, 수차 제작법을 알려주었다. 한편 호류지 금당 벽화는 고구려의 담징이 그린 것으로 전해지고 있다. 그리고 다카마쓰고분 벽화의 여인 그림과 키토라 고분의 별자리 그림이 고구려 고분벽화와 매우 유사하다는 점에서 고구려 계통 사람들이 일본에 문화적으로 큰 영향을 끼친 것으로 생각된다.

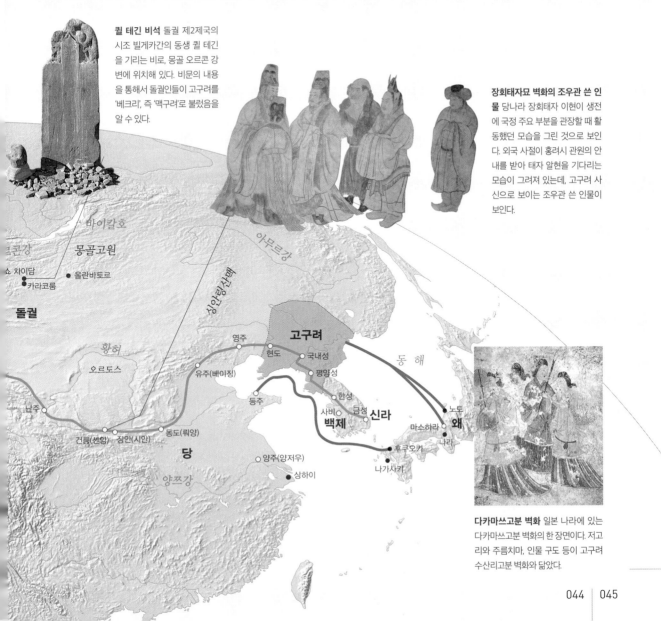

퀼 테긴 비석 돌궐 제2제국의 시조 빌게카간의 동생 퀼 테긴을 기리는 비로, 몽골 오르콘 강변에 위치해 있다. 비문의 내용을 통해서 돌궐인들이 고구려를 '베크리', 즉 '맥구려'로 불렀음을 알 수 있다.

장회태자묘 벽화의 조우관 쓴 인물 당나라 장회태자 이현이 생전에 국정 주요 부분을 관장할 때 활동했던 모습을 그린 것으로 보인다. 외국 사절이 홍려시 관원의 안내를 받아 태자 알현을 기다리는 모습이 그려져 있는데, 고구려 사신으로 보이는 조우관 쓴 인물이 보인다.

다카마쓰고분 벽화 일본 나라에 있는 다카마쓰고분 벽화의 한 장면이다. 저고리와 주름치마, 인물 구도 등이 고구려 수산리고분 벽화와 닮았다.

신라의 삼국통일

삼국 간의 전쟁은 7세기 중반에 접어들면서 급박하게 전개되었다. 642년 백제는 신라를 공격하여 대야성(경남 합천)을 비롯한 그 서부 지역의 요충지를 점령했다. 이 난국을 타개하기 위해 신라의 김춘추는 고구려 평양성을 방문, 그 해 쿠데타로 집권한 연개소문과 담판을 벌였다. 싸움을 끝내고 관계를 개선하자는 것이었다. 그러나 한강 유역을 돌려달라는 연개소문의 요구와 김춘추의 판단 착오로 회담이 결렬되면서, 오히려 신라에 대한 고구려의 공세가 강화되었다. 645년에는 당군이 고구려를 대규모로 침공해왔으나, 안시성 전투에서 패하고 퇴각했다.

신라의 김춘추는 마지막 남은 협조 대상이었던 당으로 건너가 신라와 당의 동맹을 적극 추진했다. 당 역시 고구려 침공이 실패로 돌아간 이후 병참 보급 문제를 해결해줄 동맹군을 바라고 있었으므로 신라와 기꺼이 손을 잡았다. 이에 신라와 당을 연결하는 강력한 군사 동맹이 성립하면서, 통일된 중국의 왕조와 삼국이 직접 맞부딪치기 시작했다. 그 물결은 동북아시아 정세를 근본적으로 뒤흔들었다.

신라와 당의 움직임에 맞서 고구려와 백제는 협력을 추구했다. 고구려는 몽골고원의 유목민 국가 설연타와 중앙아시아 사마르칸트 지역에 있던 강국(康國) 등에 사절을 보내 동맹을 모색했다. 당의 배후를 견제하는 전략이었다. 한편 백제는 일본과 관계를 강화했다. 이처럼 7세기 중반 동북아시아 정세는 한반도를 가운데 두고 동서의 동맹 축과 남북의 연결 축이 교차하여 대립하는 형세를 보였다. 하지만 전자가 후자에 비해 결속 정도가 훨씬 강했다.

660년 신라가 당과 연합하여 백제를 공격했다. 백제는 이미 방어 능력을 상실한 상태였고 결국 멸망하고 말았다. 그러자 각지에서 유민이 부흥운동을 일으켰다. 복신, 도침, 흑치상지, 왕자 풍 등이 부흥군을 이끌고 활약했으나, 663년 백제 부흥군과 일본군이 백강(금강 하구)에서 신라와 당 연합군에게 패한 것을 계기로 부흥운동은 점차 소멸했다. 이후 당은 공주 지역

백제의 멸망과 유민들의 저항

❷ 660. 6 소정방의 13만 당군, 백제 침공
❸ 6. 12 소정방, 신라 태자 김법민과 작전 회의
❶ 660. 5. 26 김유신 휘하 5만 신라군, 금성 출발
서울
남천(이천)
덕물도(덕적도)
당항성(남양)
국원(충주)
조령
❼ 9. 3 의자왕, 당으로 끌려감
❺ 7. 12 사비성 함락, 의자왕 탈출
❻ 7. 18 웅진성 함락 (당, 웅진도독부 설치)
임존성
흑치상지
웅진
청주
삼년산성
사비
내사지성
옹산성
가림성
탄현(대전)
복신·도침·풍
황산
❹ 7. 9 황산벌 전투. 계백의 5,000명 결사대 패배
주류성
고사비성
백 제
전주
지리산
광주

→ 신라군의 진격로
→ 당군의 진격로
✳ 격전지
흑치상지 백제 부흥운동 주요 인물
● 백제 부흥운동 주요 거점
○ 당시 주요 지명
● 현재 주요 지명

경주 태종무열왕릉비 김유신과 함께 신라의 정치 개혁과 삼국 통일을 주도한 태종무열왕(김춘추)의 공적을 기록했을 것으로 추정되는 비이다. 비신 부분이 사라진 채 귀부와 이수만이 남아 있다.

에 웅진도독부를 두고, 백제 영토에 대한 지배력을 새롭게 강화하려 했다.

당군은 백제의 멸망으로 운신의 폭이 커진 신라군의 지원을 받아 고구려를 자주 공격했고, 고구려의 전략적 위치는 크게 약화되었다. 고구려가 오랜 전란으로 피폐해진 가운데 연개소문이 죽자 그의 아들들 사이에 내분이 일어났다. 이 틈을 타서 신라와 당 연합군이 대공세를 펴니 고구려는 마침내 멸망하고 말았다(668). 당은 평양에 안동도호부를 설치하고 고구려 지역을 자신의 영역으로 삼았다. 고구려 멸망 후 검모잠, 안승, 고연무 등이 각지에서 부흥운동을 이끌었다.

신라의 삼국통일로 한반도의 백성들은 전쟁의 고통에서 해방될 수 있었다. 그러나 이 과정은 외세인 당과 결탁하여 동족의 국가를 멸망에 이르게 했고 옛 고구려의 광대한 땅을 포기했다는 한계를 지니고 있다. 하지만 영토를 상실한 불완전한 통일은 발해의 건국과 고려의 재통일로 보완되었다. 외세를 끌어들여 동족을 쳤다는 비판도 있지만, 당시 삼국과 당 모두 별개의 국가로 경쟁하는 관계였다는 점을 감안하면, 삼국통일을 신라 왕실이 자국의 어려움을 극복하기 위해 노력한 결과로 볼 수 있을 것이다. 다른 한편으로 삼국통일은 세 나라 사람들 간에 존재했던 이질성을 줄이고 동류의식을 갖게 하여 하나의 '민족'을 형성하는 중요한 계기가 되었다. 삼국통일을 계기로 처음으로 하나의 민족 공동체가 형성되어 민족국가의 기반을 마련했던 것이다.

청주 운천동 신라사적비 삼국통일 이후 청주 지역에 세운 비석으로, '합삼한이광지(合三韓而廣地)'라는 글자가 새겨져 있다. 삼국 통합을 삼한의 통합으로 인식한 것으로, 이를 통해 삼국통일 후 동족의식이 형성되었음을 알 수 있다.

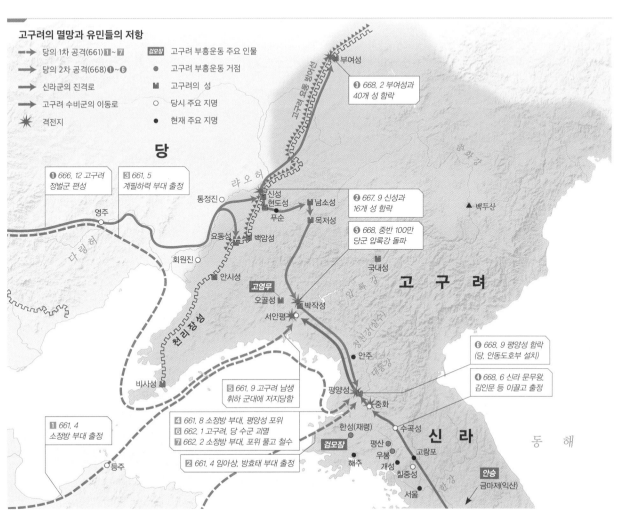

고구려의 멸망과 유민들의 저항

- → 당의 1차 공격(661) ❶~❼
- → 당의 2차 공격(668) ❶~❻
- → 신라군의 진격로
- → 고구려 수비군의 이동로
- ✦ 격전지
- 검모잠 고구려 부흥운동 주요 인물
- ● 고구려 부흥운동 거점
- ▰ 고구려의 성
- ○ 당시 주요 지명
- ● 현재 주요 지명

당

고구려

신라

동 해

❸ 668. 2 부여성과 40개 성 함락

❶ 666. 12 고구려 정벌군 편성

❸ 661. 5 계필하력 부대 출정

❷ 667. 9 신성과 16개 성 함락

❺ 668. 중반 100만 당군 압록강 돌파

❻ 668. 9 평양성 함락 (당, 안동도호부 설치)

❹ 668. 6 신라 문무왕, 김인문 등 이끌고 출정

❺ 661. 9 고구려 남생 휘하 군대에 저지당함

❶ 661. 4 소정방 부대 출정

❹ 661. 8 소정방 부대, 평양성 포위
❻ 662. 1 고구려, 당 수군 괴멸
❼ 662. 2 소정방 부대, 포위 풀고 철수

❷ 661. 4 임아상, 방효태 부대 출정

부여성, 신성, 현도성, 푸순, 남소성, 목저성, 백두산, 국내성, 고연무, 오골성, 박작성, 서안평, 안주, 안시성, 회원진, 요동성, 백암성, 통정진, 영주, 비사성, 천리장성, 평양성, 중화, 한성(재령), 검모잠, 평산, 우봉, 해주, 개성, 칠중성, 고랑포, 안승, 금마저(익산), 서울, 수곡성, 다링허, 랴오허, 쑹화강, 압록강(살수), 청천강(살수), 대동강, 고구려 옛 국경선

등주

신라와 당의 전쟁

고구려가 멸망하자 그간 잠재돼 있던 신라와 당의 갈등이 표출되었다. 두 나라는 동맹을 맺고 있었지만, 통일 전쟁 후에 있을 고구려와 백제의 영토 귀속 문제를 둘러싸고 처음부터 이해관계가 충돌했다. 그러다가 공동의 적인 고구려가 멸망하자 갈등이 표면화했다.

668년 고구려를 점령한 당은 신라 땅까지도 빼앗으려고 했다. 비열성(안변)이 한때 고구려 땅이었다면서 안동도호부에 넘기라고 강요한 것이다. 웅진도독부에서는 신라와의 경계표인 말뚝을 몰래 옮겨놓기도 했고, 더욱이 신라의 한성(황해도 재령)에서는 그 도독을 회유하여 점령하려고까지 했다. 당의 이 같은 배신 행위는 신라인들의 분노를 불러일으켰다. 고구려 유민들도 사방에서 당 침략군과 맞서 싸웠다. 이에 힘입어 신라 지배층은 당군을 몰아내기 위한 전쟁을 시작했다.

669년 신라 측이 당군을 공격하고 고구려 부흥운동군을 지원함에 따라 긴 전쟁이 시작되었다. 같은 해 고구려 보장왕의 아들 안승이 4,000여 호의 백성을 이끌고 신라 땅으로 왔다. 다음 해 고구려 항전 부대의 하나인 고연무 부대가 신라군과 합세하여 압록강을 건너 진격해서 큰 성과를 거두었다. 같은 해 검모잠은 유민들을 모아 대규모 항전 부대를 조직하여 당의 관리들을 처단하고 신라 땅으로 왔다. 그리고 안승을 한성(황해도 재령)으로 데려가 왕으로 세우고 고구려국의 재건을 선포했다. 또 신라에 사신을 보내 신라의 제후국이 되기를 청했다.

신라는 고구려국의 재건을 적극 지원했다. 안승을 정식 고구려왕으로 인정하고 형제의 나라가 되기로 했다. 당은 신라 귀족층의 내분과 이탈을 꾀하는 한편, 대군을 여러 차례 파견하여 공격했다. 이에 대응하여 신라 조정은 친당 귀족들을 숙청했으며, 고구려와 백제 귀족들에게 관작을 주고 일부 고구려 유민 집단을 금마저(익산)로 이주시켜 자치국을 형성하게 하는 등 고구려와 백제 유민의 포섭에 힘쓰면서 당군과 장기전을 벌여나갔다. 한편 일본과도 관계 개선을 꾀해 앞으로 있을지 모르는 배후로부터의 위협을 방지하는 데 힘을 기울였다.

672년 여름 당군 1만 명과 말갈군 3만 명이 또다시 침략해왔다. 그동안 전쟁 준비를 해왔던 신라와 고구려는 백수성 전투에서 이들을 크게 무찔렀다. 그 뒤로도 당은 말갈과 거란의 군대를 앞세워 신라의 북쪽 경계를 계속 침범했으나 신라와 고구려는 그때마다 물리쳤다. 674년 초 당 고종은 신라가 고구려 유민을 받아들이고 백제의 옛 땅을 내놓지 않는다면서, 문무왕 대신 당에 와 있던 아우 김인문을 신라의 왕으로 삼는다고 선포했다. 이와 함께 수십만의 대군을

삼국통일 무렵의 동아시아, 7세기 후반

당의 영역 당의 최대 영역

철륵

돌궐 제2제국

타림분지

거란

몽골고원

영주

사주(둔황)

탕구트

오르도스 우주(베이징)

티베트고원

신라

동해

토욕혼

황허

황해

왜

티베트(토번)

장안

동도(뤄양)

금성

아스카

당

양주

항주

명주(닝보)

양쯔강

동중국해

남조

천주(푸저우)

광저우

남중국해

드바라바티

진랍

참파(임읍)

나당전쟁의 경과

→ 신라군의 진격로 ○ 당시 주요 지명
→ 당의 진격로 ● 현재 주요 지명
✸ 격전지

당

오골성
박작성
● 신의주
안주
❸ 668 당,
안동도호부 설치
평양성

❾ 676 신라, 대동강~
원산만 경계로 삼국통일

함흥

원산만

비열성(안변)

적목성(회양)

수곡성(신계)
❼ 675 신라,
20만 당군 괴멸

한성(재령)

마전(연천)
백수성(배천) 칠중성 매소성
천성 수약주(춘천)

하슬라주(강릉)

인천 한강
덕물도(덕적도) 한산주(광주)

신 라

❶ 660 당, 웅진도독부 설치
❻ 672 신라, 웅진도독부 축출
❺ 671 신라, 영토 되찾고
소부리주 설치
❽ 676 신라, 설인귀의
당 해군 격파. 나당전쟁 종결

국원소경(충주)
▲ 월악산
속리산 ▲
웅진
사비 금강 대전
기벌포
금마저(익산)
전주

❹ 670 신라, 백제 영토
수복 전쟁 개시
❷ 663 당,
계림도독부 설치

상주

대구 금성
울산
무주(광주) ▲ 지리산 부산

편성하여 다시 침략해왔다.

675년 신라군은 당의 육군 20만을 지금의 서울 북쪽 양주(연천이라는 설도 있음) 지역의 매소성에서 무찌르고 전마 3만여 필을 빼앗는 큰 승리를 거두었다. 또한 다음 해 기벌포(금강 하구) 전투에서 당나라 해군을 크게 무찌르는 등 침략군을 계속 물리쳐 대동강 이남 지역에서 당나라 세력을 완전히 몰아냈다. 이로써 신라는 대동강 남쪽의 땅을 영토로 확보했다. 당이 안동도호부를 요동으로 옮기고 한반도에서 전면 퇴각함에 따라 양국 간의 전쟁은 끝이 났다. 이는 삼국 시기를 거치면서 고대 한국 사회가 여러 방면에서 이룩한 성장의 결과였다.

이후에도 당은 신라가 차지한 한반도에 대한 지배 야욕을 결코 포기하지 않았다. 그러나 이 무렵 서역의 토번 정벌이 더 시급해 신라를 재침하려는 계획을 실행에 옮기지 못했다.

나당전쟁에서 신라가 승리한 가장 중요한 요인은 토번의 등장을 적극적으로 활용한 신라의 외교력이었다. 그리고 혹시 있을지도 모를 당과의 전쟁에 대비해 신라의 배후에 있는 일본을 자신의 편으로 묶어두기 위한 치밀한 외교전을 펼쳤는데, 이러한 활동이 뒷받침되었기에 전쟁에서 승리할 수 있었다.

매소성 675년(문무왕 15) 신라가 20만 당군을 맞아 육지에서 싸워 승리를 거둔 성으로, 『삼국사기』 지리지에 고구려 매성현(買省縣, 지금의 경기도 양주)으로 기록되어 있다. 국립문화재연구소의 발굴 결과 이곳에서 많은 화살촉이 발견되면서 양주 대모산성을 매소성으로 비정했다.

통일신라의 통치조직과 정치체제

신라는 삼국통일로 확대된 영토와 늘어난 인구를 효과적으로 통치하기 위해 중앙과 지방 행정조직을 비롯한 여러 제도들을 새로 마련했다. 삼국통일 이후 나타난 중요한 정치적 변화는 강력한 왕권이 확립된 것이다. 한편 왕권을 전제화하기 위해서는 통치조직의 정비를 뒷받침하는 새로운 정치사상이 필요했는데, 그래서 내세운 것이 바로 유교정치사상이었다. 유교정치사상은 통일 이전에 제작된 진흥왕 순수비 등에서 보이는 것과 같은 낮은 이해 단계를 거쳐 신라 중대(태종무열왕~혜공왕)에 들어서면서 본격적으로 표방되었다. 마침내 682년(신문왕 2) 국학을 설립하여, 유교적 이데올로기의 확립을 도모하고 왕권을 보좌할 실무 관료를 양성했다. 이처럼 신문왕은 충과 효, 바른 정치를 강조하는 유학을 정치이념으로 수용하여 강력한 왕권을 확립했다. 788년(원성왕 4)에는 유명무실해진 국학의 기능을 강화하기 위해 국학의 졸업생을 대상으로 시험을 보게 하고 성적에 따라 관리로 등용하는 독서삼품과를 실시했다.

통일 이후 각급 관서들도 확충했다. 국왕 직속의 집사부(執事部)가 행정의 중심 기관이 되었고, 집사부의 책임자인 시중은 나라의 행정 업무를 총괄했다. 집사부는 귀족보다는 왕을 대변하는 입장에 있었기 때문에, 자연히 전제왕권 강화의 일익을 담당했다. 그러나 신라사회의 구조적 한계로 인해 당의 제도를 전면적으로 받아들일 수는 없었으며, 귀족 세력을 대변하는 상대등과 병부 위주의 전통적인 권력구조도 그대로 지속되는 한계를 드러내고 있었다. 그 밖에 위화부(位和府), 창부(倉部) 등 10여 개의 관청이 행정을 나누어 맡았다. 또 감찰기구인 사정부(司正府)가 강화되었는데, 이는 확충된 관료기구를 효율적으로 통제하기 위한 장치였다. 이

성덕대왕신종 경덕왕이 아버지 성덕왕의 명복을 빌기 위해 만들었다고 한다. 봉덕사에 안치되어 '봉덕사종'이라고도 한다. 용뉴와 함께 종의 표면에 유곽, 비천상 등을 표현하여 통일신라시대 금속 공예의 최고 수준을 보여준다.

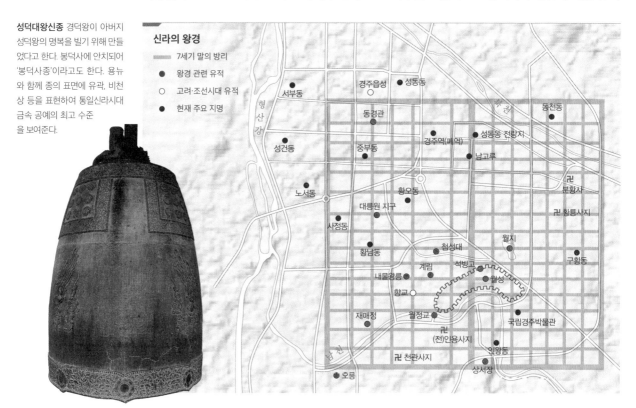

신라의 왕경

▬▬ 7세기 말의 방리
● 왕경 관련 유적
○ 고려·조선시대 유적
● 현재 주요 지명

형산강
서부동
경주읍성
성동동
동경관
동천동
성건동
경주역(폐역)
중부동
성동동 전랑지
남고루
노서동
황오동
卍 분황사
대릉원 지구
卍 황룡사지
사정동
월지
황남동
첨성대
구황동
석빙고
계림
월성
내물왕릉
향교
국립경주박물관
재매정
월정교
卍 (전)인용사지
인왕동
남천
卍 천관사지
상서장
● 오릉

들 기구는 왕권과 중앙권력을 뒷받침하는 핵심적인 물리력이었다.

삼국통일 이후 영토가 확대되자 이를 체계적으로 통치하기 위해 지방 행정조직을 개편했다. 685년(신문왕 5) 9주 5소경을 설치하고 그 아래에 군·현을 둠으로써 주·군·현을 기본으로 하는 지방 통치체제를 성립시켰다. 수도 금성(경주)이 국토의 동남쪽에 치우친 약점을 보완하기 위해 지방의 중심지에 5소경을 두었다. 5소경에는 진골 귀족을 비롯한 수도의 주민뿐 아니라, 가야, 고구려, 백제의 귀족 일부를 거주하게 하여 지방의 정치·문화적 중심지로 삼았다. 주·군·현 및 소경의 장관은 중앙에서 파견했다. 특히 주·군에는 외사정이 파견되어 감찰 임무를 수행했는데, 이는 중앙집권적인 성격을 잘 보여준다.

한편 주·군·현 및 소경 아래에는 행정촌이 있고, 다시 그 아래에는 자연촌이 있었다. 행정촌은 몇 개의 자연촌으로 이루어져 있었는데, 여기에는 그 지방 토착 세력인 촌주가 있어 중앙에서 파견된 지방관의 통제 아래 그 지역의 자치를 담당하고 있었다. 이들 지방 세력을 견제하기 위해 상수리제도를 시행했다. 주의 관리 한 명을 상경시켜 왕경의 관부에서 근무하게 하는 상수리제도는 고려시대에 이르러 기인제도로 발전했다. 그 밖에 천민들의 집단 거주지도 존재했다.

군사제도 역시 통일 이후 새로이 정비되었다.

중앙군을 9개의 서당(誓幢)으로 정리하고, 전국의 주요 지점 열 곳에 10정(十停)이라는 군영을 설치하여 지방의 치안까지 담당하게 했다. 9서당에는 고구려와 백제는 물론 말갈인까지 포함시켜 민족융합을 꾀했다.

아울러 경제제도도 정비했다. 귀족 세력을 누르고 농민에 대한 지배력을 강화하기 위해 귀족들에게 지급하던 녹읍을 없애고, 관리들에게 관료전이나 곡식을 녹봉으로 지급하기도 했다. 그러나 농민 경제가 어려워져 국가 재정이 부족해지고 귀족들의 반발이 거세지자 녹읍이 다시 부활했다.

문관 토용 유교의식에 따라 오른손을 왼손 위에 포개어 홀을 들고 있는데, 통일신라의 유교정치사상에 입각한 관료제도를 엿볼 수 있다. 특히 움푹 들어간 눈과 오똑 솟은 코의 생김새 때문에 서역인을 본떠 만들었을 것으로 여겨진다. 경주 용강동 고분 출토.

통일신라의 통치제도 정비

- ● 9주의 주치
- ◉ 5소경
- ☐ 10정

9서당의 설치

설치 연도	9서당
613년 (진평왕 35)	녹금서당
675년 (문무왕 15)	백금서당
677년 (문무왕 17)	자금서당
683년 (신문왕 3)	황금서당
	흑금서당
686년 (신문왕 6)	벽금서당
	적금서당
687년 (신문왕 7)	청금서당
693년 (효소왕 2)	비금서당

통일신라 민의 생활

삼국시대 후기부터 지방 통치조직이 확대됨에 따라 전국의 민과 토지에 대한 국가의 지배력이 점차 강화되었는데, 이는 삼국통일 이후 제도적으로 정비되었다. 통일신라 시기 행정조직의 말단 단위는 촌(村)으로, 자연적인 경계에 따라 형성된 촌락이었다. 이런 촌을 단위로 3년마다 경작지의 면적, 호구, 가축, 유실수, 뽕나무 등을 조사해 문서로 작성하고, 그 기간 내의 변동 사항도 그때마다 문서에 추기(追記)했으며, 이를 바탕으로 매년 조세와 역역(力役)을 부과했다. 촌은 몇 개의 자연촌으로 구성되었다. 또 자연촌 몇 개가 묶인 행정촌이 있었는데, 거기에는 촌주 한 명이 있어 행정 업무를 도왔다. 각 행정촌은 상급 기관인 현에 귀속되었으며, 현은 군에 속했다. 그리고 소경과 군에 직접 귀속된 촌도 있었다.

촌에 거주하는 평민의 대다수는 농민이었고, 소수가 상업과 수공업에 종사했다. 농민은 촌락 단위로, 연령에 따라 6등급으로 구분되었다. 정(丁)과 정녀(丁女)인 20세에서 59세 사이의 남녀를 중심으로, 20세 미만은 조자(助子)·조녀자(助女子), 추자(追子)·추녀자(追女子), 소자(小子)·소녀자(小女子)로, 60세 이상은 제공(除公)·제모(除母), 노공(老公)·노모(老母)로 분류되었다. 호(戶)는 상상호(上上戶)에서 하하호(下下戶)까지 9등급으로 나누었는데, 인정(人丁)의 많고 적음을 기준으로 한 것 같다. 또한 성별·연령별 구분 외에도 노비를 따로 파악하고 있다. 이런 식으로 호구를 파악하여 자료를 만든 이유는 국가가 역역(力役)의 동원을 쉽게 하기 위해서였을 것이다.

촌락 내에 있는 농민의 토지는 논과 밭으로 구분하여 각각 결부법(結負法)에 의해 면적을 조사하고 이에 따라 조세 부과량을 정했다. 국

「신라촌락문서」의 세계

이 촌락 문서는 695년(효소왕 4)에 신라의 내성(內省)에서 관할한 왕실 직속 촌의 호구, 우마, 전답, 경제림 등의 상황을 파악하기 위해 만든 것으로, 현재 서원경 소속의 촌을 비롯하여 4개 촌의 기록이 남아 있다. 1933년 일본의 쇼소인(正倉院)에 소장된 '화엄경론제칠질(華嚴經論第七帙)'을 수리할 때 우연히 발견되었다. 이 경질(經帙)은 포심(布芯)의 양쪽에 닥나무 종이 두 장을 붙여 만든 것인데, 이 닥나무 종이 2편이 바로 「신라촌락문서」를 재이용한 것이었다.

문서가 발견된 경질

신라인이 만든 소와 말 모양 토용

「신라촌락문서」 단편

가는 일반 농민에게 연수유답(烟受有畓)과 연수유전(烟受有田)을 지급했는데, 이는 자영 농민의 원 소유지에 대해 단지 국가가 그 소유권을 인정해준 것이다. 722년(성덕왕 21) 국가에서 농민에게 지급했다는 정전이 바로 이것으로 여겨진다. 일반 농민은 자기 농지를 경작하는 일 외에도 촌주에게 주어진 촌주위답, 관청 소유지인 관모전답, 관료전인 내시령답, 국가에 삼을 공납하는 토지인 마전 등을 공동 경작했다. 한편 나무의 그루 수까지 파악한 것을 보면 이것도 과세 대상이었던 듯하다. 결국 일반 농민은 각기 자기 토지를 소유하여 경제적으로 독립된 상태였으나, 촌에 할당된 공유지를 공동 경작하는 데 필요한 역역도 부담했다. 이를 통해 공동체적인 질서가 상당히 잔존하고 있었음을 알 수 있다.

당시 농촌에는 노비가 많지 않았다. 노비의 주된 소유층은 진골 귀족이었고, 왕실이 최대 소유자였다. 『신당서』에 따르면, 신라의 재상가(宰相家), 즉 진골 귀족들이 노비를 3,000명이나 소유하고 있었다. 당시 귀족들은 각지에 농장과 목장을 가지고 있었는데, 자신이 소유한 노비를

부려 경작과 가축 사육을 한 것으로 여겨진다. 그 경우 노비의 예속 형태는 외거노비였다. 수도에 사는 귀족의 노비들은 가내노동과 귀족의 호화스러운 생활을 유지하는 데 필요한 일에 종사했고, 일부는 수공업품도 생산한 것으로 보인다. 왕실과 사찰이 소유한 노비도 예속 형태가 비슷했을 것이다.

군(郡)의 상급 기관이 주(州)였고, 주와 소경은 중앙 왕실에 직속되었다. 그러나 업무에 따라서는 중앙에서 군에 직접 하달하고 군에서 중앙으로 직접 보고하는 경우도 있었다. 이 밖에 부곡(部曲)과 향(鄕)이 있었는데, 일반 군·현의 주민과 달리 천민 신분에 속하는 이들이 거주하는 지역을 특수행정 단위화한 것이라고 보는 것이 통설이다. 근래에는 군·현으로 편제하기에는 규모가 작은 지역을 부곡과 향으로 삼았다는 설도 제기되었다. 그 밖에 지방민의 신앙과 의례의 대상인 전국의 주요 산과 하천에 대한 제사도 정비하여 중앙에서 간여했다. 제사가 지방민의 결집에 구심점 역할을 할 수 있었으므로 이를 통제하고자 한 것이다.

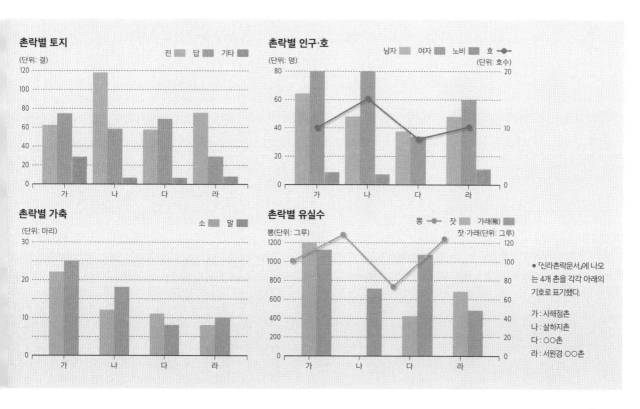

촌락별 토지
(단위: 결)
전 답 기타
가 나 다 라

촌락별 인구·호
(단위: 명) (단위: 호수)
남자 여자 노비 호
가 나 다 라

촌락별 가축
(단위: 마리)
소 말
가 나 다 라

촌락별 유실수
뽕(단위: 그루) 잣·가래(단위: 그루)
뽕 잣 가래(楸)
가 나 다 라

● 「신라촌락문서」에 나오는 4개 촌을 각각 아래의 기호로 표기했다.

가: 사해점촌
나: 살하지촌
다: ○○촌
라: 서원경 ○○촌

발해의 정치와 사회

발해는 고구려가 멸망하고 30년 뒤에 건국되어 이후 230년 동안 남쪽의 신라와 남북국시대를 이루었다. 고구려 멸망 후 대조영 집단은 요서 지역의 영주(차오양)에 머물며 당의 통제를 받고 있었는데, 거란의 이진충과 손만영의 반란으로 당의 지배력에 일시적으로 공백이 생기자 이를 틈타 만주 동부로 이동했다. 대조영은 추격해오는 당군을 물리치고, 698년 동모산 기슭에 진국(振國, 震國)을 세웠다.

건국 이후 대조영은 돌궐뿐 아니라 대립하던 당과도 외교관계를 맺었다(713). 이때 당은 대조영을 '발해군왕'으로 임명하고 아들 대무예를 계루군왕으로 삼았다. 이로부터 '발해'를 국호로 사용하기 시작했다.

2대 무왕이 즉위한 이후에도 발해는 대외 팽창을 계속했으며, 인안(仁安)이라는 독자 연호를 사용하는 등 국가체제를 정비해나갔다. 당시 일본에 보낸 국서의 "(발해는) 고구려의 옛 땅을 수복하고 부여의 전통을 이어받았다"는 구절을 통해 고구려 계승 의식을 보여준다. 이 시기에 발해는 주변의 해(奚)·거란·돌궐과도 외교를 수행했다. 732년 거란이 당을 함께 공격하기로 약속하자 그해 9월 발해는 장문휴를 보내 당

오봉루 제1·2 궁전터 160년간 발해의 수도였던 상경 용천부 유적에는 16킬로미터에 달하는 외성벽과 왕궁터의 정문인 오봉루 및 제1~5 궁전터가 남아 있다. 성벽 받침돌은 모두 현무암으로 이루어져 있다.

의 등주(산둥성 펑라이)를 공격했다.

대흠무가 3대 문왕으로 즉위해 대흥·보력을 연호로 사용했다. 문왕은 756년 상경으로 도읍을 옮겨 발전의 기틀을 마련했다. 동북 방면의 여러 말갈 부락을 복속시키고 그곳에 여러 부(府)를 설치했다. 이러한 대내외적 정비를 통해 국력이 향상되자 당은 대흠무를 종래의 '발해군왕'에서 '발해국왕'으로 승격시켰다.

건국 초기에 발해는 고구려의 제도를 이어받아 나라를 다스렸다. 그러다 문왕 때에 당의 문물과 제도를 받아들여 통치제도를 새로 마련했다. 중앙 행정기구로는 정당성, 선조성, 중대성의 3성과 6부를 두었다. 정책을 시행하는 정당성의 장관 대내상이 국가의 행정을 총괄했다. 한편 발해는 넓은 영토를 다스리기 위하여 전략적 요충지에 5경을 두었으며, 지방 행정의 중심지나 교통의 요지에 15부와 62주를 두고 관리를 파견했다. 지방 행정의 말단은 주로 말갈인 촌락으로 이루어졌는데, 추장인 수령이 자치적으로 다스렸다. 발해의 군사조직은 중앙군으로 10위를 두어 왕궁과 수도의 경비를 담당하게 했다.

10대 선왕 대인수는 자신의 재위 기간 동안 대부분의 말갈을 복속시켰다. 또 요동에 대한

발해 상경 용천부 발굴지

발해의 영토 확장과 천도

- ⬭ 발해에 통합된 말갈족
- ➡ 대조영의 이동
- ⇢ 수도의 이동
- ● 수도
- ◉ 5경
- ● 15부 치소(추정)
- ○ 당시 주요 지명
- ● 현재 주요 지명

아무르강(헤이룽강)

거 란

흑수말갈

월희말갈

회원부

회원부

동평부

영주

안원부

철리말갈

불열말갈

무
단
강

미타호

동평부

안변부

안변부

철리부

철리부

백돌말갈

용천부

솔빈부

우루말갈

송
화
강

상경 용천부(동경성)

속말말갈

솔빈부

정리부

부여부(농안)

육정산
구국

정리부

부여부

동모산
(둔화)

용원부

블라디보스토크

당

창춘

천문령
(지린)

속주

동주

동경 용원부(훈춘)

장령부

옌지

막힐부

장령부

중경 현덕부(허룽)

막힐부

현덕부

백두산

서경 압록부

남해부

라
오
허

선양

요동성

압
록
강

압록부

남경 남해부

라오양
양수(타이쯔허)

청
천
강

동 해

신 라

황 해

원산

평양성

해주
개성

유민 중에는 거란에 항거한 부류뿐 아니라 거란 지배계층에 참여하거나 고려로 망명한 부류도 있다. 특히 30여 차례에 걸쳐 수만 명의 발해 유민이 고려로 들어와 한국사의 일부를 형성했다.

발해의 사회 구성을 보면 고구려 유민이 지배계층의 주류, 말갈족이 피지배계층의 주류를 이루고 있었다. 일본의 역사서 『유취국사(類聚國史)』는 "발해의 백성에는 말갈인이 많고 토인(고구려인)이 적다"면서 "모두 토인이 촌장이 된다"고 하여, 그 사실을 증명해주고 있다. 또 남송의 홍호가 지은 『송막기문(松漠紀聞)』에는 발해 유력 귀족의 성으로 '고·장·양·두·오·이'씨가 기록되어 있고, 발해인의 이름 중에도 왕족인 대씨 다음으로 고씨가 많다. 이 고씨들은 거의 다 고구려계로 발해가 고구려 유민을 주축으로 이루어진 나라임을 보여준다. 발해는 일본과 교섭할 때 발해 대신에 고려(고구려)란 호칭을 사용하기도 했고, 고구려 보장왕의 손자 고진은 자신을 발해인이라 불렀다고 한다. 이상과 같이 이중적인 구조를 하고 있던 발해는 상호 융합되지 않은 채 지속되다가 멸망 후에 다시 발해인과 여진인으로 분리되었다.

당의 지배력이 약화된 틈을 타서 랴오허 유역까지 진출했다. 이를 바탕으로 발해는 최대 판도를 형성했으며, 여기에 맞추어 5경 15부 62주의 지방제도가 완비되었다. 그 결과 발해는 당으로부터 해동성국이라는 칭호를 얻게 되었다.

926년 발해는 거란에 의해 멸망했다. 이후 발해 유민은 각지에서 부흥운동을 일으켰다. 발해

신라의 상업 발전과 대외교역

신라의 대외 진출은 주로 상업·교역과 관련이 있다. 삼국통일 이후 평화가 지속되면서 농업 생산이 늘고 지역 간의 교류가 활발해짐에 따라 상업에 종사하는 이들이 증가하고 상품 수요가 늘어났으며, 일부 상품의 질도 고급화했다. 우수한 장인을 확보한 왕실과 귀족들은 개별 공방을 차려 사치품을 직접 생산했지만, 품질이나 종류 면에서 만족할 수 없었다. 자연히 그들은 세계의 화려한 물산이 몰려드는 중국과 해외 시장으로 눈을 돌렸다.

해외 무역은 국가 간에 이루어지는 조공 무역 말고도 민간인들이 행하는 사무역이 점차 늘어났다. 신라 상인들이 당과 일본을 연결하는 중계 무역도 성행했다. 남중국의 무역항을 거쳐 수입된 동남아시아와 서남아시아의 사치품이 수도의 귀족들 사이에서 애용되었고, 신라 상인이 아랍 상인과 직간접적으로 접촉하기도 했다. 신라에 대한 지식이 아랍 지역에 알려진 것도 이때였다.

해외 무역이 이처럼 크게 증가한 것은 선박 제조 및 항해술이 급속하게 발전했기 때문이다. 통일 초기 당과의 조공 무역에서 신라가 보낸 물품은 주로 자연산 특산품이었으나, 점차 고급 비단과 금속 공예품 등이 많아졌다. 신라와 당의 교통로는 서해안의 혈구진(강화도)과 당성포(남양만) 등에서 출발하여 중국 산둥반도에 이르는 길과 영암 부근에서 출발하여 흑산도를 거쳐 정해현(상하이)에 이르는 길이 있었다. 그리고 상륙 지점에서 다시 육로나 수로로 북상해 수도 장안에 이르렀다.

신라의 대외교류, 8~9세기

— 신라의 교역로
⇒ 수출 상품
⇒ 수입 상품
🏛 신라방
○ 당시 주요 도시
● 현재 주요 도시

노래하는 호인 토우 토우는 다산과 풍요를 기원하는 의미에서 만든 것으로, 신라와 가야 토기에서 많이 보인다. 사진은 이국적인 호인(胡人)의 외양을 한 인물이 노래하는 모습이다.

신라 상인의 해외 진출이 활성화되면서 당의 중요한 몇몇 항구에는 신라 상인 중심의 집단 거주 지구, 즉 신라방이 설치되었다. 두 나라의 교역에서 신라 사절들이 가지고 가는 예물은 주로 비단, 마포, 금·은, 인삼을 포함한 약재와 말, 모피류, 공예품 등인 데 비해, 당의 예물은 각종 비단과 약재, 공예품, 서적 등이었다. 이러한 물품들은 상인들 간의 교역에서도 큰 비중을 차지했다.

일본과는 정치적 목적을 띤 왕래는 그다지 빈번하지 않았지만 무역 성격의 왕래는 비교적 많았다. 신라에게 일본은 중국과의 교역에서 본 손해를 만회할 수 있는 가장 확실한 시장이었다. 일본과는 금속 제품과 모직물 등을 수출하고 풀솜과 견직물을 수입했다. 8세기 신라의 대표적인 수출품은 놋쇠 그릇이다. 신라 장인들은 대접·쟁반·숟가락 등 놋쇠로 만들지 못하는 것이 없었다. 화려한 금빛의 신라 유기는 일본 귀족층을 유혹하는 제일의 상품이었다. 천년의 유물을 간직한 일본 쇼소인에는 9,000여 점의 유물이 있는데, 경주 월지에서 나온 고급 청동 가위와 유사한 가위를 비롯하여 대접·숟가락 등 신라 유물이 다수 있다.

당시 고급 물품은 주로 수도의 궁실 및 귀족에게 속한 공장(工匠)들이 만든 것으로 보인다. 신라 무역 상인들은 일본 규슈 지방을 빈번히 드나들면서 무역을 했으며, 일본 상인들도 가끔 신라에 와서 무역을 했다. 그러나 양국 무역에서 주도권을 잡은 쪽은 신라 상인이다. 신라의 상선은 당으로 가는 일본 상인, 유학생, 승려의 중요한 교통수단이 되기도 했다. 일본 상인들은 신라에서 각종 상품들과 함께 문헌·불경 등 서적을 대량으로 구입해갔다.

이렇듯 무역이 성행함에 따라 이를 기반으로 한 새로운 세력이 서부와 남부 해안 지역에 대두하기 시작했다. 8~9세기경 국내외 상업에서 막대한 부를 거머쥔 대상 가운데 당시 동방 3국의 상권을 손안에 넣고 막강한 정치력과 군사력을 장악한 청해진 대사 장보고가 가장 유명했다. 수공업과 상업의 발전과 함께 금속 화폐인 신라 무문전과 당나라 동전 등이 국내에서 많이 유통되었다. 이와 함께 고리대 자본도 상당한 수준으로 발전했다.

입수쌍조문 석조 유물 구슬무늬 띠가 새겨진 돌에 새 두 마리가 나무를 보고 마주 선 입수쌍조문(立樹雙鳥紋)이 들어간 사자 공작무늬 돌이다. 월지에서 발견된 것으로, 고대 페르시아 지역에서 유행하던 문양으로 확인되었다. 당시 신라의 석조 공예품 및 해외 교류 활동을 연구하는 데 좋은 자료가 된다.

일 본

헤이안(교토)
나라

금동초심지가위 일반 가위와 달리 양초 심지를 자르기 위해 고안된 독특한 가위다. 유사한 것이 일본 쇼소인에만 딱 1점 있다.

상원사 동종의 비천상 오대산 상원사 동종 몸체의 서로 반대되는 곳에, 구름 위에서 서역 악기인 공후(箜篌)와 생(笙)을 연주하는 비천상을 2구씩 도드라지게 조각했다. 자세의 양감 있는 표현은 통일신라의 조각이 지닌 사실미를 잘 보여준다.

해상왕 장보고

발 해

서안평

평양

보 하 이

동 해

혈구진(강화도)

서울

당성진

신 라

사비

금성

울산

동래

김해

벽골군

쓰시마

영암

청해진

제주도

당

황 허

황 해

제주도

다자이후

등주

루산

적산(법화원)

동도(뤄양)

장안

일본
(헤이안시대)

해주

관원

화이안

양주

화 이 허

난징

소주

상하이

양 쯔 강

항주

명주(닝보)

장보고 세력의 활동 범위

동 중 국 해

대주

황암

장보고의 활동

▲▲▲ 장보고의 활동 범위

───── 신라의 교역로

🛖 신라방

🏺 장보고 시대의 중국 도자기 분포

○ 당시 주요 지명

● 현재 주요 지명

복주

청해진 유적지

선착장

■ 집터　　▣ 성문

•••• 원목열　　■ 사당

〰 성곽　　■ 우물지

청 해 진

완 도

장 도

선착장

강 진

해 남

고금도

완 도　청해진　조약도

금일도

신지도

생일도

남 해

8세기 중엽에 일어난 안사의 난을 계기로 정치·경제 상황이 급변하게 되자, 기미정책에 기초한 당 중심의 국제질서가 크게 쇠퇴했다. 8세기 후반 신라에서는 중대 왕권이 종식되고 원성왕계의 하대 왕권이 성립하여 정치 사회적 환경이 급변했고, 일본에서도 8세기 초 이래 지속되던 율령제적 통치 질서가 동요했다. 그러나 이러한 신라 하대의 혼란은 중앙에서 소외된 뒤 꾸준히 성장해온 지방 유력자들에게는 좋은 기회였다.

9세기 초 등장한 해적의 활동은 전통적으로 신라 경제의 큰 비중을 차지하고 있던 서남해 지역에 많은 피해를 끼쳤다. 해적들은 자신들의 독자적인 생산 기반을 보유하고 인근 해안 지역을 노략질하거나 주변국의 해상 세력과 무역을 하기도 했다. 당시 신라 조정은 지방에 대한 통제력이 크게 약화된 상태였기 때문에 해적 소탕 작전을 독자적으로 전개하기가 힘들었다. 그러던 중 828년 장보고의 귀국을 계기로 청해진을 설치하고, 이를 바탕으로 신라 서남해 지역에 출현하던 해적을 소탕하게 되었다.

신라 조정이 청해진을 설치한 이유는 해적의 출몰로 국가

828 장보고, 청해진 설치

완도 청해진 유적 청해진은 828년(흥덕왕 3) 장보고의 청에 따라 지금의 완도군 장도에 설치했던 진이다. 초기에는 해적을 방어하기 위한 군사 거점으로 설치되었으나 이후 동아시아 해상무역의 주요 거점으로서 역할을 했다.

완도 청해진 유적의 우물 청해진 성 안으로 들어가기 전 입구 바로 앞에 있는 우물로, 성 밖에 두었다는 점이 특이하다.

적산 법화원 엔닌의 『입당구법순례행기』에 따르면, 장보고가 당에 살던 신라인을 위해 세운 절이라고 한다. 사진은 1990년에 복원한 것이다.

재정이 불안정해지고 귀족들의 경제적 기반이 침탈됨에 따라 해적 소탕의 필요성이 대두되었기 때문이다. 장보고가 당의 무령군에서 활동했던 경력과 그와 재당 신라인 사회의 긴밀한 관계, 재당 시절 축적한 경제적 기반 등을 고려하여, 신라 조정은 그를 청해진의 책임자로 임명했다. 또한 방위체제 개편을 통해 해상을 안정시키려는 신라 조정의 노력도 청해진 설치의 계기가 되었다.

이렇게 등장한 청해진은 당성진(현재 경기도 화성 일대)과 함께 신라 해안 지역을 통제하는 역할을 했는데, 대략 오늘날의 서해안과 남해안 일대의 해상에 대한 통제 기능을 수행한 것으로 보인다. 청해진의 장보고 세력은 서남해안으로 진출해 이 일대에 출몰하던 해적을 소탕하고, 나아가 어염(魚鹽)과 목장 같은 물자와 경제 기반을 확보했다. 장보고 세력의 서남해안 진출을 통해 신라는 당-신라-일본으로 이어지는 해상 교통로를 통제하고 재당 신라인과 유기적인 연계망을 구축하여 국제 무역을 주도할 수 있는 기반을 마련했다.

장보고 선단은 청해진의 공식 직함을 사용하여 표면상 공무역을 표방했고, 무역으로 획득한 이익은 장보고가 독점하지 않고 부하 관리들과 분배했다. 그리고 청해진을 중심으로 당과 일본에 무역 기지를 구축하여 활발한 활동을 전개할 수 있었다. 그러나 청해진의 운영을 장보고 개인의 역량에 절대

적으로 의존했기 때문에 장보고 사후 그 활동이 제대로 전수되지 못했다. 또 자체 생산수단을 확보하지 못해 중계 무역의 한계를 극복하지 못했다. 청해진은 기존의 신라 행정구역에 속하지 않고 중앙의 국왕과 직접 관계를 맺고 있었다. 장보고는 청해진을 설치할 당시부터 일정한 자율권을 확보한 것으로 보이는데, 이후 왕위 계승 분쟁으로 지방에 대한 왕실의 통제력이 약해지자 장보고를 비롯한 지방 세력의 독자성은 더욱 강화되었다.

흥덕왕 사후 왕위 계승 분쟁이 격화됨에 따라 장보고는 김우징을 중심으로 하는 새로운 진골 세력과 정치적 결합을 도모했다. 양자는 혼약을 매개로 민애왕을 축출한 뒤 정치적 주도권을 장악했다. 이처럼 장보고 세력은 왕위 계승 분쟁 과정에 주도적으로 참여하고 왕권과 결탁하여 일시적이나마 강력한 정치 세력으로 부상하기도 했지만, 기존 정치 세력의 견제와 반대로 이러한 흐름이 오래 지속되기는 어려웠다.

장보고의 등장과 활동은 군사력과 경제력을 배경으로 새로이 성장한 지방 세력이 골품제에 기반하고 있던 귀족들의 구체제와 충돌한 사건이었다. 이 대결에서 장보고 세력은 기득권 세력의 장벽을 극복하지 못했지만, 골품제에 기반한 신라 사회가 한계에 이르렀음을 극명하게 보여주었다는 점에서 역사적 의의가 크다.

발해의 대외교역

발해는 지리적 이점을 충분히 활용하여 농업과 함께 목축·수렵·어로 등을 행했으며, 광산 채굴과 수공업도 상당히 발전했다. 농업은 조·보리·콩 등 밭작물을 주로 길렀지만, 일부 평야 지역에서는 논벼도 재배했다. 이 밖에 구릉지대에서는 자두·배 같은 과실을 재배했다. 축산물로는 돼지·양·말 등을 주로 길렀는데, 종종 거란이나 당 등 이웃 나라로 수출했다.

발해는 넓은 영토를 효율적으로 관리하기 위해 도로를 잘 닦았다. 5경을 잇는 국내 도로뿐 아니라 당·신라·일본·거란 등과도 교통로로 연결되어 있었다. 당과는 육지의 길과 바다의 길로 통했다. 육지의 길은 영주를 거쳐 중국대륙으로 들어가는 '영주도'이고, 바다의 길은 '조공도'였다. 신라로 가는 '신라도'는 동경에서 육로로 함경도를 거쳐 강원도로 남하하는 길이고, 일본으로 가는 '일본도'는 동경에서 러시아 연해주의 염주(鹽州, 포시에트만)를 거쳐 동해를 건너는 길이었다. '거란도'는 과거 부여가 있었던 지린 지역을 거쳐 시랴오허(西遼河) 상류로 향하는 길이었다. 그 밖에 남부 시베리아 및 중앙아시아와 연결된 '담비의 길'도 있었다. 이러한 교통로는 바로 사신과 상인이 왕래하는 교역로로 이용되었다.

발해에서는 다양한 작물을 재배하고 여러 상품을 만들었지만, 국토가 북방에 치우치고 날씨가 추워 식료품과 의료품 등 일부 품목은 생산량이 부족했다. 발해는 부족한 물품의 유통을 늘리기 위해 대외교역에 활발히 나섰다. 발해의 교역 상대국 가운데 서방의 거란을 제외하면 대부분이 발해보다 훨씬 따뜻한 지역에 위치한 나라였기 때문에, 그곳의 생산물은 발해인의 수요를 충족시키는 중요한 수단이 되었다.

발해의 주요 교역국은 거란과 당 그리고 일본

이었다. 무역은 사절 왕래 때 예물을 교환하거나 그 기회를 이용해 상대국 상인과 직접 교역하는 방식으로 진행되었다. 당과의 무역은 서경 압록부를 거쳐 육로나 해로로 이루어졌다. 특히 해로를 이용해서 산둥반도의 등주로 가는 길을 통해 빈번하게 왕래했다. 당이 등주에 발해관을 두어 사신 접대를 맡게 했을 정도였다.

발해는 당에 각종 공예품과 고급 모피류, 약재 등 임산물을 수출한 반면, 당으로부터는 각종 견직물과 은 공예품 등을 수입했다. 특히 발해에서 생산된 옷감으로 현주의 마포, 옥주의 면포, 용주의 명주가 유명했다. 짐승 가죽도 옷감으로 사용했는데, 특히 담비 가죽을 애용했다. 비단 같은 귀족의 사치품은 당이나 일본에서 들여왔다.

신라와의 교역도 빈번하게 이루어졌다. 접경 지역 백성들 간에 미약하나마 사사로운 교역이 계속 이루어졌고, 양국 사절 교환 시 국가적 차원의 무역도

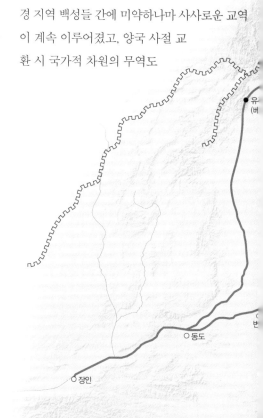

이루어졌다. 당시 두 나라 사절은 신라 동부 국
경 천정군(함남 덕원)에서 동해안 육로를 거쳐
발해의 남경 남해부와 동경 용원부
로 통하는 길을 이용했다. 이는 그
동안 발해와 신라가 시종일관 대립
했다는 기존 인식이 잘못되었
음을 보여주는 증거이다.

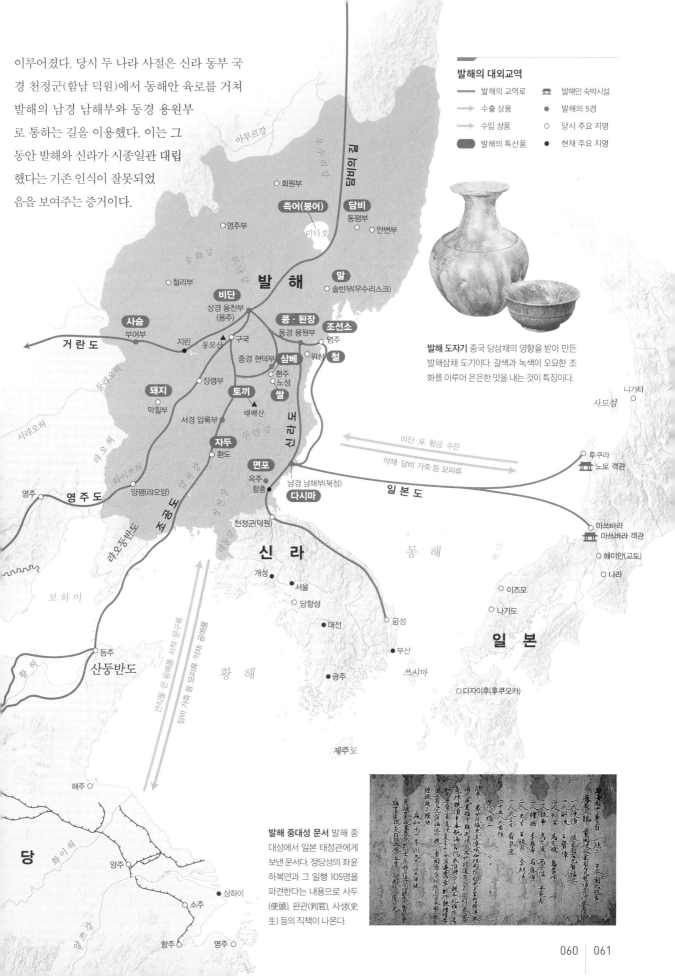

발해의 대외교역

- ── 발해의 교역로
- → 수출 상품
- ⇒ 수입 상품
- ▨ 발해의 특산품
- ⛩ 발해인 숙박시설
- ● 발해의 5경
- ○ 당시 주요 지명
- ● 현재 주요 지명

발해 도자기 중국 당삼채의 영향을 받아 만든 발해삼채 도기이다. 갈색과 녹색이 오묘한 조화를 이루어 은은한 멋을 내는 것이 특징이다.

발해 중대성 문서 발해 중대성에서 일본 태정관에게 보낸 문서다. 정당성의 좌윤 하복연과 그 일행 105명을 파견한다는 내용으로 사두(使頭), 판관(判官), 사생(史生) 등의 직책이 나온다.

지도 내 지명 및 표기:
아무르강 / 우수리강 / 연해주 / 회원부 / 즈어(붕어) / 담비 / 동평부 / 안변부 / 미타호 / 영주부 / 송화강 / 발 해 / 말 / 솔빈부(우수리스크) / 철리부 / 무단강 / 비단 / 상경 용천부(용주) / 콩·된장 / 동경 용원부 / 조선소 / 염주 / 사슴 / 부여부 / 지린 / 동모산 / 구국 / 중경 현덕부 / 삼베 / 철 / 위성 / 거란도 / 현주 / 노성 / 돼지 / 장령부 / 막힐부 / 토끼 / 쌀 / 두만강 / 태백산 / 목단강 / 서경 압록부 / 라오허 / 시라오허 / 자두 / 환도 / 압록강 / 면포 / 옥주 / 함흥 / 남경 남해부(북청) / 일본 도 / 다시마 / 영주 / 영주 도 / 타이쯔허 / 양평(랴오양) / 청천강 / 조공도 / 라오둥반도 / 대동강 / 천정군(덕원) / 신 라 / 개성 / 서울 / 당항성 / 대전 / 금성 / 부산 / 광주 / 쓰시마 / 동 해 / 후쿠라 / 노토 객관 / 니가타 / 사도섬 / 마쓰바라 / 마쓰바라 객관 / 헤이안(교토) / 나라 / 이즈모 / 나가도 / 일 본 / 다자이후(후쿠오카) / 보 하 이 / 황 해 / 제주도 / 비단·포 황금 수은 / 약재·담비 가죽 등 모피류 / 견직물 은 공예품 서적 문구류 / 담비 가죽 등 모피류 약재 공예품 / 해주 / 당 / 화이허 / 양주 / 상하이 / 소주 / 창장강 / 항주 / 명주 / 등주 / 산둥반도 / 황허 / 웨이허

남북국시대의 사상과 문화

통일신라와 발해의 남북국시대에는 삼국의 불교가 통합되고 당과 교류가 이루어지면서 불교가 크게 발전했으며 사회적으로도 큰 영향을 미쳤다. 많은 승려가 중국과 인도에 가서 새로운 불교를 배워왔으며, 교리에 대한 이해도 깊어져 학문적이고 철학적인 불교로 발전시켰다. 다른 한편으로는 지배층을 중심으로 유행하던 불교가 대중에게 폭넓게 퍼졌다.

통일신라의 불교는 모든 사람이 자신의 성품에 따라 사물을 이해하고 해탈을 추구해야 한다고 강조했으며, 사물의 현상과 본질에 대한 논쟁은 불교 교리에 대한 이해를 심화하는 계기가 되었다. 또한 인간이 모든 현상을 인식하는 주체임을 확실히 하여, 인간 중심의 세계관을 일으키는 데 크게 이바지했다.

불교의 발전 과정에서 큰 역할을 한 승려는 원효와 의상이다. 원효는 '모든 것이 오직 한 마음에서 비롯된다'는 일심(一心) 사상을 바탕으로 『십문화쟁론(十門和諍論)』을 지어 여러 종파의 사상적 대립을 해결하기 위한 화쟁사상을 주장했다. 이와 함께 '나무아미타불'을 부지런히 외우면 내세에는 누구나 아미타불의 극락세계에 태어날 수 있다는 아미타신앙을 전파하여 불교의 대중화에 이바지했다.

의상은 당에서 유학하고 돌아와 중국 화엄학의 정수를 화엄일승법계도(華嚴一乘法界圖)로 체계화했다. 그는 '하나가 전체요, 전체가 하나다(모든 존재가 서로 의존하며 조화를 이루고 있다)'라는 화엄사상을 강조하여 통일 직후 사회의 통합에 큰 역할을 했다. 의상은 실천 수행을 강조하고 무소유의 계율을 지켰으며, 제자들에게도 탁발 수행을 강조했다. 부석사를 중심으로 많은 제자를 양성하여 교단을 형성하고 각지에 사찰을 세웠다. 또한 현세에서 겪는 고난을 구제받고자 하는 관음신앙을 전파했다. 그 밖에 원측은 일찍이 당에 가서 현장의 가르침을 받았고, 혜초는 인도와 서역을 다녀온 뒤 여러 나라의 풍물을 기록한 『왕오천축국전』을 남겼다.

고대 유교는 지배계급의 교양으로서 보급되었고, 대외관계 속에서도 기능했다. 삼국 항쟁 시기에는 유교 윤리 가운데 나라에 대한 충을 강조하고 통일 이후에는 부모에 대한 효를 강조했다. 원성왕 대에 유교 경전에 대한 이해 수준을 평가하여 관리를 채용하는 독서삼품과를 시행했는데, 여러 유교 경전 가운데 『곡례(曲禮)』와 『효경(孝經)』을 가장 기본으로 삼았을 정도

혜초의 인도 여행

→ 이동 경로
● 통과 지점
● 현재 주요 지명

727. 11 당의 안서도호부에 도착

장안으로 귀국길에 오름

당

톈산산맥

쿠차
카라샤르

카쉬가르

타클라마칸사막

사마르칸트

아무다리야강

토카리스탄(발흐)

와칸

치트랄

파미르고원

쿤룬산맥

니샤푸르

바미안

카불

북천축

우디아나

카라코람산맥

티베트

파샤
옴미아드 왕조

지불리스탄

카피시 람파카

간다라

카쉬미르

서천축

신드구르지나

탁샬

잘란다라

히말라야산맥

인더스강

갠지스강

알로르

델리

카나굽자

중천축

쿠시나가라

왕사성

바라나시

마하보디

동천축

723 인도 도착

아라비아만

나르마다강

고다바리강

뭄바이

나시크

남천축

크리슈나강

벵골만

정효공주묘 벽화 무덤 널길의 동서 벽과 널방의 동·서·북벽에 그려진 12명의 인물도는 발해인의 모습을 처음으로 보여주었다. 인물은 무사, 시위, 내시, 악사로 구성되어 있는데, 평소에 공주를 시중들던 사람들을 그린 것으로 보인다.

발해 석등 상경 용천부의 발해 절터에 있는 석등으로, 크기가 광개토대왕비에 버금간다. 기둥돌 위아래의 연꽃무늬와 화사석 윗쪽의 공포, 서까래 표현이 고구려의 건축 특징 및 미술 양식을 보여준다. 높이 6.3미터.

쌴링둔—삼릉둔 1호분 2호분
닝안—상경성(상경 용천부)
스쵸클랴누하—스쵸클라누하 성터
둔화—정혜공주묘/성산자산성
훈춘—팔련성 유적
크라스키노—크라스키노 토성
허룽—서고성자 유적/정효공주묘
청진 청암구역—연대봉 봉수대

발 해

청바이—영광탑(발해 전탑)

북청—청해토성

영광탑 누각식 전탑으로 1층 4면 각각에 왕(王), 입(立), 국(國), 토(土)라는 글자 모양 벽돌이 있고, 지하에는 무덤을 갖춘 독특한 양식을 하고 있다. 이는 승려의 사리탑이 아니라 권력자의 무덤 탑으로 이용되었음을 말해준다.

남북국시대의 주요 문화재
- 선종 9산
- 통일신라의 주요 사찰(현존)
- 발해의 주요 유적

동 해

양양—낙산사
철원—도피안사
강릉
영월
수미산문(광조사)
해주
사굴산문(굴산사)
사자산문(흥령사)
영주—부석사
문경—봉암사
희양산문(봉암사)
성주산문(성주사)
보령
부여—무량사
대구—동화사
경주—불국사·석굴암 분황사
실상산문(실상사)
남원—실상사
봉림산문(봉림사)
동리산문(태안사)
곡성
창원
가지산문(보림사)
화순—쌍봉사
장흥—보림사

신 라

황 해

낙산사 의상대 676년(문무왕 16) 양양 낙산사를 지은 의상대사를 기념하기 위해 1925년에 세운 정자. 의상의 좌선 수행처였으며 낙산사 홍련암 관음굴로 가는 해안 언덕에 있다.

경주 분황사 화쟁국사비부 화쟁국사 원효를 기리는 비석을 세웠던 받침돌로, 홈 밖 비석 받침 윗면 일부에 김정희가 쓴 '차화쟁국사지비부(此和諍國師之碑趺)'가 새겨져 있다.

로 효와 예의에 중점을 두었다. 통일신라 시기에 들어와 유교의 본질에 대한 이해가 더욱 깊어져 유교 윤리의 근본을 충보다 효에 두었음을 알 수 있다.

발해의 대표적인 종교는 불교이다. 발해 불교의 전통은 분명 고구려에서 유래했다. 절터에서 발견되는 막새기와의 연꽃무늬가 고구려 양식을 계승했음은 누구도 부정하지 못하고 있다. 불상들이 당 이전 양식을 띠고 있는 사실도 이

를 뒷받침해준다. 지금까지 발견된 절터는 모두 40군데 정도인데, 주로 통치의 중심지에 집중되어 있는 점으로 보아 불교는 지배층의 신앙이었을 것이다. 특히 문왕은 불교를 크게 숭상했으니, 존호에 금륜(金輪), 성법(聖法)이란 말이 들어 있는 것은 이 때문이다. 그의 딸 정효공주의 무덤을 탑 양식으로 짓고 그 앞에 절을 지은 사실도 주목할 만하다. 발해 멸망 이후 한참 뒤 금(金) 황실에서 불교를 받아들인 것도 발해 유민의 영향이 컸다.

이 밖에 기독교의 한 갈래인 경교(네스토리우스파 기독교)가 들어온 흔적이 보인다. 일반인들은 샤머니즘을 숭상한 것으로 여겨지지만, 구체적인 자료는 보이지 않는다.

신라 하대 호족의 대두

신라는 8세기 중엽 경덕왕 대까지 강력한 중앙 집권제 아래에서 안정을 누렸지만, 8세기 후반부터 국가 기강이 무너지면서 약육강식의 논리가 지배하게 되었다. 중앙에서는 귀족들 사이에 권력 쟁탈이 일어나고, 지방에서는 호족들이 성장하여 새로운 형태로 주민을 지배하다가 마침내 후삼국이 성립하기에 이른다.

이 시대를 『삼국사기』에서는 '하대(下代)'라 불렀다. 하대에는 이전 김춘추 직계의 왕통이 단절되고, 원성왕계의 후손이 왕위를 계승했다. 하대 150년 동안 왕이 20명이나 바뀌고, 그중 많은 수가 내란으로 희생되었다. 중앙 귀족의 반란은 혜공왕 대(765~780) 96명의 각간(角干)간 싸움에서 시작되었다. 방계로 밀려나 있던 구귀족의 후예들이 마침내 왕위를 차지했지만, 국왕의 권위는 현저히 떨어지고 귀족 연합적인 정치 운영이 지속되었다. 왕권을 집행하는 집사부의 중시(中侍) 대신 상대등(上大等)의 권위가 다시 높아진 것이다. 이러한 중앙의 정치적 혼란을 틈타 지방에서 여러 호족 세력이 성장했다.

대표적인 호족 세력으로는 몰락 귀족들이 있었다. 그들은 중앙의 권력 투쟁에서 밀려난 뒤 지방으로 내려가서 재산과 군사력을 쌓았다. 사방으로 흘러 다니는 유민들을 문객으로 모으고 노비들을 무장시켜 가장 먼저 왕위 탈취를 위한 반란을 일으켰다. 822년(헌덕왕 14) 김헌창(金憲昌)의 난이 그러한 경우이다. 825년 아들 범문(梵文)이 한산(漢山, 서울)에 도읍을 두고 반란을 이어나갔으나 역시 실패했다.

호족 가운데는 해상 무역에 종사하면서 재력과 무력을 쌓은 상인 혹은 군진(軍鎭) 세력도 있었다. 846년(문성왕 8) 반란을 일으킨 완도의 청해진 대사 장보고가 대표적이다. 그는 막강한 재력과 군사력으로 왕을 죽이고 신무왕(神武王)을 즉위시켰지만, 신무왕의 아들 문성왕(文聖王)이 자기 딸을 아내로 맞아주지 않는 데 분개하여 반

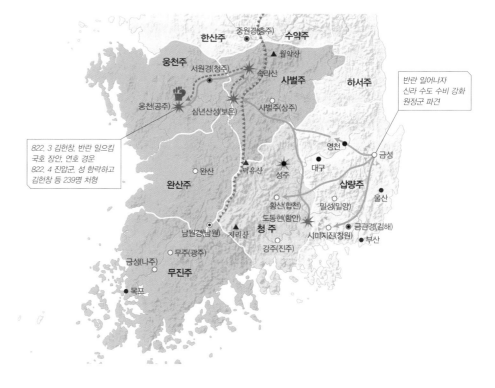

김헌창의 난, 822년

반란에 동조한 지역

반란에 동조했다 돌아선 지역

→ 신라 관군의 진입로

▾▾▾▾▾ 신라 관군의 방어선

◂▸▸▸ 김헌창군의 퇴각로

▾▾▾▾▾ 김헌창군의 방어선

✊ 반란 진원지

◉ 반란에 동조한 소경

✴ 격전지

○ 당시 주요 지명

● 현재 주요 지명

822. 3 김헌창, 반란 일으킴
국호 장안, 연호 경운
822. 4 진압군, 성 함락하고
김헌창 등 239명 처형

반란 일어나자
신라 수도 수비 강화
원정군 파견

해인사 길상탑 탑지 해인사 길상탑에 봉안된 4매의 탑지 가운데 하나로, 통일신라 말 지방 세력의 동향과 사찰을 중심으로 한 승군의 활약을 확인할 수 있다.

궁예

패강진 ○   ○철원

왕건

● 해주   ○송악(개성)   ● 춘천   김순식

                                    ○ 명주(강릉)

825   양길
김범문의 난 한산(서울)   889
                            양길의 봉기
                            북원경(원주)

                유긍달

○남양   중원경(충주)

                                아자개

        ○청주   889
                        원종·애노의 난   768
822   사벌주(상주)   96각간의 난
김헌창의 난 웅천(공주)   능문   780
                                ○영천   김지정의 난
            견훤   금성
                ○완산   ○대구

                    왕봉규   소율희
            유문   금관경(김해)
        ○광주   강주(진주)
        ○금성(나주)   ○부산

    ○목포

        846
        장보고의 반란
        청해진

신라 말 주요 반란과 새로운 세력의 등장

- 주요 호족 세력
- 귀족의 반란
- 농민의 반란
- ○ 당시 주요 지명
- ● 현재 주요 지명

란을 일으켰다가 자객에 의해 살해되었다.

강주(진주)의 왕봉규와 송악(개성)의 작제건(왕건의 조부) 같은 부류는 경기도 남양이나 전라도 금성(나주) 같은 해상 무역 근거지, 황해도 평산의 패강진 등의 세력을 바탕으로 활동했다. 이들 가운데에서 뒤에 고려를 세우는 중심 세력이 나왔다.

9세기 후반 이후 신라 왕정은 더욱 부패했다. 농민에 대한 수탈이 심해졌으며, 헌강왕~진성여왕(875~897) 때 궁정의 사치와 향락이 극에 달했다. 이제 농민들이 신라 왕정에 불만을 품고 반란을 일으키게 되었다. 이 시기 농민들을 지도하면서 세력을 키워간 지방의 하급 군관과 부농 가운데는 지방의 토착 세력으로 촌주(村主)의 지위에 있으면서 토지를 집적하고 군대를 보유하여 성주 혹은 장군을 자처하는 이도 있었다. 이들도 농민을 수탈하는 입장에 있었지만, 중앙 정부에 비하면 상대적으로 농민의 어려운 처지를 생각하고 생활 조건을 개선해주려고 노력했다. 이들이 뒷날 고려를 이끌어가는 중심 세력으로 등장한다.

신라 하대의 사회 세력 중에는 무너져가는 신라 왕정에 정신적으로 반기를 들고 새로운 정치 이념을 제시한 6두품 세력이 눈에 띈다. 이들 중에서 강수, 설총, 녹진 등 명성 높은 학자는 물론 당나라 유학생도 많이 배출되었다. 이들은 자신들의 실력에 걸맞은 정치적 대우를 받지 못했다.

왕거인이나 최치원 같은 이들은 유교 이념에 입각하여 진성여왕의 실정을 개혁하려다가 뜻을 이루지 못하고 은퇴했다. 신라 말기에 이를수록 6두품 지식인들은 왕정에 반기를 들고 호족 세력과 결합하여 사회 개혁을 추구했다.

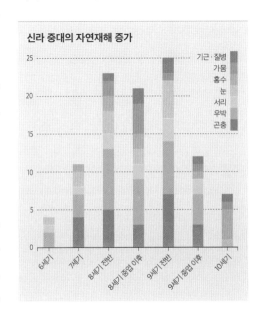

신라 중대의 자연재해 증가

기근·질병 / 가뭄 / 홍수 / 눈 / 서리 / 우박 / 곤충

6세기 / 7세기 / 8세기 전반 / 8세기 중엽 이후 / 9세기 전반 / 9세기 중엽 이후 / 10세기

동아시아 문화권의 형성

우리가 속한 동아시아는 과거부터 지역 내 공동체 상호 간의 긴밀한 교류를 통해 문자, 사상, 제도 등에서 각자의 정체성을 형성했으며, 오늘날 국제사회에서 차지하는 비중이 급격히 늘고 있는 역동적인 지역이다. 이 지역에서는 일단 중국 한자(漢字)를 수용하면 이에 그치지 않고 한자를 매개로 중국의 학술 문화, 제도와 사상을 배우고, 유교를 비롯하여 정치제도로서의 율령과 한역 불경에 바탕을 둔 불교를 받아들였다.

율령에 의한 정치기구는 고대 중국에서 형성되고, 수·당시대에 완성되었다. 한국, 베트남, 일본에서도 중국의 율령을 참작하고 갖가지 형태로 계승하면서 율령에 의거한 정치기구를 만들어냈다. 그러나 신라는 당의 율령을 그대로 수용하지 않고 골품제를 유지하는 등 관직체계에서 고유성을 유지했다. 발해는 당과 마찬가지로 중앙관제로 3성 6부제를 채택하고 지방에 주현을 설치했으나 그 명칭과 관직체계는 당과 달리하여 독자적으로 운영했다.

남북조와 수·당을 거치면서 중국에서는 천태종, 화엄종, 정토종을 비롯하여 선종 등의 다양한 불교 종파가 발전하였다. 이러한 종파들은 대부분 유학승을 통해 한반도와 일본에 전파되어 많은 영향을 끼쳤다. 불교 미술도 동아시아 각지로 전파되었다. 불상과 탑, 회화 등이 한반도의 삼국에 영향을 주었고, 주로 백제를 통해 다시 일본열도로 전해졌다.

문물의 전파와 교류가 활발하게 이루어지면서, 동아시아 각국은 점차 비슷한 문화를 공유하게 되었다. 중원 지역을 통일한 당은 빈공과를 실시하여 외국인을 관리로 선발했고, 고선지 같은 이민족 출신 장군도 중용했다. 신라의 최치원은 빈공과에 합격한 뒤 당의 관료가 되어 「토황소격문」을 작성할 정도로 명성을 날렸다. 이러한 당의 개방적 성격은 동아시아 지역의 문물 교류를 더욱 촉진했다.

당의 수도 장안에는 세계 각지에서 온 사신, 상인, 승려, 유학생이 체류하였다. 신라와 당의 교류가 잦아지면서 산둥반도를 비롯한 당의 동쪽 해안 지역에 신라인의 집단 거주지인

엔닌의 당나라 여행

→ 하카타~도촌
→ 도촌~오대산
→ 오대산~장안
→ 장안~하카타
○ 당시 주요 지명

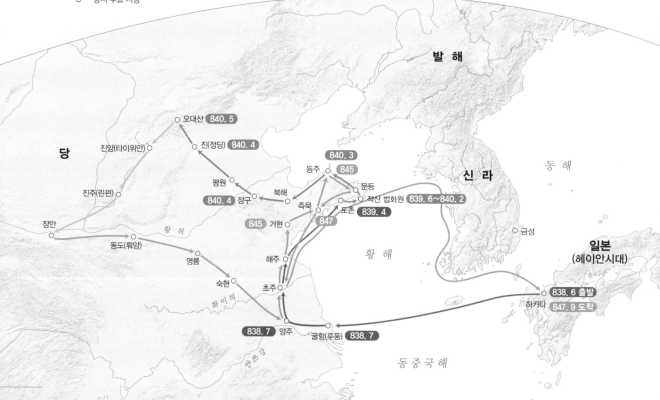

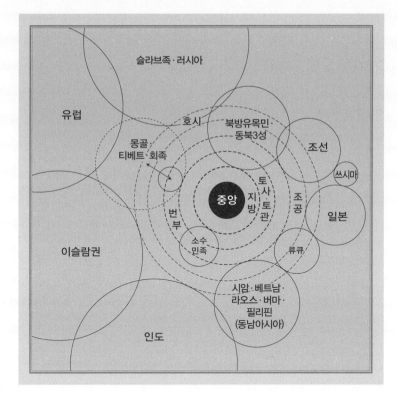

청나라 중심의 조공 시스템

● 일본인 학자 하마시타 다케시는 조공책봉체제의 질서구조를
확대 해석하고 거기에 조공관계까지 더하여 청 왕조를 중심으
로 한 질서구조를 도식화, 이것을 '조공 시스템'이라고 불렀다. 조
공과 책봉은 다른데도 불구하고 조공관계를 정치적 질서로서
실체화하고, 더욱이 지난 천 수백 년 동안에 걸쳐 기능한 질서로
간주하였다. 이러한 질서구조를 동아시아 지역의 특질이라고 보
았다.

거란문자 당나라 멸망(907) 이후 동아시아 세계의 정일
성(整一性)이 사라지고, 율령제가 이완된다. 한편 문화현
상으로서 거란(요)에서 거란문자가 창안되고, 일본에서
가나문자가 고안되면서 이른바 국풍 문화의 시대가 도
래한다.

신라방이 세워졌다. 비단길을 건너 서역, 아라비아 등지의 문
물이 장안에 들어왔으며, 이곳에서 융합된 문화는 다시 동아
시아 각국으로 전파되었다. 신라, 일본 등은 외교 사절(견당
사)을 정기적으로 파견하며 당의 문화를 흡수하였다. 이와 같
은 교류의 영향으로 동아시아 세계는 한자, 유교, 불교, 율령
등을 공유하는 문화권을 형성하게 되었다.

역사적 세계로서의 동아시아는 중국사의 전개에 따라 형성
되고 변화했다. 무제 이후 한이 동아시아의 강국으로 성장하
면서 중국과 주변국 사이에 조공책봉관계가 자리 잡기 시작
했다. 조공은 주변국이 중원 왕조에 예물을 바치며 형식적인
존중을 표명하는 행위이다. 이에 대해 책봉은 중원의 왕조가
주변국의 군주에게 그 지배권을 선언적으로 확인해주는 것이
다. 하지만 조공책봉관계는 직접적 지배나 실제적 간섭과 관
련이 없는, 형식적인 외교 틀에 불과하였다. 조공책봉관계는
중원 왕조와 주변국 사이의 역학관계에 따라 많은 굴절을 겪
었다. 중원의 통일 왕조가 붕괴하거나 혹은 초원 지대에 국가
가 세워지기도 하고, 고구려가 강성할 때는 북방 민족과 고구
려가 주도하는 새로운 국제질서가 형성되기도 하였다.

동아시아 세계가 정치적으로나 문화적으로 일체가 되어 움
직인 것은 수·당시대에 현저해진 것으로 생각된다. 이 시기에
이르러서 동아시아 세계는 자기 완결적 세계로 자립적으로

기능하고 있었던 것으로 간주된다. 동아시아 국제질서는 당
태종 이후 당의 영향력이 높아지면서 정치적으로 안정되었
다. 당은 주변국에 군사적 압박을 가하고, 자국을 중심으로 하
는 조공책봉관계를 요구했다. 그러나 돌궐과 위구르, 티베트
(토번) 등은 당과 대립하며 책봉이 아닌 경제적 교류를 위한
조공관계만을 맺으려 하였다. 이들은 경제적 이익이 자국의
기대에 미치지 못하면 당을 공격하기도 했다. 8세기 이후 당
은 이 나라들에 여러 차례 화번공주를 보내는 등 적극적으로
화친을 맺어 침략을 방지하려 했다.

문성공주 640년 토번 왕 송첸캄포와 혼인한 당의 황녀. 당시에는 중국 황실과 이민
족의 혼인이 중국 문물 전파의 커다란 계기가 되었다. 문성공주는 지금도 티베트불
교의 존상으로서 존숭받고 있다. 사진의 오른쪽이 문성공주(가운데는 송첸캄포, 왼
쪽은 아내 브리쿠티).

大方廣佛華嚴經卷第二十七變相

金剛幢菩薩說隨順堅固善根迴向

周

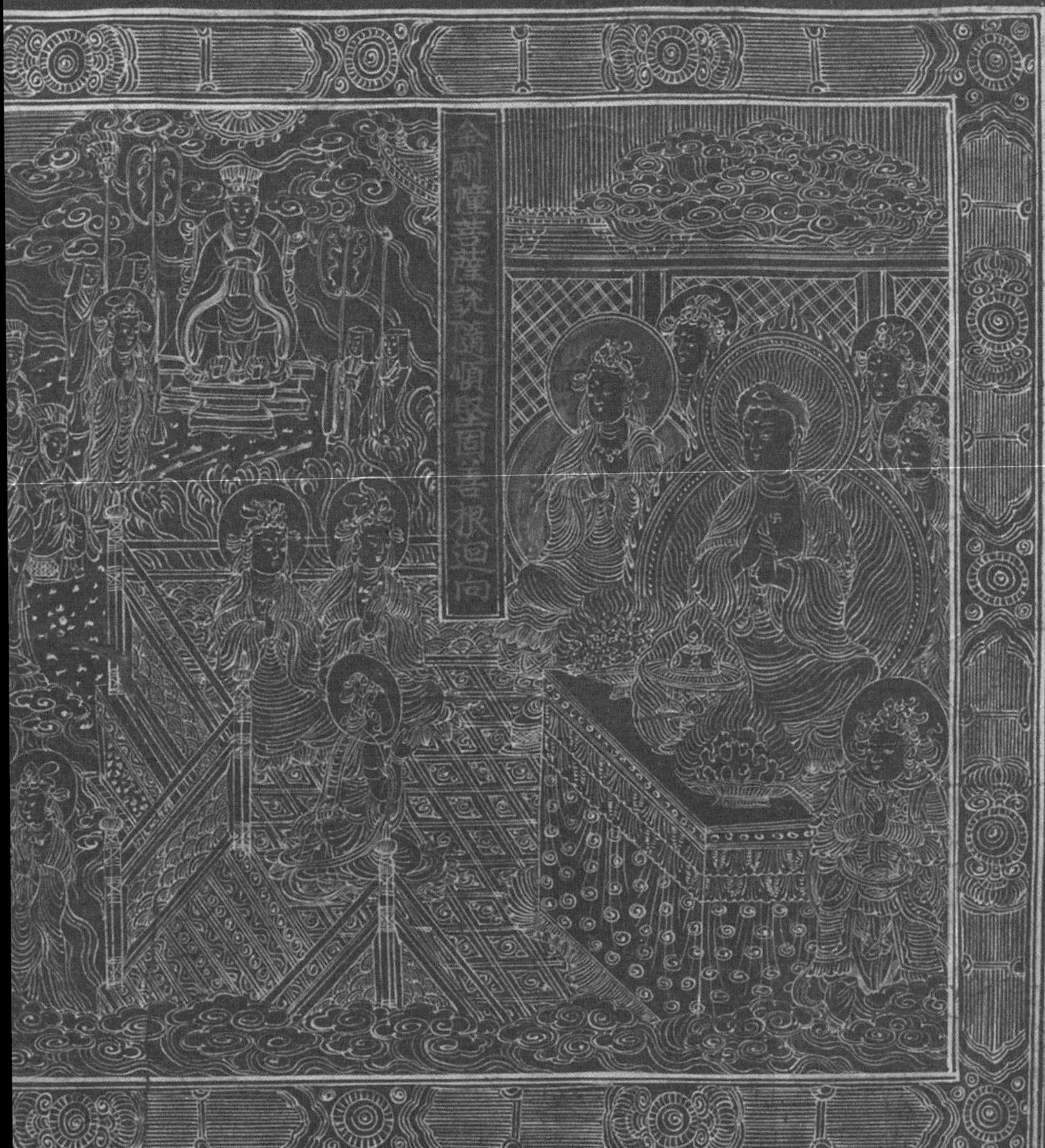

900

1000

1100

1200

1300

1400

04

고려

고려는 외세의 간섭과 도움 없이 독자적인 힘으로 후삼국을 아우르고 다수
의 발해인을 받아들여 진정한 통일을 이루었다. 고려의 통일은 이후 남북이
분단될 때까지 하나의 국가체제를 유지하는 시발점이 되었다. 국가의 수도가
경주에서 한반도 중앙에 자리한 개경으로 이동했으니, 이는 국가 전체의 중
심축이 바뀐 것을 의미한다.

　이 시기에 동아시아 정세는 많은 변동이 있었다. 새로운 세력이 대두하고
새 왕조가 출현함에 따라 국제질서가 요동쳤던 것이다. 그 여파는 고려에도
상당한 영향을 미쳤고, 고려는 이에 적극적으로 대응했다. 또한 대외교역이
크게 활기를 띠어 고려라는 나라 이름이 국제적으로 알려지게 되었다.

　농업을 기반으로 국가를 운영한 고려는 토지를 중시하여 국내의 농지 개
간과 함께 국경 밖으로의 영토 확대에도 힘을 기울였다. 사냥도 중요한 생업
의 하나였다. 고려는 조선시대에 비해 여성의 사회적 지위가 높았으며, 이념
적인 면에서 불교가 유교와 공존하는 양상을 보였다. 문화적으로는 토풍과
화풍이 갈등하면서도 조화를 보였다. 큰 시각에서 보면, 다원성·개방성·상무
성을 고려사회의 특징으로 지적할 수 있다.

후삼국의 분열

9세기 말 각 지방에서 반란이 일어나 신라는 수습할 수 없는 지경에 이르렀다. 여러 반란 세력 가운데 국가를 세워 신라에 대항한 것은 견훤과 궁예였다. 두 사람이 각각 후백제와 후고구려를 세움으로써 신라는 경주 일대를 다스리는 조그만 나라로 축소되었다. 각 지방의 호족들은 자위조직을 갖추고 있었으며 자기 지방 수호신을 강조하거나 자기 고을이 명당이라고 생각하는 등 지방 문화를 강조하는 성향을 보였다.

견훤은 무진주(전남 광주)에서 농민 반란군을 끌어들여 세력을 형성했으며, 완산주(전북 전주) 지역으로 도읍을 옮겨 후백제라 칭했다(900). 후백제는 백제를 다시 일으켜 세운다는 명분을 내걸고 옛 백제 지역을 차지하려 했다. 궁예는 송악(지금의 개성)에 도읍을 정한 후 나라 이름을 후고구려라 했다(901). 뒤에 수도를 철원으로 옮기고 국호를 마진으로 고쳤고, 911년 다시 태봉으로 바꾸었다. 두 나라는 후백제와 후고구려라는 국호를 사용하여 각각 옛 백제와 고구려 지역에서는 호응을 얻을 수 있었지만, 다른 지역으로 외연을 확장하는 데는 한계가 있었다.

한편 후고구려에서는 궁예가 난폭한 행동을 일삼아 민심을 잃자, 918년 홍유, 배현경, 복지겸, 신숭겸이 궁예를 내쫓고 왕건을 왕으로 추대했다. 왕건은 즉위 후 국호를 고려라 하고 연호를 천수라 했으며, 이듬해 송악으로 천도했다. 국호가 고려로 회귀한 것에는 왕건의 집안이 고구려 유민 출신이라는 점이 작용했고, 신라 국경 밖 말갈족(구 고구려계)의 지지를 끌어들이겠다는 의도도 있었다. 그리고 고구려의 위상을 되찾겠다는 의지를 동아시아에 표방하는 것이기도 했다.

왕건은 선대부터 호족적 기반 위에 서해의 해상 세력 및 혈구진·패강진 등의 군진 세력과 연결되어 있었고, 신라 국경 밖의 말갈족과 일정한 유대를 형성했다. 또한 궁예의 부장으로서 나주 등의 서남해 지역에서 커다란 공을 세운

고려 건국 무렵의 동아시아, 918년경

○ 각국의 도읍지

〰 주요 장성

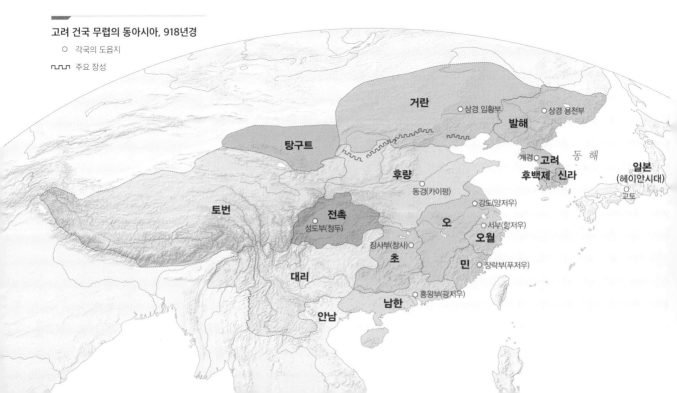

후삼국의 전쟁, 900~935년

→ 궁예의 활동　✳ 격전지
→ 후고구려의 진격　◉ 후삼국의 수도
→ 고려의 진격　○ 당시 주요 지명
→ 후백제의 진격　● 현재 주요 지명

견훤산성 경상북도 상주군 화북면 장암리에 있는 산성으로, 견훤이 쌓은 성으로 알려져 있다.

후고구려→고려

896 왕륭, 궁예에게 항복
901 궁예, 후고구려 건국
919 고려의 수도가 됨

905 궁예, 철원 천도
918 왕건, 고려 건국

발해 유민의 고려 입국
925 신덕(장군)·대화균(예부경) 등 6,000여 명
927 오흥(공부경)·재웅(승려) 등 100여 명
929 정근 등 300여 명
934 대광현(왕자) 등 수만 명
938 박승(평민) 등 1만 5,000여 명
1030 거란·발해 유민 500여 명
1116 발해 유민 40여 명

894 궁예, 김순식의 항복을 받음

899 궁예, 양길 격파

891 궁예, 기훤의 휘하로 들어감

892 궁예, 양길에게 귀순

936 후백제, 고려에 항복

930 고려, 견훤군에 승리

927 신숭겸 전사

936 고려, 신검 격파

927 후백제, 금성 점령. 경순왕을 즉위시킴

고려 건국 전 왕건이 점령한 지역

화주(영흥)
통해(평원)
서경(평양)
등주(안변)
패강진
해주
금성(김화)
성천(화천)
개경
혈구진
저족(인제)
철원
춘천(춘천)
서울
광주
명주(강릉)
북원(원주)
비뇌성(용인)
내성(영월)
죽주(안성)
충주
세달사(영월)
천안
진천
어진(울진)
운주(홍성)
청주
사벌(상주)
고창(안동)
대전
의성
송생(청송)
후백제
익산
황산
해평(선산)
완산(전주)
대구
공산
영천
포항
김제(금산사)
대야성(합천)
금성
나주
광주
지리산
신라
울산
목포
승주(순천)
강주(진주)
부산

900·906·915
934
935 견훤 탈출

안동 태사묘 유물 고려시대 관리들이 머리에 쓰던 복두, 황동으로 장식한 허리띠, 가죽신이다. 유물이 나온 태사묘는 고려 개국공신 권행, 장정필, 김선평의 위패를 모신 곳으로, 경상북도 안동시 북문동에 위치해 있다.

덕분에 시중 자리에 오를 수 있었다. 왕건은 선물과 겸손한 말로 호족을 대우했고, 궁예와 달리 신라에 우호적이었으며 후백제의 견훤과도 초기에는 원만한 관계를 유지했다.

그러나 920년 견훤이 신라의 대야성(합천)을 공격해 함락시켰을 때 왕건이 신라의 요청에 응해 구원군을 보내면서 두 나라 사이에 틈이 벌어지기 시작했다. 본격적인 대결은 조물군(경북 선산의 금오산성, 금릉군 조마면, 의성 등으로 비정, 정확한 위치는 불명)에서 벌어졌는데, 이때 양측은 승리를 결정짓지 못한 채 화친을 맺고 서로 인질을 교환했다(925).

2년 뒤인 927년 견훤이 신라에 침입하여 친고려적인 경애왕을 살해했다. 왕건은 이를 구원하러 가다가 대구 부근의 공산 전투에서 견훤에게 참패를 당하고 말았다. 이 전투에서 신숭겸과 김락이 목숨을 잃고, 왕건은 간신히 도망쳐 목숨을 구했다. 이듬해 견훤은 여세를 몰아 진주를 공격하는 등 지배 영역을 넓혔다.

견훤의 세력 확장으로 왕건은 상당한 수세에 몰렸으나, 930년 고창(경북 안동) 전투에서 승리를 거두면서 전세를 크게 바꾸었다. 이후 영안(경북 안동시 풍산읍)·하곡(울산광역시 울주

구 범서읍, 혹은 경북 안동시 임하면)·직명(경북 안동시 일직면)·송생(경북 청송군 송생리) 등 30여 군현과 동해안 지역의 강릉에서 울산에 이르는 여러 성이 고려의 영지가 되었다. 이를 계기로 왕건은 견훤에 대해 군사적으로 우위를 점했으며, 통일을 이룰 수 있는 우월한 위치를 확보하게 되었다.

고려의 민족통일

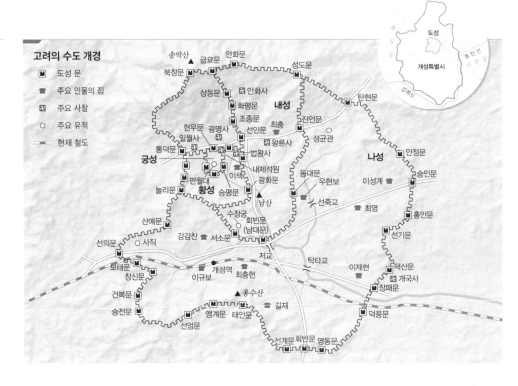

후백제가 고창 전투(930)에 이어 운주(충남 홍성) 전투(934)에서 고려군에 참패한 데다 왕위 계승을 둘러싼 내분에 휩싸이면서, 정세는 고려에 유리하게 전개되었다. 935년 3월 견훤이 넷째 아들 금강을 후계자로 삼으려 하자, 큰아들 신검이 정변을 일으켜 견훤을 폐위한 다음 김제의 금산사에 가두고 스스로 왕이 되었다. 그러나 그해 6월 견훤이 나주로 탈출하여 고려에 망명하면서 후백제 세력은 크게 약화되었다.

같은 해 10월 신라 경순왕이 자진해서 고려에 항복했다. 다음 해 왕건은 지금의 경북 선산에 있는 일리천을 사이에 두고 후백제군과 결전을 벌여 격파했으며, 이어서 마성(익산으로 추정)에서 후백제 신검의 항복을 받은 뒤 후백제 수도 완산주를 점령했다. 이로써 후백제는 건국한 지 37년 만에 멸망하고 후삼국은 고려에 의해 통일되었다.

왕건은 후삼국을 통일하는 과정에서 각 지방 호족들의 지지를 얻기 위해 적극 노력했다. 자기편으로 넘어온 호족에게 관직을 내리거나 명예직을 주었고, 왕씨 성을 하사하기도 했다. 또한 이들을 공신으로 책봉함으로써 지역사회에서 유력자의 지위를 보장하고, 그 자손들에게도 여러 혜택을 주었다. 왕건은 확고한 지지 세력을 얻기 위해 여러 호족의 딸과 혼인을 하고 그들을 자기편으로 묶어두었는데, 29명의 부인에게서 25명의 왕자와 9명의 왕녀를 얻었다. 각 지방 호족들과 연결되어 있는 승려들을 끌어들이는 데에도 힘썼다. 다른 한편으로는 호족의 자제를 개경에 머물게 하는 기인제도와 중앙에서 벼슬하는 관리들이 출신 지방을 감독하도록 하는 사심관제도를 실시함으로써 지방 호족 세력을 억제했다.

태조는 서경(평양)을 경영하여 독자적인 세력 기반으로 삼았으며, 말갈족을 포섭했다. 서경을 개척할 때 왕건의 사촌동생 왕식렴이 중요한 역할을 했다. 말갈족 기병은 후백제와의 전투에서 크게 활약했다. 또한 태조는 농민의 조세 부담을 경감시키고 흑창(黑倉)이라는 빈민 구제기관을 설립하는 등 백성을 위한 정책을 펼쳤다.

926년 발해가 거란에 의해 멸망하자 왕족과 관료 등 고구려 계통의 지배층 다수가 남하하여 고려로 귀순했다. 고려의 후삼국 통일은 그 범위가 발해의 영토까지 포괄한 것은 아니었지만, 신라의 삼국통일과 달리 자주적으로 이루어졌고 다수의 발해 주민을 받아들였다는 점에서 의의가 크다.

태조는 호족 세력의 도움과 지원을 받아 통일을 완수할 수 있었지만, 통일 이후에는 오히려 지방에 할거하고 있는 이들을 국가라는 틀로 억제해야 했다. 그러나 943년 훈요 10조를 남긴 뒤 호족을 누르고 중앙집권적 국가체제를 세우는 과제를 후대에 넘기고 세상을 떠났다.

943년 태조의 맏아들 혜종이 왕위를 이었지만 왕권의 안정을 기할 수가 없었다. 자신의 목숨을 노리는 적대 세력의 준동으로 불안한 나날을 보내다가 아무런 치적을 남기지 못한 채 재위 2년 만에 병사했다.

3대 왕 정종은 서경을 기반으로 강력한 세력을 형성하고 있던 왕식렴의 군사력을 수도로 끌어들여 정적을 제거하고 왕위에 올랐다. 이후 서경 천도를 계획했으나 실천에 옮기지는 못했다. 정종도 재위 4년 만에 죽어 고려 왕실의 오랜 숙원인 왕권 강화는 실현되지 못했다.

광종은 정종의 내선(內禪)을 받아 왕위에 올랐다. 광종은 재위 7년(956)부터 왕권을 강화하고 호족 세력을 약화시키기 위한 여러 조치를 취했다. 노비안검법 실시, 과거제 도입 그리고 백관 공복의 제정이 그것이다. 개경을 황도라 하고 서경을 서도라 칭하는 조치를 취했으며, 독자적인 연호를 사용함으로써 왕실의 위엄을 높이고자 했다. 그리고 왕권 강화에 방해가 되는 호족 세력을 대대적으로 숙청했다. 하지만 광종의 노력으로도 호족 세력을 제거하는 데는 한계가 있었다. 경종 즉위 초 호족이 다시 강력한 정치 세력으로 광범위하게 등장한 사실이 그 점을 잘 말해준다.

청동 왕건상 개성에 있는 현릉(왕건의 능) 근처에서 발견되었다. 전면에 개금이 되어 있었던 것으로 추정되며, 머리에 해와 달이 조각된 통천관을 쓰고 두 손은 앞으로 모았다.

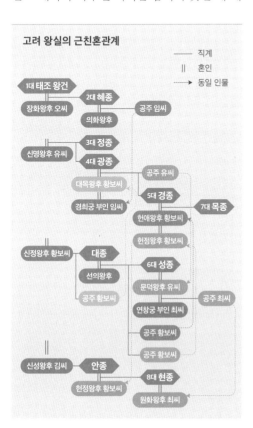

고려 왕실의 근친혼관계

─── 직계
‖ 혼인
┄┄▶ 동일 인물

1대 태조 왕건
장화왕후 오씨 — 2대 혜종
의화왕후 — 공주 임씨
신명왕후 유씨 — 3대 정종
4대 광종
공주 유씨
대목왕후 황보씨 — 5대 경종
경희궁 부인 임씨 — 7대 목종
현애왕후 황보씨
현정왕후 황보씨
신정왕후 황보씨 — 대종
선의왕후
공주 황보씨 — 6대 성종
문덕왕후 유씨
연창궁 부인 최씨 — 공주 최씨
공주 황보씨
공주 황보씨
신성왕후 김씨 — 안종
현정왕후 황보씨 — 8대 현종
원화왕후 최씨

왕건 부인의 출생지

황주 — 소황주원부인 신정왕후 황보씨
신주(신천) — 신주원부인 강씨
동주(서흥)
평주(평산) — 동양원부인 유씨 / 성무부인 박씨 / 월경원부인 박씨 / 몽량원부인 박씨
대서원부인 김씨 / 소서원부인 김씨
정주(개풍)
춘주(춘천) — 예화부인 왕씨
명주(강릉) — 정목부인 왕씨 / 대명주원부인 왕씨
신혜왕후 유씨 / 정덕왕후 유씨
광주원부인 왕씨 / 소광주원부인 왕씨 — 광주
충주 — 신명왕후 유씨
진주(진천) — 숙목부인
홍복원부인 홍씨 — 운주(홍성)
의성 — 의성부원인 홍씨
해량원부인 — 해평(선산)
서전원부인 / 월화원부인 (출생지 미상)
경주 — 신성왕후 김씨 / 헌목대부인 평씨 / 천안부원인 임씨
합주(합천)
나주
승주(순천) — 후대량원부인 이씨
장화왕후 오씨
동산원부인 박씨

거란과의 전쟁

고려는 개국 초부터 고구려 계승을 표방하면서 북진정책을 추진했다. 이에 따라 서경을 중시하고 청천강 이북으로 영토를 확대하려 했다. 그 과정에서 만주 일대에서 세력을 뻗치던 거란과의 갈등이 불가피했다.

거란은 여러 부족으로 나뉘어 있었는데, 당 말의 혼란기에 야율아보기가 부족을 통일하면서 거대한 세력을 형성했다. 그는 장차 중국대륙으로 진출하고자 먼저 배후에 있던 발해를 쳐서 멸망시켰다(926). 태조는 훈요 10조를 통해 거란을 금수의 나라로 규정하고, 후대 왕에게 계속 경계하라고 훈계했다.

정종과 광종 때는 청천강과 압록강 사이에 여러 성을 쌓아 거란의 침입에 대비했다. 송이 중국을 통일하고(960) 거란과 대치하자, 광종은 송과 제휴하여 거란을 견제하는 정책을 폈다. 거란은 발해 유민이 세운 정안국을 정복하고(980), 세 차례에 걸쳐 고려를 침입했다.

993년 거란의 성종은 소손녕이 이끄는 수십만 대군으로 고려를 침입했다. 고려는 청천강에서 거란군을 막는 한편, 서희를 보내 소손녕과 담판에 나섰다. 서희는 고려는 고구려를 계승한

나라이고, 거란의 동경(랴오양)도 고려 영역인데 오히려 거란이 침범한 것이며, 압록강 연안을 여진족이 막고 있어서 거란과 왕래할 수 없다고 주장했다. 마침내 두 나라는 국교를 맺었고, 거란은 강동 6주를 고려 영토에 편입시켜주기로 한 뒤 철수했다. 이후 거란은 고려와의 화약을 바탕으로 1004년 송을 굴복시켰다(전연의 맹).

그러나 고려는 거란과 화친한 이후에도 송과 비밀리에 계속 접촉했다. 거란은 이러한 고려의 태도에 불안감과 의구심을 갖게 된 데다 고려에 넘겨준 강동 6주의 전략적 중요성을 절감하여, 고려에서 일어난 강조의 정변을 빌미로 재차 침공해왔다. 강조의 정변은 목종의 모후 천추태후(헌애왕후)와 김치양이 관계를 맺고 왕위를 엿보자 서북면도순검사 강조가 군사를 일으켜 김치양 일파를 제거하고 목종을 폐위시킨 뒤 현종을 왕위에 앉힌 사건이다.

1010년(현종 즉위년) 거란 성종은 보병과 기병 40만을 이끌고 고려로 쳐들어왔다. 거란군이 개경을 점령하는 사이 현종은 멀리 나주로 피신했다. 거란은 현종이 거란에 친조해야 한다는 조건으로 철군을 결정하고, 개경 점령 10일 만에

**거란(요)의 대외 팽창,
10~11세기 초**

⬋ 거란(요)의 대외 팽창

◉ 거란 5경

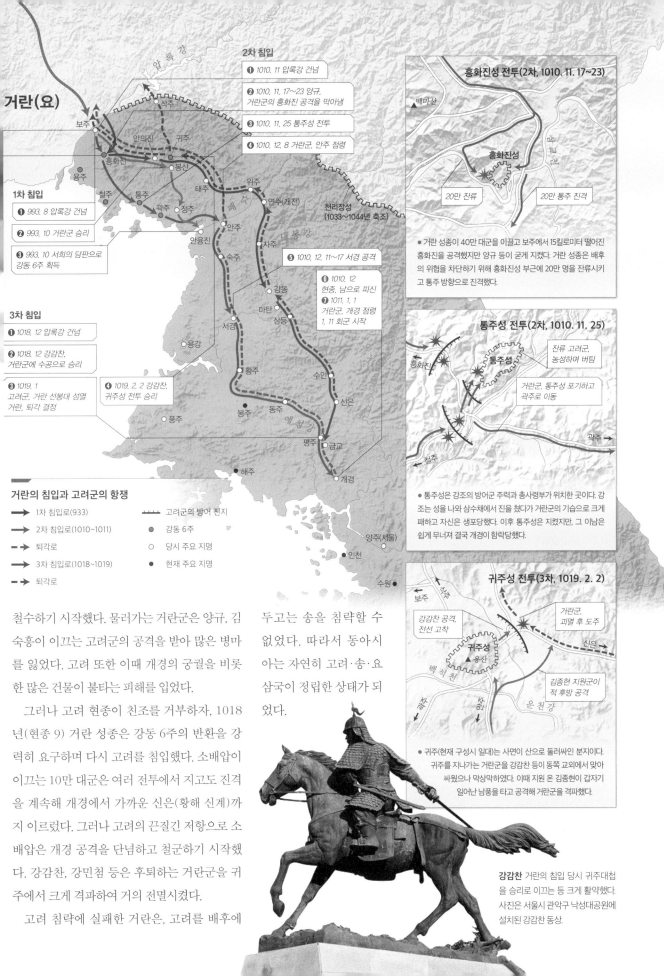

거란(요)

2차 침입
❶ 1010. 11 압록강 건넘
❷ 1010. 11. 17~23 양규,
거란군의 흥화진 공격을 막아냄
❸ 1010. 11. 25 통주성 전투
❹ 1010. 12. 8 거란군, 안주 점령

1차 침입
❶ 993. 8 압록강 건넘
❷ 993. 10 거란군 승리
❸ 993. 10 서희의 담판으로
강동 6주 획득

3차 침입
❶ 1018. 12 압록강 건넘
❷ 1018. 12 강감찬,
거란군에 수공으로 승리
❸ 1019. 1
고려군, 거란 선봉대 섬멸
거란, 퇴각 결정
❹ 1019. 2. 2 강감찬,
귀주성 전투 승리

천리장성
(1033~1044년 축조)

❺ 1010. 12. 11~17 서경 공격

❻ 1010. 12
현종, 남으로 피신
❼ 1011. 1. 1
거란군, 개경 점령
1. 11 회군 시작

거란의 침입과 고려군의 항쟁
→ 1차 침입로(933)
ᛃᛃᛃ 고려군의 방어 진지
→ 2차 침입로(1010~1011)
⬤ 강동 6주
⇢ 퇴각로
◯ 당시 주요 지명
→ 3차 침입로(1018~1019)
● 현재 주요 지명
⇢ 퇴각로

흥화진성 전투(2차, 1010. 11. 17~23)

20만 잔류 | 20만 통주 진격

● 거란 성종이 40만 대군을 이끌고 보주에서 15킬로미터 떨어진 흥화진을 공격했지만 양규 등이 굳게 지켰다. 거란 성종은 배후의 위협을 차단하기 위해 흥화진성 부근에 20만 명을 잔류시키고 통주 방향으로 진격했다.

통주성 전투(2차, 1010. 11. 25)

잔류 고려군, 농성하며 버팀

거란군, 통주성 포기하고 곽주로 이동

● 통주성은 강조의 방어군 주력과 총사령부가 위치한 곳이다. 강조는 성을 나와 삼수채에서 진을 쳤다가 거란군의 기습으로 크게 패하고 자신은 생포당했다. 이후 통주성은 지켰지만, 그 이남은 쉽게 무너져 결국 개경이 함락당했다.

귀주성 전투(3차, 1019. 2. 2)

강감찬 공격,
전선 고착

거란군,
괴멸 후 도주

김종현 지원군이
적 후방 공격

● 귀주(현재 구성시 일대)는 사면이 산으로 둘러싸인 분지이다. 귀주를 지나가는 거란군을 강감찬 등이 동쪽 교외에서 맞아 싸웠으나 막상막하였다. 이때 지원 온 김종현이 갑자기 일어난 남풍을 타고 공격해 거란군을 격파했다.

철수하기 시작했다. 물러가는 거란군은 양규, 김숙흥이 이끄는 고려군의 공격을 받아 많은 병마를 잃었다. 고려 또한 이때 개경의 궁궐을 비롯한 많은 건물이 불타는 피해를 입었다.

그러나 고려 현종이 친조를 거부하자, 1018년(현종 9) 거란 성종은 강동 6주의 반환을 강력히 요구하며 다시 고려를 침입했다. 소배압이 이끄는 10만 대군은 여러 전투에서 지고도 진격을 계속해 개경에서 가까운 신은(황해 신계)까지 이르렀다. 그러나 고려의 끈질긴 저항으로 소배압은 개경 공격을 단념하고 철군하기 시작했다. 강감찬, 강민첨 등은 후퇴하는 거란군을 귀주에서 크게 격파하여 거의 전멸시켰다.

고려 침략에 실패한 거란은, 고려를 배후에 두고는 송을 침략할 수 없었다. 따라서 동아시아는 자연히 고려·송·요 삼국이 정립한 상태가 되었다.

강감찬 거란의 침입 당시 귀주대첩을 승리로 이끄는 등 크게 활약했다. 사진은 서울시 관악구 낙성대공원에 설치된 강감찬 동상.

9성의 개척과 환부

여진은 우리와 문화적, 혈연적으로 친연성이 가장 높은 종족이었다. 금을 건국한 오아속과 아골타의 조상이 고려에서 왔다는 기록이 있다. 대다수의 여진족은 유목과 사냥을 생업으로 했으며, 농업에 종사한 부족들은 대체로 함경도 해안 지역과 두만강 유역 일대에서 살았다. 이들은 통일된 정치집단을 형성하지 않고 여러 갈래로 나뉘어 있었다. 한편 고려는 거란과의 전쟁 후 북방의 침입에 대비하여 천리장성을 쌓았다. 압록강 입구에서 함경도 영흥에 이르는 성으로, 1033년 착공하여 1044년에 완성했다.

여진은 고려 초부터 토산물인 말과 궁시 등을 바쳤고, 고려는 그들에게 장군·대장군 등의 관작을 주고 식량과 철제 농기구를 사여했다. 일부는 고려 내지에 들어와 살면서 고려의 백성이 되었다.

그러나 12세기 들어 여진의 완안부가 강성해지면서 가란전(曷懶甸) 지역(마천령 이남, 정평

이북)을 휩쓸며 고려에 복속한 여진 촌락을 완전히 점령하고 정평의 장성 부근까지 출몰했다. 고려는 임간 등을 보내 여진의 군사를 치게 했으나 오히려 패배했다. 다시 윤관을 출동시켰으나 그 역시 크게 패배하고 겨우 화약만 맺고 돌아왔다. 임간과 윤관의 패전으로 정평 장성 밖

윤관의 9성 건설, 1107~1108년

→ 윤관의 공격로

■ 9성의 위치

○ 당시 주요 지명

● 현재 주요 지명

9성의 위치에 대한 학설
제1 학설
제2 학설
제3 학설

미확인 9성
공험진
통태진
숭녕진
진양진

제3 학설

공험진의 위치를 두만강 이북으로 잡아 아래로 정평까지의 함경도 일대에 걸쳐 있었다는 설 (김구진·방동인·최규성)

제2 학설

길주 내지 마운령 이남부터 정평까지 주로 함남 일대에 비정하는 설 (한백겸·정약용 등 조선 후기 실학자)

함관령 이남 정평 이북의 광의적 의미의 함흥평야 일대로 보는 설 (쓰다 소키치·이케우치 히로시)

제1 학설

선춘령(추정)
공험진(추정)
(今 이 편 강)
거양성

온성
공주(경원)
종성
경흥
회령

무산

백두산

경성

영주
웅주
길주
김책(성진)
마천령
복주(단천)
마운령
북청
함관령
신포
홍원
함주(함흥)
정주(정평)

여 진 해 내

마 천 령 산 맥

홍화진
귀주
곽주
안북부

고 려

동 해

여진 촌락은 모두 완안부 치하에 들어가게 되었다.

1104년 숙종은 윤관의 건의를 받아들여 별무반을 편성하고 임전 태세를 갖추었다. 말을 가진 자는 기병인 신기군으로, 말이 없는 자는 신보군으로 편제했으며, 승려들로 항마군을 편성했다. 뒤이어 왕위에 오른 예종은 숙종의 뜻을 이어받아 여진 정벌군을 일으켰다. 1107년(예종 2) 10월 윤관을 원수, 오연총을 부원수로 하는 17만 대군을 파견하여 함경도 일대의 동쪽 여진족을 친 것이다. 고려군은 연전연승하여 촌락 135개를 점령하고 5,000명을 포로로 사로잡는 대승을 거두었다. 윤관은 점령 지역에 함주(함흥)를 비롯하여 영주·웅주·길주·복주·공험진·통태진·숭녕진·진양진 등 9개의 성을 쌓은 다음, 남방의 6만 9,000여 호를 옮겨 살게 했다. 9성의 위치에 대해서는 세 가지 설이 있다.

고려가 개척한 9성은 오래 유지되지 못했다. 삶의 터전을 빼앗긴 토착 여진은 반격전을 펴는 한편 외교적 방법으로 9성을 돌려줄 것을 애걸했다. 고려는 막대한 물자가 소요되고 인명 피해가 속출하자, 개척 1년여 만에 9성을 포기하고 주둔했던 군사와 백성을 철수시켰다.

이후 광역의 가란전 지역을 확보한 완안부 여진은 1113년(예종 8) 아골타의 지휘 아래 세력이 더욱 커져 만주 지역 대부분을 점령하고 2년 후(1115) 금을 건국하기에 이르렀다. 세력이 강성해진 금이 1117년(예종 12) 고려에게 형제 맹약을 요구해오면서 두 나라는 외교적 긴장 상태에 놓이게 되었다. 여진은 1125년(인종 3) 거란을 멸망시킨 데 이어 송의 수도 개봉을 함락시켜 명실상부한 중원의 패자가 되었다. 그리고 이번에는 고려에 군신관계를 요구해왔다. 고려는 강경파와 온건파가 열띤 논쟁을 벌인 끝에 무력 저항을 포기하고 현실을 인정하여 사대의 예를 취하기로 결정했다. 이에 대해 일부 지배층이 반발했는데, 이런 반발은 이후 묘청 등에 의한 금국 정벌론으로 나타났다.

척경입비도 17~18세기경에 제작된 『북관유적도첩』은 고려 예종~조선 선조 때 함경도에서 명성을 떨친 장수들의 업적을 그린 기록화로 모두 8폭이다. 그중 이 그림은 '척경입비도(拓境立碑圖)'로 1107년 윤관과 오연총이 선춘령에 '고려지경'이라 새긴 비를 세워 고려 국경으로 삼는 장면을 묘사한 것이다. 가로 31센티미터, 세로 41.2센티미터.

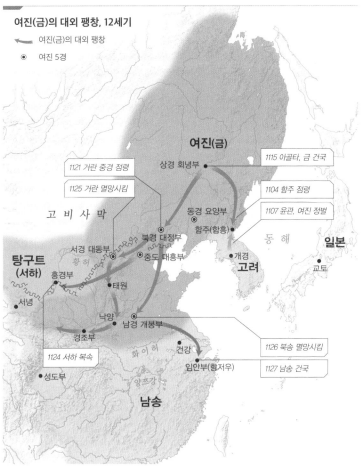

여진(금)의 대외 팽창, 12세기

← 여진(금)의 대외 팽창

◉ 여진 5경

1121 거란 중경 점령

1125 거란 멸망시킴

1115 아골타, 금 건국

1104 함주 점령

1107 윤관, 여진 정벌

1124 서하 복속

1126 북송 멸망시킴

1127 남송 건국

여진(금)
상경 회녕부
동경 요양부
함주(함흥)
북경 대정부
서경 대동부
중도 대흥부
황하
개경
고려
교토
일본
동 해
고 비 사 막
탕구트(서하)
흥경부
서녕
태원
낙양
남경 개봉부
경조부
건강
임안부(항저우)
화 이 허
양쯔강
성도부
남송

문벌의 대두와 지배층의 갈등

사회가 안정되면서 최고 지배층인 문벌이 형성되기 시작했다. 문벌은 과거 및 음서(고위 관료의 자제를 과거 없이 관직에 발탁하는 제도)를 통하여 관직에 진출해 재추(宰樞) 직을 장악했으며, 관료의 인사를 주도했다. 특히 유력 가문끼리 서로 혼인하여 폐쇄적인 특권층을 형성하고 대를 이어 권력을 유지했다. 뿐만 아니라 권력을 이용해 불법적으로 개인이나 국가의 토지를 차지했다. 인주 이씨(경원 이씨)·경주 김씨·파평 윤씨·철원 최씨·해주 최씨·남평 문씨·강릉 김씨·평산 박씨 등이 대표적 문벌이었다. 그중에서도 인주 이씨는 문종 대부터 인종 대까지 무려 80여 년 동안 5명의 왕에게 10명의 왕비를 들여 외척으로서 당대 최고의 가문으로 득세했다. 이들은 고려 왕실의 왕위 계승에도 영향력을 행사하고 정치권력을 독점하려 하여 왕실 및 다른 문벌과 자주 충돌을 빚었다.

12세기 들어 고려는 여러 방면에서 동요하기 시작했다. 지방에서는 군현제하 속현과 향·부곡·소의 민이 유망하거나 저항했으며, 중앙에서는 정치권력을 둘러싸고 지배층의 갈등이 폭발했다. 1122년 인종이 즉위하면서 인주 이씨 세력은 더욱 막강해졌다. 이자겸은 인종의 아버지 예종에게 딸을 왕비로 들이고 인종이 왕위를 물려받도록 영향력을 행사했을 뿐 아니라, 인종이 즉위한 뒤에는 다시 두 딸을 연이어 왕비로 들여 최대의 외척 가문을 이루었다. 그는 정적인 예종의 동생 대방공 보를 위시해 한안인 등을 제거했다. 인종은 이자겸을 각별히 대우하여 많은 땅과 하사품을 내렸다. 이렇게 인주 이씨 가문이 권력을 독점하자 다른 문벌들은 불만을 품게 되었고, 이것은 결국 이자겸을 제거하려는 움직임으로 나타났다.

1126년 2월 인종의 측근 김찬, 안보린, 지녹연이 상장군 최탁 등과 결탁해 이자겸과 그의 측근인 척준경을 제거하기로 결심하고 거사를 단행했다. 그러나 이들의 계획은 실패했고, 이자겸과 척준경이 반격에 나서 궁궐을 불태우고 반

고려시대의 주요 문벌

- **평산 박씨** 박인량(?~1096)
- **해주 최씨** 최충(984~1068)
- **파평 윤씨** 윤관(?~1111)
- **인주 이씨** 이자연(1003~1061) 이자겸(?~1126)
- **안산 김씨** 김은부(?~1126)
- **영광 김씨** 김심언(?~1018)
- **남평 문씨** 문다성(?~?)
- **철원 최씨** 최준옹(?~?)
- **강릉 김씨** 김인존(?~1127)
- **이천 서씨** 서희(942~998)
- **청주 한씨** 한상길(?~?)
- **경주 김씨** 김부식(1075~1151)
- **광양 김씨** 김황원(1045~1117)

동해 / 황해 / 개경 / 평산 / 철원 / 해주 / 파평 / 인주(인천) / 안산 / 이천 / 강릉 / 청주 / 경주 / 영광 / 남평(나주) / 광양

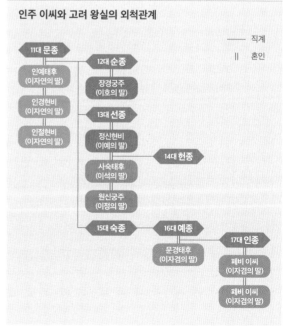

인주 이씨와 고려 왕실의 외척관계

―― 직계
‖ 혼인

- 11대 문종 — 12대 순종
- 인예태후 (이자연의 딸)
- 인경현비 (이자연의 딸)
- 인질현비 (이자연의 딸)
- 장경궁주 (이호의 딸)
- 13대 선종
- 정신현비 (이예의 딸)
- 사숙태후 (이석의 딸)
- 원신궁주 (이정의 딸)
- 14대 헌종
- 15대 숙종 — 16대 예종 — 17대 인종
- 문경태후 (이자겸의 딸)
- 폐비 이씨 (이자겸의 딸)
- 폐비 이씨 (이자겸의 딸)

대파를 제거했다. 이때 인종은 해를 당할까 두려워 이자겸에게 선위할 것을 청하기까지 했다. 이후 이자겸의 위치가 크게 높아졌지만 척준경이 등을 돌림으로써 인종은 이자겸을 제거할 수 있었으며, 뒤이어 척준경도 유배보냈다. 이자겸의 난을 거친 뒤에는 김부식으로 대표되는 경주 김씨가 정국의 주도권을 장악했다.

1127년(인종 5) 3월 인종은 서경에서 '유신지교(惟新之敎)'라는 표현으로 15조의 조서를 반포하여, 국왕의 권위를 회복하고 정치를 쇄신하는 정책을 추구했다. 묘청을 중심으로 하는 서경파 세력이 이를 적극 지원했다.

묘청의 난은 이자겸의 난이 진압된 지 얼마 되지 않아 일어났다(1135). 이자겸의 난으로 민심이 흉흉해진 상황에서 서경 출신 승려 묘청 등이 서경으로 도읍을 옮기면 국가의 중흥을 이룰 수 있다는 풍수도참설을 유포하여 서경 천도를 성사시키고, 이를 계기로 정권을 장악하려 했다. 서경 천도를 주장한 인물 중에는 서경과 무관한 과거 합격자 출신의 중앙 관리, 무신, 승려가 많았다. 묘청 등은 국왕을 황제로 부르고 독자적인 연호를 쓰자고 하는 한편, 자주성을 표면에 내세우며 북방의 신흥 강국 금을 정벌하자고 주장했다. 본래 서경은 고구려의 수도로서 태조 대부터 중시되었으며 고구려 계승을 상징하는 지역이었다.

서경 천도가 반대에 부딪히자 묘청은 무력으로 자신의 뜻을 관철하려 했다. 마침내 그는 자비령을 차단한 뒤 나라 이름을 대위, 연호를 천개라 하고 반란을 일으켰다. 이에 조정은 김부식을 총사령관으로 하는 토벌군을 보냈는데, 1년이 지나서야 겨우 평정할 수 있었다.

이자겸의 난과 묘청의 난은 모두 소수 문벌의 독주와 왕권 약화를 배경으로 일어난 사건이다. 이러한 난을 겪으면서도 문벌 중심의 사회체제는 모순을 더해갔을 뿐, 이를 개혁하려는 적극적인 시도는 없었다.

아집도 대련 14세기에 그려진 것으로 추정되는 작자 미상의 그림이다. 두 폭이 한 쌍을 이루고 있는데, 이 그림은 문인들이 글을 쓰는 모습을 묘사한 '문사작시도'로 고려 귀족들의 일상생활 모습을 표현하고 있다(다른 하나는 '문사관하도'). 문벌 가운데서도 특히 인주 이씨 가문은 자녀를 연이어 왕비로 들임으로써 강력한 외척 정치 세력으로 떠올랐다. 그러나 이는 곧 왕권의 약화와 사회 불안으로 이어졌다.

묘청의 난, 1135~1136년

■ 반란 진원지
■ 반란군의 세력 범위
→ 반란군의 공격
→ 토벌군의 진압
→ 김순부의 이동로
✳ 격전지
○ 당시 주요 지명
● 현재 주요 지명

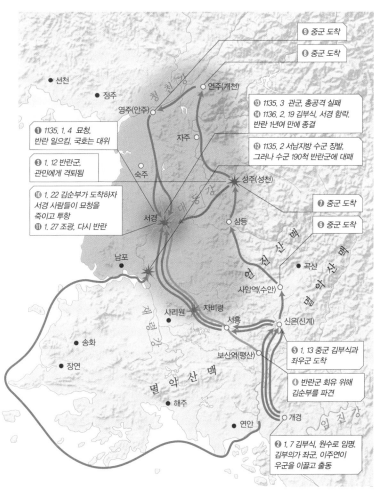

● 선천
● 정주
● 영주(안주)
○ 연주(개천)
❶ 1135. 1. 4 묘청, 반란 일으킴. 국호는 대위
● 자주
○ 숙주
❸ 1. 12 반란군, 관민에게 격퇴됨
○ 서경
● 성주(성천)
❿ 1. 22 김순부가 도착하자 서경 사람들이 묘청을 죽이고 투항
⓫ 1. 27 조광, 다시 반란
● 남포
● 삼동
● 곡산
○ 사암역(수안)
● 장연
● 송화
○ 사리원
자비령
○ 서흥
○ 신은(신계)
● 해주
● 연안
○ 보산역(평산)
○ 개경
❺ 1. 13 중군 김부식과 좌우군 도착
❹ 반란군 회유 위해 김순부를 파견
❷ 1. 7 김부식, 원수로 임명. 김부의가 좌군, 이주연이 우군을 이끌고 출동
❾ 중군 도착
❿ 중군 도착
⓭ 1135. 3 관군, 총공격 실패
⓮ 1136. 2. 19 김부식, 서경 함락. 반란 1년여 만에 종결
⓬ 1135. 2 서남지방 수군 징발. 그러나 수군 190척 반란군에 대패
❼ 중군 도착
❽ 중군 도착
청천강
대동강
언진산맥
멸악산맥
예성강
임진강

무인집권과 민란

전국적 민란 발생, 1160~1240년

봉기 진원지
(김보당, 조위총은 관료 출신)

○ 당시 주요 지명

● 현재 주요 지명

고려는 지배층의 격심한 정쟁을 겪은 뒤에도 문벌 주도의 정치 형태가 지속되었다. 하급 지배층의 중앙 진출이 억제되고 활동이 위축되었으며, 특히 무신들의 불만이 커졌다. 무신의 난은 1170년(의종 24) 8월 국왕의 보현원 행차를 틈타 정중부, 이고, 이의방 등 무신들이 그동안 쌓인 불만을 폭발시켜 문신들을 닥치는 대로 죽이면서 시작되었다. 이후 무신들이 권력을 장악하고 고려의 정치 운영을 좌지우지했다.

무신의 난이 일어난 직후에는 반란 주도자들 사이에 치열한 권력 다툼이 벌어졌다. 먼저 이고, 이의방 등이 제거되었고, 이어 정중부, 경대승, 이의민이 차례로 권좌에 올랐다. 이들 무인 집정자들의 성향은 일정하지 않았고 그들 사이의 갈등도 심각했다.

더구나 무인정권에 대항하여 왕정을 회복하려는 봉기가 잦아 정세가 몹시 불안정했다. 동북면병마사 김보당, 서경유수 조위총, 개경 인근 사찰 소속 승려들의 저항이 대표적인 왕정 복귀 시도이다.

1196년 최충헌이 이의민을 몰아내고 정권을 장악했다. 그는 정안 임씨 및 왕실과 혼인하고, 그 자손들도 명망가와 혼인시킴으로써 자신의 지위를 안정적으로 유지하고 권력의 정당성을 인정받고자 했다. 최충헌이 죽은 뒤 무인 집정의 자리는 최우, 최항, 최의에게 차례로 계승되었다. 1258년 최의가 정변으로 살해당하자, 새로운 집정자로 김준이 등장했다. 그 후 임연과 그 아들 임유무에게 차례로 권력이 넘어갔다가 원나라의 압력으로 임유무가 제거됨으로써 마침내 왕정이 회복되고 무인정권은 종말을 고했다(1270).

무인의 집권으로 문신 중심의 지배체제가 몰락했지만 왕조질서는 그대로 유지되었으며, 기존의 관료제도가 국가 운영의 기본 제도로 기능하고 있었다. 무인 집정자들은 비중 있는 관직을 차지했으며, 일부 새로운 기구를 만들거나 사병 조직을 강화함으로써 지배력을 확대했다.

무인정권은 부패한 문신들에게 반발하며 등장했지만, 그들 역시 사회·경제 개혁에 소홀하기는 마찬가지였기에 세금제도가 허술한 틈을 이용하여 농민을 가혹하게 수탈했다. 반면 농민이나 노비 등 하층민들은 무신의 난에 자극받아 전통적 신분질서 의식에서 자연스럽게 벗어날 수 있게 되었다. 이러한 요인들로 인해 전국에서 하층민의 항쟁이 폭발적으로 일어났다. 민란은 특히 정중부, 경대승, 이의민이 최고 집권자로 있던 무인정권 초기에 자주 일어났다. 대표적인 예로 공주 명학소의 망이·망소이의 항쟁, 전주 군인과 관노비의 항쟁, 운문에서 일어난 김사미의 항쟁 등을 들 수 있다.

최충헌이 이의민을 제거하고 집권한 뒤에도 하층민의 항쟁은 계속되었다. 최충헌의 사노비 만적의 봉기와 동경(경주)에서 일어난 이비·패좌 등의 봉기가 대표적이다. 최충헌 정권의 강

경 진압으로 민란은 한동안 움츠러들었지만, 1217년 이번에는 서경 지역에서 최광수가 이끄는 고구려 부흥운동이 일어났다. 이후 대몽항쟁이 시작되면서 농민항쟁은 수그러들었지만 완전히 사라진 것은 아니었다. 그중에서 눈길을 끄는 것은 1237년 담양을 중심으로 일어난 이연년 형제의 백제 부흥운동이다. 이후에도 항쟁이 간헐적으로 일어나긴 했지만, 몽골의 침입이라는 국가적 재난으로 말미암아 농민은 위축되지 않을 수 없었다. 한편 일부 농민들은 몽골에 대항해 싸우지 않고 투항하는 방식으로 국가에 소극적으로 저항했다.

각 지역에서 전개된 하층민의 항쟁을 주도한 세력은 향·부곡·소의 농민을 비롯해 관노비와 사노비, 일반 농민과 승려에 이르기까지 다양했으나, 지배계층에 수탈당하는 가난한 민중이라는 공통점이 있었다. 당시 일어난 민란 중 일부는 신라·고구려·백제의 부흥을 주장하면서 지역민의 결집을 꾀하려 했다는 특이점이 있다. 무인정권은 이들의 저항으로 통치의 정당성을 도전받았으며, 나아가 지배체제 전반이 흔들리는 모습을 보였다. 그러나 이 시대의 민란은 체제의 개혁을 가져오지 못한 채 몽골 침략이라는 국가적 위기 속에 묻혀버리고 말았다.

시기별 민란 발생 추이

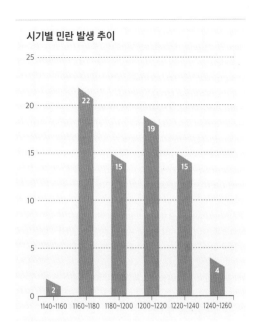

무인 집정의 변천 및 권력기구

중방	정중부	1170
도방	경대승	1179
중방	이의민	1183
교정도감	최충헌	1196
		1219
교정도감·정방	최우	1249
	최항	1257
	최의	1258
	김준	1268
	임연	1270. 2.
	임유무	1270. 5.

■ 정권 탈취 ■ 정권 계승

무인 석상 북한 개성특별시 공민왕릉의 무인 석상. 문신만 우대하고 무신은 차별했던 것이 결국 무신의 난의 불씨가 되었다.

몽골의 침입과 대몽항쟁

고려와 몽골이 처음 접촉한 것은 1219년 고려가 강동성에 있는 거란족을 평정하기 위해 몽골의 지원을 받고 공동 작전을 폈을 때이다. 이후 몽골이 고려에 압력을 가하고 무거운 공물을 요구하면서 두 나라 사이에 불화가 싹텄다. 그런 와중에 몽골 사신 저고여가 고려에 왔다가 본국으로 돌아가는 길에 압록강변에서 살해당하는 사건이 발생했다(1225). 몽골은 이를 고려의 소행으로 여기고 1231년 고려를 침입했다. 그 후 몽골은 1259년(고종 46) 강화가 이루어질 때까지 모두 여섯 차례에 걸쳐 침입했다.

1231년 1차로 침입한 몽골군은 귀주, 안북부, 서경, 수안을 차례로 공격하고 11월 말에는 개경에 접근했다. 고려는 귀주, 자주성 등에서 분전하여 성을 지키는 성과를 거두었다. 귀주성에서는 박서의 지휘 아래 백성들이 한 달 동안 격전을 벌인 끝에 몽골군을 물리쳤고, 자주성에서는 최춘명이 관민을 이끌고 몽골군에게 포위된 성을 지키며 항복하지 않았다. 충주에서는 지광

수의 지휘 아래 노비군이 항전하여 충주성을 지켜냈다. 또한 반란을 일삼던 초적들도 대몽항쟁에 적극 참여했다. 그렇지만 북계의 여러 성이 몽골군에 넘어갔으며, 몽골은 이 성들에 다루가치라는 행정관을 순차적으로 배치했다. 이는 고려가 이 지역에 대한 통제권을 상실했음을 의미했다.

몽골의 1차 침입에 직면한 최우 정권은 개경을 지키면서 항전하는 것이 불가능하다고 판단하고 강화도 천도를 단행했다. 이후 강화도는 1270년(원종 11) 무인정권이 붕괴될 때까지 38년 동안 고려의 전시 수도가 되었으며, 몽골의 침입으로부터 안전했던 거의 유일한 지역이었다.

1232년 몽골군은 개경 환도를 요구하며 2차 침입을 재개했다. 경상도까지 남하하여 약탈했고, 이 과정에서 대구 부인사에 보관되어 있던 초조대장경이 불타 없어졌다. 그러나 처인성(용인)에서 승려 김윤후가 쏜 화살에 장수 살리타이가 사살되자, 몽골군은 서둘러 철수했다.

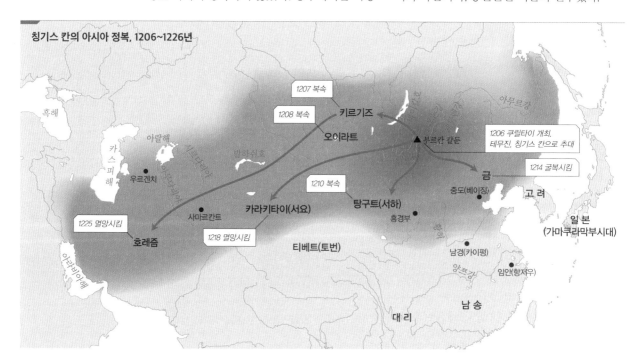

칭기스 칸의 아시아 정복, 1206~1226년

강화성, 13세기

- 돈대
- ▲ 왕릉
- ○ 주요 인물의 묘
- 19세기 말 이전의 간척지
- 20세기의 간척지

교동도

봉천산 ▲
별립산 ▲
고려궁지
문수산성
고려산 ▲
내성
홍릉 외성
석 모 도
강 화 도
허유전의 묘 길곶진
진강산 ▲
김취려의 묘 갈릉 석릉 곤릉
광성보
이규보의 묘
권전등사
마니산 ▲ 초지진

황 해

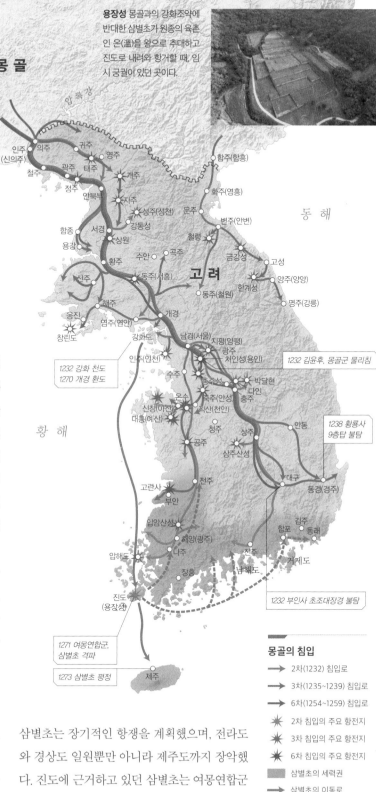

몽골

여진

용장성 몽골과의 강화조약에 반대한 삼별초가 원종의 육촌인 온(溫)을 왕으로 추대하고 진도로 내려가 항거할 때, 임시 궁궐이 있던 곳이다.

압록강

인주(신의주)
의주
철주
귀주
영주
함주(함흥)
광주
태주
개주
정주
안북부
지주
화주(영흥)
성주(성천) 문주
변주(안변)
함종
서경
상원
강동성
철령
금강성
고성
용강
수안
곡주
황주
신주
동주(서흥)
양주(양양)
한계성
해주
동주(철원)
명주(강릉)
옹진
염주(연안)
개경
창린도
강화도
남경(서울)
지평(양평)
인주(인천)
광주
처인성(용인)
수주
종주성
박달현
다인
신창(아산)
온수
죽주(안성)
충주
대흥(예산)
진산(천안)
청주
상주
안동
공주
상주산성
대구
동경(경주)
고란사
전주
김주
부안
합포
동래
입암산성
해양(광주)
나주
진주
거제도
압해도
장흥
남해도
진도(용장성)
제주

동 해

고 려

황 해

1232 강화 천도
1270 개경 환도

1232 김윤후, 몽골군 물리침

1238 황룡사 9층탑 불탐

1271 여몽연합군, 삼별초 격파

1273 삼별초 평정

1232 부인사 초조대장경 불탐

몽골의 침입

→ 2차(1232) 침입로
→ 3차(1235~1239) 침입로
→ 6차(1254~1259) 침입로
✦ 2차 침입의 주요 항전지
✦ 3차 침입의 주요 항전지
✦ 6차 침입의 주요 항전지
▨ 삼별초의 세력권
→ 삼별초의 이동로
--▶ 삼별초의 항전
○ 당시 주요 지명

1235년 몽골군은 고려와 화의 교섭 없이 세 번째로 침입하여 전 국토를 초토화했다. 1236년 10월에는 전주 지역을 침범했고 1238년에는 동경(경주)에 침입하여 황룡사 9층탑을 불태웠다. 이후에도 고려는 몽골의 여러 차례에 걸친 침입을 막아냈다. 각지에서 일반민들이 관군의 지원 없이 몽골의 침략에 맞서 싸워 혁혁한 전과를 거두기도 했지만, 그 과정에서 입은 피해는 말로 할 수 없을 정도였다.

항전을 고집하던 최씨 정권이 무너지면서 몽골과 강화가 성립되었다(1259). 태자(뒷날의 원종)가 황위 쟁탈전에 뛰어든 몽골의 쿠빌라이를 만난 이후에 이루어진 협상에서 고려 조정은 출륙환도(出陸還都)를 약속했고, 원종의 즉위 직전 몽골군의 철수와 강화가 실현되었다. 그 뒤로도 권력을 장악한 무신들이 몽골과 재대결해야 한다는 강경론을 펴며 원종을 폐위시키려 했지만, 왕실의 외교 활동과 몽골의 압력으로 실패했다. 1270년 원종은 몽골군의 지원을 받아 마침내 개경 환도를 단행했다.

배중손이 이끄는 삼별초는 개경 환도 결정에 반발하여 승화후 온을 왕으로 옹립하고 강화도에서 대몽항쟁을 시작했다. 이후 진도로 옮겨간 삼별초는 장기적인 항쟁을 계획했으며, 전라도와 경상도 일원뿐만 아니라 제주도까지 장악했다. 진도에 근거하고 있던 삼별초는 여몽연합군의 대대적인 공격을 몇 차례 물리쳤지만 1271년 5월 진도에서 쫓겨나 제주도로 건너갔고, 1273년 여몽연합군의 공격을 받고 완전히 무너졌다.

원 간섭하의 고려

1270년 고려가 개경으로 환도한 이후, 원은 고려를 멸망시키지 않고 국왕을 온존시킨 채 여러 간섭과 통제를 가했다. 원은 고려에 대해 다른 복속 지역과 마찬가지로 물자 공출, 세량 납부, 군사 협력, 호구 조사, 지배층 자제의 인질 제공, 다루가치의 주재 등 이른바 육사(六事)를 요구했다. 또 직접 통치하지는 않았지만 필요할 때마다 제멋대로 고려 국왕을 교체했고, 그때마다 국왕의 권위는 크게 떨어졌다.

원은 고려 국왕을 세자 때부터 원에서 자라게 하는 한편, 원 황실의 공주와 결혼시켜 원나라 황제의 사위로 삼았다. 고려 왕실은 충렬왕 이후 공민왕에 이르기까지 원나라 공주를 왕비로 맞아들였다.

원의 간섭 아래에 놓이면서 고려 왕실의 호칭과 관제도 크게 바뀌었다. 국왕의 묘호에 '조(祖)'나 '종(宗)'보다 등급이 낮은 '왕(王)' 자를 사용해야 했으며, 첫머리에 '충성 충(忠)'을 붙여야 했다. 다른 호칭도 이에 맞춰 모두 한 등급씩 낮아졌다. 관제 역시 3성 6부에서 1부 4사로 축소했다. 원 간섭기 정치의 중요한 특징은 국왕이 소수의 측근을 통해 국정을 운영하는 측근 정치가 성행한 점이다. 국왕은 취약한 국내 기반을 확충하기 위해 측근 세력을 육성하고 이를 통해 정치를 운영했다. 그리고 새 국왕이 즉위하면 이전 국왕의 측근 세력을 배제하는 일이 반복되면서 정치 세력의 부침이 격심했다.

한편 80여 년 동안 원의 영향을 받으면서 두 나라 사이에 자연스럽게 문화 교류가 이루어졌다. 고려에 들어온 원의 풍습을 몽골풍이라고

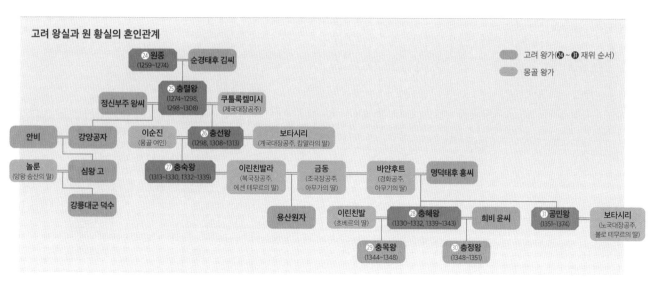

고려 왕실과 원 황실의 혼인관계

일본
(가마쿠라막부시대)
가마쿠라
교토

개경
고려

항주

했는데, 특히 눈에 띄는 것은 변발과 호복이다. 독한 술인 소주가 우리나라에 처음 소개된 것도 이때였다. 몽골에서도 고려 풍속이 널리 유행했는데, 이를 고려양이라고 불렀다. 원의 공녀 요구로 많은 고려 여성이 끌려갔는데, 주로 이들을 통해 고려 풍속이 전해졌다. 두루마기를 입거나 상추쌈을 먹는 풍습이 대표적인 예다.

원 간섭기에 고려는 엄청난 피해를 입었다. 두 차례에 걸친 일본 정벌을 준비하고 실행하는 과정에서 고려인들은 큰 부담을 지지 않을 수 없었다. 원은 각종 명목을 붙여 많은 양의 물품을 요구했는데, 금, 은, 모시, 자기에서 인삼과 잣, 곰 가죽, 호랑이 가죽, 매에 이르기까지 온갖 귀한 물품을 거두어 갔다. 또한 공녀와 환자(宦者)의 요구는 고려에 심대한 인적 피해를 주었으며 사회적 반향도 컸다.

원의 간섭은 때때로 국내의 정치·경제 상황을 혼란으로 몰아넣었다. 국왕이 자주 바뀌는 등 군주의 지위가 불안해지자 사회의 내적 모순이 증폭되었던 것이다. 부원 세력과 권문세족의 불법적인 토지 약탈과 세금제도의 문란, 국가의 재정난, 농민의 궁핍화가 더욱 심해졌다.

원의 국력이 강력하게 유지되는 한, 고려는 원의 요구를 거절할 수 없었고 독자적인 정책을 추진할 수도 없었다. 또 그러한 정책을 적극적으로 추진할 정치 세력도 형성되지 않았다.

충선왕, 충숙왕, 충목왕이 정치 개혁을 추진했지만, 원의 영향력이 엄연한 현실에서 소기의 목적을 달성하는 것은 불가능했다. 그것은 정치도감 (整治都監)의 활동에서 여실히 확인할 수 있다. 충목왕 대 원의 내정 개혁 요구로 설치한 정치도감을 통해 권세가들이 토지를 탈점하고 양인을 노비로 만드는 행위를 처벌하고자 했는데, 부원 세력의 조직적 저항으로 좌절되었다.

여몽연합군의 일본 원정

→ 1차 원정
→ 2차 원정(동로군)
⇢ 2차 원정(강남군)

동 해

1차 원정

❶ 1274. 10. 3 출정. 전함 900여 척. 몽골군 2만 5,000명, 고려군 1만 4,700명

❷ 1274. 10. 5 일본 방어군 전멸

❸ 1274. 10. 20 태풍 강습. 연합군 1만 3,500명 익사. 퇴각

고 려

합포(마산)
부산
쓰시마
고묘다
이키섬
사카노시마
다자이후
하카타
히라도
마쓰우라

남 해

일 본
(가마쿠라막부시대)

2차 원정

❶ 1281. 5. 3 출정. 전함 900여 척. 병력 4만 명

❷ 1281. 6. 8 고려 김방경군, 공략

나가사키

❸ 1281. 6. 18 강남군 출정. 전함 3,500척. 병력 10만 명

❹ 1281. 8. 1 태풍 강습. 퇴각

공민왕의 반원자주정책

주원장의 명 건국과 고려, 14세기 후반

→ 주원장군의 진격로

[ ] 명 초기의 영역 변화

○ 당시 주요 지명

1368. 8 명, 대도 함락.
북평부로 개칭

1371 명, 요동지휘사사 설치

1368. 8 원 순제, 명의 공격
받고 상도로 퇴각
1369 명, 상도 함락, 원 순제는
몽골초원으로 퇴각

북원

상도

대도(베이징)

요양

여진

동 해

개경

고려

변량

황 해

명 초기의 최대 영역

봉원

서주

회안

1356년의 영역

1370 고려,
명과 국교 수립

무창

양양

길안

집경(난징)

강주

항주

경원

명

성도

중경

1364년의 영역

1368. 1 주원장, 명 건국

1368년의 영역
(명 건국 당시)

복주

광주

원 간섭기에 원은 고려의 국정에 직접 간여했으며, 부원 세력은 개혁의 걸림돌이 되었다. 따라서 고려가 원에 대해 자주성을 회복하고 정치 개혁을 단행하기 위해서는 반원정책을 취하지 않을 수 없었다.

공민왕이 개혁 정치를 단행할 수 있었던 것은 무엇보다도 대륙을 호령하던 원의 힘이 한족의 강한 저항을 받아 쇠잔해지고 있었기 때문이다. 이에 따라 고려에 대한 원의 간섭이 약해지고

그에 의존하던 부원 세력의 힘도 위축되었다.

대륙의 정세를 잘 파악하고 있던 공민왕은 즉위한 지 얼마 되지 않아 몽골식 풍속인 변발을 풀고 호복을 벗음으로써 원의 간섭을 근본적으로 부정하는 반원 노선을 시사했다. 반원정책을 본격적으로 단행하기 시작한 것은 1356년(공민왕 5)이다. 공민왕은 기철을 비롯한 권겸, 노책 등 부원 세력을 처형하고, 부원 세력이 장악하던 정동행성 이문소를 폐지했으며, 관제를 문종 때의 제도로 회복시켰다.

공민왕은 1258년(고종 45) 이후 원의 직할지였던 쌍성총관부를 공격하여 탈환했다. 이후 고려군은 정주(정평) 이남 지역에 머물지 않고 마천령을 넘어 두만강 하류까지 진출했다. 이에 대해 원은 사신을 보내 질책했을 뿐 직접 개입하지는 못했다.

그러나 홍건적이 1359년과 1361년 두 차례에 걸쳐 침입하는 한편 왜구의 침범이 잦아졌고, 원에서 고려 국왕으로 책봉된 덕흥군(충선

공민왕과 노국대장공주의 초상
공민왕은 원에 머물 때 원 황실의 노국대장공주와 결혼했다. 즉위 후 강력한 반원정책을 펼쳤지만, 그의 아내에 대한 사랑은 지극했다. 1365년 왕비가 출산 도중 갑자기 죽자, 공민왕은 깊은 슬픔에 빠졌고 이후에는 정치를 소홀히 했다.

왕의 셋째 아들)이 1363년 말 침입하자, 고려는 지금까지 견지한 반원 노선을 유보해야 했다. 원을 적대하면서 이중삼중의 적을 상대할 수 없다고 본 것이다. 공민왕은 사신을 보내 원에 우호적 태도를 보이는 한편 정동행성을 복구시켰다. 반원정책의 일시적 후퇴였다.

공민왕은 외침을 막아내고 국내 정세가 안정을 되찾자 다시 개혁을 시도했다. 신돈을 등용해 무장 세력을 물리치고 내정을 개혁하는 한편 왕권을 강화했다. 신돈은 전민변정도감을 설치하고 탈점한 토지를 개경은 15일, 외방은 40일 안에 자진 신고하게 하는 강력한 조치를 단행했는데, 이러한 조치는 크게 환영을 받았다. 그리고 국학인 성균관을 다시 설립하여 신흥 유신들을 지지 세력으로 끌어들이려고 했다. 한편 공민왕은 이성계와 지용수를 요동으로 보내 요양과 심양 지역을 공격함으로써 그 지역에 살던 고려 민인들을 대거 본국으로 귀환시켰다. 그리고 명이 건국되자 1370년 고려는 정식으로 명과 국교를 수립했다.

1371년(공민왕 20) 신돈이 반대 세력의 공격을 받아 수원에 유배되었다가 처형당하자, 전민

변정도감 사업이나 개혁운동은 추진력을 잃게 되었다. 정계에서 축출되었던 권문세족과 무장 세력이 재집권한 반면, 신흥 유신의 정치적 입지는 약화되었다. 공민왕은 자제위의 설치와 도당의 위상 강화, 자신에게 아첨하는 폐행(嬖幸)을 등용하여 국왕권을 강화했다. 또한 이 시기에 무장 세력이 정국 주도권을 장악하면서 이인임과 최영 등이 새롭게 부상했다. 이후 공민왕은 국내외의 불안정한 정세 속에서 최만생·홍륜 등에게 시해되었다(1374).

공민왕 시해 사건이 일어난 것은 최영을 비롯한 주요 장수들이 제주 목호의 난 진압에 나가 귀환하지 않은 시점이었는데, 이때 이인임이 혼자 국왕 시해의 진상을 파악하고 범인들을 잡아 하옥했다. 그는 이를 통해 확보한 권위를 가지고 공론을 주도하여 10세의 우왕을 차기 국왕으로 추대함으로써 권력의 핵심에 자리했다.

공민왕의 영토 확장, 14세기 후반
▨ 동녕부의 영역
▨ 1350년대에 넓힌 영토
▨ 1370년대에 넓힌 영토
--- 공민왕 즉위 당시의 국경선
→ 고려군의 진격로(1356)
⇢ 고려군의 진격로(1370)
● 쌍성총관부 탈환 시 수복 지역
○ 당시 주요 지명

▲백두산
개원로
○혜산
○자성
○갑산　　○길주
○성진
이판령(마천령)
1370 여진 추장 궁대·달마대 귀순
○단천
오로산성
1370. 1 이성계, 북원 동녕부 공격하여 항복받음
○만포
강계
설한령
삼살(북청)
○요양
요양로
압록강
음동(벽동)
창주(창성)
천리장성
황초령
함주
합란(함흥)
1370. 11 지용수·이성계 점령
삭주
평로진
정주(정평)
1258 원, 쌍성총관부 설치
1356. 7 유인우, 이자춘의 내응으로 쌍성총관부 탈환
파사부(구련성)
백마산성
천마산
운산
묘향산
영원진
요덕
화주(영흥)
고주(고원)
1356. 6 인당, 압록강 건너 파사부 등 8참 격파
흥화진
귀주
맹산
문주(문천)
○안주
원산
등주(안변)
철령
1270 원, 동녕부 설치 1290 원, 고려에 돌려주고 동녕부를 요동으로 이진
동녕부
회양
▲금강산
대동강
○서경
남강
)(자비령
고　려
○철원
○황주
○수안
▲설악산
○해주
개경
○개경

홍건적과 왜구

홍건적의 침입

➡ 홍건적의 1차 침입
⇢ 홍건적의 2차 침입
➡ 홍건적의 침입(해로)
➡ 공민왕의 피신(2차 침입)
◉ 고려 3경
○ 당시 주요 지명

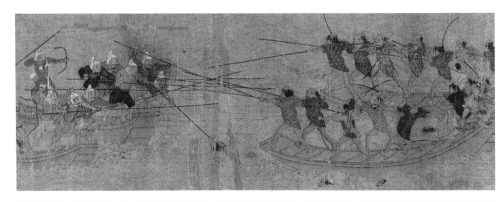

명군과 전투하는 왜구 17세기 명나라 화공이 왜구의 풍습을 그린 『왜구도권(倭寇圖卷)』의 한 장면으로, 명의 관군(왼쪽)과 왜구(오른쪽)가 배를 타고 전투를 벌이고 있다. 왜구는 13~16세기 한반도 및 중국 동남해 연안에서 활동한 해적을 가리킨다.

홍건적은 원 말에 지금의 중국 허베이성 일대에서 일어난 한족 반란군의 하나였다. 그중 일부가 만주 지역으로 북진했으나, 원의 반격으로 쫓기자 고려를 침범하기에 이른 것이다.

1359년(공민왕 8) 12월 홍건적 장군 모거경 등은 4만의 군사를 이끌고 얼어붙은 압록강을 건너 일거에 의주, 정주, 인주, 철주 등을 차례로 무너뜨린 데 이어 서경을 함락했다. 그러나 이듬해인 1360년 안우, 김득배, 이방실 등이 이끄는 고려군의 맹렬한 반격을 받아 서경을 버리고 퇴각하다가 고려군의 추격으로 궤멸당해 잔병 300여 명만이 압록강을 건너 달아났다.

그 후 홍건적은 수군을 동원하여 황해도와 평안도 해안 지대를 침범했다. 그러던 중 1361년 10월 반성, 사유, 관선생 등이 10여만의 홍건적을 이끌고 고려를 침입했다. 공민왕이 남쪽으로 피신한 사이에 개경이 함락당했다. 그러나 다음해 1월 고려의 정세운, 안우, 김득배, 이방실, 최영, 이성계 등이 홍건적을 크게 무찔러 개경을 수복했다. 이때 이성계는 휘하 군사 2,000명을 이끌고 큰 공을 세워 두각을 나타냈다. 이 싸움에서 홍건적은 대패하여 사유, 관선생 등의 장수와 10만에 달하는 군사가 죽었다. 홍건적은 고려를 두 차례 침공했지만 오히려 고려에 의해 전멸당했다.

왜구가 창궐하기 시작한 것은 1350년(충정왕 2)부터이고, 공민왕과 우왕 대에 이르러 왜구의 침략이 급증했다. 그들은 약탈, 방화, 살인을 일삼았는데, 가장 중요한 약탈 대상은 곡식이었다. 왜구의 침입 지역은 주로 충청, 전라, 경상 지역에 집중되었지만 차츰 개경 앞까지 출몰하더니 황해도를 거쳐 평안도, 동해안 쪽으로는 함경도까지 진출했다. 도서나 연안에 그치지 않고 내륙 깊숙이 들어와 피해를 주는 일도 잦았다.

고려는 처음에는 일본에 사신을 보내 왜구를 통제해줄 것을 요청하기도 했지만 별 효과가 없

원
랴오둥반도
산둥반도
황 해
삭주 천리장성
의주 귀주
선주(선천) 안주
강동
서경(평양)
봉주(봉산)
풍주(송화) 안악
개경
분수원(파주) 영서원(양주)
남경(서울) 경안역(광주)
이천역
충주
복주(안동)
고려

1360 안우·김득배·이방실,
홍건적 격파
1362 정세운·최영·이성계,
홍건적 격파

었다. 그러자 국방력을 강화하여 적극적인 토벌에 나섰다. 1376년(우왕 2) 최영이 충청도 홍산에서 왜구를 격퇴하여 금강 연안의 내륙 지역으로 진출하는 것을 막았다. 중국 상인에게 화약 제조법을 배워 화통도감을 설치한 최무선은 화포를 만들어 진포(금강 입구)에서 왜선 500척을 모두 불태우는 승리를 거두었다(1380). 그리고 이때 상륙하여 남부 지역을 횡행한 왜구를 이성계와 변안열이 지리산의 황산에서 크게 무찌름으로써(1380) 왜구의 위세를 꺾을 수 있었다. 이처럼 왜구 격퇴가 여러 차례이어지고, 1389년(창왕 1) 박위가 전함 100척을 거느리고 왜구의 소굴인 쓰시마를 소탕한 뒤로 왜구의 침입은 뜸해졌다.

수십 년에 걸친 왜구의 침입은 고려에 엄청난 피해를 주었다. 민심이 불안해지고 농토가 황폐해졌을 뿐만 아니라, 조운이 두절되어 국가 재정이 위협받았다. 피해가 특히 컸던 도서 지역은 사람이 살지 않는 곳으로 변했다. 한편 외침을 격퇴하는 과정에서 새로운 무장 세력이 나타났다. 그리고 화약, 화포, 화전(火箭) 등 화기 제조 기술이 개발되었다.

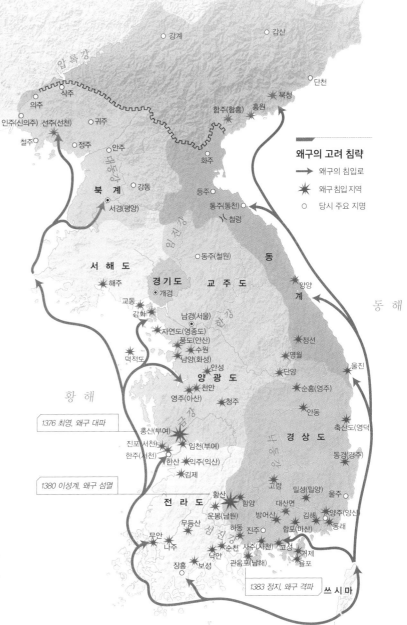

왜구의 고려 침략
→ 왜구의 침입로
✴ 왜구 침입 지역
○ 당시 주요 지명

1376 최영, 왜구 대파
1380 이성계, 왜구 섬멸
1383 정지, 왜구 격파

왜구의 동아시아 침략, 13~15세기 전반
▨ 왜구의 근거지
→ 왜구의 침략로
⣿ 왜구의 침략지
○ 당시 주요 지명

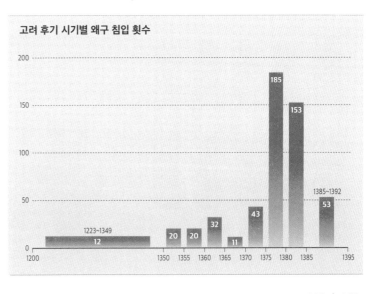

고려 후기 시기별 왜구 침입 횟수

신안 앞바다 해저선의 유물들

신안선은 1323년 중국 원 대에 경원(현재 닝보)항을 출발해 하카타(博多)항으로 가던 도중 신안 앞바다에 침몰했다. 신안선에서 발견된 꼬리표 목간을 통해 강사(綱司), 도후쿠지(東福寺), 하코자키구(筥崎宮) 등이 화물의 주인이었음이 확인되며 목적지가 일본 하카타였음을 알 수 있었다.

신안선의 존재가 세상에 알려진 것은 1975년 전남 신안군 증도에 사는 한 어부가 끌어올린 그물에 청자 꽃병이 걸린 데서 비롯한다. 이후 1976~1984년에 열한 차례에 걸쳐 엄청난 양의 문화재를 발견했다. 신안선은 길이가 약 34미터, 폭이 약 11미터, 중량 200톤급 이상의 범선이다. 신안선 유물은 발굴한 것이 2만 4,000여 점, 압수한 도굴품이 2,000여 점으로 총 2만 6,000여 점에 달한다. 도자기와 동전, 자단목, 다양한 목공예품, 향신료, 약재, 석제품, 유리제품, 골각제품 등을 포함한다.

양적, 질적으로 단연 돋보이는 상품은 도자기로, 모두 2만여 점에 이른다. 총 800만 개에 이르는 28톤의 동전은 일본에서 녹여 청동 대불이나 금속을 만들었다고도 하지만, 화폐로 사용했을 가능성이 크다. 1,000여 점이 발굴된 자단목은 태우면 향기가 나고 목질이 단단하고 잘 썩지 않아 향목, 고급 가구, 불상을 만들 때 사용한다. 그중 350여 점의 표면에는 한자, 로마 숫자, 아라비아 숫자, 알파벳 등이 적혀 있거

목간 신안선에서 발굴된 일종의 화물 꼬리표이다. 배의 출항 연도를 비롯하여 화물 주인과 사원 이름, 교역 물자의 종류와 수량 등이 기록되어 있다. 가운데 세 개의 목간에 '도후쿠지(東福寺)'라는 일본 사찰의 이름이 보인다.

신안선 항로
—— 예정 항로
—— 실제 항로
○ 당시 주요 지명

동 해
개경
고려
일본 (가마쿠라막부시대)
도쿄
산둥반도
황 허
황 해
신안
교토
가마쿠라
원
화이허
양주
하카타
양쯔강
가고시마
항주
경원
태 평 양
동중국해
오키나와
복주
천주

신안선 발굴 지점

황 해
지도읍
서서안
고속국도
임자도
신안군
사옥도
함평JC
증도
무안국제공항
신안선 발굴 지점
무안군
압해도

주석 정 불상, 범종 등 금속 제품 제작의 재료로 사용했다. 신안선에서 300여 개가 발견되었다. 정의 가운데 있는 타원형 구멍은 끈으로 묶어 보관하거나 운반하기 위해 뚫은 것으로 보인다.

청동 추 한쪽 면에는 '경신년(庚申)', 다른 한쪽 면에는 '경원(慶元)'이라 새긴 명문이 있다. 경원은 현재의 저장성 닝보이다. 신안선이 이곳에서 출항했음을 짐작할 수 있다. 높이 9.3센티미터, 몸통 지름 4.5센티미터.

나 새겨져 있어 당시 교역의 범위를 짐작할 수 있다. 신안선에서 발견된 문화재 중에는 차, 향, 꽃과 관련된 기물이 유난히 눈에 띈다. 일본 사찰과 상류층 사회에서 유행한 차 마시기, 향 피우기, 꽃 완상 문화와 관련이 깊다.

고려 사람이나 고려와 관련된 사찰, 기관의 이름이 적힌 꼬리표 목간은 나오지 않았다. 다만 고려의 청동 숟가락이 발견되어서 이 배에 고려인이 승선했을 가능성도 제기되었다. 고려 청자 7점도 신안선에서 함께 발견되었는데, 대략 12~14세기에 제작되었을 것으로 보이며, 중국으로 수출된 청자를 항주 일대를 방문한 일본인이 사들인 것으로 추정된다.

신안선 이외에도 수중 발굴한 사례가 적지 않다. 완도선은 고려시대 서남해 바다를 항해하며 청자를 운송하던 화물선으로, 3만 점이 넘는 청자와 함께 도기, 선상 생활 용품이 실려 있었다. 군산 비안도 수중 유적에서는 고려청자 3,000여 점이 발굴되었다. 태안선은 12세기에 청자를 운송하던 화물선으로, 청자를 포장한 꾸러미에서 발송인, 수취인, 화물 내역과 수량이 기록된 '화물표' 목간이 대량으로 발견되었다. 마도선은 모두 3척이 인양되었는데, 1208년경 개경으로 가던 도중 침몰한 것으로 보인다.

인천 영흥도선(2012~2013)
안산 대부도선(2006)
태안선(2007~2008)
태안반도 수중 유적(1981~1987)
태안 원안해수욕장 수중 유적(2010)
마도1호선(2008~2010)
마도2호선(2009~2010)
마도3호선(2011)
마도4호선(2015)
보령 원산도(2004~2005)
군산 십이동파도선(2003~2004)
군산 야미도 수중 유적(2006~2009)
군산 비안도 수중 유적(2002~2003)
무안 도리포 유적(1995~1996)
신안선(1976~1984)
신안 안좌도선(2005)
목포 달리도선(1995)
진도선(1991~1992)
진도 오류리 수중 유적(2012~2013)
완도선(1983~1984)
제주 신창리 수중 유적(1980·1983·1996)

청자 음각 연꽃 넝쿨무늬 매병(왼쪽) 12세기에 제작된 것으로 추정된다. 신안선에서 출토된 고려청자로 중국에 수출된 후 다시 일본인들에게 판매된 것으로 추정된다. 높이 29.8센티미터.

청자 상감 구름 학 국화무늬 베개 여섯 개의 판을 붙여 제작했다. 사각형의 베갯모에서 선과 면이 안으로 휘어들게 하여 베개의 기능을 살렸다. 신안선 발굴. 높이 16센티미터.

청자 상감 구름 학무늬 대접 안팎으로 구름과 학이 상감되어 있는 대접이다. 신안선 발굴. 높이 5.9센티미터.

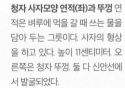

청자 상감 넝쿨무늬 잔받침 신안선에서 발굴된 2개의 고려청자 잔받침이다. 높게 올린 잔받침 자리에 연꽃잎이 장식되어 있다. 위쪽의 잔받침에는 모란이 상감되어 있다.

청자 사자모양 연적(좌)과 뚜껑 연적은 벼루에 먹을 갈 때 쓰는 물을 담아 두는 그릇이다. 사자의 형상을 하고 있다. 높이 11센티미터. 오른쪽은 청자 뚜껑. 둘 다 신안선에서 발굴되었다.

중앙과 지방의 행정제도

고려의 중앙 관제는 당의 제도를 수용한 3성 6부, 송의 제도를 따른 중추원과 삼사, 그리고 고려의 독자적인 도병마사(도평의사사)와 식목도감으로 구성되었다. 당제와 송제를 따르면서도 그 구성이나 운영을 크게 달리했다. 3성은 당 이래 중앙 행정기구로 굳어진 중서성·문하성·상서성을 말하는데, 실제 고려는 3성으로 명확히 구분하지 않고 중서성과 문하성을 중서문하성이라는 하나의 기구로 통합했으며, 그 장관인 문하시중을 수상으로 삼았다. 상서성은 일반사무를 취급한 상서도성과 실질적인 행정사무를 관장하는 이·병·호·형·예·공 6부로 구성되었다.

중추원은 왕명을 출납하는 국왕 직속기관으로 왕실 호위와 관련한 업무도 담당했다. 국가의 중요한 정무를 맡았으므로 이곳의 대신인 추밀은 막강한 권한을 행사했다. 삼사는 곡식과 화폐의 출납 및 회계를 담당하는 기구였다.

도병마사는 상설기구가 아닌 임시기구로서 국가에 중대한 사태가 발생했을 때 중서문하성의 재신과 중추원의 추밀이 모여 대책을 논의하던 곳이다. 기구의 성격상 군사 문제가 주로 논의되었다. 원 간섭기인 1279년 충렬왕이 도평의사사로 개편하면서 최고 의사결정기관으로 상설화되었다. 식목도감은 각종 법률을 제정하고 시행 세칙을 마련하는 기구였다.

고려시대의 최고 권력자는 당연히 국왕이었다. 그러나 국왕의 권력 구현은 재상이나 신료의 도움 없이는 불가능했다. 재신과 추신은 합좌기관인 도병마사와 식목도감에 참여하고 중요한 관직을 겸함으로써 강력한 권한을 행사할 수 있었다.

고려는 후삼국을 통일하면서 세 나라가 통치하던 지역을 하나의 국가체제로 통합했지만, 초기에는 전국에 지방관을 파견하지 못했다. 다만 세금 징수를 위해 임시로 관리를 파견했을 뿐이다. 중앙에서 지방관을 직접 파견하기 시작한 것은 983년(성종 2) 12목을 설치하면서부터다. 지방 행정구역 개편은 1018년(현종 9)에 4도호, 8목, 56지주군사, 28진장, 20현령이 설치되면서 일단락되었다.

● 경기제는 995년(성종 14)에 확정된 개성부를 중심으로 적현 6개, 기현 7개 등 13개 군현을 관할한 경기체제가 그 모체였다. 1018년(현종 9년) 개성현령과 장단현령이 나누어 관할했다가 이후 문종 대에 경기의 개편 및 시지 분급과 관련해 크게 확대했지만, 얼마 되지 않아 다시 원래로 환원되었다. 이후 강화 천도 등으로 큰 변동을 겪다가 1390년(공양왕 2)에 과전법 시행을 위해 경기를 좌도 25개 현과 우도 19개 현으로 크게 확대하였다.

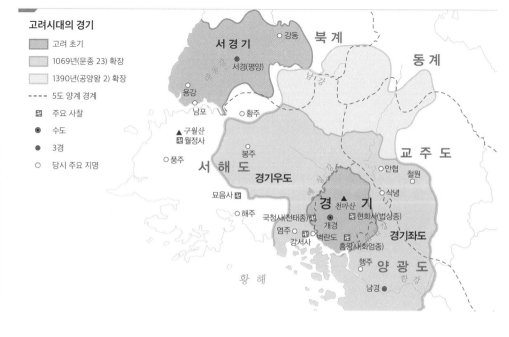

고려시대의 경기

- 고려 초기
- 1069년(문종 23) 확장
- 1390년(공양왕 2) 확장
- ---- 5도 양계 경계
- 卍 주요 사찰
- ● 수도
- ● 3경
- ○ 당시 주요 지명

서경기
강동
서경(평양)
북계
동계
용강
남포
황주
구월산
월정사
교주도
봉주
안협
철원
풍주
서해도
경기우도
삭녕
묘음사
국청사(천태종)
해주
천마산
현화사(법상종)
염주
개경
경기
벽란도
경기좌도
강서사
흥왕사(화엄종)
행주
양광도
남경
한강
황 해

여 진

천리장성

● 신의주

함흥 ●

북 계
○ 안북도호부
■ 3주〉26군〉6현〉12진
■ 4속현

○ 안변도호부

서경(평양)

○ 황주목

서 해 도
■ 1주〉1부〉3군〉2현〉1진
■ 3속군〉14속현

해주목 ○ 안서도호부

경 기
개경(개성)

교 주 도
■ 3군
■ 5속군〉20속현

춘천

동

● 강릉

계
■ 4부〉13군〉8현〉16진
■ 17속현

남경(서울) ● 양주목

광주목

양 광 도
■ 5주〉2부〉5군〉3현
■ 22속군〉75속현

○ 충주목

○ 청주목

○ 안동도호부

상주목 ○

공주목 ○
대전 ●

경 상 도
대구 ● ● 동경(경주)
■ 2주〉2부〉6군〉3현
■ 24속군〉89속현

○ 안남도호부

전주목 ○

전 라 도
■ 2주〉2부〉5군〉8현
■ 13속군〉74속현

나주목 ○ ● 광주
승주목 ○

진주목 ○ ● 부산

고려의 5도 양계, 11세기
- ◉ 수도
- ● 3경
- ◎ 도호부
- ○ 12목
- ■ 주〉부〉군〉현〉진의 수
- ■ 속군〉속현의 수
- ● 현재 주요 지명

지방 행정제도는 크게 5도 양계로 나뉘어 있었다. 도의 장관인 안찰사는 관할 주와 현을 돌아다니면서 수령의 잘잘못을 살폈으며, 민원을 듣고 억울한 감옥살이가 있으면 해결해주었다. 그러나 안찰사는 중앙 행정부의 직책을 가진 채 파견된 데다 임기도 6개월밖에 되지 않아 봄·가을마다 교체되었으며, 사무 기구도 갖고 있지 않았다. 더구나 안찰사로 임명된 관리는 대부분 5품이나 6품의 하위직이었기 때문에 권한과 임무에 한계가 있었다. 국경 지대에 설치된 북계·동계의 양계는 군사적 중요성이 컸던 만큼 병마사가 파견되었다. 양계의 요충지에는 진을 설치하여 외적의 침입에 대비했다.

양계와 도 아래의 행정구역은 군·현이었다. 대개 지방관이 파견된 곳은 주현(주읍), 그렇지 않은 곳은 속현(속읍)이라 했다. 속현은 이웃 주현의 지방관을 통해 간접적으로 중앙의 통제를 받았다. 전국적으로 주현보다 속현의 수가 훨씬 많았다. 외관의 파견 유무에 관계없이 군현의 운영은 향리가 담당했다.

향·부곡·소는 독자적인 지방 행정구역이었다. 거주민은 비록 천민은 아니었지만 다른 일반민과 구별되는 계층이었다. 이곳 주민들은 국학 입학이 제한되었으며, 과거에 응시하는 것과 승려가 되는 것도 금지되었다. 향·부곡·소의 80퍼센트 이상이 하삼도 지역에 집중 분포했다.

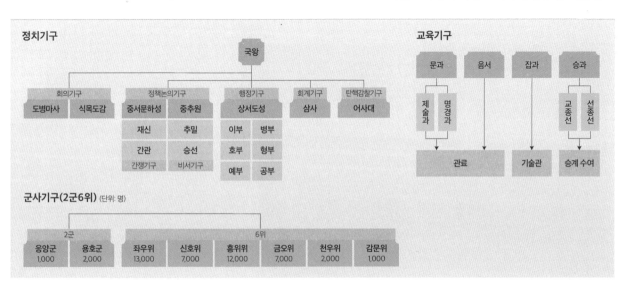

정치기구

국왕

회의기구		정책논의기구		행정기구		회계기구	탄핵감찰기구
도병마사	식목도감	중서문하성	중추원	상서도성		삼사	어사대
		재신	추밀	이부	병부		
		간관	승선	호부	형부		
		간쟁기구	비서기구	예부	공부		

교육기구

문과	음서	잡과	승과
제술과 / 명경과			교종선 / 선종선
관료	기술관		승계 수여

군사기구(2군 6위) (단위: 명)

	2군		6위				
응양군	용호군	좌우위	신호위	흥위위	금오위	천우위	감문위
1,000	2,000	13,000	7,000	12,000	7,000	2,000	1,000

농업·수공업·상업

추수하는 농민들 14세기 고려 불화인 미륵하생경변상도 속의 부분도. 변상도는 불교 경전을 대중들에게 알기 쉽게 풀이해주는 그림이다. 다가올 미륵 세상을 이상적으로 그렸는데, 여기에 묘사되어 있는 장면을 통해 고려시대 농민들의 모습을 짐작할 수 있다.

농업은 고려의 가장 중요한 산업이었다. 일반민의 대다수가 농업에 종사해 생계를 유지했으며, 그들이 농업으로 얻은 생산물이 사회와 국가 운영의 토대가 되었다.

고려시대에 많은 품종의 농작물이 재배·보급되고 확대되었다. 벼를 위시하여 기장·피·조·보리·밀·콩·팥·참깨 등이 주요 작물이었고, 메밀과 귀리가 뒤를 이었다. 벼는 찰기의 다소에 따라 메벼·찰벼, 생육 기간의 장단에 따라 조종·만종이 있었고, 품명으로는 경조(京租)·선명도(蟬鳴稻)가 보인다.

수전은 대개 1년 1작이었고, 일부 지역에서 벼와 보리의 이모작도 시행한 듯하다. 벼농사는 물이 있는 논에 씨를 뿌리는 것과 물이 없는 논에 씨를 뿌리는 방법이 있었으며, 밭벼를 재배하기도 했다. 파종법은 직파가 주를 이루었으며 모내기는 일부 지방에만 보급되었다.

반면 한전은 보리에 조·콩·팥·피·참깨를, 혹은 기장·콩·팥·메밀에 보리를 각기 앞뒤로 이어서 농사를 짓기도 했으며, 지역에 따라서는 벼-보리-콩 순으로 2년 3작을 하기도 했다.

농기구 가운데 특히 주목되는 것은 소갈이 쟁기와 김매기 호미이다. 쟁기는 경간(耕墾) 농기구로서 볏이 없는 쟁기와 볏이 있는 쟁기가 모두 있었고, 지역 풍토 및 농지 조건, 토양 성분에 따라 알맞게 사용되었다. 호미는 주로 제초 용구로 쓰였다.

14세기경 이암이 원에서 발간한 『농상집요』를 소개 보급한 것으로 보아, 당시 고려도 농업 기술에 대해 학문적으로 연구하고 있었음을 알 수 있다. 또 공민왕 때 문익점이 목화씨를 들여와 무명을 생산함으로써 종래 베·모시를 주로 사용했던 의생활에 일대 혁신이 일어났다. 경남 지역에서 재배하기 시작한 목화는 빠르게 확대되어 조선 초에는 삼남 지방 대부분에서 재배되었다.

고려시대의 수공업은 관청 수공업과 민간 수공업 그리고 농민들의 가내 수공업으로 나눌 수 있다. 관청 수공업은 정부의 수요를 충당하기 위한 물품을 주로 생산하며 기술자인 공장이 해당 관서에 전속되어 일했다. 공장은 의류·가마·가구·병기 등을 만드는 기술을 습득한 전문가로 일정 기간 의무적으로 생산에 참여해야 했다.

한편 지방 각 도에도 금은 세공, 옷감 짜기 등 관청 수공업을 전담하는 부서가 있었으나, 그 수나 규모는 중앙에 비해 매우 미미한 편이었다. 관청에 속하지 않은 공장도 많았다. 처음에는 공장으로 등록되어 국가가 정한 일정 기간 동안 역을 부담해야 했지만, 그 후에는 자유롭게 급료를 받고 다른 사람을 위해 일을 해주거나 물품을 생산 판매하여 생계를 꾸려갈 수 있었다. 농민들도 가내 수공업으로 옷감을 짜거나 여러 가지 생활필수품을 생산했지만, 이는 스스로 사용하거나 관청에 납부하기 위한 생산에 그쳤을 뿐 전업적인 것은 아니었다.

수공업 생산이 전문적으로 이루어진 곳은 '소(所)'라는 특별 행정구역이다. 소에서는 금·은·

동·철 등의 광산물과 자기·나전칠기·종이·먹 등의 수공업 제품을 전업적으로 생산했다. 고려의 청자·종이·나전칠기 등 수준 높은 예술품은 바로 이러한 소제도가 있었기 때문에 만들어질 수 있었다. 소에서 생산된 물품은 주로 국가에 세금으로 내는 공납품에 충당되었다. 사원에서 우수한 직물과 유리·기와 등 고급품을 생산하여 팔기도 했다. 고려 후기에 들어와 관청 수공업의 쇠퇴와 소 수공업의 해체, 그리고 민간 수공업의 발달 등의 양상이 나타났다.

국내 상업은 개경이나 서경 등에서 활기를 띠었고, 지방에서는 관아 근처에 정기시가 개설되었으며, 사원에서 열리는 행사는 교역에 좋은 계기를 제공해주었다. 그러나 수조권을 분급하는 경제체제하에서 농민의 잉여 축적이 제한되었으므로 농민 중심의 교역은 크게 발달하지 못했다.

개경은 다양한 물산이 조세와 공물의 형태로 모여드는 곳으로, 왕실이나 지배층이 소유한 외방 소재 농장의 생산물이 운송되었다. 송나라 등 주변국 상인들이 왕래하면서 각종 물품을 교역하는 곳이기도 했다. 개경에 소재하는 시장은

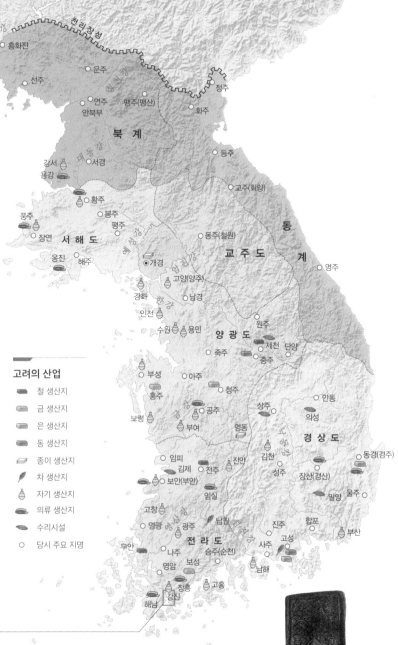

고려의 산업

- 철 생산지
- 금 생산지
- 은 생산지
- 동 생산지
- 종이 생산지
- 차 생산지
- 자기 생산지
- 의류 생산지
- 수리시설
- ○ 당시 주요 지명

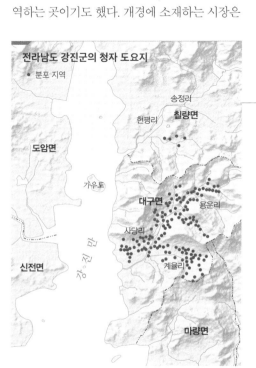

전라남도 강진군의 청자 도요지

• 분포 지역

왕실과 관인층을 위시한 도성 거주민에게 필요한 물품을 조달했으며, 국가 수요물을 공급하고 국고 잉여물을 처분하는 기능도 담당했다.

지방의 상업은 장시를 중심으로 발전했다. 생산자 농민과 장인이 자기 생산물을 조세 몫을 제외하고 자유롭게 처분할 수 있기 때문에 성립할 수 있었다. 장시는 비상설시장으로서 한낮에 개설되었는데, 이는 장시 이용자들이 장이 서는 곳에서 하루 안에 왕복할 수 있는 거리에 거주하고 있음을 알려준다.

고려의 먹 '단산오옥(丹山烏玉, 단양의 먹)'이라는 글귀가 새겨진 먹으로, 청주 명암동에서 출토되었다. 원나라의 『묵사(墨史)』에 "고려가 공납한 먹 중에 맹주(맹산)의 것이 상이고…"와 같은 기록이 있을 정도로 고려의 먹은 중국에서도 유명했다.

조운과 역로

992
조세의 수경가 책정하고
포구 60개의 명칭을 정함

1009~1031
현종 대에 12조창으로 정비

1029
전운사 폐지

1034~1046
12조창의 조선 수 정함

1046~1083
문종 대에 13조창제 갖춤

1355
왜구, 전라도 조운선 200여 척 약탈

1358
왜구가 진성창(군산) 공격

1390
조운제도 부활

조운로와 주요 교통로
— 조운로
— 주요 교통로
◉ 13조창
◯ 의창 소재지
● 상평창 소재지
◯ 당시 주요 지명

각 군현에서 징수한 전조는 일정한 장소에 모아 보관하다가 개경으로 운송했다. 고려 초에는 포를 중심으로 조운을 운영했는데, 성종·현종 대 지방 행정제도가 정비됨에 따라 조창이 설치되었다. 992년(성종 11) 조세를 개경으로 운송하는 비용, 즉 수경가(輸京價)를 책정하고 아울러 포구 60개의 명칭을 정했다. 이 시기 60포제에서는 민간 소유의 사선(私船) 비중이 높았다.

포구를 통한 조운은 현종 대에 12조창으로 정비되었으며, 문종 대 서해도 장연에 안란창이 신설되어 13조창제를 갖추었다. 전국에 설치된 13개 조창은 현재를 기준으로 경상도에 2개, 전라도에 6개, 충청도에 3개, 강원도에 1개, 황해도에 1개가 있었고, 연해에 11개, 강변에 2개가 분포했다. 각 조창에는 관선인 조선(漕船)이 배속되어 수송을 담당했지만 조운제의 원활한 운영을 위해 사선도 동원되었다. 공적인 조운제가 갖추어짐에 따라 부가세 성격을 띤 모미(耗米)를 13개 조창에서 동일하게 징수했디.

조창에는 수세 구역 내 각 군현의 조세가 모였다. 감독 관리인 판관이 주재해 세곡을 수납하고 운송하는 임무를 맡았다. 13개 조창은 징수한 세곡을 보관했다가 이듬해 2월부터 수송하기 시작해 가까운 조창은 4월까지, 먼 조창은 5월까지 개경의 동창과 서창으로 가져가야 했다. 조운 운영에 필요한 노동력은 조창민의 신역으로 충당했다.

조운제는 몽골의 침입으로 운영에 어려움을 겪었다. 전조가 제대로 징수되지 못하여 조운의 기능이 약화될 수밖에 없었다. 원 간섭기에는 조운 업무를 개별 군현에 전가하여 조운 활동의 공백을 메우고자 했다. 조운 업무를 담당한 군현은 사선 집단의 뱃사람과 선박을 활용했고, 그 대가를 지불하기 위해 소속 군현민의 요역을 물납의 형태로 징수하기도 했다. 공민왕 대 이후 왜구가 창궐하면서 조운제가 큰 피해를 입고 국가 재정 상황이 심각해지자 육로로 운반하게 되었다. 지역에 따라 개별적으로 이루어지던 조운 활동은 공양왕 대에 조운의 안전을 확보하기 위한 조전성(漕轉城)을 수축하면서 왜구 침입 이전의 집약적 운송 방식으로 전환했다. 이것은 조선에 이르러 관선 조운체제를 정비하는 출발점이 되었다.

역은 교통로를 따라 일정한 간격에 설치한 공적 교통·통신시설이다. 역을 활용해 긴급한 소식을 전달했으며, 국내외 사신 등 공적인 여행자에게 숙식을 제공했다. 관용 물자의 운송에도 활용했다.

국초부터 역을 설치해 운영했으며, 전국의 역을 지역 단위로 묶어 역도로 편성했다. 성종 대에 전국의 역을 대로(大路)·중로(中路)·소로(小路)의 세 등급으로 구분하고, 각 역에 차등을 두어 토지를 지급했으며, 역에서 행정실무를 담당하는 역장의 정원을 규정했다. 역제의 정비는 현종 대와 문종 대에도 계속되어, 전국 525개 역을 22개 역도로 나누어 운영하는 제도를 정착시켰다. 각 역은 국가로부터 공수전(公須田)과 같은 토지를 지급받아 운영 비용을 조달했다.

역로망을 통해 국가 공문을 전달하는 방법에는 현령전송(懸鈴傳送)과 피각전송(皮角傳送)이 있었다. 전자는 전달되는 문서에 따라 1~3개의 방울을 달아서 중요함과 긴급함을 표시한 것이고, 후자는 문서를 가죽 주머니에 담아 손상되지 않도록 한 것이다. 고려시대의 역은 조선시대에 비해 개경 이북 지역에 그 수가 많고 분포 밀도도 훨씬 조밀했다.

몽골의 침입을 겪으면서 북계 지역의 역들은 대부분 파괴되었다. 원 간섭기에 역로가 재건되었는데, 원과의 활발한 교류는 개경과 서북 지

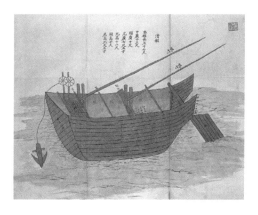

조운선 조선 후기에 제작한 『각선도본(各船圖本)』에 실려 있는 조운선 그림이다. 선수가 선미보다 넓고 깊은데, 세곡의 적재량을 늘리기 위한 것이다. 고려시대에도 이와 같은 배로 쌀을 운반했을 것이다.

역을 연결하는 역로를 통해 이루어졌다. 원 간섭기에는 역도에 정역별감이 파견되어 역을 관리 감독했다. 고려 조정이나 원으로부터 특권을 부여받아 역을 이용하는 부류가 늘어나면서 역제의 운영이 힘들어지는 일이 많았다. 이로 인해 역역(驛役) 담당층의 이탈이 빈번했다.

중요 교통로에는 사원이 설치되어 여행자에게 숙식의 편의를 제공하는 경우가 많았다. 개국사, 천수사, 혜음사, 도산사 등은 그러한 기능을 수행한 대표적인 사원이다. 일반 사원도 이러한 숙박시설의 기능을 담당했지만 대개 '원(院)'이라 불리는 사원이 이러한 기능을 거의 전담했다. 원에서는 음식이나 잠자리를 제공했으며, 소와 말에게는 꼴을 제공했다.

개경 중심의 간선대로
—○— 간선대로
● 주요 나루
┅┅ 1일정
▭ 2일정
◉ 고려 3경

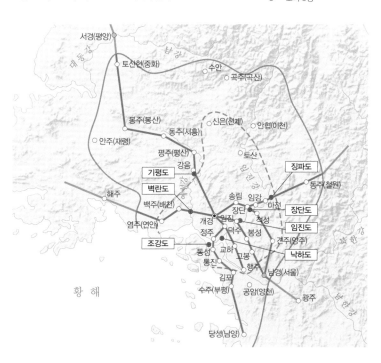

가족생활과 여성의 지위

고려시대는 결혼이나 가족 구성, 상속, 여성의 사회적 지위 등에서 조선시대와 커다란 차이가 있었다. 가족은 단혼부부와 결혼하지 않은 자녀들로 이루어진 부부가족이 기본 단위였으며, 때때로 부부의 노부모나 생활 능력이 없는 가까운 미성년 친척 등을 부양하기도 했다. 형제자매는 결혼하면 분가했으며, 결혼한 형제자매가 한집에서 사는 대가족 사례는 매우 드물었다.

이 시기에는 근친혼 내지 동성혼(同姓婚)을 금기하지 않았다. 고려 전기에 근친혼을 금지하는 법제가 성립했지만 실제로는 3촌 정도의 좁은 범위만 혼인을 금했다. 12세기 중반에 부계만 6촌으로 확장되었고 고려 후기에 이성 6촌 간 혼인을 금하자는 주장이 제기되었지만, 실제 정서는 혈연 계통을 구분하지 않고 다만 6촌을 경계로 하는 것을 타당하게 여겼다.

혼인에서 솔서(率壻, 데릴사위), 남귀여가(男歸女家)의 전통이 강했다. 결혼 후 남성이 여성의 집에 계속 사는 남귀여가 풍속으로 인해 사위가 처가에 기대어 사는 경우가 많았다. 혼인 후 처가에서 아내의 노부모를 봉양하며 계속 사는 경우도 있고, 일정한 시간이 지난 뒤 부가로 옮겨와 남편의 노부모를 봉양하며 사는 경우도 있었다.

일부일처의 혼인이 법제화되어 있었다. 이 원칙 속에서도 부유한 지배층을 중심으로 사회 일각에서 축첩이 종종 행해졌다. 국왕의 경우 여러 명의 후비를 두어 다처제 양상을 보였으며, 지배층의 경우에도 고려 후기에 다처제의 사례가 여럿 확인된다. 그렇지만 큰 원칙은 일부일처제였다.

혼인은 신분계급 내혼 경향이 강했다. 노비는 노비끼리 혼인하는 것이 원칙이었으며, 양천 간에 혼인할 경우 자식도 노비 신분이

되는 일천즉천(一賤則賤) 규정을 감수해야 했다. 호장이나 부호장을 배출하는 고위 향리층은 지방에서 상층의 계급 내혼 단위를 이루었다. 대대로 중앙 고관을 배출하던 문벌계층도 왕실을 포함하여 하나의 계급 내혼 단위를 형성했으며 하위 계층과의 혼인은 꺼렸다. 묘지명 자료를 분석한 연구에 따르면, 고려시대 귀족 남성의 초혼 연령은 20.7세이고 여성은 16.3세로 나타난다.

고려시대에는 부계와 비부계를 구분하는 의식이 약했다. 이 시기의 친족 구분을 설명할 때 모계나 부계 등 특정한 출계율(出系律)이 작용하지 않는 가운데 개인을 기준으로 조직된 관계를 뜻하는 '양측적 친속'이란 개념으로 설명하는 연구자도 있다. 이에 반론을 제기하는 이도 있지만, 부계와 배치되는 관습과 제도가 보편적이었고 부계 이외의 다른 계보들이 크게 존중되었다는 사실에 대해서는 이론이 없다

가계 유지에 가장 중요한 영향을 미친 것은 상속이다. 노비의 경우는 자녀 간 균분 상속이 원칙이었으며, 민전의 상속은 상속자와 피상속자 간에 사사로이 결정하고 문계(文契)로 작성되었다. 그리고 자녀 간 균분이 관례였다. 다만 균분의 원칙에 의해 분할하더라도 여러 조건에 따라 차이가 발생할 수 있어서, 균분되지 않는

고려 귀족 여성의 장신구 고려 귀족 여성이 착용하던 은반지(위)와 금 귀이개이다. 특히 곤충 모양으로 장식한 아름다운 금 귀이개는 그들이 얼마나 화려한 생활을 했는가를 잘 보여준다.

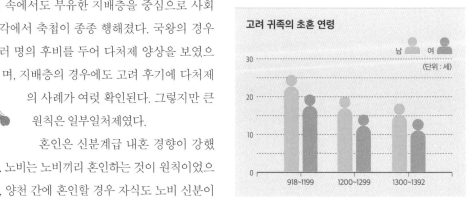

고려 귀족의 초혼 연령

남　여

(단위 : 세)

918~1199　1200~1299　1300~1392

부분은 중자녀·서자녀에 대한 적자녀 우선과 어린 사람에 대한 연장자 우선 원칙을 따랐다.

다만 국가가 분급한 수조지는 원칙적으로 직역 봉사에 대한 대가였으므로 민전 상속과는 근본적으로 달랐다. 이 토지는 연립(連立), 즉 직역을 이어서 담당하는 자손이 있으면 대를 거듭하여 배타적인 상속을 할 수 있는 권리가 보장되어 있어 흔히 영업전이라 불렸다. 연립의 우선순위는 적자 - 적손 - 동모제 - 서손 - 여손의 순서로 규정하고 있다. 따라서 수조지는 적장자 단독 전수였다고 이해할 수 있다.

고려시대에는 부계친 못지않게 모계친이나 처계친과도 가까웠고, 사위도 아들 못지않은 존재일 수 있었다. 딸에 대해서도 출가외인이라는 생각이 적었으며 아들과 딸을 크게 차별하지 않았다. 여성의 지위도 중국이나 후대의 조선보다 상대적으로 높았다. 여성의 수절을 강조하지 않았으며 여성의 재혼도 제재하지 않았다. 자녀를 성별에 따라 차별하지 않고 태어난 순서에 따라 족보에 기재했으며, 여성도 호주가 될 수 있었다. 당시에는 여성들도 부모의 제사를 지낼 수 있었다.

고려시대에는 성에 비교적 개방적이었다. 여성이 불교 행사를 계기로 다른 이들을 만나거나 이성을 접촉할 기회가 널리 보장되었다. 또한 사원에서 숙박하는 일이 흔해서 남녀 사이의 추문이 잦았다.

고려 말에 성리학적 가족 윤리가 수용되면서 혼인제에 가부장적 성격이 강화되었다. 동성불혼이나 재가 금지, 적서분변 강화 등이 대표적인 예이다. 부녀자의 사원 숙박도 상사(上寺) 금지라는 명목 아래 제한했다.

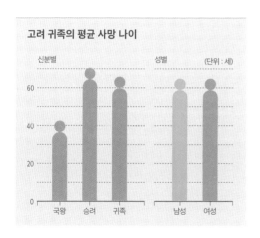

고려 귀족의 평균 사망 나이

신분별 / 성별 (단위 : 세)

국왕 / 승려 / 귀족 / 남성 / 여성

밀양 박익 벽화묘

고려 말 충신으로 '고려8은'으로 불린 송은 박익(1332~1398)은 1420년 경상남도 밀양시 고법리의 묘에 묻혔다. 동서벽 각각 235센티미터, 남북벽 각각 90센티미터, 높이 80센티미터로 벽화가 그려져 있다. 최초에 동서남북과 천장에 모두 그렸을 것으로 보이나, 현재 동벽과 서벽, 남벽에만 남아 있다. 동벽과 서벽의 인물들은 각기 기물을 들고 북쪽을 향해 걸어가고 있고, 남벽에는 마부와 말이 있다. 따라서 북벽에는 묘주인 박익의 초상이 그려져 있었을 것이고, 천장에는 묘주의 영혼이 향하게 될 천상 세계가 표현되었을 것이다. 이 무덤 벽화는 여말선초의 회화, 복식, 기물 등의 문화를 반영한다.

마부 2명 모두 몽골풍의 발립을 쓰고 있다.

남벽

박익의 고려에 대한 변함없는 충절을 기리기 위해 매화, 대나무, 바위를 그린 것으로 보인다.

남녀 인물들 모두 5등신의 비례로, 어떤 과장도 보이지 않는다. 이러한 기법은 공민왕릉의 12지신상에서도 확인되어, 고려시대의 인물 묘사법을 따랐음을 보여준다.

서벽 일부

남녀 4명으로 이루어진 인물군이 세 무리씩 그려졌던 것으로 추정된다.

동벽 일부

유교·불교·도교

고려시대 유교는 정치이념을 제공했으며, 제도 및 의례, 사회윤리의 측면에서 중요한 기능을 담당했다. 태조 왕건은 즉위 초부터 유교정치이념을 강조했으며, 958년(광종 9) 과거제 시행으로 유교는 크게 발전할 수 있게 되었다.

유교정치이념은 성종 대 최승로의 시무 28조에 집약적으로 표현되었다. 여기에서 최승로는 국가 운영을 유교정치이념에 따라 해야 한다고 주장했다. 또한 유교와 불교의 기능은 서로 다르다면서 현실 정치는 유교에 토대를 두어야 한다는 견해를 갖고 있었다. 그는 불교를 수신의 근본이자 내생을 위한 것이라고 보면서 그 폐단에 대해 날카롭게 지적했다. 고려시대에는 천재지변을 군주나 지배층이 부덕한 소치로 보고, 천견(天譴, 꾸짖음)으로 받아들였으며, 재변이 없도록 군주의 수덕을 강조했다.

성리학은 원 간섭기에 원을 통해 수용되었다.

성리학은 종전의 유교에 철학적 세계관을 좀 더 명료하게 해 우주론이나 본체론, 인간 심성의 문제를 학문체계로 다루었다. 안향이 원에서 돌아와 성리학을 처음 소개한 이후, 백이정, 이제현, 이색이 안향의 학문을 이어받았다. 고려 말에 이르러 정몽주, 정도전, 이숭인 등 쟁쟁한 성리학자들이 배출되어 사회 개혁의 전면에 나섰다. 성리학을 공부한 신흥 유신들이 중앙에 진출하여 불교의 폐단을 지적하거나 제도의 개혁을 주장하기도 했다.

고려시대 불교는 태조 이래 국가의 지원을 받으면서 발전했다. 왕사·국사제의 시행, 승과·승계제의 실시 등 제도적인 뒷받침을 받으며 크게 번창했다. 국초 이래 화엄종, 유가종(법상종), 조계종(선종)의 세 종파가 주류의 위치에 있었다. 각종 불교 행사가 열렸는데, 가장 성대한 것은 팔관회와 연등회였다.

문종의 넷째 아들 의천(1055~1101)은 국내외에서 구입한 장소(章疏)를 간행하는 한편 천태종을 개창했다. 실천의 측면에서 교관겸수를 주장하여 관행이 결여된 기존의 화엄종을 비판했으며, 경전을 무시하는 선종도 비판했다.

무인집권 시기에는 불교계에 새로운 흐름이 나타났다. 신앙 결사로서 수선사와 백련사가 결성된 것이 대표적이다. 수선사를 결성한 지눌의 사상은 정혜쌍수와 돈오점수로 집약되는데, 선을 중심으로 하면서도 화엄사상 등 교학을 도입할 것을 강조했다. 천태종 백련사는 요세(了世, 1163~1245)에 의해 개창되었다. 참회와 미타정토를 강조한 요세의 사상은 지눌의 선사상과 달리 피지배층에 더 호소력이 있었다.

개경 환도 후 불교계는 대체로 원의 간섭·지배라는 현실을 수용하고 낭대의 질서에 타협하는 모습을 보였다. 화두를 갖고 수행하는 원의

고려시대 유교 문화 지도

● 향교 건립 지역

◉ 성종 대 권학관 파견(12목)

강계
이산(초산)
삭주 천리장성 운산 희천
구성 영변
영흥(금야)
영유(평원)
서경
수서원
(성종 9년, 990)
황주
안악
해주 개경 철원 양양
교동 장단 포천 강릉
강화 김포
통진 부평 원주 정선
충주 제천
국자감 평해
(성종 11년, 992) 결성(홍성) 청주 영주
청연각, 보문각 공주 상주
(예종) 용안(익산) 은진
서적포(숙종) 전주 용담(진안) 경산 동경(경주)
서적원(공양왕) 고부 태인 자인
사학 12도 정읍 단성
(최충, 9재 학당) 고창 진주 창원
나주 순천

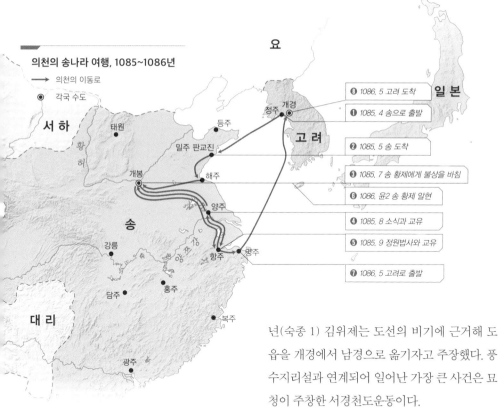

의천의 송나라 여행, 1085~1086년

→ 의천의 이동로
◉ 각국 수도

요

개경
청주

일본

고려

❽ 1086. 5 고려 도착

❶ 1085. 4 송으로 출발

서하

태원

등주

밀주 판교진

❷ 1085. 5 송 도착

개봉

해주

❸ 1085. 7 송 황제에게 불상을 바침

송

양주

❻ 1086. 윤2 송 황제 알현

강릉

❹ 1085. 8 소식과 교유

담주

홍주

항주

명주

❺ 1085. 9 정원법사와 교유

대리

광주

복주

❼ 1086. 5 고려로 출발

청자 인물형 주전자 고려시대에 만든 사람 모양의 청자 주전자이다. 머리에 모자를 쓰고 도포를 입은 사람이 선도(仙桃)를 받들고 있다. 모자 앞 부분의 구멍으로 물을 넣고, 복숭아 앞 부분의 구멍으로 물을 따를 수 있게 만들었다. 도교 의례를 집전한 도사(道士)를 표현했을 가능성이 있다. 높이 28.0센티미터.

년(숙종 1) 김위제는 도선의 비기에 근거해 도읍을 개경에서 남경으로 옮기자고 주장했다. 풍수지리설과 연계되어 일어난 가장 큰 사건은 묘청이 주창한 서경천도운동이다.

간화선풍이 고려 불교계에서 크게 유행하면서 화두참구에서 무자(無字)화두가 강조되고 깨달은 뒤 인가를 받는 것이 요구되었다. 원에 들어가 인가받은 승려는 귀국한 뒤 고려사회에서 널리 인정받았다. 고려 말 불교계는 교학체계에 대한 이론적 탐구는 거의 보이지 않으며, 승정은 파행적으로 운영되고 사원을 둘러싼 분쟁이 빈번했다.

도교는 상고 이래의 민간신앙과 신선설을 바탕으로 하고, 도가나 음양오행의 이론 등을 가미하여 성립한 종교이다. 원시천존(元始天尊)을 최고신으로 받들고 신격화한 여러 성수(星宿)와 성황신·토지신 등 많은 신들을 모시면서 재앙을 물리치고 복을 비는 의례를 행했다. 그 의례를 재초 또는 초례라고 하며 이때 올리는 기원문을 청사라고 불렀다. 고려에서는 중국과 달리 도교가 크게 번성하지는 않았다.

신라 말기에 도선에 의해 체계화된 풍수지리사상은 개경을 국도로 삼는 데 영향을 주었으며, 태조 왕건은 국가 경영에도 참고했다. 이 사상은 닥쳐올 길흉화복을 예언하는 도참설과 결합하여 점차 신비적인 요소가 강해졌다. 1096

고려시대의 주요 사찰

🏯 주요 사찰과 소속 종파
🏯 현존하는 불교 유적
▲ 선종 9산(사찰)
○ 당시 주요 지명
● 현재 주요 지명

천리장성

신의주

원산

안변

석왕사 응진전

서경

황주

심원사 보광전

금강산

국청사 - 천태종
흥왕사 - 화엄종

철악산

수미산 광조사

해주

연복사 종

개경

강릉

낙산사 굴산사

남경 한강

북한산 구기리 마애석가여래좌상

사자산 흥녕사

영월

부석사 - 화엄종

보원사 - 화엄종

충주

춘천

소백산

부석사 무량수전

서산

예산

문경

영주

수덕사 대웅전

청주

속리산

안동

봉정사 극락전

성주산 성주사

보령

대전

법주사 - 법상종

동화사 - 법상종

금산사 - 법상종(유가종)

김제

전주

대구

동경

운문사 - 선종

실상산 실상사

남원

지리산

청도

봉림산 봉림사

양산

동리산 태안사

곡성

진주

창원

부산

송광사 국사전

순천

목포

가지산 보림사

장흥

송광사 - 조계종

강진

100 | 101

대외교역의 성행

고려시대에는 교역이 매우 활발했다. 고려 전기에 가장 활발하게 교역한 나라는 송이다. 건국 초에는 예성강 하구의 벽란도에서 출항하여 옹진반도, 대동강 하구를 거쳐 산둥반도의 등주로 가는 항로를 이용했다(북선항로). 그러나 거란이 강성해져 이 해로의 안전이 위협받자 남쪽 항로를 개발하게 되었다. 새로 개발한 항로는 벽란도에서 출항하여 서해안의 자연도, 군산도, 흑산도까지 내려간 뒤 서해를 직선으로 건너 중국 양쯔강 하구의 명주(지금의 닝보)에 도달하는 길이었다(남선항로). 고려와 송의 외교가 단절되었을 때에도 송상은 고려를 계속 내왕했다.

고려는 송에 주로 금은 세공품·모시·인삼·화문석·나전칠기·종이·붓·벼루 등을 수출했다. 특히 고려의 종이는 아름답고 질겨서 중국의 무역항 주변은 물론 내륙 지방까지 유통되었다. 반면 송으로부터는 비단·옥·차·향료·약재·서적·악기·화폐·상아·공작 등을 수입했다. 수입품 가운데 송에서 나지 않는 서남아시아의 물산이 있는 것으로 보아, 송상이 중계무역도 했음을 알 수 있다.

현종 대 이후 거란과 통교하면서 두 나라의 무역도 활기를 띠었지만, 송에 비해서는 활발하지 못했다. 고려가 거란에 수출한 품목은 북방 유목민들이 생산하지 못하는 금·은·동 등 귀금속과 면포·화문석 등의 공예품, 문방구 그리고 인삼 등이고, 거란에서 수입한 물품은 고려에서 나지 않는 말·양·능라(비단) 등이었다.

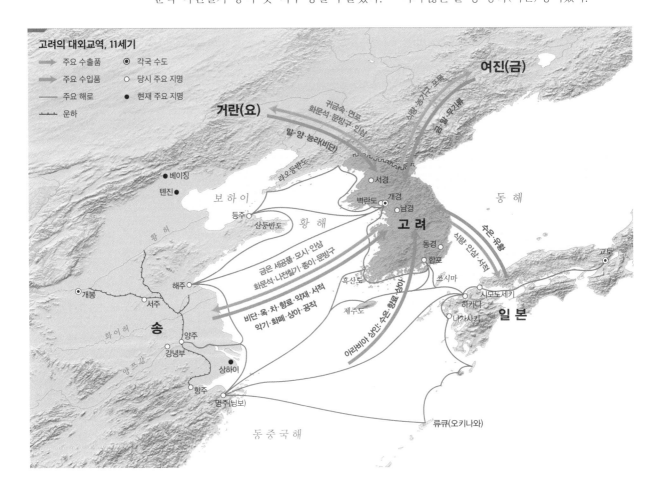

고려의 대외교역, 11세기

➡ 주요 수출품　◉ 각국 수도
➡ 주요 수입품　○ 당시 주요 지명
— 주요 해로　● 현재 주요 지명
┷ 운하

『응골방』 고려 해동청에게 먹이를 먹이고 치료하는 방법, 매를 사냥하는 방법 등을 담은 책이다. 고려 후기의 문신 이조년(1269~1343)이 편찬한 것으로, 이 분야의 책 중에서는 가장 오래된 것이다.

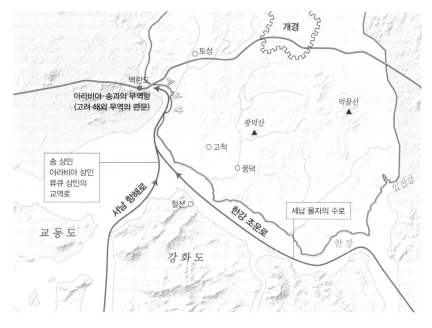

벽란도 중심의 교통로
— 수로
— 육로
ᘛᘚ 고려시대의 개경
○ 당시 주요 지명
▭ 현재의 개성특별시 영역

거란이 물러간 뒤 교역 대상은 여진(금)으로 바뀌었다. 여진과의 교류는 금나라 성립 이전에도 활발했다. 고려와 금의 교류는 공무역 중심이었고 사무역은 일부에 그쳤다. 고려는 식량·농기구·포목 등을 수출한 반면, 말·화살·철갑옷 같은 군수품과 담비 가죽·청서 가죽·족제비털 등 유목민 특산품을 수입했다.

한편 아라비아(대식국) 상인들이 방문한 사실이 『고려사』에 모두 세 차례 기록되어 있다(1024·1025·1040). 특히 1040년에는 "대식국의 객상(客商) 보나합(保那盍) 등이 와서 수은·상아·향료 등 각종 물자를 바쳤다. 왕이 해당 관원에게 명령을 내려 그들을 객관에서 후하게 접대하도록 했으며, 돌아갈 때는 금과 비단을 후하게 주라고 했다."라고 기록되어 있다. 그들이 취급한 물품은 우리에게는 귀한 것이었다. '코레아'라는 나라 이름이 서방에 알려진 것도 고려를 왕래한 이들 아라비아 상인들에 의해서였다.

일본과의 교역은 11세기 후반부터 이루어지지만 활발한 편은 아니있다. 무역 형태는 일본의 민간 상인이 내항하여 수은이나 유황 등을 바치고 식량이나 인삼, 서적 등을 하사품으로 받아가는 형식이었다.

당시 대외교역은 해로를 통해 활발하게 전개되었는데, 고려의 수도 개경에 이르는 관문인 예성강 입구의 벽란도는 국제항으로 크게 번성했다. 벽란도에서 개경으로 이어지는 도로는 늘 상인들로 붐볐다.

고려 후기에는 주로 원과 교역했다. 고려는 원과 단일한 경제권에 속했을 뿐만 아니라 원을 통해 세계 시장과 연결되었으므로, 고려 후기의 대외교역은 그 어느 때보다 활발했다. 원과의 공무역은 국왕의 원나라 방문 또는 사신 교환을 통해 이루어졌다. 사무역도 활발했다. 고려는 금은 세공품과 자기·직물류·가죽·인삼을 수출한 반면, 원으로부터는 금·은·비단·목면 등을 들여왔다.

원과의 교역에 따른 다량의 은 유출은 고려 경제에 심각한 타격을 주었다. 또한 원으로 보낼 가죽을 마련하고 매를 포획하느라 고려의 야생동물도 큰 피해를 입었다. 그러나 대외교역의 성행은 외형상 고려의 국내 경제를 활기차게 만들었으며, 고려의 국제적 위상을 높이는 데 기여했다.

'황비창천'을 새긴 거울 맨 위에 새겨진 '황비창천(煌조昌天)'은 밝게 빛나고 창성한 하늘을 뜻한다. 그 아래에는 배 한 척이 바다 위를 나아가고 있는데, 높은 파도를 이겨내는 뱃사람들의 모습이 보인다. 활발하게 해상 활동을 했던 고려인의 모습을 엿볼 수 있다. 지름 7.4센티미터.

기우는 고려

반원정책을 추진하고 내정 개혁에 힘쓰던 공민왕이 불의에 시해되자, 정계의 실력자 이인임 일파는 재빨리 손을 써서 우왕을 즉위시켰다(1374). 우왕은 즉위 당시 열 살밖에 되지 않았으므로 이후의 조정은 이인임이 최영·경복흥 등 보수적 무장 세력의 협력을 얻어 이끌어가는 형태가 되었다. 그러나 이 시기에는 신흥 유신들도 만만치 않게 세력을 키우고 있었다.

이인임은 정치 개혁보다는 권력 유지를 위해 혈연을 매개로 파행적인 족당 정치를 운영함으로써 고려사회의 정치·경제적 모순을 심화시켰다. 우왕 초 이인임이 원에 대한 사대를 재개하려 하자 많은 신흥 유신들이 반발했다가 유배를 당했다.

우왕 대의 정치는 독점과 부패로 특징지을 수 있다. 어린 국왕이 뒷전에 물러나 있는 가운데 이인임과 임견미·염흥방 등 몇 사람이 권력을 독차지하고, 관리의 인사를 함부로 하거나 다른 사람의 토지를 마구 빼앗아 사욕을 채웠다. 우

위화도

중국-북한 국경
건동도
위화도
단둥 시
임도
신도
의 주 군
신 의 주 시
용 천 군

위화도 회군, 1388년

명이 요구한 영토

→ 요동 정벌로

--▶ 회군로

→ 우왕의 행차

○ 당시 주요 지명

● 현재 주요 지명

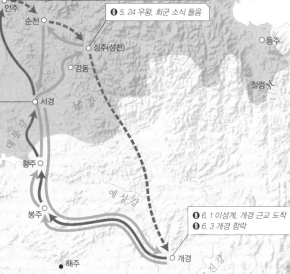

❹ 5. 7 좌우군 위화도 도착
❺ 5. 22 이성계 회군 결정

❸ 행군 도중 도망자 속출

천 리 장 성

삭주
함흥
의주
위화도
신의주
귀주
화주
선주
❼ 5. 25 우왕, 이성계군을 안주에서 막으라고 지시
안주
순천
❻ 5. 24 우왕, 회군 소식 들음
❶ 1388. 4 요동정벌군 편성
병력 3만 8,830명, 말 2만 1,682필
❷ 1388. 4. 18 우군 이성계와
좌군 조민수 인솔하에 출동
성주(성천)
강동
등주
철령
서경
남 강
봉주
황주
예 성 강
❽ 6. 1 이성계, 개경 근교 도착
❾ 6. 3 개경 함락
개경
해주
강화도
남경

최영 장군 무신도 최영은 고려 말의 명장으로 이성계와 함께 홍건적 및 왜구 격퇴에 큰 공을 세웠다. 요동 정벌을 추진했으나 이성계의 위화도 회군으로 뜻을 이루지 못했다. 개경으로 쳐들어오는 이성계군과 맞서 싸우다 패한 뒤 처형당했다.

왕은 함부로 음탕한 짓을 했으며 잔학하고 횡포했다. 이 와중에 명이 고압적인 자세로 말을 비롯한 수많은 공물을 요구하자 고려는 상당한 고통을 겪었다.

1388년(우왕 14) 1월 최영은 우왕과 협의하여 권력을 쥐고 있던 임견미·염흥방 일당을 숙청하고 이인임도 축출했다. 이때 이성계도 최영과 힘을 모았다. 두 사람은 이인임 일파의 제거에는 뜻을 같이했으나, 대내·대외정책에 대해서는 의견이 달랐다. 이성계가 대내정책에서 권문세족을 제거하고 개혁을 단행해야 한다고 주장한 반면, 권문세족 출신인 최영은 급진적 개혁에는 반대했다. 또 외교정책에서도 이성계는 친명 노선을 취한 반면, 최영은 전통적 우방인 북원과 관계를 유지해야 한다는 입장이었다.

친원 노선을 포기하라고 압박해오던 명은 그해 2월 원이 이전에 설치했던 철령 이북 땅에 철령위를 설치하여 요동도사의 관할 아래 두겠다고 통보해왔다. 최영은 우왕을 움직여 요동 정벌을 강행했다. 군대를 이끌고 위화도까지 나아갔던 이성계는 좌군도총사 조민수를 달래 회군하여 6월 개경을 점령하고 최영을 귀양보내는 한편, 우왕도 강화도로 내쫓았다. 위화도 회군으로 이성계가 실권을 장악한 것이다.

이성계는 우왕을 폐위한 뒤 왕실에서 제3의 인물을 택하여 옹립하려 했으나 고려 왕실에 충성하는 조민수·이색 등 반이성계파의 주장을 받아들여 우왕의 아들을 창왕으로 옹립했다(1388). 그러나 오래지 않아 이성계 일파는 조민수를 탄핵하여 실각시키고 정치·군사적 실권을 장악했다.

1389년(창왕 1) 11월, 권문세족들은 우왕·창왕을 중심으로 결집하여 이성계 일파를 정계에서 몰아낼 계획을 꾸몄다. 최영의 조카 김저가 우왕 복위를 꾀했다가 발각되어 관련자들이 처벌당하는 사건이 일어났고, 이를 계기로 이성계 등이 창왕을 몰아내고 신종의 7대손 공양왕을 옹립했다.

이성계 일파는 이에 그치지 않고 1390년(공양왕 2) 5월 윤이·이초의 옥사를 계기로 반대 세력을 몰아냈다. 이는 윤이와 이초가 이성계가 옹립한 공양왕은 종실이 아니라 이성계의 인친이라는 것과, 이성계 등이 장차 명을 치려 한다는 것, 그리고 이색 등 고려의 재상들이 이에 반대했다가 유배되거나 살해되리라는 것 등을 명에 고소한 사건이다. 이 사실이 알려지자 고려에서는 대규모 옥사가 일어났다. 이색을 비롯하여 연루된 사람들이 유배되거나 국문을 당하고 옥사했다. 이 사건을 계기로 이색·이숭인·권근·이림 등 구세력이 대거 방출되었다. 한편 이성계 일파가 추진한 토지 개혁은 1391년 5월 과전법 제정으로 일단락되었다. 이로 말미암아 구세력은 경제적 기반이 크게 축소되면서 더 이상 재기할 힘을 잃어버렸다.

1392년(공양왕 4) 조준·정도전 등 개혁파가 마침내 이성계를 새 국왕으로 추대할 조짐을 보이자, 마지막으로 온건 개량파 정몽주가 반대하고 나섰다. 이성계의 아들 이방원은 사람을 시켜 선죽교에서 정몽주를 죽이고 정몽주를 따르던 세력을 관직에서 내쫓거나 유배보냈다. 1392년 7월 17일 이성계가 개경 수창궁에서 새 국왕으로 즉위하니, 고려왕조는 34대 475년 만에 막을 내렸다. 이성계의 신흥 무장 세력이 권문세족을 물리치고 신흥 유신 가운데 급진 개혁파와 힘을 합해 고려를 무너뜨리고 조선을 건국한 것이다.

선죽교 북한 개성에 있는 화강석으로 만든 돌다리이다. 조선 건국 3개월 전인 1392년 4월 정몽주가 이성계를 문병하고 돌아가는 길에 이방원이 보낸 조영규 등에게 철퇴에 맞아 피살된 장소로 유명하다. 1780년 정몽주의 후손이 사람들의 통행을 막기 위해 돌난간을 설치하고, 대신 그 옆에 새로 돌다리를 놓았다. 길이 8.35미터, 너비 3.36미터.

고려의
문화유산

아미타여래도 아미타여래는 극락에 머물면서 죽은 이의 영혼을 극락왕생의 길로 이끌어주는 부처이다. 고려 불화의 상당수는 아미타여래가 극락에서 설법하는 모습이나 염불 수행자들을 맞이하는 광경을 그린 것이다.

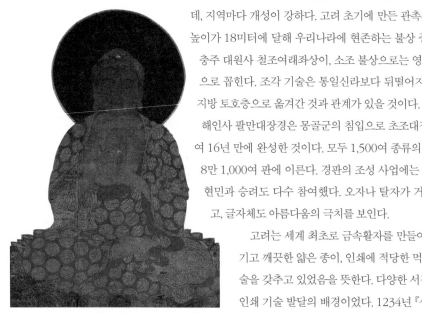

고려시대 불교 문화는 중앙과 지방에서 함께 발달했다. 석탑의 경우 백제 탑이나 신라 탑의 양식을 계승했으나 새로 송의 영향을 받아 육각 또는 팔각 다층탑도 나타났다. 전체적으로 볼 때 탑이 높고 가파른 느낌을 주며 각 층의 받침부가 이전 시기에 비해 얇아졌다. 석탑은 안정감이나 조형미를 일률적으로 규정하기 어렵고 양식의 통일성도 찾기 어렵지만, 오히려 그 점이 고려의 불교가 각 지방 세력을 토대로 다양하게 발전했음을 보여준다. 불교 건축으로 현재 남아 있는 것은 부석사 무량수전과 조사당, 수덕사의 대웅전, 봉정사의 극락전, 석왕사의 응진전 등이다. 기둥의 가운데가 두꺼운 배흘림기둥, 견고하게 짜 맞춘 결구 방식에 단순한 구조가 이 시기 건축물의 특징이다.

불교 회화는 귀족 취향의 자비로운 얼굴에 섬세하고 유려한 선, 균형 잡힌 불신, 우아한 자태 등에서 세계적인 수준의 필력과 회화성을 보인다. 석가여래도, 아미타여래도, 관음보살도, 지장보살도 등 주제도 다양하다. 불교 경전을 필사하는 사경도 공덕을 쌓기 위한 행위로 크게 성행했다. 불교 조각은 전국에 걸쳐 수많은 작품이 남아 있는데, 지역마다 개성이 강하다. 고려 초기에 만든 관촉사 석조미륵보살입상(은진미륵)은 높이가 18미터에 달해 우리나라에 현존하는 불상 중 최대를 자랑한다. 철불상으로는 충주 대원사 철조여래좌상이, 소조 불상으로는 영주 부석사 소조여래좌상이 걸작품으로 꼽힌다. 조각 기술은 통일신라보다 뒤떨어지는데, 제작 주체가 중앙 귀족에서 지방 토호층으로 옮겨간 것과 관계가 있을 것이다.

해인사 팔만대장경은 몽골군의 침입으로 초조대장경이 불타자 다시 만들기 시작하여 16년 만에 완성한 것이다. 모두 1,500여 종류의 경전을 담고 있으며, 총 경판 수는 8만 1,000여 판에 이른다. 경판의 조성 사업에는 왕족·귀족·관인층은 물론 지방 군현민과 승려도 다수 참여했다. 오자나 탈자가 거의 없으며, 수록된 경전이 풍부하고, 글자체도 아름다움의 극치를 보인다.

고려는 세계 최초로 금속활자를 만들어 사용했다. 금속활자의 사용은 질기고 깨끗한 얇은 종이, 인쇄에 적당한 먹, 그리고 활자를 주조할 수 있는 기술을 갖추고 있었음을 뜻한다. 다양한 서적을 필요로 하는 독서층의 존재도 인쇄 기술 발달의 배경이었다. 1234년『상정고금예문』28부를 금속활자로

예산 수덕사 대웅전 1308년(충렬왕 34)에 지은 것으로, 건립 연대를 분명히 알 수 있는 가장 오래된 목조 건물 가운데 하나이다. 백제 계통의 목조 건축 양식을 이은 고려시대 건물로, 형태미가 뛰어나 문화적 가치가 매우 높다.

팔만대장경 해인사 경내 장경판고에 보관되어 있는 대장경판의 모습이다. 총 1,514종의 불경을 수록한 불경 대백과사전이라 할 수 있다. 8만 장에 달하는 경판의 서체가 모두 일정하고 오탈자가 거의 없다. 장경판고는 세계문화유산에 등재되어 있다.

영산전
보현사비
팔각십삼층탑

향산(보현사)

안주 - 백상루

고성 - 온정리 마애불입상

평양 - 흥복사 칠층탑
평양 - 광법사 팔각오층탑

성천 - 강선루·동명관

안변 - 석왕사 응진전

평양(조선중앙역사박물관)
- 관음사 대리석 관음상

사리원 - 정방루

장연 - 학림사 오층탑
신천 - 자혜사 오층탑

금강

금장암 사자탑
안양암 마애삼존불상

해주 현릉(왕건의 능)
석빙고
광조사 진철대사비

공민왕릉

영통사
오층탑
대각국사비

광통보제선사비

춘천(국립춘천박물관)
- 강릉 한송사지 석조보살좌상

강릉 - 임영관 삼문

평창 - 월정사 팔각구층석탑

개성 경천사지 십층석탑
개성 남계원지 칠층석탑
충주 정토사지 홍법국사탑
성거산 천흥사명 동종
이제현 초상
고려 말 화령부 호적 관련 고문서

서울(국립중앙박물관)
화성 - 용주사 동종

여주 - 고달사지 승탑

정선 - 정암사 수마노탑

소조여래좌상
무량수전
조사당
조사당 벽화

충주 - 대원사 철조여래좌상

천안 - 봉선홍경사 갈기비

영주(소수박물관) - 안향 초상

영주(부석사)

예산 - 수덕사 대웅전

청주 - 용두사지 철당간

안동 - 봉정사 극락전

대전(문화재청) - 원주 법천사지 지광국사탑

논산 - 관촉사 석조미륵보살입상

익산 - 왕궁리 오층석탑

영천 - 거조사 영산전

합천(해인사)

대장경판
장경판전
건칠희랑대사좌상

구례 - 연곡사 북 승탑

해남 - 대흥사 북미륵암 마애여래좌상

개 경

흥국사탑
현화사 칠층석탑
적조사 철조여래좌상
왕건상

고려 첨성대
만월대

개성 성균관

고려박물관

선죽교
숭양서원
연복사 종(남대문루)

불일사 오층탑

고려의 주요 문화재

- 건축
- 탑
- 비석
- 조각
- 종
- 회화
- 책, 문서 등
- 왕릉
- 당간

논산 관촉사 석조미륵보살입상 고려 광종의 명으로 968년경 승려 혜명이 제작한 석불로, 우리나라 최대 규모이다. 높이 18.12미터.

인쇄했다고 하나 실물은 전하지 않는다. 현존하는 금속활자 인쇄물은 1377년 7월에 청주 흥덕사에서 찍은 『백운화상초록 불조직지심체요절』이다. 현재 프랑스 국립도서관에 소장되어 있다.

고려의 청자는 철분이 조금 섞인 백토로 형태를 만들고 잘 말려 섭씨 700~800도에서 한 번 구워낸 다음, 그 위에 철분 농도 1~3퍼센트 정도의 석회질 유약을 입혀 1,250~1,300도의 높은 온도에서 환원염으로 구워낸 자기이다. 고려 초 이래 생산되었는데, 주류는 순청자와 상감청자였다. 순청자는 12세기 전반에 비색청자로 완성되어 발전해갔고, 상감청자는 12세기 후반에 제작되기 시작하여 13세기에 절정을 이루었다.

왕릉은 대부분 개성 지역에 집중 분포하고 있다. 공민왕릉은 3단의 석축을 쌓고 무덤 주위에 석양과 석호, 중단과 하단에 문인석과 무인석을 배치했는데, 이후 조선시대 왕릉의 기본 구조가 되었다.

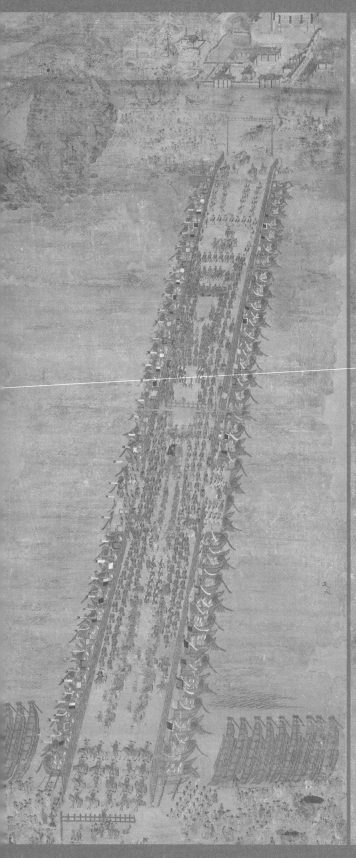

정조의 현륭원 행차

조선

조선은 국왕과 사대부를 중심으로 하는 양반 관료제 국가였다. 조선의 지배층은 성리학을 사회의 기본이념으로 하여, 정치는 물론 일상적인 사회생활에도 성리학적 윤리를 적용했다. 양인과 천인, 양반과 상민을 나누는 신분제는 사회 구성원 간의 관계를 명확히 하여 사회를 유지하는 기초가 되었다. 조선은 토지제도와 조세제도를 정비하고 행정조직을 체계화하여 국가를 중앙집권적으로 운영했다. 또한 민본정책을 추진하여 사회가 안정되면서 농민의 생활도 향상되었다. 그러나 양반층의 정치·경제적 권리 독점과 권력 다툼 등 사회의 모순이 점차 커졌다. 임진왜란과 병자호란이라는 두 차례 큰 전쟁은 이를 심화시켰다.

양란 이후 조선 후기에는 국왕의 권력이 약화되고, 붕당 간의 권력 다툼이 거세졌다. 이를 극복하기 위해 개혁을 시도했지만, 그 결과는 오히려 왕실의 외척이 권력을 독점하는 세도정치로 귀착되었다. 사회·경제제도가 제대로 작동하지 않으면서 사회는 혼란에 빠지고 농민의 생활은 어려워졌다. 그렇지만 이런 혼란은 다른 한편으로는 사회에 역동성을 불어넣어 변화를 촉진했다. 사회 각 분야의 경제가 발전하고 생산력이 증대되었다. 신분제의 동요는 계층 간의 이동 및 지배 세력 내부의 변동을 활성화했다. 사회의식의 향상으로 대중문화가 확산되고, 봉건적 수탈에 맞서 농민항쟁이 다양한 형태로 광범하게 일어났다.

조선의 건국과 한양 정도

1392년 7월 17일 도평의사사의 추대로 이성계가 개경의 수창궁에서 새 왕조의 국왕으로 즉위했다. 신흥 유신 가운데 정도전, 조준, 윤소종, 남은 등 급진 개혁파와 신흥 무장이 연합해 조선을 건국한 것이다. 급진 개혁파는 구체제를 존속시키려는 온건 개량파와 대립하면서 토지제도를 개혁해 구세력의 경제 기반을 무너뜨렸으며, 불교 비판 운동을 펼쳐 불교계 및 불교와 연결된 세력을 약화시켰다.

태조 이성계는 조선 건국에 공을 세운 이들을 공신으로 책봉했다. 개국공신으로 52명을 책봉했으며(뒤에 3명 추가), 그 자제 및 사위 또는 수종자 1,000여 명을 원종공신으로 삼았다. 이들은 조선왕조의 충실한 지지 기반이 되었다.

태조 대에는 재상이 도평의사사의 판사를 겸하여 국정을 주도했다. 조선 건국에 절대적인 공을 세운 정도전은 왕조의 설계자 역할을 맡았는데, 국왕보다는 재상 중심의 정치를 주장했다. 또한 『불씨잡변』(1398)을 저술해 불교를 이론적으로 통렬하게 비판했다. 친위병 조직으로 의흥친군위를 설치했으며, 1393년(태조 2)에

이를 의흥삼군부로 확대 개편했다.

국초에 왕위 계승을 둘러싸고 왕자의 난이 발생했다. 이방원은 태조가 이복동생 방석을 세자로 책봉하고 정도전과 남은 등이 그를 후원하는 데 불만을 품었다. 1398년 방석과 정도전 일파가 반역을 일으켜 왕자들을 죽이려 했다는 죄를 뒤집어씌워 이들을 기습적으로 처단했다(1차 왕자의 난). 태조는 왕위를 둘째 아들 방과(정종)에게 물려주고 고향 함흥으로 향했다.

2차 왕자의 난은 1400년(정종 2) 정월에 일어났다. 1차 왕자의 난으로 실권을 장악한 이방원에게 넷째 형 방간이 도전했고, 1차 왕자의 난 당시 1등 공신으로 책봉되지 못해 불만을 품은 박포가 방간을 충동했다. 이방원은 군사적 충돌(2차 왕자의 난)에서 승리한 뒤 세자에 책봉되었다. 그 직후 사병을 혁파하고 지방의 절제사를 파했으며 소속 군사를 의흥삼군부에 편입해 공병화했다. 또 도평의사사를 폐지하고 의정부를 세웠다. 이방원은 그해 11월 왕위에 올랐다.

태조 이성계는 즉위 직후 명의 지원을 받기 위해 국호를 정해줄 것을 청했다. 조선에서 제시한 화령(和寧)과 조선(朝鮮) 중에서 명은 조선으로 택정했다. 그리하여 1393년(태조 2)부터 조선을 국호로 사용했다.

태조는 즉위하고 한 달이 채 되지 않아 도읍을 옮길 것을 논의했다. 새 도읍 대상지로 한양, 계룡산, 무악이 물망에 올라 논란이 거듭되다가 한양으로 확정되었다. 한양을 수도로 선택한 것은 산과 강의 형세가 빼어나고, 전국 8도의 중심에 자리 잡고 있으며, 육로와 수로의 교통 요지에 해당된다고 판단했기 때문이다.

도읍지의 기초 공사가 이루어지기 전인 1394년(태조 3) 10월 28일 태조는 한양으로 천도했다. 1차 왕자의 난으로 상황이 어수선해지자

조선 건국 무렵의 동아시아, 14세기 말

1399년(정종 1) 3월 개성으로 환도했지만 1405년(태종 5) 10월 다시 한양으로 도읍을 옮겨왔다.

수도 한양에는 궁궐을 비롯한 종묘와 사직, 관아, 시장, 학교 등이 차례로 건설되었다. 관료, 수공업자, 상인, 주민이 몰려들어 한양의 인구는 약 10만 명에 달했다. 도성 밖 10리를 '성저십리(城底十里)'라 하여 개인 무덤을 쓰거나 벌채를 하지 못하도록 규제했는데, 수도의 생태 환경을 보존하기 위한 조치였다.

태종 이방원은 국왕이 국가 경영의 실질적인 주도권을 갖는 체제를 정립하고자 했다. 그리하여 재상 중심의 의정부서사제를 폐지하고 육조 직계제를 실시했다. 태종은 왕권 강화에 방해가 된다고 판단하면 공신이나 왕실 종친이라도 제거했다. 그리고 국가 재정을 확충하기 위해 사원의 토지를 대거 몰수했다.

태조 이성계 어진 이성계는 고려 왕조를 무너뜨리고 조선왕조를 일으켰다. 그러나 왕자들 사이의 권력 투쟁에 밀려 즉위 6년 만인 1398년, 둘째 아들 방과(정종)에게 왕위를 물려주고 고향 함흥으로 돌아가 칩거했다. 그림은 태조 이성계의 어진으로, 진본은 전라북도 전주시 경기전의 어진박물관에 보관되어 있다. 가로 150센티미터, 세로 218센티미터.

조선 건국 당시 도읍 후보지

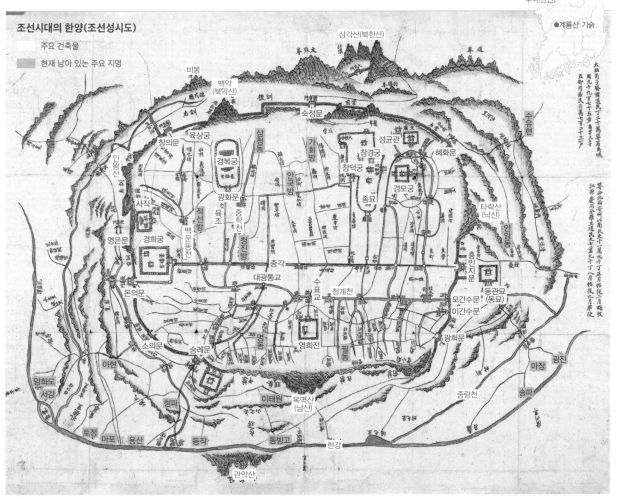

조선시대의 한양(조선성시도)

주요 건축물

현재 남아 있는 주요 지명

국가체제 정비 과정

태종의 뒤를 이어 즉위한 세종은 선왕이 튼튼하게 다져놓은 왕권과 경제력을 바탕으로 많은 업적을 이룩했다. 1420년(세종 2) 집현전을 설치해 자신을 보필할 우수한 학자 관료 집단을 육성했다. 1436년(세종 18) 태종 대 이래의 육조직계제를 폐지하고 의정부서사제를 되살렸다. 왕의 주도권이 손상되지 않는 범위에서 의정부 대신의 권한을 회복시킨 것이다.

세종은 태종의 정책을 이어받아 적극적인 억불 정책을 펼쳤다. 여러 종파의 불교 교단을 선·교 양종으로 통합했으며, 사원의 토지를 대거 몰수하고 노비를 모두 속공(屬公)했다. 전국의 인구·물산을 체계적으로 정리한 지리지를 간행했으며, 의학서 및 농서도 편찬했다. 『삼강행실도』와 『효행록』 등을 간행·보급해 효사상의 전파에도 힘썼다. 우수한 문자인 한글을 창제한 것은 가장 위대한 업적이다. 세종 대에는 민생이 안정되고 국가 재정도 충실해졌으며, 문화정치의 기틀을 마련했다.

세종이 세상을 떠나고 8명의 왕자 가운데 맏아들이 왕위에 오르니, 바로 문종이다(재위 1450~1452). 그리고 문종이 3년 만에 세상을 떠나자, 12세의 아들 단종이 왕위를 이었다(1452~1455). 문종은 세종 대부터 재상직에 있던 황보인, 남지, 김종서 등의 삼정승과 집현전 출신 관료들에게 단종을 보필하라고 유언으로 명했다. 문종과 단종 시기에는 국왕이 국정 운영의 주도권을 행사할 수 없었으며, 고위 관료가 정국을 운영했다. 왕권 약화를 왕조의 위기로 받아들인 왕실 측에서 고위 관료를 억제하고 왕권을 확보하기 위한 행동에 나섰다. 1453년(단종 1) 세종의 둘째 아들 수양대군이 권람, 한명회 등과 밀의하여 쿠데타를 일으켜 김종서, 황보인 등과 친동생 안평대군을 살해하고 정권과 병권을 모두 장악했다(계유정난).

1455년 수양대군이 단종을 몰아내고 왕위에 올랐다. 세조는 왕권의 재확립을 꾀해 의정부서사제를 폐지하고 육조직계제를 실시했다. 1456년(세조 2) 성삼문, 박팽년, 하위지, 이개, 유응부, 유성원 등이 단종의 복위를 계획했다가 사전에 발각되어 모두 죽임을 당했다. 단종도 강원도 영월로 유배간 뒤 사약을 받았다.

세조에 협력한 이들은 공신으로 책봉되어 많은 토지와 노비를 받았다. 세조는 국방력 강화

조선 초기 육조거리의 관아 배치

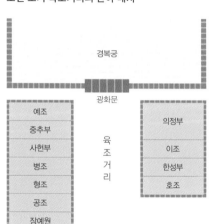

경복궁 전경 북악산 아래 광화문, 흥례문, 근정문, 근정전 등을 중심축으로 하여 여러 전각이 보인다. 2020년 대한민국 역사박물관 옥상에서 촬영한 모습.

를 위해 진관체제를 실시, 기존의 변방 중심 방어체제를 지역 중심 방어체제로 바꾸었다. 1466년에는 직전법을 실시해 현직 관리에 한해서 토지를 지급했다. 세조는 국가의 법률체계를 정비한『경국대전』을 편찬해 나라의 기틀을 다지고자 했다. 불교에 대해서는 여러 가지 우호적인 조치를 취해 원각사를 건립했으며, 간경도감을 설치해 한문 불전과 언해 불전을 간행했다.

1468년 세조가 타계하자 둘째 왕자 예종이 즉위했다. 예종이 1년 만에 죽자, 예종의 형 의경세자(뒤에 덕종으로 추존)의 아들이 왕위에 올랐으니 그가 성종이다(재위 1469~1494). 성종은 즉위 당시 13세였으므로 한동안 할머니 정희왕후(세조비)와 어머니 소혜왕후(덕종비, 인수대비)가 정치를 돌보았다. 실권은 세조의 집권을 도왔던 한명회 등 대신들이 쥐었다.

20세에 친정을 시작한 성종은 훈신들을 견제하고 젊고 기개 있는 사림들을 중용했다. 김종직과 그 문인들이 언론과 문한직(文翰職)에 포진해 의정부 대신들을 견제하면서 왕권을 떠받쳤다. 그리하여 국왕·훈신·사림 등 당대의 대표적 정치 세력이 서로 균형과 조화를 이루었다.

성종은 홍문관을 설치했으며, 유교 경전과 역사를 공부하면서 토론하는 경연을 부활시켰다. 그리고 세조 대에 편찬하기 시작한『경국대전』

을 1485년(성종 16) 최종 반포·시행했다. 성종 대에는 지리서인『동국여지승람』, 통사인『동국통감』, 문장의 정수를 모은『동문선』등을 간행했다. 이 시기를 지나며 조선의 고유한 통치체제와 문화를 완성했다고 볼 수 있다.

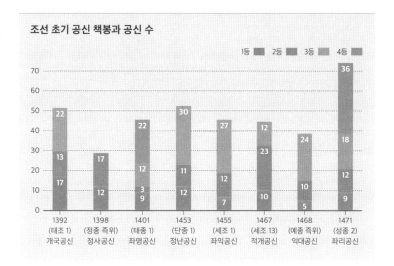

성은 초기 공신 책봉과 공신 수

조선 초기 왕실 계보도, 세종~성종

『경국대전』최항, 노사신, 서거정 등이 세조 때 편찬에 착수해서 1485년(성종 16)에 반포·시행했다. 조선왕조 통치체제의 대강을 규정한 기본 법전이다. 이후 네 차례의 편찬과 수정을 거쳐 1865년『대전회통』으로 완성되었다.

조선 전기의 역사서·지리지·지도

조선은 국초부터 건국의 정당성을 확보하기 위해 역사서 편찬에 관심을 기울였다. 태조 때 편찬하기 시작한 고려 역사는 1451년(문종 1) 기전체 사서 『고려사』, 다음 해 편년체 사서 『고려사절요』로 완성되었다. 성종 대에 편찬한 『동국통감』은 고려 이전까지의 우리 역사를 체계화한 역사서이다. 이 책은 도덕적 이상주의가 사론을 통해 투영되었으나, 삼국을 대등한 국가로 해석하고, 단군조선을 국사의 시작으로 확립한 점이 주목된다.

조선은 국가 차원에서 당대의 기록을 정리하는 데 깊은 관심을 기울였다. 각 관청별로 업무 일지를 편찬하여 등록(謄錄)을 만들었다. 춘추관은 여러 관청의 등록을 모아 해마다 시정기(時政記)를 정기적으로 편찬했다. 국왕의 비서기관인 승정원의 주서(注書)는 왕과 신하 사이에 오간 문서와 국왕의 일과를 매일 기록하여 『승정원일기』로 모았다. 승정원 주서는 일종의 관보 성격인 조보(朝報)를 작성하여 국가의 중요 정책과 고관의 인사이동 상황 등을 지방관과 백성에게 알려주었다.

사관은 왕이 정사에 임할 때 좌우에 입시하여 정사의 내용을 일일이 기록해 사초를 만들었다. 국왕이 죽으면 춘추관은 실록청을 설치하고 실록을 편찬했다. 가장사초(家藏史草)를

중국 역대 왕조의 수도 및 원대 행성(行省) 소재지가 기록되어 있다

카스피해
로마
이베리아 반도
메소포타미아
지중해
시라즈
사하라사막
아라비아반도
홍해
인도
아프리카
나일강
스리랑카

만리장성
황허
베이징
산둥반도
압록강
조선
중국
난징
제주도
쓰시마
광저우
일본

권근이 제작 경위를 기록한 발문

혼일강리역대국도지도 1402년 조선 문신 김사형, 이무, 이회가 아시아, 유럽, 아프리카를 포함하여 제작한 세계지도. 세로 148센티미터, 가로 164센티미터.

정읍 내장산 『조선왕조실록』 보존터 임진왜란 당시 일본군이 전주로 오고 있다는 소식을 접한 안의와 손홍록이 전주 사고의 실록을 이곳으로 옮겨 1년 동안 지켰다. 그 결과 다른 세 곳의 실록이 소실되었지만 전주 사고의 실록만은 보존할 수 있었다.

조선왕조실록 사고

- 조선 초기의 사고
- 임진왜란 시기 화재
- 임진왜란 시기 임시 사고
- 임진왜란 시기 실록의 이동
- 조선 후기의 사고

묘향산 사고
(1633 적상산으로 이전)

영변 / 묘향산 / 보현사 별전

영변 객사

춘추관(개성에서 이전)

해주 / 강화도 / 오대산 / 오대산 사고

1603 강화도로 옮김

춘추관 / 한성 / 강화산

강화 사고(마니산 사고는 병자호란 때 청군에게 훼손. 1678년 정족산에 사고 지어 옮김)

충주 / 태백산 사고

충주 사고(고려 때 설립)

적상산

적상산 사고(1633 설립)

성주 사고(1439 설립)

전주 사고(1439 설립)

전주 / 성주

정읍 내장산

1592 전주 사고의 실록을 정읍 내장산으로 옮김

비롯하여 『승정원일기』·시정기·경연일기·각사등록·개인문집·야사·조보 등의 자료를 실록청에 모은 뒤 편찬 작업을 진행했다. 실록이 완성되면, 곧바로 4부를 인쇄해 춘추관과 지방 사고에 보관했다.

16세기에 사림이 대두하여 유교적 도학정치를 강조하면서 역사 서술도 새로운 양상을 띠었다. 기묘사림의 한 사람인 박상(1474~1530)은 『동국사략』을 썼는데, 이색·이숭인·정몽주 등 성리학자를 재평가하여 역성혁명파 중심의 역사의식에서 벗어나고자 했다. 사림은 우리 역사에서 기자(箕子)의 행적을 주목하고, 그 전통을 계승하려는 역사책을 편찬했다. 율곡이 1580년(선조 13)에 쓴 『기자실기』가 대표적이다. 한편 유희령(1480~1552)이 저술한 『표제음주동국사략』은 단군조선을 상세하게 다루고 고구려를 삼한의 첫머리에 기술하는 등 북방 중심의 역사체계를 구성한 점이 돋보인다.

조선 초기 중앙집권과 국방의 강화를 위해서 전국 각지의 자연 및 인문 지리에 대한 정보를 모아 지리지와 지도를 활발하게 제작했다. 지리지로 가장 주목할 만한 것은 『세종실록지리지』와 『신증동국여지승람』이다. 『세종실록지리지』는 군현

단위로 연혁, 인물, 고적, 토지, 호구, 성씨, 물산 등 60여 항목을 기록하고 있다. 『신증동국여지승람』은 군현의 연혁, 지세, 누정, 학교, 불우, 사묘, 고적, 인물, 풍속, 산물, 교통, 제영 등과 많은 시문을 싣고 있다. 현전하는 이 책은 성종 대에 편찬한 『동국여지승람』을 1530년(중종 25) 증보 간행한 것이다.

조선 초기의 대표적인 지도로는 혼일강리역대국도지도를 들 수 있다. 1402년(태종 2)에 제작된 이 지도는 현존하는 동양 최고의 세계지도이다. 원나라의 세계지도를 참고하고, 여기에 조선과 일본의 지도를 첨가했는데, 함경도를 제외한 한반도의 모습이 현대 지도와 매우 비슷하다.

조선 전기의 주요 역사서와 지리지
(*은 현전하지 않음)

『용비어천가』 『고려사』

『동국통감』

『고려국사』*		『고려사절요』	『세종실록지리지』	『삼국사절요』*	『팔도지리지』*	『동국여지승람』*		『신증동국여지승람』	『기자실기』
1395년 (태조 4)	1445년 (세종 27)	1451년 (문종 1)	1452년 (문종 2)	1454년 (단종 2)	1476년 (성종 7)	1478년 (성종 9)	1481년 (성종 12)	1485년 (성종 16)	1530년 (중종 25)	1580년 (선조 13)

영토의 확장

동북면 출신인 태조 이성계는 그곳의 여진족을 진무하여 국초부터 두만강 하류 지역을 우리 강역에 포함시켰다. 함경도 지방의 성과 보를 수리하고 여진과 주민들을 회유해 행정구역으로 편입했다. 그리고 정도전·남은 등의 주도로 요동 정벌을 다시 추진했다. 그러나 정도전이 왕자의 난으로 사망하고, 이후 태종이 집권하면서 요동 정벌은 중단되었다.

목축과 사냥에 의존해 식량 사정이 여의치 못한 여진족은 조선에 자주 물건을 요구하거나 영토를 침략했다. 조선은 그들에게 식량, 농기구, 의류 등을 제공해 도움을 주었으며, 귀화를 권장하고 관직을 제수하기도 했다. 다른 한편 무력을 사용한 정벌을 병행했다. 이 때문에 여진족을 둘러싸고 명과 종종 갈등하기도 했다.

두만강과 압록강 방면으로 적극적인 영토 확장에 나선 것은 세종 대였다. 세종은 1434년(세종 16)부터 김종서 등을 시켜 두만강 유역의 여진족을 정벌하고 6진을 개척했다. 경원과 회령(1434), 종성(1435), 경흥(1437), 온성(1440), 부령(1449)에 진을 설치했다. 6진의 개척을 완료한 조선은 다수의 사람들을 옮겨 살게 해서 변경을 안정시키려고 노력했다.

압록강 유역으로도 영토를 확장해나갔다. 압록강 하류 지역은 고려 말에 이미 수복했지만, 상류 지

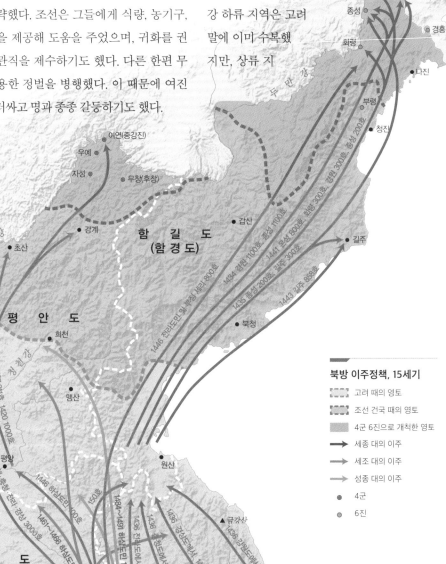

북방 이주정책, 15세기

- 고려 때의 영토
- 조선 건국 때의 영토
- 4군 6진으로 개척한 영토
- → 세종 대의 이주
- → 세조 대의 이주
- → 성종 대의 이주
- ● 4군
- ◎ 6진

역은 여진족의 활동 무대로 남아 있었다. 태종 대에 창성, 삭주, 의주 등을 설치했다. 이 지역에 대한 여진족의 침략이 심해지자 세종 대에 토벌을 단행했다. 세종은 최윤덕, 이천 등을 시켜 여연, 자성, 무창, 우예의 4군을 설치함으로써 압록강 상류 지역을 확보할 수 있게 되었다.

그러나 여진족의 잦은 침입으로 4군을 유지하기가 쉽지 않았다. 토지가 척박해 살기 어려웠고 인근 지역들과 떨어져 있어서 교통도 불편했다. 4군을 수비할 병력도 남도 지방에서 충당했는데, 역시 어려운 점이 많았다. 군량의 운반도 쉬운 일이 아니었다.

세종 말엽에 몽골족 오이라트가 맹위를 떨치고 그 영향이 여진족에게까지 미치자, 그 여파가 조선에도 닥치게 되었다. 조선은 대규모 침구에 대응해 종래의 방어 조직을 대폭 개편했다. 1447년(세종 29) 연변의 군읍을 강계도(江界道)와 삭천도(朔川道)로 나누고 2품 이상의 절제사를 두었다. 1450년(문종 즉위) 여진족이 조선으로 쳐들어올 가능성이 있으므로 여연, 무창, 우예의 3군을 폐지하자는 주장이 거세게 일어났다. 그리하여 1454년(단종 2) 3군이 철폐되고 1459년(세조 5)에는 자성군마저 철폐되었다. 그렇지만 4군 철폐가 이 지역의 영유권 자체를 포기하는 것은 아니었다. 다만 행정상 4군의 직제를 폐지한 것에 불과했으며, 이후에도 이들 지역에 다수의 파수처를 두어 군사 지역으로 관할했다.

4군 6진 설치로 확대된 지역을 영구적인 영토로 만들기 위해서는 농지를 확보하고 민호를 이 지역에 정착시켜야 했다. 이를 위해 국가 차원에서 사민정책을 추진했다. 세종 대의 4군 6진 개척으로 북방 영토가 넓어진 후 사민입거(徙民入居)가 적극 추진되었다. 물론 사민 대상 지역이 4군과 6진에 한정된 것은 아니었다.

세종 대까지는 사민 대상이 해당 도의 유이민 중심이었으며, 북방 영토의 회복과 고수를 목적으로 하고 있었다. 세조 이후 사민 대상이 하삼

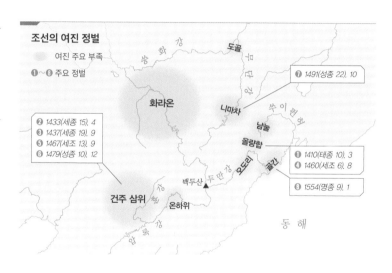

조선의 여진 정벌

여진 주요 부족
❶~❽ 주요 정벌

❷ 1433(세종 15), 4
❸ 1437(세종 19), 9
❺ 1467(세조 13), 9
❻ 1479(성종 10), 12

화라온

❼ 1491(성종 22), 10

니마차

남눌

올량합

골간

❶ 1410(태종 10), 3
❹ 1460(세조 6), 8

❽ 1554(명종 9), 1

백두산

오도리

건주 삼위

온하위

동 해

도 민인으로 확대되었고, 한광지(閑曠地)의 개간이 주요 목표로 추진되었다. 사민정책은 성종 대까지 이어졌다. 수만 호의 주민이 이주한 결과 평안도와 함경도 민호가 크게 증가하고 지역이 개발되었다.

조선 초에 새로 개척한 지역은 하삼도에 비해 토질이 척박하고, 춥고 서리가 일찍 내려 농사 절기가 짧았으므로 농사에 불리했다. 북방 지역에서는 일찍 심고 빨리 수확하는 농작물을 선호했으며, 벼농사의 보급에도 관심이 컸다. 새로 개척한 북방 지역에 하삼도의 선진 농법을 전파하기 위해 편찬한 농서가 『농사직설』이다.

야연사준도 『북관유적도첩』의 그림 8폭 가운데 야연사준도(夜宴射樽圖)이다. 김종서가 함경도에 머물 때 하루는 부장들에게 소머리를 주며 잔치를 베풀고 있었는데 갑자기 화살이 날아와 큰 술병에 꽂혔다. 부장들은 자객을 잡아야 한다고 주장했지만, 김종서는 이를 만류하고 아무 일 없다는 듯 잔치를 마무리했다고 전해진다. 가로 31센티미터, 세로 41.2센티미터.

사림의 성장과 사화

성종 대에 사림 세력이 중앙 정계에 활발하게 진출하면서 기존의 훈구 세력과 갈등하기 시작했다. 당시의 훈구는 계유정난 이후 책봉된 공신과 관련된 훈신·척신이 중심이었다. 이들은 고위 관직을 독차지했으며, 경제적으로 방대한 토지와 노비를 소유하고 있었다. 또한 상업에 관여해 재산을 축적하고 이익을 늘렸으며 방납을 통해 부를 증대시키기도 했다.

성종은 훈구 대신을 견제하고 세조 대에 굴절된 합리적 유교정치를 회복하고자 신망 높은 김종직과 그 문인 김굉필, 정여창, 김일손을 등용했다. 이들 사림은 주로 삼사에 진출하여, 훈구 대신들이 자행한 비리를 문제 삼았다. 성종 대에는 훈신과 사림이 정치적 입장은 달랐어도 세력 균형을 이루어 직접 충돌하지는 않았다.

그러다가 연산군 대에 이르러 훈구와 사림의 정치적 충돌로 두 차례에 걸쳐 사화가 일어났다. 훈신 잔류 세력인 이극돈, 유자광 등이 『성종실록』 편찬을 위해 사림 김일손이 제출한 사초를 문제 삼아 왕을 충동함으로써 1498년(연산군 4) 무오사화가 발생했다. 김일손이 제출한 그의 스승 김종직의 '조의제문(弔義帝文)'은 항우가 폐위한 초나라 마지막 황제 의제를 애도하는 내용을 기록한 것인데, 훈구는 이 글이 세조의 단종 축출을 비난한 것이라며 사림을 대대적으로 공격했다. 그 결과 김일손, 표연말, 정여창, 최부 등 수십 명이 처형 혹은 유배당했으며, 이미 죽은 김종직에게도 해가 미쳤다.

갑자사화는 1504년 연산군의 생모 윤씨의 폐비·사사 문제를 둘러싸고 발생했다. 1476년(성종 7) 연산군을 출산한 중전 윤씨는 중궁으로서의 좋지 못한 행실, 후궁에 대한 투기 등 국모로서 체모를 잃었다는 죄로 폐비되고 1482년 사사되었다. 연산군은 폐비 사건에 관여한 훈신과 남아 있던 사림을 몰아냈다. 이때 윤필상, 이극균, 성준, 김굉필 등이 화를 입었다. 갑자사화

주요 사화 피해자의 근거지

- 무오사화, 1498
- 갑자사화, 1504
- 기묘사화, 1519
- 을사사화, 1545
- 현재 주요 지명

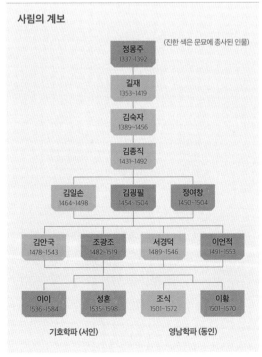

사림의 계보

(진한 색은 문묘에 종사된 인물)

정몽주 1337~1392
길재 1353~1419
김숙자 1389~1456
김종직 1431~1492

김일손 1464~1498 — 김굉필 1454~1504 — 정여창 1450~1504

김안국 1478~1543 — 조광조 1482~1519 — 서경덕 1489~1546 — 이언적 1491~1553

이이 1536~1584 — 성혼 1535~1598 — 조식 1501~1572 — 이황 1501~1570

기호학파 (서인)　　　　영남학파 (동인)

옥당 편액 옥당은 홍문관의 다른 이름이다. 홍문관은 사헌부·사간원과 함께 삼사라고 불렸다. 학술기관으로 왕의 자문에 응하는 한편 삼사의 일원으로서 왕권을 견제하는 역할도 했다. 사진은 1699년(숙종 25) 당시 홍문관 응교였던 김진규가 쓴 편액으로, 창덕궁 홍문관에 걸었다. 가로 146센티미터, 세로 65.5센티미터.

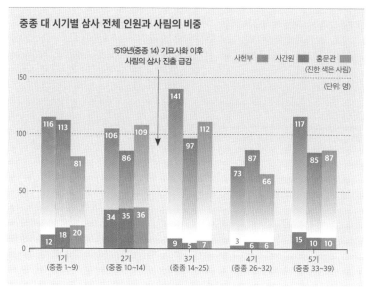

중종 대 시기별 삼사 전체 인원과 사림의 비중

1519년(중종 14) 기묘사화 이후 사림의 삼사 진출 급감

사헌부 ■ 사간원 ■ 홍문관 ■
(진한 색은 사림)
(단위: 명)

	1기 (중종 1~9)	2기 (중종 10~14)	3기 (중종 14~25)	4기 (중종 26~32)	5기 (중종 33~39)
사헌부	116	106	141	73	117
사간원	113	86	97	87	85
홍문관	81	109	112	66	87
사헌부(사림)	12	34	9	3	15
사간원(사림)	18	35	5	6	10
홍문관(사림)	20	36	7	6	10

는 연산군과 궁정 세력이 신구의 훈구 대신 및 신진 사림을 제거한 사건이다. 무오사화에 비해 피해를 입은 자가 훨씬 많았다.

연산군의 폭정이 이어지자 중종반정이 일어났다(1506). 중종은 사림을 다시 등용해 도학을 숭상하고 유교정치를 회복하고자 했다. 1515년(중종 10) 조광조를 비롯한 젊은 사림을 천거제도인 현량과를 통해 특별 채용했다. 조광조 일파는 삼사의 언관직을 맡아 공론을 표방하면서, 훈구 대신들의 비리를 비판하고 급진적인 개혁을 요구했다. 그리고 군주의 마음을 바르게 하는 것이 급선무이니 경연을 강화해야 한다고 주장했다. 또한 왕실 재정을 책임지는 내수사의 고리대 운영을 금하고, 도교의 제사를 거행하는 소격서를 폐지할 것을 요구했으며, 피폐해진 향촌사회를 안정시키기 위한 향약의 실시,『주자가례』및『소학』의 보급 등을 주장했다.

사림의 성장은 반정공신을 중심으로 한 훈신들과의 마찰을 초래했다. 1519년 사림 관료 측에서 훈신 세력을 겨냥하여 위훈 삭제를 요구하자 훈신들이 일대 반격을 가했다. 홍경주, 남곤, 심정 등이 중종의 밀지를 받아 조광조, 김정, 김식, 김구, 윤자임, 박세희, 박훈, 기준 등을 체포·구금하고 조정에서 몰아냈다(기묘사화).

1545년에 일어난 을사사화는 중종의 두 이복 왕자를 둘러싼 외척 간 대립이 정쟁으로 표면화한 사건이다. 왕세자(인종)-장경왕후-윤임 측(대윤)과 경원대군(명종)-문정왕후-윤원형 측(소윤)의 갈등에서 촉발했다. 중종이 죽은 뒤 둘째 왕자이자 장경왕후 윤씨(윤여필의 딸)의 소생인 인종이 즉위하자 왕비의 오빠 윤임이 세력을 떨쳤다. 그러나 인종이 재위 8개월 만에 죽자, 셋째 왕비인 문정왕후 윤씨(윤지임의 딸) 소생인 12세의 명종이 왕위에 오르게 되었다. 문정왕후가 수렴청정을 했으며, 동생인 윤원형이 세력을 잡았다. 소윤 측에서는 인종의 외척이 명종을 해치고자 했다는 이유로 윤임 일파를 몰아냈다. 을사사화로 100여 명의 사림이 죽거나 유배당했다. 이 사건은 외척 간 갈등에서 발단한 것인데, 양편에 사림들이 가담해 사림 간의 갈등이라는 성격도 지닌다.

1565년(명종 20) 4월 문정왕후가 죽고 곧이어 윤원형이 축출되면서 새로운 국면이 전개되었다. 1567년 명종이 죽고 후사가 없자, 중종의 후궁(창빈 안씨) 소생 덕흥군의 아들이 왕이 되었다. 이가 바로 선조다. 선조 대에 들어와 무오사화 이후 70년간 정국을 특징짓던 훈척과 사림의 대립은 사라지고, 사림이 전적으로 정치를 주도하게 되었다. 사림은 네 차례 사화로 큰 타격을 받았지만, 지방의 서원과 향약을 기반으로 성장을 이어갔다. 사림 학자들이 많이 배출되면서 사림 안에서 갈등과 분화가 일어났다. 결국 1575년(선조 8) 사림이 서인과 동인으로 분열한 이후 붕당의 경쟁 시대가 열리게 되었다.

중앙과 지방의 행정제도

조선시대 중앙의 정치기구는 국왕-의정부-육조의 체계로 운영되었다. 관리는 문반과 무반의 양반으로 나뉘었으며, 문반은 820여 명, 무반은 4,000여 명으로 구성되었다. 조선은 국왕과 신하가 모여 정사를 논의하고 합의하는 여러 제도를 갖추고, 상소제도와 민의를 상달할 수 있는 신문고·상언·격쟁 등의 제도도 마련했다.

조선 초기에는 재상이 도평의사사의 판사를 겸하여 국정을 주도했다. 그러나 1400년(정종 2) 도평의사사를 혁파하고 의정부를 설치했다. 의정부는 중국에 없는 조선의 독자적인 관청으로 영의정·좌의정·우의정은 모두 정1품이었다. 세 사람의 의정(정승)은 예문관, 홍문관, 승문원, 춘추관, 관상감 등 주요 관청의 최고 책임자를 겸했으며, 국왕을 교육하는 경연과 세자를 교육하는 서연의 책임을 맡았다. 의정부의 아래에 정2품 관청인 육조를 소속시켜 의정부가 모든 관원과 행정을 총괄하는 형식을 취했다.

육조는 처음에 정3품 아문이었는데 1405년(태종 5) 정2품 아문으로 격상되었다. 이조는 문반의 인사, 호조는 국가의 재정·경제와 관련한 제반 업무, 예조는 예악·제사·연향·학교·과거에 관한 업무, 병조는 군제와 군사에 관한 업무, 형조는 법률·형벌·송사·노비 등에 관한 업무, 그리고 공조는 산림과 소택·장인·토목공사·도기류 제작 등에 관한 업무를 관장했다.

언론 삼사는 사헌부·사간원·홍문관을 가리킨다. 삼사의 언관 언론은 태종·세조 때는 저조

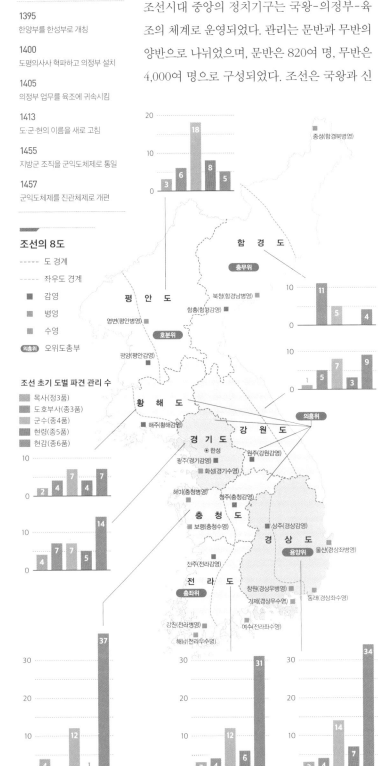

조선의 8도

- ----- 도 경계
- ----- 좌우도 경계
- ■ 감영
- ■ 병영
- ■ 수영
- 의흥위 오위도총부

조선 초기 도별 파견 관리 수
- 목사(정3품)
- 도호부사(종3품)
- 군수(종4품)
- 현령(종5품)
- 현감(종6품)

전라북도 고창군 무장동헌 조선시대에 현감이 집무하던 곳으로, 1565년(명종 20)에 세웠다. 한때 무장초등학교 교실로 사용해 변형된 것을 1989년 원형으로 복원했다.

한 반면, 관용적 정치가 행해진 세종·문종·단종·성종 때는 비교적 활발했다.

중추원은 군사기밀을 관장했고, 승정원은 비서기관으로 왕의 명령을 신하에게 하달하고 신하의 건의를 왕에게 상달하는 역할을 했다. 예문관은 임금의 말과 명령을 기록했는데, 이곳의 고급 관원은 임금의 교지를 작성했다. 승문원은 외교문서를 작성했으며, 춘추관은 역사 자료를 편찬했다. 의금부는 의정부 다음으로 위상이 높은 종1품 관청이었으며, 국왕 직속의 사법기구로 국가 중죄인의 처벌을 맡았다. 한성부는 서울의 행정과 치안을 담당했다.

지방 행정제도에서는 고려의 5도 양계를 8도로 편제했으며, 향·부곡·소를 해체하고 모든 군현에 지방관을 파견했다. 또한 관리는 자신의 출신 지역에 관찰사와 수령 등 지방관으로 부임할 수 없도록 했다.

전국의 8도에는 종2품의 관찰사가 파견되었다. 임기는 5도 및 경기의 관찰사는 360일, 함길(함경)·평안 양도는 2년이었다. 관찰사는 관할 아래 있는 모든 군현의 지방관을 통할하고 감독하는 권한을 가졌으며, 이들 외관의 성적을 평가하여 중앙에 보고했다.

각 군현의 행정을 실제 담당하는 외관(外官)은 수령이었다. 수령은 왕의 대리인으로서 고을의 행정·사법·군사권을 가졌다. 수령이 힘써야 할 사항을 '수령 7사'라고 했는데, 농잠을 번성케 하는 것, 호구를 늘리는 것, 학교를 일으키는 것, 군정을 다스리는 것, 부역을 균등케 하는 것, 소송을 간편하게 하는 것, 간활한 자를 그치게 하는 것 등이었다. 지방의 행정구역에도 이·호·예·병·형·공의 6방 조직이 갖추어져 있었고, 그 사무는 지방의 향리들이 세습하면서 담당했다.

세조 대에는 군제 개혁을 실시했다. 중앙군을 오위제로, 지방군을 진관체제로 정비했다. 오위는 의흥위(한성 중부와 개성부·경기·강원·충청·황해도), 용양위(한성 동부와 경상도), 호분위(한성 서부와 평안도), 충좌위(한성 남부와 전라도), 충무위(한성 북부와 영안도(함경도))로서 각 지역의 군사를 나누어 통할했다. 북방의 익군과 남방의 영진군으로 이원화되어 있던 지방군 조직은 1455년(세조 1) 군익도체제로 통일했으며, 2년 뒤 진관체제로 변경했다. 진관체제는 지역 단위의 방위체제인데, 각 도에 1~2개의 병영을 두어 병사(병마절도사)가 관할 지역 군대를 장악하고, 병영 아래 몇 개의 거진을 설치하여 거진의 수령이 그 지역 군대를 통제하는 체제였다.

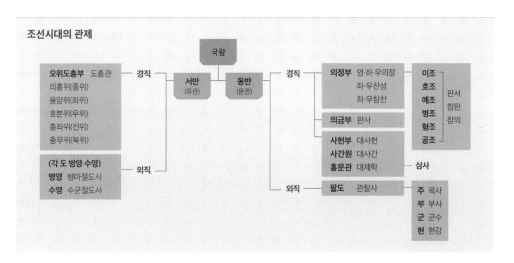

조선의 교통과 통신

- ── 봉수로(주봉)
- ── 봉수로(간봉)
- ── 주요 역로
- △ 봉수 기점
- ▲ 봉수 종점
- ○ 당시 주요 지명

조선시대의 관제

		국왕			
	서반(무관)		**동반**(문관)		

오위도총부 도총관 ─ 경직
- 의흥위(중위)
- 용양위(좌위)
- 호분위(우위)
- 충좌위(전위)
- 충무위(북위)

(각 도 병영 수영) ─ 외직
- 병영 병마절도사
- 수영 수군절도사

경직
- **의정부** 영·좌·우의정 / 좌·우찬성 / 좌·우참찬
- **의금부** 판사
- **사헌부** 대사헌 / **사간원** 대사간 / **홍문관** 대제학 ─ 삼사

- **이조 / 호조 / 예조 / 병조 / 형조 / 공조** : 판서 / 참판 / 참의

외직 ─ **팔도** 관찰사
- 주 목사
- 부 부사
- 군 군수
- 현 현감

교육과 과거제도

조선 초기에는 성균관·4학·향교 등 관학(官學)이 융성했지만, 16세기 이후 서원과 서당 등 사학(私學)의 비중이 높아졌다. 한양에 있는 한양 소재의 최고 학부인 성균관은 관료를 양성하는 기능을 맡았다. 성균관 정원은 200명으로 소과에 합격한 생원과 진사, 사학의 생도, 공신·훈신의 자제로서 소정의 시험을 거친 자 등이 입학했다. 그리고 하급 관리 가운데 지망하는 자들도 입학할 수 있었다.

4학은 한양의 동·서·남·중부에 설치되었다. 양인 이상의 신분이면 누구나 8세에 입학하여 생원·진사시를 준비하는 교육을 받을 수 있었다. 4학의 정원이 각각 100명이므로 전체 정원은 400명이었다.

지방에는 모든 고을에 향교가 설치되었다. 향교 학생(校生)은 주로 지방 양반과 향리의 자제들이었지만, 양인의 입학도 허용되었다. 향교 학생의 정원은 고을의 크기에 따라 30~90명으로 차이가 있었으며, 전국의 정원을 모두 합치면 1만 5,000명 남짓이었다. 정원 외 학생인 액외생(額外生)이 더 있었으므로 실제 교생 수는 그보다 많았다.

잡학의 교육은 해당 기술 관청에서 맡았다. 외국어 교육은 사역원, 의학 교육은 전의감, 천문 및 지리 교육은 관상감, 율학은 형조가 각각 맡았다. 외국어 가운데 중국어(한학)와 여진학은 평안도, 왜학은 경상도 삼포에서도 가르쳤다.

관료가 되는 통로로서 과거가 고려시대보다 훨씬 중요해졌다. 과거에는 문과, 생원·진사과, 무과, 잡과 등 네 종류가 있었다. 문과와 생원·진사시에는 양인 이상이면 누구나 응시할 수 있었다. 다만 반역죄인과 탐관오리의 아들, 재가한 여자의 아들과 손자, 그리고 서얼은 응시할 수 없었다. 무과나 잡과에는 이러한 자격 제한

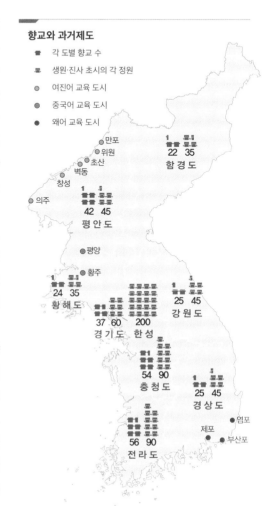

향교와 과거제도

- 각 도별 향교 수
- 생원·진사 초시의 각 정원
- 여진어 교육 도시
- 중국어 교육 도시
- 왜어 교육 도시

만포
위원
초산
벽동
창성
의주

1
22 35
함 경 도

1
42 45
평 안 도

평양

황주

1
24 35
황 해 도

1
37 60
경 기 도

200
한 성

1
25 45
강 원 도

1
54 90
충 청 도

1
25 45
경 상 도

1
56 90
전 라 도

염포
제포
부산포

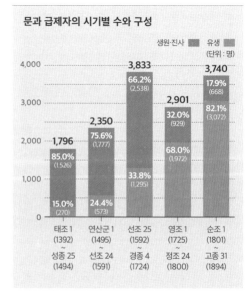

문과 급제자의 시기별 수와 구성

생원·진사 / 유생
(단위 : 명)

시기	합계	생원·진사	유생
태조 1 (1392) ~ 성종 25 (1494)	1,796	85.0% (1,526)	15.0% (270)
연산군 1 (1495) ~ 선조 24 (1591)	2,350	75.6% (1,777)	24.4% (573)
선조 25 (1592) ~ 경종 4 (1724)	3,833	66.2% (2,538)	33.8% (1,295)
영조 1 (1725) ~ 정조 24 (1800)	2,901	68.0% (1,972)	32.0% (929)
순조 1 (1801) ~ 고종 31 (1894)	3,740	82.1% (3,072)	17.9% (668)

과거급제 사대부가 태어나 죽을 때까지 기념할 만한 여러 경사를 그린 평생도의 한 장면이다. 과거에 합격한 수인공이 익사와 광대를 거느리고 삼일유가(三日遊街)하는 모습을 담았다.

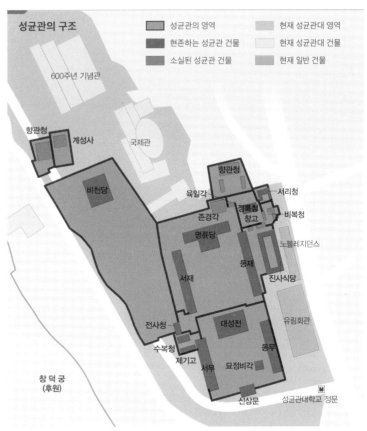

이 없었다. 정규 시험인 식년시는 3년 간격으로 실시했다. 식년시 이외에 별시도 널리 시행했는데, 식년시보다 실시 빈도가 더 잦고 선발 인원도 더 많았다.

고급 관료가 되기 위해서는 문과(대과)에 합격해야 했다. 시험 내용은 유교 경전인 4서·5경과 논(論)·부(賦)·표(表)·책문(策問) 등이었다. 문과 시험은 초시·복시·전시로 구분되었다. 초시는 한성시(40명)와 관시(50명), 향시(150명)에서 총 240인을 선발했다. 이들을 대상으로 복시(회시)를 실시해 출신 지역에 상관없이 성적만으로 33인을 선발했다. 3차 시험인 전시에서는 불합격 없이, 갑과(3인), 을과(7인), 병과(23인)의 등급을 정했다.

소과(사마시) 가운데 생원시는 4서·5경 등 경학 능력을 평가했고, 진사과는 시·부 등 문학 능력을 평가했다. 초시에서 700명씩(한성시 200명, 향시 500명) 선발했으며, 한양의 예조에서 주관하는 복시에서 생원 100명, 진사 100명을 최종 선발했다. 소과 합격자인 생원·진사는 성균관에 입학하거나 문과에 응시할 수 있었으며 하급 관리가 되기도 했다. 생원·진사시 합격자 가운데 문과에 합격한 이는 조선 전 시기를 통틀어 6.4퍼센트에 불과했다.

무과는 궁술·기사·격구 등 무예와 예서·병서가 시험 과목이었다. 초시에서 190명을 뽑고

(원시 70명, 향시 120명) 이들을 대상으로 복시에서 28명을 선발했으며, 이후 전시에서 28명의 등급을 갑과 3인, 을과 5인, 병과 20인으로 정했다.

잡과는 해당 관아에서 일할 기술자를 채용하기 위한 시험이었다. 잡과에는 잡학생도와 7품 이하의 전현직 기술관들이 응시했다. 잡과는 역과, 의과, 음양과, 율과의 네 종류가 있었다. 3년마다 역과 19명, 의과 9명, 음양과(천문·지리·명과학) 9명, 율과 9명 등 도합 46명을 선발했다. 역과는 사역원에서, 의과는 전의감에서, 음양과는 관상감에서, 율과는 형조에서 각각 주관했다.

시권(위) 별시 합격자의 답안지. 오른쪽 가장자리에 본인 정보를 기록한 뒤 부정을 막기 위해 이 부분을 봉했다.
홍패 대과에 합격했음을 알리는 합격증이다. 홍패의 주인공은 이후영으로, 1684년(숙종 10) 문과에서 병과 1등, 전체 11등을 했다.

부세제도와 조운

1398
전국에 걸친 토지조사 사업 실시

1402
조운선 250척 건조하여 하삼도에 배속

1403
경상도 조운선 34척 침몰

1440
공법, 경상도·전라도에서 처음 시행

1461
공물의 대납을 금함

1489
공법, 이때부터 전국적으로 시행

국가의 지출은 관원의 녹봉, 국가의 제사, 군량미, 의료비, 빈민 구제비, 국가시설 조영 등 다양했는데, 그 재원은 전조(田租), 공물, 요역을 통해 마련했다.

과전법 규정에서 전조는 수확량의 10분의 1을 징수하도록 되어 있었다. 소출을 1결당 20석(=300두)으로 상정하고, 그 소출의 10분의 1에 해당하는 2석(=30두)을 징수했다. 매해의 풍흉은 답험(踏驗)을 통해 파악하고 그에 따라 전조액을 조정했다.

풍흉에 따른 세액의 산출을 합리화하고자 세종 대에 공법을 마련했다. 공법은 하삼도에서부터 시행하기 시작해, 1489년(성종 20) 함경도에 이르기까지 단계적으로 확대 실시되었다. 공법 아래에서 토지를 비척의 정도에 따라 6등급으로 나누었고(전분 6등), 매해의 풍흉에 따라 상상년에서 하하년까지 9등급으로 구분(연분 9등)했는데, 상상년은 1결당 20두, 이하는 등급에 따라 2두씩 체감해 하하년에는 4두를 징수했다. 15세기 말에 이르러, 9등급으로 나누는 연분이 거의 무시된 채 주로 하하년을 기준으로 한 저율의 세액이 적용되었다.

공납은 진상과 공물로 구분된다. 진상은 국왕에 대한 봉상 예물로, 주로 국가 의례에 필요한 물품을 올리는 것이다. 각도 관찰사 및 병마·수군절도사가 관할 군현에 부과해 물품을 마련하고, 군수·현감 중에서 담당관을 선정해 해당 물품을 궐내 각사인 사용원에 상납했다.

공물은 왕실이나 중앙 관청에서 필요한 농수산물·임산물과 그 가공품, 수공업 제품 등을 현물로 징수하는 것이다. 기본적으로 각 지방의 토산물을 내게 했지만, 민인의 부담을 균등하게 하기 위해 현지에서 생산되지 않는 불산공물(不産貢物)을 군현에 분정하기도 했다. 그 경우 수령은 군현민에게서 쌀이나 면포 등을 거두고 그것으로 공물을 구매해 납부해야 했다. 그 결과 농민의 납부를 막고 특정인이 대신 납부한 뒤 높은 가격으로 농민에게서 징수하는 방납이 성행했다. 방납에 참여한 층은 중앙 관청의 서리나 하급 관리, 상인 및 승려였다. 왕실·관인·사대부 등 특권층이 수익이 큰 방납 활동에 직간접으로 간여했다. 방

조선의 조운체계
- ■ 조선 전기의 조창 (『경국대전』(1485) 수록)
- → 조창까지의 수운
- ⇢ 조창까지의 육로
- ✳ 해난 사고 잦은 곳
- 화폐로 납세하는 지역
- 목재 및 포목으로 납세하는 지역
- 곡물로 납세하는 지역
- ● 현재 주요 도시

납이 성행하고 방납 업자의 횡포가 심해져 농민 부담이 가중되자 이이, 류성룡 등이 공물을 쌀로 거두는 수미법(收米法)을 주장했다.

요역은 직접 노동력을 수취하는 제도이다. 신분의 높고 낮음에 관계없이 국가가 불특정한 개별 민호의 노동력을 차출했다. 인두세 성격을 띠며, 16세 이상 60세 미만의 정남이 부담했다. 요역은 전세미의 수송, 공물·진상·잡물의 조달, 토목공사, 사신과 관리의 접대·영접 등 크게 네 종류로 구분할 수 있다. 『경국대전』에 따르면, 요역의 부담은 토지 8결당 1인으로 하고, 그 기간은 1년에 6일로 정했다. 하지만 규정이 잘 지켜지지 않았고, 지방관이 임의로 징발하는 일이 많았다. 단, 직역을 부담하는 이들은 요역의 대상에서 제외되었으며, 천역을 지는 노비도 요역의 대상이 아니었다.

조운은 각 지방에서 징수한 전조를 중앙으로 운송하는 체계를 말한다. 강가나 바닷가에 9개의 조창을 설치해 전조를 모은 뒤 수로를 통해 서울로 운반했다. 경상도는 낙동강과 남한강을 통해 운반했다. 평안도·함경도·제주도는 잉류(仍留) 지역으로 설정해서 전조를 중앙으로 운송하지 않고 그 고을에서 사용하도록 했다.

2~5월에 일정한 기간을 정해 운반하도록 했는데, 선박마다 600~1,000석을 적재 한도로 했다. 출발일을 어기거나 중량을 초과해 선적하는 행위를 철저히 금지했다. 15세기 말 조군들의 피역이 가속화하고 관장제(官匠制)의 붕괴로 국가의 선박 건조가 어려워짐에 따라 조운에 동원할 관선이 부족해졌다. 이에 따라 조운을 점차 사선에 의존하게 되었다.

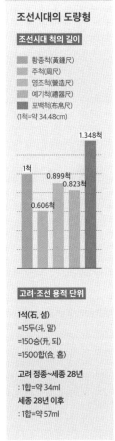

양안 조세를 부과하기 위해 나라에서 전국의 토지를 측량하여 만든 토지대장. 법제상 20년에 한 번씩 양전을 하고 이를 토대로 양안을 만들어서 호조와 해당 도·읍이 각각 한 부씩 보관하는 것이 원칙이었다. 논밭의 위치, 결부수(結負數), 논밭의 기경 여부 등 군현 내 경작지 현황과 토지 소유자, 소작인 등에 관한 정보를 기재했다.

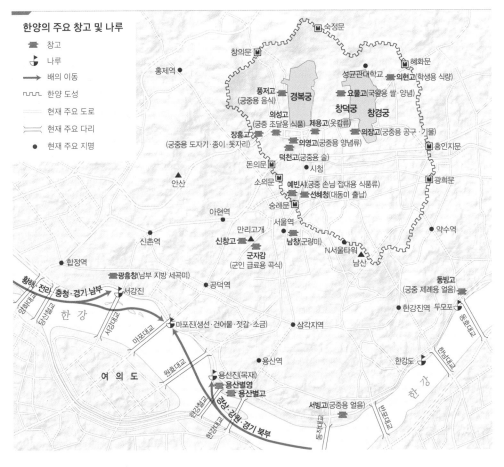

한양의 주요 창고 및 나루

- 창고
- 나루
- 배의 이동
- 한양 도성
- 현재 주요 도로
- 현재 주요 다리
- 현재 주요 지명

숙정문
창의문
혜화문
홍제역
성균관대학교
의현고(학생용 식량)
풍저고(궁중용 음식)
경복궁
요물고(국양용 쌀·양념)
의성고(궁중 조달용 식품)
창덕궁
창경궁
제용고(옷감류)
장흥고(궁중용 도자기·종이·돗자리)
의영고(궁중용 양념류)
의장고(궁중용 공구·기물)
흥인지문
덕천고(궁중용 술)
돈의문
시청
소의문
예빈시(궁중 손님 접대용 식품류)
광희문
선혜청(대동미 출납)
숭례문
안산
아현역
서울역
약수역
만리고개
신창고
남창(군량미)
N서울타워
신촌역
군자감(군인 급료용 곡식)
남산
합정역
광흥창(남부 지방 세곡미)
공덕역
동빙고(궁중 제례용 얼음)
황해·전라·충청·경기 남부
서강진
한강
한강진역 두모포
마포대교
마포진(생선·건어물·젓갈·소금)
삼각지역
여의도
용산역
한강도
용신진(목재)
용산별영
경상·강원·경기 북부
용산별고
서빙고(궁중용 얼음)

한 강

조선시대의 도량형

조선시대 척의 길이

- 황종척(黃鍾尺)
- 주척(周尺)
- 영조척(營造尺)
- 예기척(禮器尺)
- 포백척(布帛尺)
(1척=약 34.48cm)

1척
0.606척
0.899척
0.823척
1.348척

고려·조선 용적 단위

1석(石, 섬)
=15두(斗, 말)
=150승(升, 되)
=1500합(合, 홉)

고려 정종~세종 28년
: 1합=약 34ml

세종 28년 이후
: 1합=약 57ml

농업의 발달과 토지제도

조선 전기에는 농지의 상경화(常耕化)가 일반화되어 어디서나 1년 1작이 가능했다. 밭농사는 2년 3작도 널리 행했으며, 사이갈이를 하는 경우 2년 4작도 가능했다. 조·보리·콩의 경우 2년 3작은 흔히 볼 수 있었다.

논농사는 직파법이 일반적이었는데, 무논에 직파하는 경우도 있고 가뭄이 들 때에는 건답에 직파하기도 했다. 수리 조건이 양호한 논에서는 모내기도 했다. 이앙법은 김매기의 노동력을 줄이고 소출을 늘리는 이점이 있었지만, 모내기할 때 물을 확보하지 못하면 그해 농사를 망칠 위험이 있었다.

시비법은 녹비(綠肥)와 분회(糞灰) 등 다양한 방법을 택하고 있었다. 녹비는 녹두를 심었다가 갈아엎고 썩혀서 비료로 쓰는 것이고, 분회는 우마의 오줌과 재를 섞어 거름으로 사용하는 것이다. 기비(基肥, 밑거름)가 중심이었으며, 작물이 성장하는 도중에 거름을 주는 추비(追肥, 덧거름)는 널리 행해지지 않았다.

문익점이 도입한 목화는 경상도 단성에서 재배되기 시작해 짧은 기간 안에 거의 전국으로 재배지가 확대되었다. 면포를 의류의 소재로 삼으면서 의생활이 크게 바뀌었다.

우리의 풍토에 맞는 농사법을 체계화해서 농업 조건이 열악한 북쪽 지방에 보급하고자 『농사직설』을 편찬했다. 노농(老農)들의 영농 경험을 조사하여 우리 풍토에 알맞은 영농 방법을 담았으며, 대다수 양식(糧食) 작물의 재배법을 수록했다. 이후 『농사직설』을 보완할 수 있는 농서로 『금양잡록(衿陽雜錄)』을 만들었다. 금양(지금의 시흥)에서 강희맹이 직접 경험한 농법을 기록한 것이다.

조선은 건국 초부터 농업 생산성을 향상시키기 위해 매우 의욕적으로 권농정책을 전개했다. 중앙에 전농시를 두고 적전(籍田)을 운영하면서 농업 생산에 모범을 보였다. 수전 농업의 발전을 위해 수리시설 보급에도 노력했다. 또한 농지의 개간을 적극 독려했다. 국가 주도로 대규모 간척 사업이 전개되어 연해 지방에서 논의 비중이 크게 증가했다. 사민을 적극 실시하여 북방 지역의 농지 개간을 추진했다. 3년 이상 버려진 땅(陳田)은 누구든지 경작하는 사람에게 소유권을 주어 개간을 장려했다.

1391년 제정한 과전법은 고려 말의 사전(私田) 문제를 수습하고 국가 재정을 확충하기 위해 제정한 토지 분급제였다. 양반 관료를 전임,

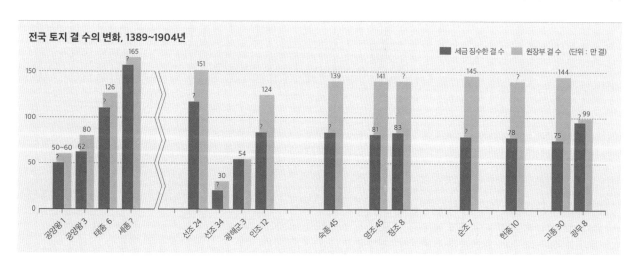

전국 토지 결 수의 변화, 1389~1904년

■ 세금 징수한 결 수   ■ 원장부 결 수   (단위 : 만 결)

	정종		
공양왕 1	50~60		
공양왕 3	62	80	
태종 6	126		
세종 ?	165		
선조 24	151		
선조 34	30		
광해군 3	54		
인조 12	124		
숙종 45	139		
영조 45	141		
정조 8	81	83	
순조 7	145		
헌종 10	78		
고종 30	75	144	
광무 8	99		

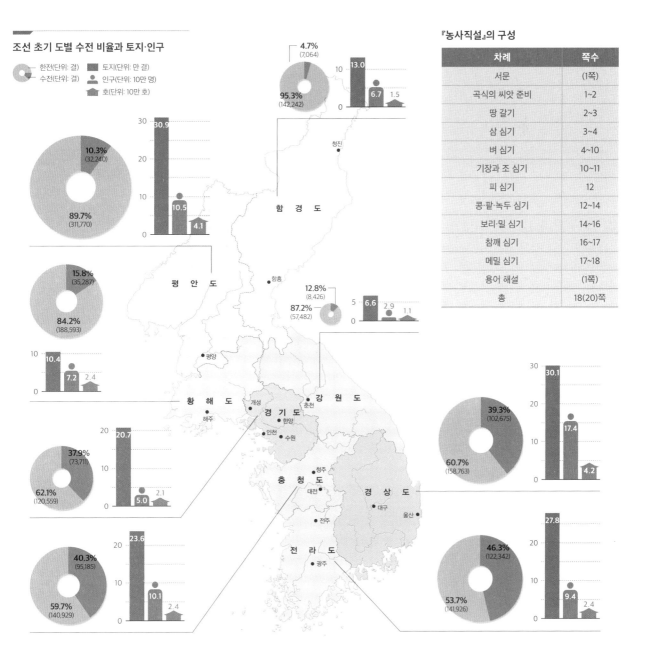

조선 초기 도별 수전 비율과 토지·인구

- 한전(단위: 결)
- 수전(단위: 결)
- 토지(단위: 만 결)
- 인구(단위: 10만 명)
- 호(단위: 10만 호)

함경도 — 4.7% (7,064) / 95.3% (142,242) — 13.0, 6.7, 1.5

평안도 — 10.3% (32,240) / 89.7% (311,770) — 30.9, 10.5, 4.1

황해도 — 15.8% (35,287) / 84.2% (188,593) — 10.4, 7.2, 2.4

강원도 — 12.8% (8,426) / 87.2% (57,482) — 6.6, 2.9, 1.1

충청도 — 37.9% (73,711) / 62.1% (120,559) — 20.7, 5.0, 2.1

경상도 — 39.3% (102,675) / 60.7% (158,763) — 30.1, 17.4, 4.2

경기도 — 40.3% (95,185) / 59.7% (140,929) — 23.6, 10.1, 2.4

전라도 — 46.3% (122,342) / 53.7% (141,926) — 27.8, 9.4, 2.4

지명: 청진, 함흥, 평양, 개성, 해주, 한양, 인천, 수원, 춘천, 청주, 대전, 대구, 울산, 전주, 광주

『농사직설』의 구성

차례	쪽수
서문	(1쪽)
곡식의 씨앗 준비	1~2
땅 갈기	2~3
삼 심기	3~4
벼 심기	4~10
기장과 조 심기	10~11
피 심기	12
콩·팥·녹두 심기	12~14
보리·밀 심기	14~16
참깨 심기	16~17
메밀 심기	17~18
용어 해설	(1쪽)
총	18(20)쪽

현임을 막론하고 모두 18과로 나누어 최고 150결에서 최하 10결까지 과전을 지급했다. 과전은 1대에 한하지만 관리가 죽었을 경우 처가 재가하지 않으면 수신전이란 명목으로, 또 어린 자녀들만 남았을 경우 휼양전이라는 명목으로 세습이 가능했다. 과전을 경기 지방에 한하여 분급했는데, 경기는 중앙과 가까워 전주(田主)가 자의적으로 수탈할 여지를 막을 수 있었기 때문이다.

수조권을 분급받은 전주는 전객(佃客), 즉 경작자로부터 10분의 1 세율의 전조를 징수하여, 그 가운데 15분의 1을 지세로 국가에 납부해야 했다. 양반은 과전에서 전조 이외에도 곡초(볏짚) 10속 또는 그 대가인 초가미(곡초 대신 내는 쌀) 10두, 그리고 수납대가미(수납역 대신 내는 쌀) 8두 내외 등 총 50두에 달하는 현물을 전객에게서 합법적으로 수취할 수 있었다.

양반들은 과전과 계통이 다른 사적인 토지를 소유하고 있었다. 이 토지는 노비 노동을 이용해 경작하기도 했으며, 혹은 빈농·무전 농민에게 대여하여 경작케 하는 병작반수제의 경영을 취하기도 했다.

수공업과 상업

조선의 수공업

- ⬦ 한지
- 🏺 도자기
- ▣ 화문석
- ▪ 제사
- 🏺 제련소
- ▬ 철
- ▬ 금
- 🏺 염전
- ● 시장

한양을 중심으로 한 도보 생활권

24 걸리는 일수

조선 전기 수공업은 개인 수공업과 관영 수공업으로 구분할 수 있는데, 관영 수공업이 훨씬 우세했다. 국가가 관리하는 관장(官匠)은 중앙의 공조와 기타 관에 소속된 2,800여 명에 달하는 경공장(京工匠), 그리고 지방에 있는 외공장(外工匠)이 있었다. 경공장이 가장 많이 배속된 관청은 군기시(무기), 상의원(의복), 사용원(음식과 그릇), 선공감(토목), 교서관(서적), 조지서(종이) 등이었다. 『경국대전』에 따르면 각 지방에 등록된 외공장 3,500여 명이 27종의 물품을 생산하도록 되어 있었다.

이들은 관역에 동원되는 기간 이외에는 시장을 상대로 물품을 만들어 자유롭게 판매할 수 있었다. 개인 수공업자인 사장(私匠)은 농기구·솥 등을 만들어 농민에게 판매했으며, 사치품을 만들어 양반들에게 팔기도 했다. 이들은 주문을 받아 생산하는 경우가 적지 않았다.

농가에서 자급자족의 형태로 이루어지는 가내수공업도 매우 중요했다. 그 중심은 견직·마직·저직 등의 직포업이었다. 목면 재배가 급속히 보급됨에 따라 점차 면직이 주를 이루게 되었다. 백정은 가죽·유기 제조 분야에서, 승려는 종이 생산에서 돋보이는 역할을 했다.

15세기 조선 국가는 무본억말의 경제정책을 펼쳤다. 농업과 농촌 사회의 안정을 위해 상업과 상인의 활동을 통제하고 관장하는 정책이었다. 조정이 설치한 경시서는 시전을 감독하고 불법적인 상행위를 통제했으며, 도량형을 검사하고 물가를 조절하는 역할도 맡았다.

시전이 설치된 것은 태종 대였다. 한양의 중심가인 종로와 남대문에 이르는 광통교 길가에 2,600여 칸을 조성해 상인들에게 대여했다. 시전 상인은 상세, 책판, 잡역 등 세 가지 부담을 지고 있었다. 상세는 시전 구성원 수에 따른 인두

세와 임대료인 공랑세(公廊稅)로 구성된 정액세이고, 책판은 공물이나 진상으로 충당하지 못하는 국가 수요물을 조달할 의무이며, 잡역은 국장(國葬)이나 대신의 예장(禮葬)에 대한 출역 의무였다. 시전 상인들은 의무에 대한 반대급부로 국가의 보호를 받으면서 물품 판매 독점권을 인정받았다.

도성 인구가 증가하고 공물의 대납·방납이 성행하면서 시전은 확대, 발전했다. 사상과 민간 상업이 발전하면서, 비시전계 사상이 도성 내 새로운 상인 세력으로 대두했는데 이들을 '난전(亂廛)'이라 불렀다. 16세기에 들어 도성의 상업은 더욱 확대되고 발전했다. 상인들 가운데에는 중국의 사치품과 일본산 은을 활용하여 양국을 잇는 중계 무역에 적극적으로 나서는 이들도 있었다.

15세기 지방의 상업은 주로 행상(보부상)이 담당했다. 행상이 일용잡화와 소금, 물고기, 그릇, 문방구, 책 등을 가지고 농촌을 다니면서 판매했다. 농민은 쌀과 포를 주고 물건을 사는 것이 관례였다.

장시는 15세기 후반의 흉년을 계기로 전라도에서 발생했다. 이후 농업 생산력의 발달 및 지주제 확대에 힘입어 16세기 중엽 전국으로 확대되었다. 농민과 공장 그리고 행상이 장시에 모여 들어 농산물과 수공업품, 수산물, 약재 등을 팔았다. 장시가 성립한 후 행상은 이곳에서 상품 교역을 주도하면서 활동 공간을 넓혀 나갔

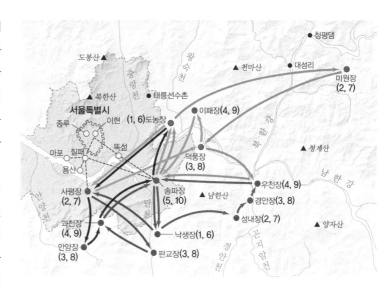

다. 행상과 달리 선상은 선박을 이용한 상업을 펼쳤는데, 곡물·수산물·소금 등을 취급했다. 15세기 후반, 선상에 의한 서·남해 해로 안정과 전국 곡물 교역망의 확립은 도성과 지방의 상업을 연결시키는 데 매우 중요한 역할을 했다.

조선 초기에는 화폐 유통이 활기를 띠지 못했다. 1401년 저화를 사용토록 했고, 1423년에는 동전인 조선통보를 주조해 저화와 함께 사용토록 했다. 또 1464년(세조 10) 유엽전(柳葉錢)을 통용토록 했다. 그러나 국가가 권장한 화폐는 널리 통용되지 못했다. 농민들은 국가의 화폐가 아니라 쌀과 포를 화폐로 사용하면서 교역 활동을 전개했다. 면작이 확대되면서 면포가 화폐로 사용되었으며, 품질이 떨어지는 저가의 면포가 소액 화폐로 널리 유통되있다.

한양 부근의 5일장 순회
➡ 상인의 순회 이동로
(2, 7) 2와 7로 끝나는 날이 장날
● 주요 장터
○ 그 밖의 장터
----- 일반장 상인 이동로
∿∿ 한양 도성

조선통보 조선 세종 대와 인조 대에 주조, 유통된 동전이다. 조선 초 저화의 사용이 부진하자 세종 대에 동전을 주조해 사용토록 하였는데, 동전 원료의 부족, 화폐 정책의 소극성 등으로 널리 유통되지 못했다.

한양 종로의 시전 거리
□ 주요 시전
● 현재 주요 지명

신분제도

문관과 무관의 초상화 조선시대의 문관 윤집(1606~1637)(왼쪽)과 고종 연간의 무관 김재하의 초상. 관리들의 품계를 구별하기 위해 관복에 흉배를 부착했는데, 대개의 경우 문관은 조류, 무관은 금수류 문양을 사용했다.

조선은 건국 초에 고려의 복잡한 신분층을 단순화하여 법적으로 양천제로 규정하고 특권층을 없애고 노비를 줄이는 정책을 실시했다. 국역을 부담할 계층을 확대하기 위해 국역체제에 참여할 수 있는 사람을 양인, 불가능한 사람을 천인으로 분류했다. 양인에 대해서는 군역을 부담하되 교육을 받고 관직에 나아갈 권리를 부여했다. 건국 초의 조선은 양인들에게 균등한 기회를 보장해주는 개방형 사회였다.

이처럼 처음에는 양천제가 강력하게 작동했지만, 점차 그 아래에 있던 사회적·관습적 관계가 부상했다. 15세기 후반 이후 양천제의 영향력이 점차 축소되더니 마침내 그 존재가 위협받기에 이르렀다. 양인의 한 부류였던 양반이 점차 별도의 신분으로 굳어졌으며, 중인도 별도의 신분으로 자리했다. 그리하여 양반·중인·상민·천민의 4신분제가 정립되었다. 따라서 15세기는 양천, 16세기는 반상이 두드러지는 시기라고 할 수 있다.

조선의 지배층은 양반이다. 양반은 원래 문·무반직을 가진 사람만을 가리키는 말이었다. 조선 초기에 양반은 개인의 능력 여하에 따라 획득 가능한 계층이었다. 그러나 관료체제가 정비되면서 문·무반직을 가진 당사자뿐만 아니라 그의 가족이나 가문까지도 양반으로 불리게 되었다. 양반은 정치·사회·경제면에서 특권을 배타적으로 향유하면서, 그 아래의 중인·상민·천민과는 격을 달리했다. 특히 양반은 토지와 노비를 많이 소유하고 있었다.

중인은 양반과 상민의 중간이라는 의미이다. 조선 초기에는 양천제가 작동했지만, 점차 향리·서리·기술직·역리·장교·서얼의 자손이 신분적으로 양반과 구별되어 서서히 중인층으로 분류되었다. 주로 행정 실무를 담당했던 이들 중인은 직역을 세습하고 같은 신분끼리 혼인하면서 하나의 신분으로 굳어졌다.

상민은 백성의 대부분을 차지했다. 국가 수취의 기반이었으며, 공민으로서 학교를 다니고 벼슬에 나갈 수 있는 권리가 있었다. 상민에는 농민·수공업자·상인이 속했다. 조선 초에는 양인의 최하층으로서 신량역천층(身良役賤層)이 있었다. 신분상으로는 양인이나 천역에 종사하여 천민과 다름없는 지위에 놓여 있었지만, 대부분은 15세기 말에 양인으로 상승했다.

천민은 최하층에 위치한 신분으로 대부분은 노비였다. 고려 말 노비로 전락한 이들이 많았다. 조선 초에 여러 차례 노비변정도감이 설치되어 수십만 명이 해방되었으며, 약 10만 명의 사찰 소속 노비가 양인 또는 공노비로 바뀌었다. 노비는 국역의 의무가 없었고, 공민권이 없어 학교를 다니거나 벼슬에 나아갈 수 없었다. 주인과 노비 사이에는 유교적 군신관계가 적용되었다. 주인이 노비를 함부로 죽이는 것은 법으로 금지되었다. 노비는 재산을 가질 수 있고, 가족과 함께 살 수도 있었다.

노비는 개인이나 국가의 재산으로 취급되어 매매·상속·증여의 대상이 되었다. 노비의 신분은 세습되었으며, 일천즉천 혹은 노비종모법에 의해 모계를 따르도록 규정되었다. 사실상 부모 가운데 어느 한쪽이 노비이면 그 소생도 노비가 되었으므로 그 수는 점차 증가했다. 노비는 공노비와 사노비로 구분된다. 공노비는 다시 납공노비(納貢奴婢, 노역 대신 포나 화폐를 부담), 선상노비(選上奴婢, 노역에 종사)로 나뉘며, 사노비는 솔거노비와 외거노비로 구분된다. 공

노비는 대체로 사노비보다 생활 여건이 나았으며 재산을 모을 기회가 많았다.

서얼은 정실부인이 아닌 첩의 아들을 가리키는데, 서는 양인 첩의 자손이고, 얼은 천인 첩의 자손이다. 조선 초기에는 서얼을 그다지 차별하지 않았지만, 『경국대전』에서 법제화하면서 문과와 생원·진사과 시험에 서얼의 응시를 금지하고 무과와 기술관을 뽑는 잡과에만 응시할 수 있도록 했다. 1556년(명종 11)부터 양첩이 낳은 서자는 손자 대부터 문과 응시를 허용했으며, 그 뒤로 서얼에 대한 허통 범위가 갈수록 넓어졌다.

조선시대의 농가 농민들은 일반적으로 초가집에서 살았다 집은 대개 안채와 바깥채로 구분되었는데, 바깥채는 주로 곡물 창고와 가축 우리로 사용되었다.

조선시대 양동마을의 구조

⬜ 가옥 대지		▨ 논
⬜ 공공시설		▨ 밭
⬜ 정자		⬜ 길
⬛ 기와집		▨ 강
⬛ 초가집		
⬛ 부속 건물		

내곡정
경산서당
대성헌
설천정사
육워정
수졸당
무첨당
양졸정
향단
장터골
동호정
정종각
심수정
강학당
향교
안락정

양반 가옥 경상북도 경주시 양동리는 조선시대 향촌의 전형이 가장 잘 보존되어 있는 지역이다. 아래의 그림을 보면 유력한 가문은 집 뒤편에 조상을 모시는 사당이 있었으며, 노비도 거느렸다.

서원·향약과 향촌사회

15세기에는 국가의 지방통제가 강조되어 지방관과 향리가 향촌사회에서 주도적인 역할을 하였다. 그러나 16세기 이후 재지사족 세력이 향촌의 경쟁자인 향리 세력을 누르고 지배권을 확보하게 된다. 재지사족 세력은 향촌에서 사창제(社倉制)·유향소·서원·향약 등을 운영하는 데 주도적 역할을 담당했다. 16세기 수차례의 사화에도 불구하고 사림이 계속해 성장할 수 있었던 것은 그들이 향촌사회에 확고한 기반을 구축했기 때문이었다.

도산서원 배치도

도산서원 배치도. 범례: 주요 건물 / 기타 건물 / 대문

상덕사 — 퇴계 이황의 위패를 모셔 놓은 사당
전사청 — 제사를 관장하는 곳
내삼문
장판각 — 서원에서 찍은 서책의 목판을 보관하는 곳
상고직사 — 서원의 강당으로 사용됨
전교당
서재 / 동재 — 유생들이 거처하는 곳
서원을 관리하고 식사를 준비하는 곳
진도문 — 서원 출입문
서광명실 / 동광명실 — 서원의 장서고, 1,217종 4,917권이 보관됨
하고직사
옥진각 — 퇴계 이황의 유물 전시관
도산서당 — 1557년 착공, 4년 만에 완공 학문을 연구하고 제자를 교육하던 곳
농운정사 — 당시 학생들이 공부하던 곳
역락서재 — 퇴계 이황의 제자인 정지헌이 도산서원에 취학할 때 그의 부친이 서원에 헌납한 건물

유향소는 여말선초에 각 군현의 사족에 의해 조직되어 지방 자치기구로 기능했다. 그러나 수령권을 침탈하는 등 반중앙집권적 토호의 성향이 짙어지자 1406년(태종 6) 혁파했다. 그 결과 중앙집권이 강화되었지만, 수령의 불법 행위, 향리의 폐단 등 새로운 문제가 드러남에 따라 1428년(세종 10) 다시 유향소를 복설했다. 이후 이시애의 난 때 유향소가 토호 세력을 결집시키는 역할을 하자 1467년(세조 13) 폐지했다가 1488년(성종 19) 다시 부활시켰다.

향안은 유향소 구성원들의 명부이자 지방 사족의 명단을 일컫는다. 향안의 작성은 군현에 따라 시기적인 차이가 현격했지만, 대부분의 지역에서는 대체로 임진왜란 전후의 시기에 이루어졌다.

16세기에 널리 보급된 향약은 공동체적인 상부상조의 전통에 유교윤리를 가미한 향촌의 자치규약이자 조직이었다. 1517년(중종 12) 김안국이 경상감사로 있을 때 간행한 『여씨향약언해』가 조선 향약의 기원이다. 조광조는 향약을 향촌사회에 보급하려고 처음 시도했지만 기묘사화로 실패했다.

조선 향약의 전범이 된 것은 퇴계 향약과 율곡 향약이다. 두 사람이 만든 향약은 유향소 구성원을 대상으로 한 향규에 가까운 것이었는데, 이후 일반적인 향약으로 발전했다. 예안향약(禮安鄉約)은 1556년(명종 11) 이황이 고향인 안동 예안에 낙향한 후 향촌 교화를 위해 만든 향약으로 과실상규(유교적 가치의 준수)를 중요시했다. 서원향약(西原鄉約)은 이이가 1571년(선조 4) 청주목사로 부임했을 때 만들었으며 권선징악과 환난상휼(경제적 어려움을 서로 부조)을 강조했다. 영남 지방은 이황이 만든 예안향약을 표본으로 삼아 도덕 중심의 향약이 유행한 반

면, 기호 지방은 서원향약 등 이이가 청주 등지에 만든 향약을 모범으로 삼아 경제적 상부상조에 역점을 둔 것이 특징이다.

향약은 향음주례·향사례·사창제 등을 실시하여 구성원 간의 단결과 질서를 도모하고 향촌 교화에 역점을 두었다. 유교적 사회질서 확립에 기여하고 치안을 담당했으며 향촌의 자치기능을 맡았다. 규약을 잘 지킨 자는 상을 주고 어긴 자는 벌했는데, 심한 경우에는 마을에서 추방하기도 했다. 재지사족이 향촌사회에서 평민·천민에 대한 지배력을 관철할 수 있는 가장 효과적인 수단이 향약이었다.

서원은 수령의 협조와 군현 단위 사족 공론에 의해 16세기부터 활발하게 건립되기 시작했다. 주로 명유·선배의 연고지에 세워 그 지방의 양반 자제들을 교육했다. 최초의 서원은 1543년(중종 38) 풍기군수 주세붕이 안향을 모시기 위해 세운 백운동서원이다. 이 서원은 사묘(祠廟)가 중심이었고, 서원은 유생이 공부하는 건물만을 지칭하며 사묘에 부속되었다. 뒤에 이 지방의 군수로 부임한 이황의 주청에 의해 명종으로부터 '소수서원'이라는 편액을 하사받아 사액 서원의 효시가 되었다. 사액 서원은 국왕으로부터 편액, 토지, 서적, 노비 등을 하사받아 그 권위를 인정받은 서원으로 면세와 면역의 특권을 누렸다.

서원은 선현에 대한 제사와 교육을 담당했으며, 사림의 결속을 강화하고 유교윤리를 보급하는 등의 역할을 수행했다. 또한 지방에서 중소 지주층의 지식인화를 촉진했으며, 사림을 확대 재생산하고 정치 여론을 형성했다. 서원마다 모시는 선현들이 따로 있어서 학파와 붕당을 결속시키는 구심점이 되기도 했다.

처음에는 서원이 관학인 향교와 경쟁하기도 했으나 차츰 향교보다 수가 많아지고 권위도 높아졌다. 그리하여 대개 양반 자제는 서원에 입학하고 평민 자제는 향교에 들어가는 것이 관례가 되었다.

도산서원 퇴계 이황이 죽은 지 4년 뒤인 1574년에 그가 평소 독서를 하던 안동의 도산서당 자리에 세운 서원. 선조 때 사액을 받았고 많은 사림을 배출했다. 서원은 지방 사림 세력의 학문 도장인 동시에 그들이 학파를 이루어 정치력을 기르는 곳이기도 했다. 그러나 조선 후기에는 비생산적 붕당정치의 본산이라는 비판을 받았다.

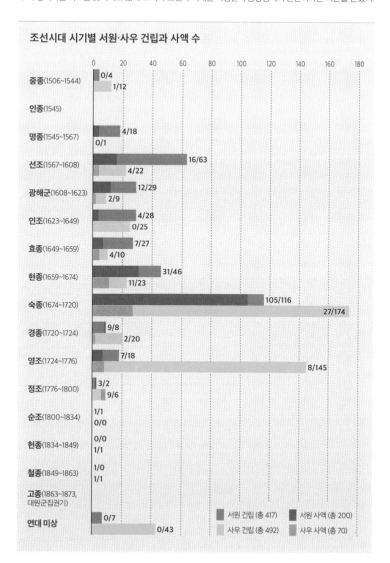

조선시대 시기별 서원·사우 건립과 사액 수

시기	서원 건립/사액	사우 건립/사액
중종(1506~1544)	0/4	1/12
인종(1545)		
명종(1545~1567)	4/18	0/1
선조(1567~1608)	16/63	4/22
광해군(1608~1623)	12/29	2/9
인조(1623~1649)	4/28	0/25
효종(1649~1659)	7/27	4/10
현종(1659~1674)	31/46	11/23
숙종(1674~1720)	105/116	27/174
경종(1720~1724)	9/8	2/20
영조(1724~1776)	7/18	8/145
정조(1776~1800)	3/2	9/6
순조(1800~1834)	1/1	0/0
헌종(1834~1849)	0/0	1/1
철종(1849~1863)	1/0	1/1
고종(1863~1873, 대원군집권기)		
연대 미상	0/7	0/43

■ 서원 건립 (총 417) ■ 서원 사액 (총 200)
사우 건립 (총 492) 사우 사액 (총 70)

성리학의 발달

성균관 대성전 성균관은 선현에 대한 제사를 위한 대성전 구역과 학문을 갈고닦는 명륜당 구역으로 구분된다. 사진은 대성전의 모습이다. 1398년 처음 세운 이래 화재와 수리, 중축을 반복했으며, 현재의 건물은 임진왜란 이후인 1601~1602년에 다시 지은 것이다.

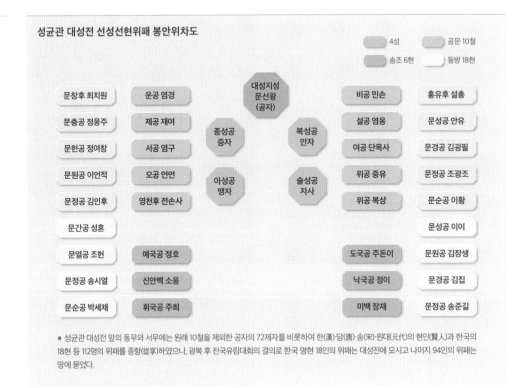

성균관 대성전 선성선현위패 봉안위차도

4성 · 공문 10철 · 송조 6현 · 동방 18현

대성지성 문선왕 (공자)		
종성공 증자		복성공 안자
아성공 맹자		술성공 자사

문창후 최치원 · 운공 염경 · · 비공 민손 · 홍유후 설총
문충공 정몽주 · 제공 재여 · · 설공 염옹 · 문성공 안유
문헌공 정여창 · 서공 염구 · · 여공 단목사 · 문경공 김굉필
문원공 이언적 · 오공 언언 · · 위공 중유 · 문정공 조광조
문정공 김인후 · 영천후 전손사 · · 위공 복상 · 문순공 이황
문간공 성혼 · · · · 문성공 이이
문열공 조헌 · 예국공 정호 · · 도국공 주돈이 · 문원공 김장생
문정공 송시열 · 신안백 소옹 · · 낙국공 정이 · 문경공 김집
문순공 박세채 · 휘국공 주희 · · 미백 장재 · 문정공 송준길

● 성균관 대성전 앞의 동무와 서무에는 원래 10철을 제외한 공자의 72제자를 비롯하여 한(漢)·당(唐)·송(宋)·원대(元代)의 현인(賢人)과 한국의 18현 등 112명의 위패를 종향(從享)하였으나, 광복 후 전국유림대회의 결의로 한국 명현 18인의 위패는 대성전에 모시고 나머지 94인의 위패는 땅에 묻었다.

조선을 건국한 개혁파 신흥 유신은 성리학을 기본 이념으로 삼았지만, 성리학 일변도로 치우치지는 않았다. 당시 집권 유학자인 정도전, 권근 등은 한당 유학, 불교, 도교, 풍수지리사상, 민간신앙 등도 포용해 민생안정과 부국강병이라는 시대적 과제를 해결하고자 했다.

성리학의 기본 경전은 4서·5경이었으며, 이 밖에 삼강오륜의 규범을 설명한 『소학』도 중시했다. 성리학의 가장 큰 특징은 이기론(理氣論)이라는 형이상학으로 인간과 사회, 자연을 총체적으로 설명하려 한 것이다. 이기론의 요체는 우주 만물은 모두 형이상의 이(理)와 형이하의 기(氣) 양자의 결합으로 구성된다는 것이다. 그리고 이는 성(性)을, 기는 물(物)의 형을 각각 결정한다고 보았다. 인성은 본래 순선·무탁하지만 인간이 타고나는 기의 작용에 따라 청명 또는 혼탁해지는데, 기가 사람의 욕심에 이끌리기 쉬운 성질을 갖고 있기 때문이라는 것이다. 인간은 누구나 수양을 통해 기질의 성에서 연유하는 혼탁을 버리고 본연의 성을 되찾을 수 있다는 주장이다.

성리학은 개인의 도덕 수양인 수기(修己)와 백성을 올바르게 다스리는 치인(治人)을 동시에 추구했다. 그러나 조선 초에는 국가 건설과 제도 개혁이 시급한 과제였던 까닭에 치인에 초점을 맞추어 성리학을 수용했다. 그러다가 도리론·명분론을 중시하며 현실 정치에서 실현해야 한다는 입장이 15세기 말부터 두드러졌다.

조선 초 권근은 『입학도설』, 『오경천견록』, 『사서오경구결』 등을 저술해 성리학이 학문적으로 뿌리를 내리는 데 기여했다. 이 책들을 서울의 성균관, 4학 및 지방의 향교에서 가르치고, 과거시험 과목에도 포함시킴으로써 성리학은 크게 확산되었다. 또한 유교를 사회 교화의 이념으로 삼아 일상생활의 윤리로 보급하고자 윤리·의례서의 편찬에도 힘을 기울였다. 충신·효자·열녀의 사례를 그림으로 설명한 『삼강행실도』의 간행, 국가 행사의 의례를 체계화한 『국조오례의』의 간행이 그 예이다.

성종 대에 이르러 김종직, 김굉필, 정여창 등을 중심으로 한 초기 사림이 등장하여 학문적 경향에 일대 전환을 가져왔다. 사림파는 도학 정치를 추구했으며, 수신을 강조하고 수신서인 『소학』을 중시했다. 사림이 주도적인 정치 세력으로 등장하면서 성리학적 통치이념 및 사회윤리가 보편화했다.

중종 대 기묘사림(기묘사화에서 화를 입은 이들로, 조광조를 중심으로 한 신진 세력)이 등장하면서 도덕적 실천을 강조하는 도학적 성격이 한층 강화되었으며, 주자·의리 중심의 도통론이 확립되기 시작했다. 정몽주, 길재, 김숙자, 김종직, 김굉필로 이어지는 유학 계보가 만들어졌다.

사림은 군주나 백성 모두가 천명에 따라 행동하고 생각하는 지선(至善)의 정치를 추구했다. 이를 이룩하기 위해서는 뛰어난 군주(성학군주)가 필요했다. 성학군주론은 군주로 하여금 성학을 익혀 성인군주 또는 현철군주가 될 것을 요구하는 정치 운영론이다. 이황의 『성학십도(聖學十圖)』, 이이의 『성학집요(聖學輯要)』는 성학 군주를 추구한 저서이다.

사림파 성리학자들이 수기에 관심을 두면서 자연히 인간의 내면세계, 즉 심성이나 우주 자연의 원리에 대한 관심이 깊어졌다. 16세기 유학자들은 사단(仁·義·禮·智)과 칠정(喜·怒·哀·懼·愛·惡·欲) 같은 심성의 문제를 탐구했다. 이황, 기대승, 김인후, 이항, 노수신, 이이, 성혼 등이 이 문제를 가지고 서로 논쟁하면서 심학이 비약적으로 발전했다.

사화에도 불구하고 성리학을 연구하는 학자의 수는 비약적으로 증가했으며, 지역적으로도 크게 확산되었다. 서원을 중심으로 학파가 만들어지면서, 서경덕학파, 이황학파, 조식학파, 이이학파, 성혼학파 등이 형성되었으며, 지역적으로는 영남학파와 기호학파가 만들어졌다.

성리학의 수준을 크게 높인 이는 이황과 이이였다. 이황(1501~1570)은 주리설을 수립했다. 기는 이의 발현이며 이를 떠나서는 아무것도 없다고 해서 이의 자발성, 독자성을 강조했다. 반면 이이(1536~1584)는 이와 기는 둘이 아니라 하나로 통합되어 있다고 보고, 형이하의 기가 먼저 발동하면 이가 기에 올라탄다고 하는 기발이승설(氣發理乘說)을 주장했다.

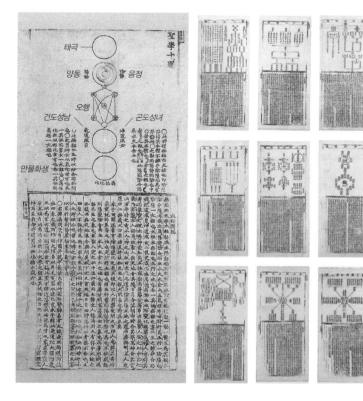

『성학십도』 이황이 14대 국왕 선조를 위해 군왕의 도에 관한 학문의 요체를 도식으로 설명한 것이다. 태극도(太極圖)·서명도(西銘圖)·소학도(小學圖)·대학도(大學圖)·백록동규도(白鹿洞規圖)·심통성정도(心統性情圖)·인설도(仁說圖)·심학도(心學圖)·경재잠도(敬齋箴圖)·숙흥야매잠도(凤興夜寐箴圖) 등 10개의 도표와 그 해설로 되어 있다. 왼쪽의 큰 도판은 첫 번째 그림 태극도와 그에 대한 설명이다.

과학기술의 발달

15세기에는 과학기술 분야에서 눈부신 발전을 이룩했다. 종래의 기술을 계승해 한층 발전시키고, 우리의 풍토를 적극 고려한 점이 두드러진 특징이다. 농학·천문·의학·인쇄술·무기 분야에서 발달상을 확인할 수 있다.

천문과 기상은 왕도정치와 깊은 관련이 있는 것으로 인식되었다. 천상열차분야지도는 태조 때 고구려의 천문도를 바탕으로 하여 돌에 새긴 것이다. 천문도는 조선의 건국 이념이 왕도정치의 구현에 있음을 말해주는 정치적 상징물이다. 그 밖에도 천체의 운행을 측정하는 혼의(혼천의), 천문을 관찰하는 대·소간의대 등 각종 천문 기상 관측기구를 창안했다.

시간을 확인하는 기구로 해시계인 앙부일구, 해시계와 달시계를 겸하는 일성정시의를 제작하고 물시계인 자격루도 만들었다. 강우량을 측정하는 측우기는 1441년(세종 23) 제작되었다. 서운관에 두고 이를 복제해 각 도에 보내서 강우량을 측정하고 보고하게 했는데, 측우기는 세계 최초의 발명품이었다. 수표는 청계천과 한강에 세워 유량을 정확하게 측정한 장치였다. 세조 대에는 양전을 위해 토지 측량기구로 인지의와 규형을 제작했다.

역법서로는 세종이 조선에 알맞은 역법을 얻고자 이순지와 김담에게 명하여 편찬한 『칠정산내편』과 『칠정산외편』이 있다. 중국의 역법을 담은 『수시력』·『대통력통궤』는 절기와 일출·일몰 시간 등이 조선과 달랐다. 『칠정산내편』은 서울을 표준으로 작성한 달력으로, 해와 달, 행성의 운행 원리와 위치 등이 오늘날의 달력과 거의 비슷하다. 그리고 『칠정산외편』은 아라비아 역서인 『회회력』을 교정하여 편찬한 것이다. 내편과 외편의 완성으로 정밀하지 못했던 조선의 역법을 비로소 바로잡게 되었다.

의학은 국가에서 적극 장려한 잡학 가운데 하나다. 매우 중요한 의서가 세종 대에 여러 종 간행되었다. 『향약채취월령』은 우리나라에서 생산되는 수백 종의 약초와 그 분포, 이를 채취하는 시기와 방법 등을 소개했다. 『향약집성방』은 700여 종의 국산 약재를 소개하고 1,000종에 가

자격루 '스스로 치는 시계'라는 뜻의 물시계. 시각 알림 장치를 자동화한 것이다. 세종의 명으로 장영실이 완성하여, 1434년 경복궁 보루각(報漏閣)에 설치했다.

앙부일구 북극을 향하여 솟아 있는 기준 바늘(영침, 影針)의 끝이 만드는 그림자가 시간을 알려주고, 또 그날의 양력 날짜까지 거의 정확하게 맞추게 되어 있다. 반구형의 안쪽에는 13줄의 눈금이 그려져 있는데, 동지에는 그림자 끝이 가장 바깥 줄을 따라가고, 하지에는 가장 안 줄을 따라간다. 오른쪽은 휴대용.

『조선왕조실록』의 주요 천문 현상, 1392~1527년

별이 낮에 보임(星晝見)	1,281회
햇무리(暈)	1,191회
혜성(彗)	206회
별똥별(流星)	173회
달의 항성 침범(月犯恒星)	137회
행성의 항성 접근(五緯掩犯恒星)	125회
월식(月食)	68회
일식(日食)	55회
달의 이상(月變)	46회
달의 행성 접근(月掩犯五緯)	38회
행성의 상호 접근(五緯掩犯)	13회
별의 이상(星變)	13회
해의 이상(日變)	10회
하늘 이상(天變)	7회
객성(客星)	3회
흑점(黑點)	1회

천상열차분야지도 1395년(태조 4) 고구려 때 각석한 '평양 성도(星圖)' 비석의 탁본을 바탕으로 돌에 새긴 천문도이다. 별자리 그림을 중심으로 천문에 관련된 내용을 정리했다. 이후 여러 판본을 만들었다.

측우기 세종 때 발명해 사용한 강수량 측정기구이다. 서운관의 관리가 강수량을 측정해 비가 오고 갠 일시와 물의 깊이를 자세히 기록했다. 측우기의 제작과 사용은 세계에서 가장 빨라서, 유럽보다 200년 정도 앞섰다. 사진은 공주 충청감영 측우기.

까운 병증에 대한 치료 예방법을 소개했다. 『의방유취』는 당시까지의 동양 의학을 집대성한 365권으로 된 의학 백과사전으로, 동양 최대의 의서라 할 수 있다.

조선 전기에는 편찬 사업의 활기에 힘입어 인쇄술이 크게 발달했다. 고려시대의 금속활자를 계승해 대량의 동활자를 주조했으며, 인쇄 기술도 더욱 발달했다. 1403년(태종 3) 계미자를 주조했으며, 1420년(세종 2) 경자자, 1434년 갑인자를 주조했다. 그중 갑인자는 글자 모습이 아름답고 인쇄에 편리하도록 주조되었으며, 활자가 20여 만 개에 달했다.

전쟁에 대비해 각종 무기를 개선했으며, 관련 병서를 간행했다. 고려 말 최무선이 창안한 화약 무기는 조선 초기에 더욱 개량되어, 그 성능이 크게 향상되었다. 최무선의 아들 최해산이 이 분야에서 두드러지게 활약했다. 화포의 사정거리는 최대 1,000보에 이르러 종전보다 크게 늘어났다. 수레 위에 신기전 100개를 설치하고 심지에 불을 붙여 동시에 쏠 수 있도록 고안한 화차도 이 시기에 제작되었다. 화차의 사정거리

는 수백 미터에 달했다. 태종 대에 와서 돌격용 배인 거북선과 작고 날쌘 전투선인 비거도선을 제작했다. 그리고 병서로서 화약 무기의 제작과 사용법을 설명한『총통등록』, 중국과 우리나라의 역대 전쟁사를 정리한『동국병감』, 군사 훈련법과 진 치는 방법을 기술한『병장도설』을 편찬했다.

15세기 상당한 수준을 보였던 과학기술은 이후 큰 발전을 보이지 못했다. 조선왕조가 안정되면서 과학기술에 대한 관심이 줄어들었기 때문이다.

비격진천뢰 조선 선조 때 이장손이 발명한 무기로 일종의 인마 살상용 폭탄이다. 임진왜란 때 경주부윤 박의장이 이 무기를 이용해 경주성을 탈환한 바 있다. 지름 21센티미터, 둘레 68센티미터.
천자총통 유통식(有筒式) 중화기로, 천, 지, 현, 황 4종의 총통 가운데 체형이 가장 크다. 총신에 새겨진 명문을 통해 1555년(조선 명종 10)에 만들었음을 알 수 있다. 길이 1.31미터, 포구 지름 12.8센티미터.

대외관계와 무역

조선과 명은 처음에는 서로 견제하고 갈등했다. 태조 때 정도전을 중심으로 추진한 요동 정벌과 여진 문제로 명과의 관계가 불편했다. 그러나 1차 왕자의 난으로 정도전이 피살되고 명에서 주원장이 사망하면서 양국 갈등 수습의 계기가 마련되었다. 세종은 여진을 초무하는 한편 명의 위협을 의식해 외교적으로 공순한 자세를 취했다. 세종 이후 양국의 관계는 매우 순탄했다.

조선은 명에 사대의 예를 행했다. 명은 조선 국왕에 대한 책봉 승인 등 의례적인 권한 행사 이외에는 내정에 간섭하지 않고 고유 풍속과 정치적 자유를 인정했다. 조선은 정기 사행 이외에도 부정기적인 사행을 수시로 파견했다.

조선이 사행 가서 조공을 바치면, 명은 회사물(回賜物)을 보냈다. 명에 바치는 조공품은 종이, 붓, 화문석, 금, 은, 인삼, 도자기, 책, 말 등이었으며, 명에서 주는 회사품은 채단, 자기, 약재, 서적, 문방구 등이었다. 성종 대 이후 대명 무역에 대한 국가의 통제에도 불구하고, 통사와 부경사신(赴京使臣) 및 이들과 연계한 부상대고(富商大賈) 등이 부경사행의 기회를 활용해 사무역 활동을 매우 활발하게 벌였다.

북방 여진족에 대해서는 회유와 응징을 내용으로 한 교린정책을 펼쳤다. 여진인들은 조공을 통해 회사물과 상사물(償賜物)을 받았지만, 그것으로 생필품을 충당하기는 어려웠다. 그리하여 경성과 경원에 무역소를 설치해 여진인이 교역할 수 있게 했다. 그들은 식량, 농기구, 의류 등을 구해갔으며, 그 대가로 조선은 말, 초서피, 호표피 등을 확보할 수 있었다.

조선은 왜인의 무역 요구와 왜구의 침탈 사이

조선 전기의 대일관계

➡ 이종무의 정벌(1419)
➡ 왜구의 침입(1510)
➡ 왜구의 침입(1544)
✳ 전투지
● 삼포(일본 요청으로 개항)
○ 당시 주요 지명

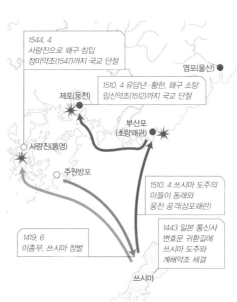

1544. 4
사량진으로 왜구 침입
정미약조(1547)까지 국교 단절

1510. 4 유담년·황헌, 왜구 소탕
임신약조(1512)까지 국교 단절

염포(울산) ●

제포(웅천) ✳

부산포
(초량왜관) ●✳

사량진(통영) ○

주원방포 ○

1510. 4 쓰시마 도주의
아들이 동래와
웅천 공격(삼포왜란)

1443 일본 통신사
변효문 귀환길에
쓰시마 도주와
계해약조 체결

1419. 6
이종무, 쓰시마 정벌

쓰시마

왜관도 초량왜관의 전경을 한눈에 보여준다. 왜관의 수장이 거주한 관수가(館守家)를 비롯하여 56개의 건물과 그 이름이 표현되어 있다. 1783년 변박 작품. 가로 58.5센티미터, 세로 133센티미터.

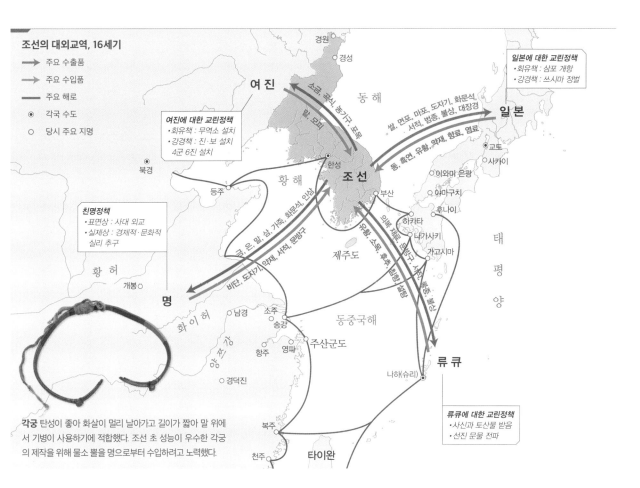

조선의 대외교역, 16세기

→ 주요 수출품
→ 주요 수입품
— 주요 해로
◉ 각국 수도
○ 당시 주요 지명

여진에 대한 교린정책
· 회유책 : 무역소 설치
· 강경책 : 진·보 설치
　4군 6진 설치

일본에 대한 교린정책
· 회유책 : 삼포 개항
· 강경책 : 쓰시마 정벌

친명정책
· 표면상 : 사대 외교
· 실제상 : 경제적·문화적
　실리 추구

류큐에 대한 교린정책
· 사신과 토산물 받음
· 선진 문물 전파

각궁 탄성이 좋아 화살이 멀리 날아가고 길이가 짧아 말 위에서 기병이 사용하기에 적합했다. 조선 초 성능이 우수한 각궁의 제작을 위해 물소 뿔을 명으로부터 수입하려고 노력했다.

에서 회유책과 강경책을 병행했다. 국초에는 일본과 선린을 유지하기 위해, 부산포와 제포를 개항하여 제한된 무역을 허용했다. 그러나 왜인들은 조선의 통제 무역에 불만을 품고 밀무역을 감행하거나 해적으로 돌변하기도 했다. 그리하여 1419년(세종 1) 227척의 함선과 1만 7,000여 명의 수군을 쓰시마에 파견해 쓰시마 도주의 항복을 받고 돌아왔다.

이후 일본이 무역 재개를 간청하자, 1423년(세종 5) 부산포와 제포, 1426년 염포를 개항했다. 그 결과 일본인·일본 배의 왕래가 빈번해졌으며, 그들은 다량의 미곡과 면포를 수입해 갔다. 세종은 일본과의 통교와 관련된 여러 규정을 본격적으로 정비했다. 1443년 체결한 계해약조에서 세견선은 1년에 50척, 세사미는 200석으로 규정했다. 삼포(부산포·제포·염포) 거주 일본인 수는 60호 정도로 제한했지만 이후 계속 증가했다. 왜인들이 소란을 일으킬 때마다 새로

운 조약을 체결했지만 갈등은 지속되었다.

회사 형식으로 이루어진 대일 수출의 품목은 쌀·콩·마포·명주·면포·호피·인삼·대장경·서적 등이었다. 목면은 당시 일본에서 생산되지 않는 생활필수품이었다. 반면 수입품은 동·유황 등 광산물, 약재·향료(후추)·염료 등이었다. 16세기에 일본산 은이 대량으로 유입되면서 조선 면포 대 일본 은으로 교역품이 단순해졌다. 부상대고들은 일본산 은을 사들이고 부경사행 편으로 중국에 가서 채단과 백사 등 사치품을 구매해 국내에서 처분했으며, 일부는 일본 상인에게 매도하여 이중의 상리(商利)를 얻었다.

조선 초기에는 류큐(오키나와), 섬라(타이), 자바(인도네시아) 등 동남아시아 국가들과도 교류했으며, 조공과 진상의 형식을 취했다. 이들 국가는 토산품을 가져와서 의복 재료, 문방구, 서적, 불종, 불상 등을 회사품으로 받아갔다.

만국진량의 종 1458년 류큐에서 제작한 종으로, 만국진량(萬國津梁)이란 세상 모든 나라를 잇는 가교라는 의미이다. 류큐가 당시 동중국해와 남중국해를 잇는 지점에 위치한 요충지였음을 상징하는 종이다. 길이 154.9센티미터.

대항해시대 은의 유통과 조선

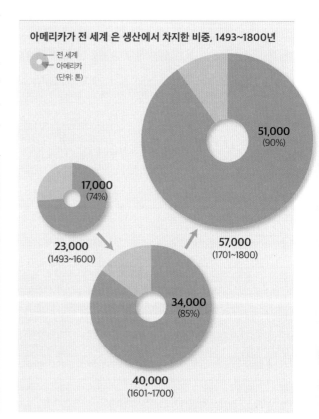

북대서양

북아메리카

태평양

버뮤다

누에바에스파냐
베라크루즈
멕시코만
하바나
산토도밍고

아메리카의 은이
북태평양을 건너 마닐라로

아카풀코
카리브해

포르토벨로

포토시 광산과
누에바에스파냐 등에서 생산
아메리카 은은 스페인으

남아메리카

아리카 이 파리나코타
포토시

리오데라플라타

조선은 해양을 통한 국제교류와 문화교류에 소극적이었다.
16세기 바다를 통해 서양의 새로운 문물이 동아시아로 흘러
왔지만, 조선은 그 파고를 직접 겪지 않았다. 다만, 은을 매개
로 명이나 일본을 통해 간접적으로 영향을 받았다.

동아시아가 유럽과 본격적으로 만나기 시작한 것은 유럽인
이 15세기 말 대항해시대를 연 뒤부터이다. 1492년 콜럼버스
(1451~1506)는 스페인 카스티야왕조의 이사벨 여왕의 지원
을 받아 인도로 가는 항로를 찾아 떠났다가 아메리카대륙에
도착했다. 포르투갈의 바스쿠 다 가마(1469~1524)는 아프리
카 희망봉을 돌아 1498년 인도 캘리컷에 도착함으로써 아시
아로 직접 가는 항로를 열었다. 유럽은 새로운 대륙과 항로를
발견하자, 인도와 중국 등 아시아 여러 나라와 직접 교역을 시
도했다. 특히 명으로부터는 비단과 도자기를 얻기를 바랐다.
하지만 유럽인들에게는 '지대물박(地大物博)'의 나라인 중국
이 좋아할 만한 상품이 별로 없었다. 명이 유일하게 원한 것은
은이었다. 명은 15세기 중엽부터 상업과 화폐경제가 발전하

멕시코 20세기 은화 한 면(왼쪽)에는 뱀을 문
독수리가, 다른 면에는 인디언 모자가 그려져 있
다. 1535년 처음 주조된 멕시코 은화는 중량이
나 순도가 거의 일정하여 국제통화로 기능했으
나, 19세기 말 금본위제 이후 그 지위를 잃었다.
사진은 20세기에 주조한 은화.

아메리카가 전 세계 은 생산에서 차지한 비중, 1493~1800년

전 세계
아메리카
(단위: 톤)

17,000
(74%)

23,000
(1493~1600)

34,000
(85%)

40,000
(1601~1700)

51,000
(90%)

57,000
(1701~1800)

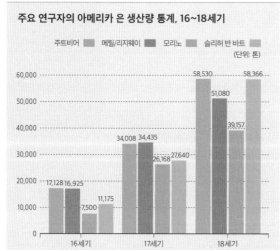

주요 연구자의 아메리카 은 생산량 통계, 16~18세기

주트비어　메릴/리지웨이　모리노　슬리허 반 바트
(단위: 톤)

	16세기	17세기	18세기
주트비어	17,128	34,008	58,530
메릴/리지웨이	16,925	34,435	51,080
모리노	7,500	26,168	39,157
슬리허 반 바트	11,175	27,640	58,366

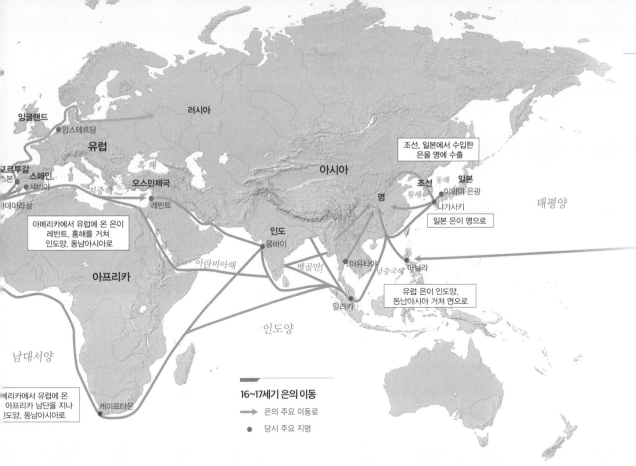

면서 조세의 은납화가 이루어지고 있었고, 이에 따라 국내의 은 수요가 급증했기 때문이다.

이런 상황에서 유럽인들에게 절호의 기회가 찾아왔다. 아메리카대륙 곳곳에서 은 광산을 발견한 것이다. 포토시 광산(현재의 볼리비아), 누에바에스파냐 등의 은 광산을 가장 열심히 개발한 나라는 포르투갈과 스페인이었다. 포르투갈은 아메리카에서 채굴한 은을 배에 싣고 바스쿠 다 가마가 개발한 항로를 따라 대서양과 인도양을 항해하여 중국대륙 남쪽의 마카오에 도착한 후 명나라와 교역을 했다. 반면 스페인은 태평양을 횡단하여 필리핀 마닐라에 도착한 후 그곳에서 명나라 상인과 교역했다.

포르투갈과 스페인에 이어, 세계적인 은 생산국이 된 나라가 있었으니 바로 일본이다. 일본은 16세기에 은 생산이 비약적으로 늘어났는데, 두 가지 계기가 있었다. 하나는 이와미(石見)에서 은 광산을 발견한 것이고, 또 하나는 연은분리법의 도입이다. 일본은 이를 통해 은 생산량을 비약적으로 증대시켰다. 자국에서 생산한 은을 매개로 명나라 상품 수입의 기회를 늘릴 수 있었을 뿐 아니라, 포르투갈 및 네덜란드와의 교역에도 참여했다. 당시 일본의 은 생산량은 전 세계의 3분의 1에 이르렀다.

은을 매개로 한 일본과 명의 교역은 조선에도 일정한 영향

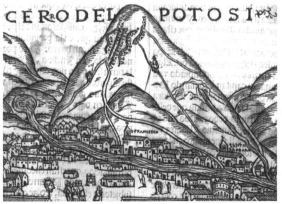

광산 도시 포토시 남아메리카의 볼리비아에 있는 광산 도시 포토시(Potosí)의 모습이다. 1545년 은 광산이 발견되어 건설된 도시이다. 포토시는 한때 전 세계 은 생산량의 절반을 생산했으며, 인구 20만이 넘는 대도시였다.

을 미쳤다. 일본에서 생산된 은은 황해나 동중국해를 거쳐 곧바로 명으로 흘러들기도 했지만, 한반도를 통과해 명으로 가는 경우가 더 많았다. 일본 상인들은 조선에 와서 면포와 인삼을 구입하는 대가로 은을 지불했고, 조선 상인들은 일본산 은을 가지고 명나라 사절단을 따라 중국에 가서 채단과 백사 등 사치품을 구매해 국내로 돌아와 처분했다. 그중 일부는 일본 상인에게 매도하여 이중의 상리(商利)를 얻었다. 이런 방식으로 조선은 은을 매개로 한 전 세계 교역망에 일정 정도 참여하게 되었다.

임진왜란과 정유재란

임진왜란 이전의 조선은 문치의 극성기로, 국방과 군역제도가 점차 허물어졌다. 군역을 지는 대신 포를 내는 수포제, 다른 사람을 대신 보내는 대립제가 성행하여 전국적인 병력 동원이 어려워졌던 것이다.

한편 일본에서는 16세기 후반 도요토미 히데요시가 100여 년의 전국(센코쿠)시대를 끝내고 전국을 통일했는데, 이후 정치적 야욕을 조선과 명으로 돌렸다.

❶ 1597. 9. 16 명량 해전.
일본 병선 133척, 명량 공격.
이순신, 12척의 병선으로
일본 병선 31척 격파

일본은 전국시대를 거치면서 군사 지휘체계를 확립했으며, 포르투갈에서 들여와 개량한 조총으로 군대를 무장했다.

일본군은 1592년(선조 25) 4월 총 20여만 병력을 9개 부대로 나눠 조선을 침략했다. 4월 14일 부산포에 상륙한 뒤 조령 방면, 경주 방면, 추풍령 방면의 세 길로 나누어 한양을 향해 북상했다. 신립이 충주에서 배수진을 치고 항진했으나 패하자 조선 조정은 큰 충격에 빠졌다. 결국 선조는 4월 29일 100여 명의 신하와 함께 피난길을 떠났다. 일본군은 부산에 도착한 지 20일도 안 되어 5월 2일 한양을 점령했다. 그리고 계속 진군하여 6월에 평양과 함경도까지 유린했으며, 임해군과 순화군을 포로로 잡았다.

관군은 계속 패배했지만 지방에서는 향촌 단위로 의병이 조직되어 활동했다. 대표적인 의병장은 평안도의 휴정(서산대사), 함경도의 정문부, 경상도의 곽재우·정인홍·권응수, 충청도의 조헌, 전라도의 고경명, 강원도의 유정(사명대사) 등이었다. 의병의 활약은 관군에게 재정비하여 반격할 수 있는 시간을 벌어주었다.

조선은 육지에서는 연이어 패배했지만, 바다에서는 달랐다. 조선 수군은 일본군보다 우수한 선박과 화기를 이용하여 상당한 전과를 거두었다. 이순신이 이끄는 수군은 1592년 5월 초부터 7월 초에 걸쳐 일본군을 옥포(거제도), 사천·당포·당항포, 한산도에서 격파했다. 조선 수군이 제해권을 장악함에 따라 수륙으로 협공하려던 일본군의 작전은

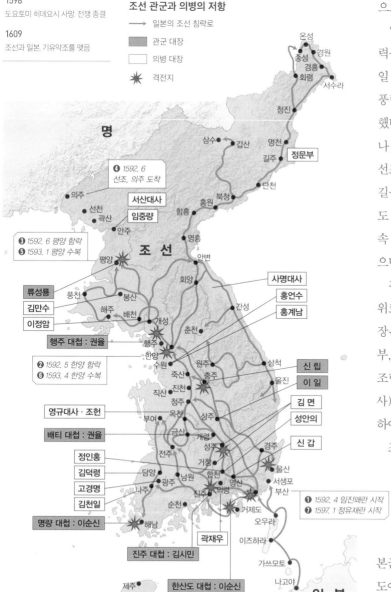

조선 관군과 의병의 저항

→ 일본의 조선 침략로

■ 관군 대장

□ 의병 대장

✶ 격전지

명

조선

일본

❹ 1592. 6
선조, 의주 도착

서산대사
임중량

❸ 1592. 6 평양 함락
❺ 1593. 1 평양 수복

정문부

류성룡
김만수
이정암

행주 대첩 : 권율

❷ 1592. 5 한양 함락
❻ 1593. 4 한양 수복

사명대사
홍언수
홍계남

신립
이일

영규대사 · 조헌

배티 대첩 : 권율

김면
성안의
신갑

정인홍
김덕령
고경명
김천일

명량 대첩 : 이순신

곽재우

진주 대첩 : 김시민

한산도 대첩 : 이순신

❶ 1592. 4 임진왜란 시작
❼ 1597. 1 정유재란 시작

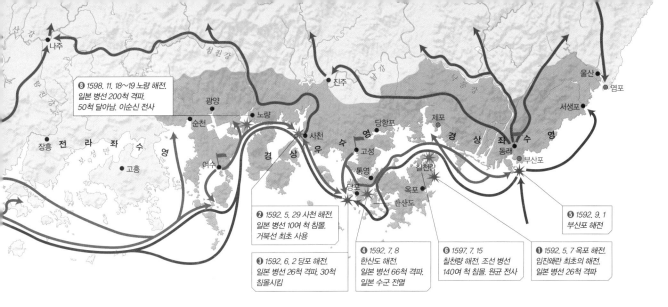

⑧ 1598. 11. 18~19 노량 해전.
일본 병선 200척 격파.
50척 달아남. 이순신 전사

❷ 1592. 5. 29 사천 해전.
일본 병선 10여 척 침몰.
거북선 최초 사용

❸ 1592. 6. 2 당포 해전.
일본 병선 26척 격파, 30척
침몰시킴

❹ 1592. 7. 8
한산도 해전.
일본 병선 66척 격파.
일본 수군 전멸

❻ 1597. 7. 15
칠천량 해전. 조선 병선
140여 척 침몰. 원균 전사

❺ 1592. 9. 1
부산포 해전

❶ 1592. 5. 7 옥포 해전.
임진왜란 최초의 해전.
일본 병선 26척 격파

임진왜란 당시 주요 해전

- 1593년 4월 퇴각 후 일본군 점령지
- 1597년 10월 퇴각 후 일본군 점령지
- → 일본군의 해상 진격로
- → 조선군의 해상 진격로
- → 일본군의 육상 진격로
- ✸ 격전지
- ⌐ 수영 본부
- ● 삼포

좌절되었으며, 조선은 전라도의 곡창 지대를 보존할 수 있었다.

조선의 요청으로 명군이 참전하면서 임진왜란은 동아시아 국제전쟁으로 비화했다. 1592년 12월 이여송이 거느린 4만 3,000명의 명나라 지원군이 압록강을 건너왔다. 1593년 1월 조명연합군이 평양성을 탈환했고, 전세는 마침내 역전되었다. 일본군은 남쪽으로 후퇴하기 시작했으며, 함경도를 점령했던 일본군도 고립을 피하고자 철수했다.

조명연합군은 남으로 일본군을 추격하다가 고양의 벽제관 전투에서 패했다. 이에 명군은 평양으로 후퇴했는데, 행주산성에 고립되어 있던 권율은 1만 명의 병력으로 3만 명의 일본군을 물리치는 성과를 거두었다(1593. 2). 이후 일본군은 한양을 포기하고 경상도 해안 일대로 퇴각하여 명과의 화의에 응했다. 그러나 협상이 결렬되자 일본은 1597년 14만여 명의 병력을 동원하여 재차 침입했다(정유재란). 이때는 조선도 군비를 갖추고 조총을 제작해 무기의 약점을 보완한 상태였다.

왜군은 전라도에 상륙해 8월에는 남원성을 함락시켰다. 9월에는 충청도까지 북상했다. 10월, 조명연합군이 직산 전투에서 승리를 거두고 일본군을 남쪽으로 밀어내 울산까지 쳐내려갔다. 한때 파직되었던 이순신이 복직되어 명량에서 승리하면서(1597. 9) 다시 제해권을 장악했

다. 1598년 8월 도요토미가 죽자 일본군은 본국으로 철수했다.

임진왜란으로 조선은 막심한 피해를 입었다. 인구가 크게 감소했으며, 전국의 논과 밭이 황폐해졌다. 경복궁·창덕궁·불국사·사고 등이 소실되었다. 일본 역시 큰 피해를 입어 수십만 명이 죽었으며, 막대한 물자를 잃었다. 도요토미가 죽은 뒤 에도막부가 성립했다(1603). 일본은 조선에서 약탈한 문화를 바탕으로 성리학·인쇄술(활자)·도자기(이삼평) 등을 발전시켰다. 중국 역시 큰 충격을 받았다. 조선에 엄청난 전비를 투입한 명은 재정 사정이 나빠졌으며 국력이 쇠퇴했다.

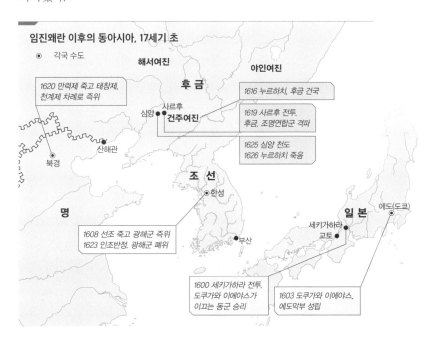

임진왜란 이후의 동아시아, 17세기 초

⊙ 각국 수도

해서여진

야인여진

후 금

건주여진

1620 만력제 죽고 태창제,
천계제 차례로 즉위

1616 누르하치, 후금 건국

1619 사르후 전투.
후금, 조명연합군 격파

1625 심양 천도
1626 누르하치 죽음

심양
사르후

산해관

북경

조 선

한성

명

일 본

에도(도쿄)

세키가하라

교토

부산

1608 선조 죽고 광해군 즉위
1623 인조반정. 광해군 폐위

1600 세키가하라 전투.
도쿠가와 이에야스가
이끄는 동군 승리

1603 도쿠가와 이에야스,
에도막부 성립

정묘호란과 병자호란

임진왜란을 겪은 뒤 즉위한 광해군은 강력한 부국강병정책을 추진했으며, 적대 세력을 차례로 제거했다. 친형 임해군을 죽이고, 영창대군을 유배보낸 뒤 살해했다. 그리고 영창대군의 생모 인목대비를 서인으로 폐출시켜 서궁(지금의 덕수궁)에 유폐했다. 한편 광해군은 토지대장·호적을 정비하고, 대동법을 실시했다. 전국의 성곽을 보수하고 무기를 개선했으며 군사훈련을 강화했다. 허준에게 『동의보감』을 편찬하도록

조선의 나선 정벌
→ 1차(변급) 정벌로, 1654년
→ 2차(신유) 정벌로, 1658년
→ 청군의 진로
→ 러시아군의 진로
　당시의 청 영역
　당시의 러시아 영역
— 현재의 국경
✦ 격전지

했으며, 왜란 때 죽은 충신·열녀를 추앙했다.

광해군은 급변하는 대륙 정세를 간파해 신중한 중립 외교를 펼쳤다. 명이 약화되는 틈을 타서 누르하치가 주변 여진족을 복속하고 1616년 나라 이름을 후금이라 칭했다. 후금은 서쪽으로 세력을 뻗쳐 무순(푸순)을 점령했으며, 명에 전쟁을 선포했다. 명은 큰 병력을 동원해 후금을 공격하는 한편, 조선에 지원병을 요청했다. 이때 광해군의 지시를 받고 파견된 도원수 강홍립은 후금의 감정을 자극하지 않기 위해 항복하고 휴전을 맺었다.

광해군이 명과 후금 사이에서 보인 중립적인 태도에 대해 다수의 유학자 관료들은 명에 대한 의리를 저버리는 배신 행위로 보았으며, 인목대비를 폐출하고 영창대군을 죽인 '폐모살제'를 인륜을 어긴 것으로 비판했다. 그리하여 김류·이귀·이괄 등 서인들이 광해군을 무력으로 몰아내고 정원군(선조 후궁 인빈 김씨의 소생)의 아들 능양군을 왕으로 추대했다(인조).

인조 초기 반정의 논공행상에서 2등으로 책봉된 것에 불만을 품은 이괄이 반란을 일으켜 한양을 점령했다(1624). 그러나 조선 조정은 이를 진압했고, 이후 친명반금정책을 밀고 나가면서 후금과의 관계를 끊어버렸다. 조선의 친명정책에 불만을 품은 후금의 홍타이지(청 태종)는 광해군을 위한 보복을 명분으로 내걸고, 1627년(인조 5) 3만여 명의 군대를 조선으로 보냈다(정묘호란). 평안도 의주, 곽산 등지를 거쳐 황해도 평산까지 남하한 후금군은 전쟁이 장기화하자 배후에 있는 명의 위협을 의식해 조선에 화친을 제의했다. 후금이 즉시 철병할 것, 양국은 형제의 나라가 될 것, 조선은 명과 적대하지 않아도 된다는 것에 양국이 합의했다.

후금은 조선과 화친한 뒤 본격적으로 명 공략

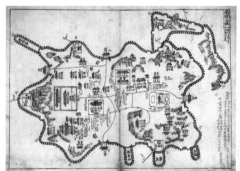

남한산성 18세기 후반에 그린 작자 미상의 남한산성 지도. 성곽뿐 아니라 국왕이 거처해도 충분할 만큼의 시설이 갖춰져 있다. 삼국시대에 처음 만들었으나 방치되어 있다가 이괄의 난과 후금의 군사적 압박을 계기로 인조의 명에 따라 대대적으로 보강, 개축했다.

에 나섰다. 명의 수도 북경까지 공격하며 명을 수세로 몰았다. 홍타이지는 1636년 제위에 올라 국호를 대청(大淸), 연호를 숭덕(崇德)으로 고쳤다. 그리고 이 사실을 조선에 통보하고 형제관계를 군신관계로 바꿀 것을 요구했다. 이에 대한 조선 조정의 반응은 외교로 문제를 풀자는 주화론도 있었지만, 대세는 주전론이었다. 1636년 12월, 홍타이지가 이끄는 12만 대군이 쳐들어왔다. 청은 조선이 자신들을 인정하지 않는 것이 불만인 데다가 명과의 결전을 앞두고 후고(後顧)를 없애기 위해 침략을 감행한 것이다.

청군은 압록강을 넘은 지 5일 만에 한양에 도착했다. 인조는 남한산성으로 들어가 항전했는데, 당시 성안에는 군사 1만 3,000명과 50일 치 식량밖에 없었다. 산성 안에서 화·전 양론이 분분했다. 결국 인조는 45일간의 농성을 풀고 1637년 1월 30일 삼전도의 홍타이지 진영으로 나와 항복의 예를 했으며, 청에 대해 신례를 할 것, 조공을 바칠 것, 명과 단교할 것, 명을 칠 때 원병을 파견할 것 등을 약속했다. 소현세자와 봉림대군, 그리고 주전파 관리를 비롯하여 수많은 백성들이 청으로 끌려갔다.

소현세자는 1645년(인조 23) 9년 만에 돌아왔다. 인조는 소현세자의 반명친청적인 태도를 못마땅하게 여겼다. 소현세자는 귀국 후 두 달 만에 급사했으며, 세자빈 강씨와 두 아들도 역모를 꾸민 죄로 죽임을 당했다. 인조가 재위 27년

만에 타계하고(1649) 둘째 왕자 봉림대군이 왕위에 올랐다(효종).

효종은 반청 성향의 송시열·송준길·이완 등을 중용하여 군대를 양성하고 성곽을 수리하며 북벌을 준비했다. 명이 멸망하고(1644) 청이 중국대륙을 차지한 상태에서 청을 정벌하여 수치를 씻자는 북벌론은 실천에 옮기기 어려웠다. 결국 북벌론은 국왕 친위군과 수도의 군사력을 강화하는 것에 그치고 말았다.

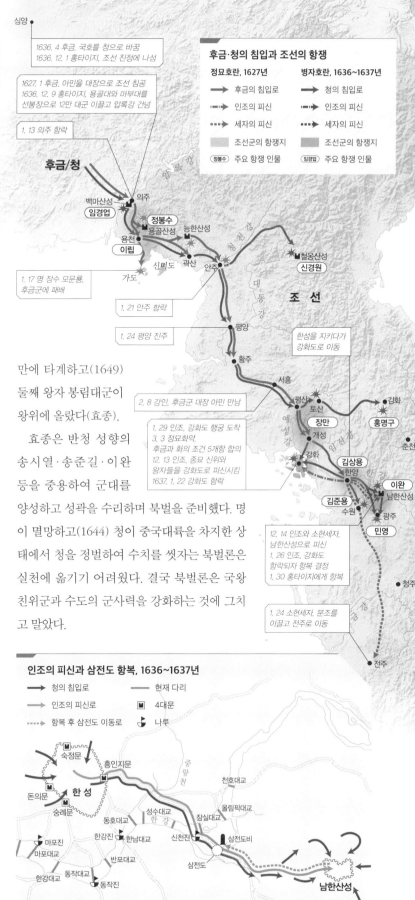

붕당정치의 전개

조선 중기에 접어들어 정치적 주도권을 장악한 사림은 성리학 이념을 바탕으로 사회를 유지하고자 했다. 그러나 정치 개혁과 성리학 이념의 실천 방안을 놓고 의견의 차이를 보였다. 이들은 학문적 계통과 성리학 해석을 중심으로 붕당을 결성했다. 각 붕당은 정치의 운영이나 정책, 학문을 놓고 의견의 차이를 보였으며, 이는 곧 정치 주도권 다툼으로 이어졌다. 붕당 간 대립은 임진왜란이라는 초유의 전쟁 기간에는 수그러들었지만,

전쟁이 끝나자 본격화되었다. 조선 전기에는 국가 운영을 국왕과 사대부 중 누구를 중심으로 할 것인지를 놓고 갈등을 빚었으나, 이제는 국왕이 어느 붕당과 손을 잡고 권력을 행사하느냐가 관건이 되었다. 붕당의 입장에서는 국왕이나 세자를 지원함으로써 자신들

조선시대 주요 서원과 배향 인물

🏛 주요 서원

🏛 유네스코 세계유산 등재 서원

● 현재 주요 지명

허목 우의정까지 오른 남인의 대표적 사상가. 예송논쟁에서 조선의 현실과 이전 사례를 감안해야 한다는 남인의 주장을 대변했으며, 서인이 주도하는 북벌에 반대했다.

남구만 숙종 대 소론의 거두로 영의정까지 올랐다. 서인이었는데 공신이나 척족의 횡포를 공격하는 소장파를 주도하여 소론의 영수가 되었다.

송시열 붕당정치 시기 서인의 대표적 인물. 효종이 대군이었을 때 스승이기도 했다. 효종 사후 일어난 예송논쟁에서 서인을 대표했으며, 1694년에는 외척 김석주와 연합하여 노론의 전권 장악에 기여했다.

함 경 도

노덕서원
북청

평 안 도

신의주

함흥

황 해 도

파산서원
숭양서원
봉양서원
문회서원
자운서원
이이(서인에 사상적 영향)
우저서원

장연
배천 개성 파주
파주
김포 한양
포천
연천 철원

충렬서원
미강서원
허목(숙종 때 남인)
용연서원

강 원 도

춘천
강릉

신석서원
남구만(숙종 때 소론)

경 기 도

심곡서원
화양서원
송시열(숙종 때 노론)
돈암서원
김장생

용인
충주
괴산
공주
논산

평양

소수서원
주세붕

도산서원
이황(남인에 사상적 영향)

병산서원
류성룡(남인)

영주
안동
안동

충 청 도

경 상 도

무성서원
필암서원

정읍
전주
장성 광주
목포

포항
대구
달성
경주
함양
산청 울산
진주
동래

옥산서원
이언적

도동서원

남계서원

안락서원

전 라 도

창열사

덕천서원
조식(북인에 사상적 영향)

의 권력을 강화할 수 있었다.

붕당과 손을 잡고 나라를 운영해야 했다는 것은 조선 전기에 비해 국왕의 힘이 약화되고 붕당을 결성한 사대부들의 힘이 강해졌음을 의미한다. 이들은 비변사와 같은 정치기구를 장악하고, 훈련도감을 비롯한 군사조직을 기반으로 권력을 손에 쥐었다. 정치적 입장을 같이하는 붕당과 손잡거나 경쟁관계에 있는 붕당을 축출 또는 견제하면서 정치적 주도권을 행사했다. 한편 자신들의 정치 행위에 책임을 져야 했으므로, 국가에 어떤 일이 생기면 과거의 사례를 참고하고 여러 의견을 두루 모아 정책에 반영하는 공론 정치를 펼쳤다. 사회 실천을 위해 성리학을 어떻게 해석할 것인가, 그리고 어떤 정책을 시행할 것인가를 놓고 치열한 토론을 벌였다. 이 과정에서 설사 자신들과 대립하는 붕당에 속한 인물이라도 필요하면 정치에 참여시키기도 했다. 그래서 한동안 여러 붕당이 대립하고 견제하면서 함께 나라를 통치하는 방식을 취했다.

붕당은 선조 때 관리의 인사권과 외척의 정치 참여 배제 범위를 둘러싼 의견 차이로 동인과 서인이 갈라진 것이 시작이었다. 동인은 다시 서인과 협력을 모색한 남인, 강경 대립한 북인으로 나뉘었다. 광해군 때는 북인이 권력을 잡았지만, 서인이 주도한 인조반정 이후에는 서인과 남인이 손을 잡고 조정을 이끌었다.

그러나 붕당 간의 대립과 갈등이 점차 심화하자, 붕당 간의 협력과 견제, 병존이라는 원리가 깨지고 특정 붕당이 권력을 독점하는 방향으로 바뀌었다. 경쟁관계에 있는 다른 붕당 사람들을 조정에서 완전히 몰아내고 특정 붕당이 권력을 독점하는 정치 형태가 나타났다. 숙종은 이런 정치 상황을 이용하여 서인과 남인이 권력을 장악하는 것을 번갈아 지원함으로써 약해진 왕권을 다시 강화하고자 했다. 그렇지만 이 과정에서 적지 않은 유학자들의 희생이 뒤따랐으며, 결과적으로 붕당 간의 대립은 더욱 치열해졌다.

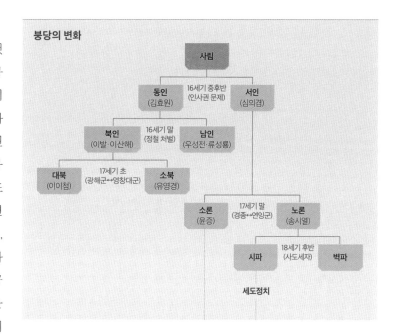

붕당의 변화

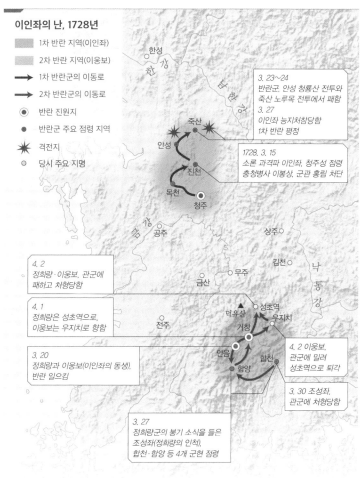

이인좌의 난, 1728년

● 이인좌의 난은 영조 때 소론이 일으킨 반란이다. 숙종 말년 소론은 세자(경종)를 지지한 반면, 노론은 경종의 이복동생 연잉군(영조)을 지지했다. 경종이 왕위에 오르자 소론이 노론의 주요 인물을 숙청했지만 경종이 4년 만에 죽고 영조가 왕위에 오르자 상황이 바뀌었다. 노론이 권력을 장악하자, 영조가 경종을 독살했다는 소문이 퍼진 것을 기회로 이인좌, 정희량을 비롯한 소론의 강경파는 반란을 일으켰다. 그러나 이인좌의 난은 쉽게 진압되었고, 소론은 더욱 약화되어 사실상 소멸했다. 이후 조정은 더욱 노론 중심으로 운영되었다.

조세제도의 개편과 사회 변화

조선 후기 도별 인구와 실제 징수 대상

- 도별 호수(1789)
- 도별 인구수(1789)
- 도별 실제 징수 대상
  (1789~1797 평균, 단위: 결)

임진왜란과 병자호란으로 나라 경제의 근간인 토지·조세제도가 뿌리째 흔들렸다. 토지가 황폐해지고 노동력도 줄어들어 제대로 경작을 하지 못함에 따라 농업 생산력이 크게 줄어들었다. 양전이 제대로 시행되지 못하면서 국가의 재정 수입은 줄어든 반면, 농민의 입장에서는 경작하지 않은 땅이 세금을 내야 할 농지로 기록되어 있는 경우도 있었다. 조선 조정은 전후 경제를 복구하고 재정을 확보하기 위한 경제정책과 조세제도 개편을 추진했다.

임진왜란이 끝나고 조정은 농업의 실태를 파악하고 국가 재정을 확보하기 위해 양전을 시행했다. 그러나 인력과 비용이

많이 들어 지속적으로 실시하기는 어려웠다. 더욱이 곧이어 일어난 병자호란이 어려움을 가중시켰다.

수취제도의 기본이자 국가 재정의 근간이 되는 전세는 영정법으로 바뀌었다. 이제까지 전세는 풍년과 흉년의 정도에 따라 토지 1결에 4~20두를 납부했다. 그러나 계산이 복잡한 데다가 매년 풍흉의 정도를 책정하기도 힘들었다. 영정법을 마련해 전세를 사실상 토지 1결당 4두로 고정했다. 그러나 전세를 줄이는 대신 토지에 여러 명목을 붙여 새로운 세금을 징수한 탓에 농민의 부담은 줄지 않았다. 더구나 전세제도의 개편은 토지를 가진 농민에게 해당하는 것이므로, 다른 사람의 땅을 경작하는 전호농민들에게는 도움이 되지 않았다.

조세 개편에서 가장 주목되는 것은 대동법이다. 방납의 폐단을 줄이고 공납 부담을 균등하게 한다는 취지로 임진왜란 중에 이미 공물을 쌀로 거두는 수미법의 시행이 논의되었다. 임진왜란이 끝나고 광해군 대에 경기도에서 '수미법'이라는 이름으로 대동법이 시행되기 시작했다. 그러나 이 법을 두고 양반 지배층 사이에도 입장이 갈렸다. 조정에서 일하는 중앙의 양반 관리들은 대동법을 지지한 반면, 지역의 양반 지주들은 반대했다. 이 때문에 대동법을 다른 지역으로 확대하는 데는 어려움이 있었다. 결국 1608년 경기도에서 시작된 대동법이 1708년 황해도로 확대되기까지 100년이라는 시간이 걸렸다.

대동법은 각 지역에서 거두어들이는 공물을 쌀로 대신 납부하게 했다. 산이나 바닷가 인접 지역에서는 쌀 대신 돈이나 목면을 받았다. 다만 함경도, 평안도, 제주도는 공납으

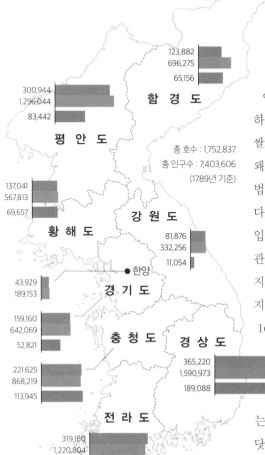

함경도
123,882
696,275
65,156

평안도
300,944
1,296,044
83,442

총 호수 : 1,752,837
총 인구수 : 7,403,606
(1789년 기준)

황해도
137,041
567,813
69,657

강원도
81,876
332,256
11,054

● 한양

경기도
43,929
189,153

충청도
159,160
642,069
52,821

경상도
365,220
1,590,973
189,088

전라도
221,625
868,219
113,945

319,160
1,220,804
199,483

조선 후기 대동법의 시행

경기	1608년 실시		대동법 시행 유보 지역
강원	1624년 실시	●	대동청
충청	1651년 실시	●	조선 후기의 조창
전라	1658년 실시		(『만기요람』(1808) 수록)
경상	1677년 실시	→	조창까지의 경로
황해	1708년 실시		

함경도

평안도
평양

황해도
해주

경기도
경창
선혜청 균역청 진휼청
한성
수원

강원도
춘천
원주 — 강원 대동청
가흥창
충주

공진창
아산

충청도
호서 대동청
공주
대전

군산창
성당창
호남 대동청
옥구(군산)
함열(익산)
전주

경상도
대구
영남 대동청
삼랑창
밀양
울산

법성포창
영광

전라도
나주
진주
마산
마산창
부산
가산창

제 주 도

로 거둔 쌀을 중앙으로 옮기는 대신 현지에서 사용하게 했다.

조정은 공납미를 공인(貢人)이라는 상인에게 나누어 주고, 국가가 필요한 물품을 납부하게 했다. 대동법은 토지에 세금을 부과하는 것이므로 토지가 없거나 적은 농민은 공납의 부담이 줄어들었으며 국가도 재정 수입의 안정을 찾을 수 있었다. 그러나 대동법은 점차 재정 수입을 늘리는 수단으로 변질되었다. 조정이 지역에서 중앙으로 올려야 하는 대동미의 양을 늘리자, 지방 수령들은 쌀이나 곡물 이외의 농업 생산물에 새로 세금을 매기는 등 그 부담을 농민에게 떠넘겼다. 따라서 공납으로 인한 문제가 완전히 해소되지는 못했다.

공납과 더불어 농민의 큰 부담이었던 군역도 바뀌었다. 조선 중기에 대부분의 농민은 병사로 근무하는 대신 1년에 베 2필을 군포로 납부했는데, 균역법에서는 이를 1필로 줄이는 대신 부족한 수입은 누락된 토지를 찾아내어 세금을 징수하고, 일부 하급 양반층에게도 세금을 부과하는 등의 방법으로 보충했다. 이렇게 해도 부족한 양은 소금이나 배 등의 어업에서 세금을 걷고 토지에 새로운 세금인 결작(結作)을 매겨서 보충했다. 더구나 군역도 여전히 불공평했다. 권세 있는 집안은 군역에서 빠지는 반면, 농민들은 군역의 대상이 아닌데도 장부에 기재되어 있다는 이유로 군포를 납부해야 하는 경우도 있었다.

조선 후기 조세제도의 개편은 기본적으로 토지를 가진 농민의 부담을 줄이고 국가의 재정 수입을 확보하는 방향으로 전개되었다. 그렇지만 새로운 항목을 만들어 줄어든 세금을 보충한 데다가 조세 수취가 체계적이고 공정하게 운영되지 못해 농민 생활의 향상에 별 도움이 되지 못했다. 다만 이러한 개혁은 조선 중기 이후의 사회 변화를 반영한 것이라는 데 의의가 있다. 또한 대동법의 시행은 상업의 활성화와 자본력을 갖춘 상인층의 확산을 촉진했다.

대동법 시행 기념비 1659년 대동법을 시행한 김육의 공적을 기려 만든 비석의 앞면이다. "상국 김공 육 영세불망비"라는 제목 좌우에 "대동법을 창설하다. 부역을 살펴 백성을 편안히 하다(創設大同 省徭便民)"라는 글귀가 있다.

산업의 발달과 경제 변화

두 차례에 걸친 대규모 전쟁으로 사회 혼란과 정치적 대립이 격화되었지만, 다른 한편으로 조선 후기 사회는 생산력이 높아져 경제 활동의 양상이 다양해지고 민간 경제가 촉진되었다. 농업과 상업, 수공업, 광업 등 여러 산업이 서로 영향을 주고받으면서 발달했다.

벼농사에서는 이앙법이 확대되어 농민의 노동력 부담이 줄고 벼 생산이 증가했다. 이앙법의 확산은 이 시기 저수지나 보 같은 수리시설이 확대된 데 힘입은 것이었다. 밭농사에서는 밭을 깊게 갈고 고랑에 보리나 밀, 호밀, 귀리와 같은 작물을 심는 견종법이 보급되어 식량작물의 생산이 늘어났다. 견종법의 보급에는 쟁기의 개량이 큰 몫을 했다. 또한 이앙법과 견종법의 보급으로 봄부터 가을까지 벼농사를 지은 다음 겨울에 맥류를 심는 이모작이 가능해졌다. 농업 생산의 증가는 시장의 발달을 촉진했다. 전국 곳곳에는 정기 시장인 장시가 들어섰다. 농민들은 생산한 농산물을 거주지 주변 장시에 내다팔았다.

장시의 활성화와 함께 여러 지역에서 자본력을 갖춘 대규모의 상인들이 등장했다. 이들은 특정 지역을 거점으로 상업 활동을 하거나 생산물을 독점하여 전국에 보급함으로써 경제적 이득을 취했다. 가장 대표적인 상인이 한강을 무대로 한양 등지에서 활동한 경강상인이다. 이들은 처음에는 운송업으로 돈을 벌었지만, 점차 상품의 위탁 판매, 보관, 숙박, 더 나아가 금융업까지 활동을 확대했다.

이런 상인 중에는 무역업까지 겸하는 경우가 있었다. 청이나 일본과의 무역은 큰 이익을 보장했기 때문이다. 개경의 송상은 중국에 인삼을 수출하거나 청·일본 간 중개 무역으로 돈을 벌었다. 의주에서는 중국과 교역하는 만상이, 동래에서는 일본과 거래하는 내상이 활발히 활동했다. 이와는 별도로 대동법의 시행에 따라 조선 조정에서 사용할 물품을 조달하는 공인(貢人)도 대상으로 성장했다. 공인은 조정으로부터 자금을 지원받는 데다가 사들인 물건을 조정에 납부하면 되었기 때문에 독점적이면서 안정적으로 상행위를 할 수 있었다.

이런 사상(私商)의 활동으로 조선 조정에 세금을 내고 필요한 물건을 조달하는 시전상인과 충돌이 불가피해졌다. 시전상인은 사상을 사회를 어지럽히는 상인이라는 의미로 난전(亂廛)이라고 불렀으며, 조정은 한때 시전상인에게 난전을 금하는 권리인 금난전권(禁亂廛權)을 부여하기도 했다. 그렇지만 난전의 성장이라는 시대적 흐름을 막을 수는 없어서 조정은 결국 금난전권 폐지 쪽으로 정책 방향을 바꾸었다. 이제 한양을 비롯한 도시 곳곳에는 장시가 아닌 상설 시장이 문을 열었다.

수공업에서도 민간의 활동이 활발해졌다. 민영 수공업자들은 정부가 필요로 하는 물품을 주

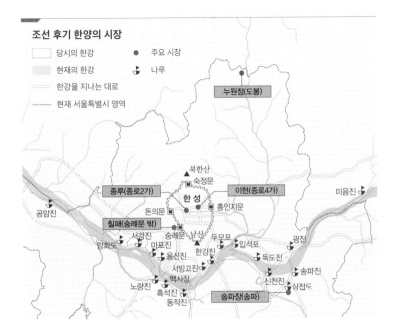

조선 후기 한양의 시장

- ☐ 당시의 한강
- ▨ 현재의 한강
- ── 한강을 지나는 대로
- ---- 현재 서울특별시 영역
- ● 주요 시장
- ⚓ 나루

누원점(도봉)

북한산 ▲
숙정문
종루(종로2가)
이현(종로4가)
돈의문
한 성
흥인지문
미음진
공암진
칠패(숭례문 밖)
숭례문
남산
두모포
입석포
서강진
마포진
한강진
광진
양화도
용산진
독도진
서빙고진
송파진
백사장
신천진
삼전도
노량진
흑석진
동작진
송파장(송파)

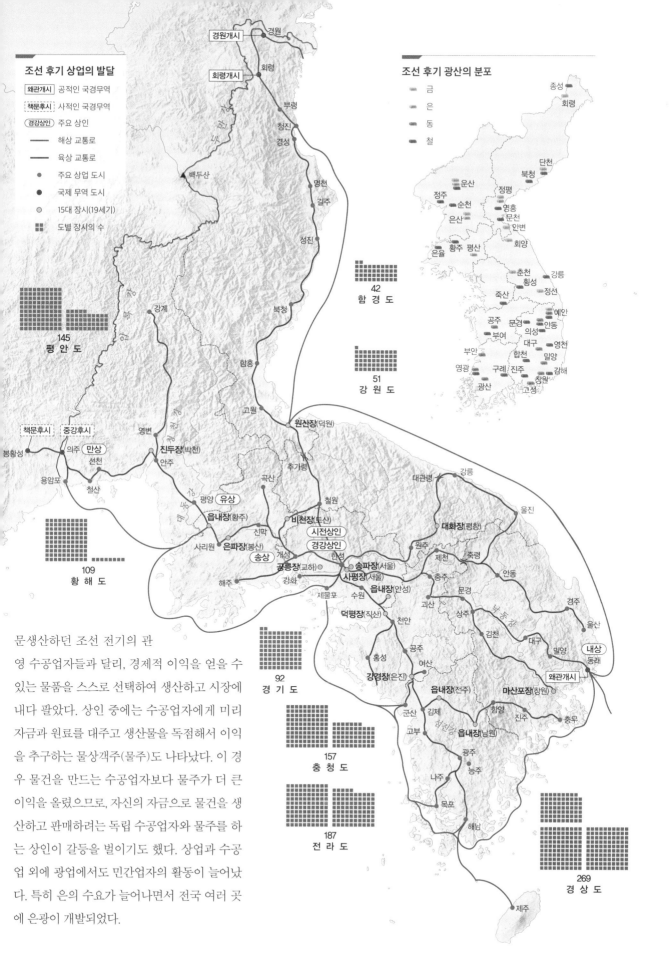

조선 후기 상업의 발달

왜관개시	공적인 국경무역
책문후시	사적인 국경무역
경강상인	주요 상인

━━ 해상 교통로
━━ 육상 교통로
● 주요 상업 도시
● 국제 무역 도시
◉ 15대 장시(19세기)
▦ 도별 장시의 수

조선 후기 광산의 분포

▦ 금
▦ 은
▦ 동
▦ 철

경원개시 경원
회령개시 회령
부령
청진
경성
백두산
명천
길주
성진
강계
북청
함흥
고원

42 함 경 도

51 강 원 도

145 평 안 도

책문후시 중강후시
봉황성 의주 만상
용암포 선천
철산
안주
진두장(박천)
영변
평양 유상
곡산
읍내장(황주)
선막
사리원 은파장(봉산)
해주 송상
강화
제물포

원산장(덕원)
추가령
철원
비천장(토산)
시전상인
경강상인
개성 한성
공릉장(교하)
송파장(서울)
사평장(서울)
읍내장(안성)
수원
덕평장(직산)
천안
과산
공주 여산
강경장(은진)
군산 김제
고부
읍내장(전주)
광주
나주
능주
목포
해남

109 황 해 도

대화장(평창)
강릉
대관령
울진
원주
제천
죽령
충주
문경
안동
상주
김천
경주
대구
밀양
울산
내상
동래
왜관개시
마산포장(창원)
진주
충무
함양
읍내장(남원)

92 경 기 도

157 충 청 도

187 전 라 도

269 경 상 도

제주

종성
회령
단천
북청
운산 정평
정주 순천 영흥
은산 문천
안변
은율 황주 평산 회양
춘천 강릉
죽산 횡성 정선
공주 문경 예안
부여 의성 안동
부안 대구 영천
합천 밀양
영광 구례 진주 김해
광산 고성

문생산하던 조선 전기의 관
영 수공업자들과 달리, 경제적 이익을 얻을 수
있는 물품을 스스로 선택하여 생산하고 시장에
내다 팔았다. 상인 중에는 수공업자에게 미리
자금과 원료를 대주고 생산물을 독점해서 이익
을 추구하는 물상객주(물주)도 나타났다. 이 경
우 물건을 만드는 수공업자보다 물주가 더 큰
이익을 올렸으므로, 자신의 자금으로 물건을 생
산하고 판매하려는 독립 수공업자와 물주를 하
는 상인이 갈등을 벌이기도 했다. 상업과 수공
업 외에 광업에서도 민간업자의 활동이 늘어났
다. 특히 은의 수요가 늘어나면서 전국 여러 곳
에 은광이 개발되었다.

향촌사회의 변화

조선 후기의 사회경제 변화는 향촌의 질서에도 영향을 미쳤다. 조선의 향촌사회를 지배한 이들은 성리학을 사상적 기반으로 하던 재지사족이다. 이들은 중앙정치와 거리를 두면서 유향소를 중심으로 향촌사회에서 영향력을 행사했다. 그러나 조선 중기 이후 전통적 신분질서가 흔들리면서 향촌에서 재지사족의 힘이 약해졌다.

조선 후기에 접어들어 신분이나 출신 외에 경제력이 사회적 지위를 정하는 또 하나의 중요한 힘이 되기 시작했다. 새롭게 성장한 부민(富民), 즉 '신향(新鄕)'은 경제력을 바탕으로 향촌사회에서 영향력을 행사하려고 했다. 반면 전통적인 사족, 즉 '구향(舊鄕)'은 기존의 독점적 권세를 그대로 유지하고자 했다. 그 결과 양자 간에 향전(鄕戰)이 발생했다.

조선 후기의 사회 변화는 양반 사대부층에게 위기의식으로 다가왔다. 경제력이 중시되고 전통적 신분질서가 흔들리자, 양반 사족들은 이에 대한 대처 방안으로 향촌에서 유교적 사회질서를 강조했다. 이들은 유교이념에 기반을 둔 사회생활을 인간이 지켜야 할 윤리로 내세웠다. 향약은 그런 사회윤리를 이념화한 것이었다. 향약은 조선 전기부터 유교이념의 사회적 실천을 위해 만들어졌지만, 조선 중기 이후에 더욱 체계화했다. 특히 조선 성리학의 계보에서 절대적 위치를 차지하는 이황과 이이의 향약은 모범이 되었다. 조선 후기 양반들은 향약을 향촌사회의 결속력을 높여 자신들의 지위를 높이는 수단으로 이용했다.

신분적 지배질서가 흔들리는 상황에서, 양반 사족들은 자기 집안이나 친족의 결속력을 강화하여 이런 위기를 극복하고자 했다. 이들은 특정 지역을 선택해서 자기 집안이나 친족이 모여 사는 동족마을을 만들었다. 중앙에서 높은 벼슬을 하다가 은퇴하면 자신의 출신지로 내려오거나 새로 향촌사회에 정착했다. 이런 동족마을에서는 집안과 친족들이 지켜야 하는 종법(宗法)을 만들어 문중의 조직을 체계화했다. 가묘(家廟)를 세워 결속력을 다지고 문중의 토지를 마련하여 마을을 유지하기 위한 경제적 기반으로 삼았다. 혼인도 가문의 결정에 따라 일정한 범주의 사람들과 했다. 동족마을 중 2개 성씨가 함께 마을을 형성하는 경우 주도권을 놓고 갈등과 대립이 벌어지기도 했다.

동족마을은 고려나 조선 전기 때도 존재했지만, 조선 후기에 크게 늘어났다. 오늘날 우리에게 익숙한 민속마을 중 대부분은 조선 후기에 지금과 같은 모습으로 만들어진 것이다. 예컨대 영국 엘리자베스 여왕이 방한했을 당시 방문할 정도로 유명한 안동의 하회마을은 오래전부터 있었지만, 여러 성씨가 함께 살다가 지금처럼 풍산 류씨의 동족마을이 된 것은 18세기 이후다. 서울에서 멀지 않은 데다 지금도 사람들이 거주하고 있어서 드라마 촬영지로 인기를 끄는

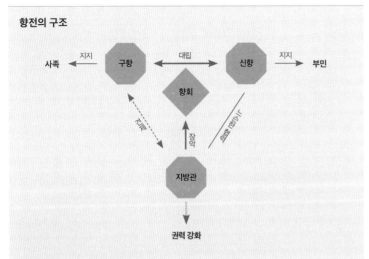

향전의 구조

사족 ← 지지 — 구향 ↔ 대립 ↔ 신향 — 지지 → 부민

향회

견제

장악

지방관

권력 강화

● 조선 후기에 접어들어 구향(전통적인 재지사족)과 신향(새로 영향력을 확대하던 부민) 간에 갈등과 대립이 발생했는데, 이를 향전이라고 한다. 신향은 애초부터 재지사족과 갈등하던 지방관과 협력하면서 향촌사회에서 영향력을 키웠다. 지방관은 신향을 이용하여 향촌사회의 토착 양반을 견제하면서 권력을 강화하기도 했다.

충남 아산의 외암리가 지금의 이름이 된 것은 숙종 때 이곳에 살게 된 예안 이씨 이간의 호를 땄기 때문이다. 경주의 양동마을은 이보다 앞선 조선 전기에 자리를 잡았지만, 조선 후기에 지금과 같은 마을의 모습을 갖추었다. 조선 후기에 크게 늘어난 동족마을은 근대에도 전국에 수천 개가 존재했으며, 근래에도 전국 여러 곳에서 그 흔적을 찾아볼 수 있다.

그렇지만 양반 사족들의 이런 노력도 조선 후기의 사회 변화를 가로막지 못했다. 급격한 변화의 과정에서 사회의 구성원들은 더욱 복잡한 양상을 띠며 다양하게 분화했다. 양반들 중 상당수는 사회적 지위나 경제력의 측면에서 몰락하여 평민이나 다름없게 되었다. 혼란스러운 상황에서 많은 농민들은 이전보다 어려운 삶을 살아야 했다. 양반 사족과 몰락 양반, 부민과 가난한 농민들 간에도 새로운 갈등이 생겨났다. 권력이 강화된 지방 관리들도 자신들의 이익을 모색했다. 다양한 사회 세력은 서로 갈등하기도 했지만, 때로는 손을 잡고 자신들의 어려움을 해결하고자 했다.

전국의 동족마을

- 왕곡마을(양근 함씨·강릉 최씨) — 고성
- 맹골마을(수원 백씨) — 양주
- 갈월마을(연안 이씨) — 용인
- 풍덕마을(전주 이씨) — 충주
- 외암민속마을(예안 이씨) — 아산
- 무성마을(반남 박씨·선성 김씨) — 봉화
- 닭실마을(안동 권씨) — 영주
- 주실마을(한양 조씨) — 영양
- 하회마을(풍산 류씨) — 안동
- 괴시마을(영양 남씨) — 영덕
- 유교민속마을(은진 송씨) — 대전
- 양동마을(월성 손씨·여강 이씨) — 경주
- 왕정마을(남양 제갈씨) — 무주
- 한개마을(성산 이씨) — 성주
- 개평마을(풍천 노씨·하동 정씨) — 함양
- 외덕마을(홍주 송씨) — 무안
- 방촌문화마을(장흥 위씨) — 장흥

안동 하회마을

❶ 옥연정사
1586년 류성룡이 학문 연구와 제자 양성을 위해 지음. 『징비록』을 집필한 곳. '옥연(玉淵)'은 부용대 아래의 소(沼)를 가리킴

❷ 병산서원
1613년 존덕사를 창건하고 류성룡과 그의 셋째 아들 류진을 배향. 1614년 병산서원으로 개칭

❸ 하동고택
1836년 용궁현감을 지낸 류교목이 지음

❹ 겸암정사
1567년 겸암 류운룡(류성룡의 형)이 학문 연구와 제자 양성을 위해 건립

❺ 부용대
하회마을의 전경을 볼 수 있는 곳

❻ 화천서원
1786년 류운룡의 학덕을 기려 유림들이 세움

❼ 상봉정
류성룡이 이곳의 풍광을 보고 '서애'로 호를 삼았다고 전함

❶ 만송정 숲
선조 때 류운룡이 부용대의 기를 완화하기 위해 1만 그루의 소나무를 심음

❷ 빈연정사
1583년경 지어 류운룡이 서재로 사용하던 곳으로, 서북쪽으로 겸암정과 부용대가 보임

❸ 원지정사
1573년 류성룡이 부친상으로 조정에서 물러나 지은 것으로, 병이 났을 때 요양하던 곳

❹ 양진당
류운룡의 종택이자 풍산 류씨 대종택. 1600년대 건립 추정. 일반 주택으로는 규모가 큰 조선시대 별당 건축물

❺ 충효당
후손과 문하생이 류성룡의 유덕을 기리기 위해 지음. 하회마을의 대표 가옥

❻ 화경당(북촌댁)
하회마을 북촌을 대표하는 집. 72칸으로 규모가 가장 큼

❼ 염행당(남촌댁)
충효당과 함께 하회마을 남촌을 대표하는 집

❽ 작천고택
류도관의 호를 따서 이름 지음. 조선 중기에 지은 것으로 추정

❾ 양오당(주일재)
류성룡의 증손 류만하가 충효당에서 분가하면서 지음

하회마을 전경

대중문화의 확산과 다양화

호랑이와 까치 한국인이 좋아하는 호랑이와 까치를 소재로 그린 민화이다. '호작도(虎鵲圖)'라고도 한다. 권력자를 상징하는 호랑이는 바보스러운 모습인 반면, 민초를 상징하는 까치는 당당하다. 이와 같은 표현을 통해 신분 간 갈등을 풍자했다.

한 하급 관리들은 시사(詩社)를 만들어 문학 활동을 했다. 이들의 창작 활동은 주로 한문으로 시나 시조를 짓는 것이었으므로 사대부와 마찬가지로 고급 예술 활동이었다. 그렇지만 권력과는 거리가 먼 사람들인 데다가, 자신들의 정서와 생활을 솔직히 표현하고 있다는 점에서 차이가 있다. 이들을 일반 사람들을 가리키는 위항인(委巷人) 또는 여항인(閭巷人), 이들의 창작활동을 위항문학, 여항문학이라고 부르는 이유도 여기에 있다. '위항'과 '여항'은 일반 백성의 집이 모여 있는 곳과 같이 좁고 누추한 거리라는 뜻이다. 이들은 창작 활동을 매개로 사람들을 사귀고 권세가와 교류하여 사회적 지위의 향상을 모색하기도 했다.

이런 경향을 문학의 형식과 내용에서도 찾아볼 수 있다. 시조의 자구가 늘어나 산문체가 된 사설시조나 서사적인 이야기를 가락에 맞춰 소리로 진행하는 판소리가 나타났다. 사설시조나 판소리는 하층 양반, 예능인, 부녀자, 기생 등이 불렀는데, 사회를 풍자하거나 서민의 삶을 내용으로 하는 경우가 많았다.

원래 궁중이나 양반 상류층의 문화였던 것이 대중으로 확산되는 경우도 생겼다. 탈을 쓰고 춤을 추는 산대놀이는 궁중에서 공연되던 예술이었다. 그러나 과다한 인력 동원과 비용, 궁중 행사에 걸맞은 시설 준비의 어려움, 연기자의 부상 등 잦은 사고로 중단되고 산대도감이 폐지되자, 예능인들이 민간 활동으로 전환한 것이다. 지금의 서울 송파나 경기도 양주와 퇴계원 등 당시 한양 인근으로 퍼진 산대놀이는 장시 등에서 소규모 야외 가면극 형식으로 공연되었다. 탈춤도 전국 여러 지역에서 자리를 잡아갔다. 산대놀이나 탈춤은 사회 풍자, 양반이나 승려의 위선적 행위에 대한 풍자, 여성이나 서민

조선 후기의 사회 동향은 문화 주체의 변화를 가져왔다. 양반 사대부 중심에서 다른 계층으로 문화의 주체가 확대된 것이다. 지적 소양을 갖추었으면서도 신분의 한계로 상위 관직에 진출할 수 없었던 중인층이나 서얼, 양반 사대부이기는 하지만 정치권력에서 배제된 지식인들, 그리고 많은 수는 아니지만 경제력을 바탕으로 지위 상승을 꾀하던 평민들이 문화 생산의 주체로 합류했다. 이들이 생산하는 문화의 성격도 양반 사대부와 차이를 보였다. 양반 사대부의 문화가 성리학적 사회질서 속에서 삶을 즐기기 위한 것이라면, 새로운 문화는 민중의 처지를 드러내거나 그들의 삶과 생각을 담았다.

사회를 풍자하거나 사회 문제를 비판적으로 다루는 경우도 있었다. 주요 관직에 오르지 못하거나 경제력이 떨어져 상류층의 지위를 유지하지 못하는 양반, 중인이나 서얼, 서리를 비롯

의 애환과 해학 등을 담았다. 천민 집단에 속하는 재인 중에서 무리를 지어 떠돌아다니면서 곡예를 보여주고 연예 활동을 하는 사당패도 늘어났다. 이들의 공연도 당대의 단순한 즐길 거리라는 측면을 넘어, 춤과 노래에 재주를 곁들인 종합예술의 성격을 가진다. 흥선대원군이 경복궁 공사를 할 때 지친 인부들을 위로하기 위해 사당패를 불러 공연을 마련했다고 전해진다.

그림 중에서 조선 후기 사회 변화를 잘 반영하는 것은 민화이다. 이전에도 존재했지만 크게 유행한 것은 조선 후기이다. 민화는 민중의 생각이나 생활 풍속을 담은 그림으로, 오래 살고 싶은 마음, 부자가 되고 싶은 욕망, 신이나 무서운 동물 등의 존재와 가까워지고 싶은 마음, 좋은 일이 일어날 것을 알려주는 징조 등 다양한 소망을 담았다. 이전에는 양반이 취미로 그리거나 국가의 공식 행사를 궁중 도화서 화원이나 지방 관청의 화공이 그렸다. 반면 민화는 장식용으로 사용된 대중적이고 실용적인 그림이다. 민화 화가 중에는 화원도 있지만 승려나 그림에 재능 있는 일반 평민도 많았다. 장시를 비롯한 전국 각지를 돌아다니면서 민화를 그리고 파는 사람도 있었다. 그러기에 민화는 한국 민중의 미의식과 정서를 가장 잘 표현한 그림이라는 평가를 받는다.

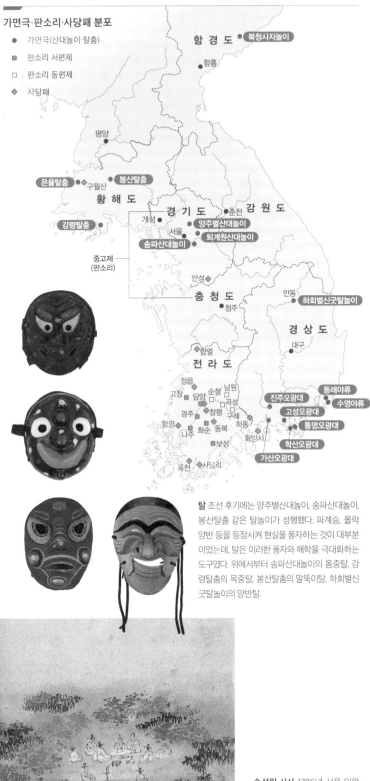

가면극·판소리·사당패 분포
- ● 가면극(산대놀이·탈춤)
- ■ 판소리 서편제
- □ 판소리 동편제
- ◆ 사당패

함경도 · 북청사자놀이
함흥
평양
은율탈춤 · 구월산 · 봉산탈춤
황해도
개성 · 춘천 · 강원도
경기도
강령탈춤 · 서울 · 양주별산대놀이
송파산대놀이 · 퇴계원산대놀이
중고제(판소리)
안성 ◆
충청도 · 안동 · 하회별신굿탈놀이
청주
경상도
대구
함열
전라도
정읍 · 순창 · 남원
고창 · 담양 · 곡성 · 동래야류
광주 · 창평 · 구례 · 진주오광대 · 수영야류
함평 · 화순 · 동복 · 하동 · 고성오광대
나주 · 보성 · 화방사 · 통영오광대
옥천 · 사당리 · 학산오광대
가산오광대

탈 조선 후기에는 양주별산대놀이, 송파산대놀이, 봉산탈춤 같은 탈놀이가 성행했다. 파계승, 몰락 양반 등을 등장시켜 현실을 풍자하는 것이 대부분이었는데, 탈은 이러한 풍자와 해학을 극대화하는 도구였다. 위에서부터 송파산대놀이의 옴중탈, 강령탈춤의 목중탈, 봉산탈춤의 말뚝이탈, 하회별신굿탈놀이의 양반탈.

송석원 시사 1786년 서울 인왕산 아래에 있는 옥류동의 송석원에서 결성한 중인의 문학단체. 중인들의 교류와 권익 추구가 목적이다. 시회를 열고 시선집을 내는 등 활발한 활동으로 위항문학의 전성기를 가져왔다. 김홍도 작.

조선 후기의 대외관계

임진왜란과 병자호란 이후 사대교린이라는 조선의 기본적 외교 노선은 더 이상 유지되지 않았다. 그렇지만 조공책봉체제에 기반을 둔 동아시아 전통질서 자체가 무너진 것은 아니었다. 조선은 청과 군신관계를 맺고 명 대신 청에게서 책봉을 받았다. 명이 멸망한 다음 조선이 중화를 이어받았다는 소중화의식을 가지고 있던 일부 성리학자들 사이에서는, 병자호란의 치욕을 갚고 재조지은(再造之恩)을 준 명을 재건해야 한다는 의식이 존재했다. 이런 관념은 청에서 인질 생활을 하고 귀국해서 즉위한 효종의 북벌론으로 나타났다.

그러나 북벌은 당시 조선의 군사력과 국력으로 볼 때 실현 불가능한 계획이었으며, 결국 이행되지 않았다. 오히려 북벌은 흔들리는 성리학적 질서를 복구하고 양반 사대부의 내부 결속을 다지는 데 목적이 있었다.

조선은 명에 사신을 보냈던 것처럼 청에 1년에 3~4차례 정기적으로 사신을 보냈다. 사신 등의 왕래로 교류가 잦아지면서 조선의 일부 유학자들이 청의 사회와 문화를 새롭게 인식하기 시작했다. 이들 사이에서 청의 발달한 문물을 받아들여 조선사회를 부강하게 하자는 북학론이 나타났으며, 청을 통해 서구 문물이나 사상을 접하는 이들도 있었다.

18세기 들어 청과 조선 사이에 국경 문제가 발생했다. 청을 세우고 중국대륙 전체를 차지한 만주족은 자신들의 근거지인 만주 지역에 다른 나라나 종족 사람들이 들어와 살지 못하도록 하는 봉금정책을 취했다. 그러나 흉년 등으로 생활이 어려워지면, 함길도 지역의 조선인들 가운데 만주로 넘어가 농사를 짓는 이들이 상당수 있었다. 이 때문에 청과 조선의 국경이 애매해지고 분쟁이 발생할 소지가 생기자, 청은 사신을 보내 조선과 청의 경계를 명확히 하자고 했다. 조선과 청은 1712년 국경을 압록강과 토문

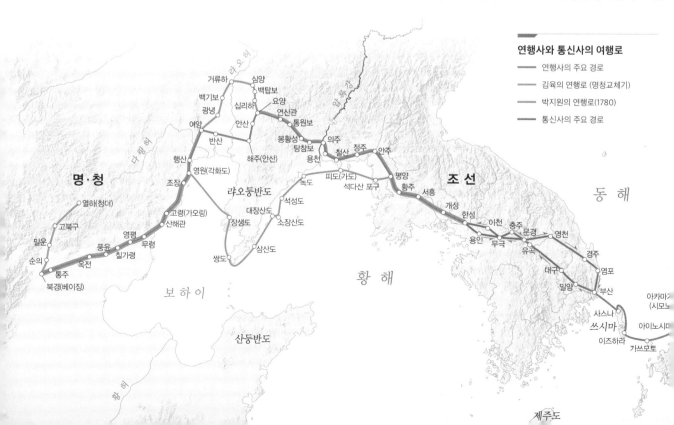

연행사와 통신사의 여행로
— 연행사의 주요 경로
— 김육의 연행로 (명청교체기)
— 박지원의 연행로(1780)
— 통신사의 주요 경로

명·청   조 선   동 해

열하(청더)
고북구
밀운
순의
옥전   풍윤   영평   무령
통주   칠가령
북경(베이징)
보 하 이
황 해
산동반도

고령(가오링)
산해관
조장
영원(각화도)
행산
반산
여양
광녕
백기보
거류하   심양
백탑보
십리하   요양
안산   연산관
통원보
봉황성   의주
탕참보   철산   정주   안주
용천   평양
독도   황주   서흥
피도(가도)   개성
석단산 포구   한성   이천   충주
석성도   용인   무극   문경
대장산도   유곡   영천   경주
소장산도   대구   밀양   염포
장생도   부산
삼산도   아카마
쌍도   사스나   (시모노
쓰시마   아이노시마
이즈하라
가쓰모토

라오둥반도
해주(안산)

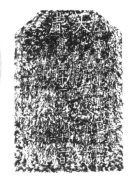

백두산 정계비 탁본 조선과 청의 국경선을 표시하기 위해 세운 백두산 정계비의 탁본이다. '대청(大淸)'이라는 두 글자 아래 "오라총관 목극등이 황제의 뜻을 받들어 변경을 답사해 이곳에 와서 살펴보니 서쪽은 압록강이 되고 동쪽은 토문강이 되므로 분수령 위에 돌에 새겨 기록한다. 강희 51년(1712) 5월 15일"이라고 새겨져 있다. 정계비는 1931년 만주사변 직후에 없어졌으므로, 이 탁본은 그 전에 뜬 것이다.

강으로 확정한다는 내용으로 백두산 정계비를 세웠다. 그러나 19세기 말에 백두산 정계비에서 말하는 토문강이 어디인지를 놓고 두 나라 간에 분쟁이 생겼다. 토문강에 대해 청은 두만강이라고 주장한 반면, 조선은 쑹화강의 지류라고 주장했다.

일본과는 임진왜란이 끝난 직후 에도막부의 요청을 받아들여 다시 교류를 시작했다. 1607년 임진왜란 후 처음 건너간 조선 사절단은 전쟁 때 끌려간 조선인 포로를 돌려받는 데 목적을 둔 '회답 겸 쇄환사'였다. 쇄환사는 일본에 가서 포로 송환 및 국교 재개의 조건을 의논했다.

이후 1811년까지 모두 12차례 통신사가 파견되었다(쇄환사 포함).

통신사는 정기 사절단은 아니었으며, 대체로 막부의 수장인 쇼군이 취임할 때 일본의 요청을 받아 파견되었다. 한양에서 출발한 통신사는 부산에서 배를 타고, 쓰시마를 거쳐 일본의 시모노세키에서 내린 다음 다시 수로와 육로를 이용해 막부가 있는 에도(도쿄)까지 갔다. 통신사는 일본의 정치, 사회 상황을 살피고 양국 간에 현안이 있을 경우 협의를 통해 해결했다. 일본에 들어와 있던 서구 문물이 조선에 들어오기도 했는데, 1763년 통신사 정사로 일본에 갔던 조엄이 쓰시마에서 고구마 종자를 가져온 것이 대표적이다. 일본의 입장에서 통신사는 쇼군의 정치적 지위와 권력을 강화하는 수단이었다. 또한 통신사를 통해 조선의 학문과 문물을 받아들였다. 일본의 에도막부는 통신사를 극진히 접대했다.

19세기 들어 일본에서는 조선과의 교류가 필요하지 않다고 여기는 풍조가 나타나고, 통신사 접대에 들어가는 막대한 비용에 대한 비판이 일어나면서 조선에 더는 통신사를 요청하지 않았다. 자연히 조선도 통신사 파견을 중단했다.

국서누선도 조선통신사 일행이 일본 오사카의 요도가와강을 지날 때 탄 배. '국서를 실은 2층 배'라는 뜻이다. 요도가와강 하구에 도착하면 일본 측이 제공한 호화로운 배를 타고 강을 건넜다. 배에는 에도막부의 상징을 새긴 깃발이 펄럭이고 있으며, 조선 악대가 연주를 하고 있다. 막부 소속 화가가 그린 것으로 추정되는데, 어느 때의 통신사인지는 알 수 없다.

표류가 가져온 교류와 문화 인식

광녕위 5. 16
4. 30 풍윤
3. 28 북경
5. 19 북경
요동성 5. 29
의주 6. 4
3. 24 천진위
영원위 5. 11
의주 11. 27
산해관 5. 7
3. 14 임청현
1804. 12. 16 한성
청파역 6. 14
3. 7 연주부
황 해
조선
3. 3 서주부
다경포 12. 30
명~청
회안부 2. 27
1802. 1. 18 태사도
우이도 1805. 1. 8
화이허
양주부
양주부 2. 23
추자도
1804. 4. 14 남경
소주부 2. 16
제주 조천관 1488. 윤1. 3
2. 6 항주부
윤1. 29 영파부
윤1. 19 도저소
우두외양 윤1. 16
동 중 국 해
일본
동 해
류 큐
양관촌(아마미오시마) 2. 2
남안부
박촌(나하) 4. 4
남해현
태 평 양
오문(마카오)
1803. 9. 9
남 중 국 해
서남마의(살로마그) 11. 1
일로미(비간) 11. 18

최부와 문순득의 표류

→ 최부, 1488년
→ 문순득, 1802~180

해상 경제 활동이 활발해지면서 표류가 잦아졌다. 동아시아를 대상으로 무역을 하다가 조선에 표착하는 유럽인이 있는가 하면, 표류를 하여 다른 나라로 나아갔다 돌아오는 조선인도 있었다. 특히 제주도민이 어업을 하거나 육지를 왕래하다가 풍랑 등을 만나 표류하는 일이 잦았다. 조선 조정은 이런 표류민을 통해 외국에 대한 정보를 얻고자 했다.

조선에 표착한 유럽인 중 가장 잘 알려진 인물은 벨테브레이와 하멜이다. 두 사람은 모두 네덜란드동인도회사 소속으로 무역에 종사하다가 각각 다른 시기에 제주도에 표착했다. 1627년 조선에 온 벨테브레이는 '박연'이라는 이름을 얻고 조선 여성과 결혼하여 정착했으며, 훈련도감에 소속되어 홍이포 제작에 큰 공을 세웠다. 1653년에는 네덜란드인 하멜 일행 36명이 나가사키로 가던 중 표류하여 제주도에 도착했다.

조선 조정은 하멜 일행도 훈련도감에 소속시켜 군사 업무에 이용하려고 했지만, 이들은 벨테브레이와 달리 조선에 잘 적응하지 못했다. 결국 1666년 하멜을 포함한 8명이 조선을 탈출했다. 이후 조선 조정은 청을 통해 8명을 더 돌려보냈다. 하멜은 일본에서 자신의 조선 생활을 담은 글을 써서 동인도회사에 제출했는데, 이를 토대로 간행된 것이 『하멜 표류기』이다. 조선의 사정을 유럽에 처음 전한 책으로 유럽인의 큰 관심을 끌었다. 다만 왜곡되거나 사실과 다른 내용이 많다.

조선인 중 표류하여 외국에 다녀온 사람들도 적지 않았다. 조선 전기의 관리 최부는 1488년 제주도에 파견되었다가 부친상을 당해서 전라도 강진으로 가던 도중 풍랑을 만났다. 그는 바다를 표류하다가 명의 절강성에 도착했다. 최부 일행 43명은 왜구로 오해를 받기도 했으나 최부가 조선의 관리임이 확인되어 북경을 거쳐 6개월 만에 귀국할 수 있었다. 조선에 돌아온 최부는 성종의 명으로 자신의 표류 경험을 적은 『표해록(漂海錄)』을 써서 왕에게 올렸다. 당시 중국 남부 지방의 사정에 어두웠던 조선 사람들에게 최부의 책은 매우 유용한 정보를 제공했다.

조선 후기에는 훨씬 많은 사람의 표류 기록이 남아 있다. 그중 가장 멀리까지 다녀온 이는 홍어 장수 문순득이다. 1801년 문순득은 홍어 장사를 하려고 전라도 흑산도에서 배를 탔다가 풍랑을 만나 표류했다. 처음 그가 도착한 곳은 류큐(지금의 오키나와)였다. 그곳에서 9개월을 머문 뒤 조선행 배에 올랐지만 또다시 풍랑에 휩쓸려 여송(지금의 필리핀)에 표착했다. 그곳에서 다시 9개월을 지낸 문순득은 결국 청을 거쳐 귀국하는 데 성공했다. 조선에 돌아온 문순득은 흑산도에 들렀다가 그곳에 유배를 온 정약전을 만나서 자신의 경험을 이야기했고, 정약전이 이를 날짜별로 엮어 『표해시말(漂海始末)』이라는 책으로 펴냈다.

홍이포 '홍이(紅夷)'란 붉은색 오랑캐라는 뜻으로, 네덜란드인의 피부색이 붉다고 해서 붙인 이름이다. 중국에는 명나라 때 전해졌다. 조선은 효종 때 홍이포를 만들었는데, 벨테브레이 등의 역할이 컸다.

하멜이 타고 온 배 하멜 일행이 표착한 제주도 서귀포시 사계리 용머리 해안에 있다. 이름은 스페르웨르(Sperwer)호인데, 이 배에 대한 기록이 거의 없어서 비슷한 시기에 제작한 바타비아(Batavia)호를 재현한 것이다. 내부는 박물관으로 이용하고 있다.

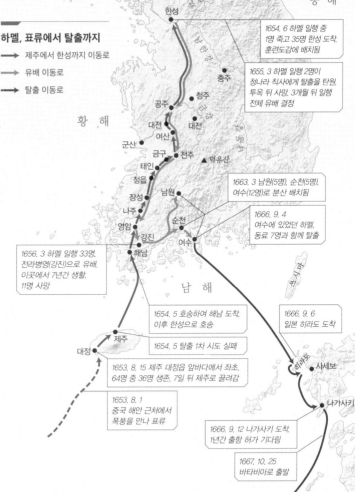

하멜, 표류에서 탈출까지

→ 제주에서 한성까지 이동로
→ 유배 이동로
→ 탈출 이동로

동 해

1654. 6 하멜 일행 중 1명 죽고 35명 한성 도착. 훈련도감에 배치됨

1655. 3 하멜 일행 2명이 청나라 칙사에게 탈출을 탄원. 투옥 뒤 사망. 3개월 뒤 일행 전체 유배 결정

황 해

1663. 3 남원(5명), 순천(5명), 여수(12명)로 분산 배치됨

1666. 9. 4 여수에 있었던 하멜, 동료 7명과 함께 탈출

1656. 3 하멜 일행 33명, 전라병영(강진)으로 유배. 이곳에서 7년간 생활. 11명 사망

남 해

1654. 5 호송하여 해남 도착. 이후 한성으로 호송

1666. 9. 6 일본 히라도 도착

1654. 5 탈출 1차 시도 실패

1653. 8. 15 제주 대정읍 앞바다에서 좌초. 64명 중 36명 생존, 7일 뒤 제주로 끌려감

1653. 8. 1 중국 해안 근처에서 폭풍을 만나 표류

1666. 9. 12 나가사키 도착. 1년간 출항 허가 기다림

1667. 10. 25 바타비아로 출발

네덜란드동인도회사의 활동, 1650년경

—— 주요 항로
○ 주요 항구

북대서양

암스테르담
네덜란드

오스만제국

아 시 아

조선 일본
나가사키

지중해

청

호르무즈
광주
질란디아

뭄바이
친수라

아덴
마실리파트남

아프리카

다카르

캘리컷

인 도 양

갈레

말라카

네덜란드령 동인도

남대서양

바타비아
마카사르

모리셔스

케이프타운

데지마 1636년 에도막부가 나가사키 앞바다를 매립하여 만든 1만 3,000제곱미터의 인공섬으로, 그림 우측에 보이는 곳이 바로 데지마이다. 네덜란드인과 교역하는 장소로 이용했다. 이곳을 통해 서양의 문물과 사상이 들어와 일본사회에 많은 영향을 미쳤다.

실학의 발달

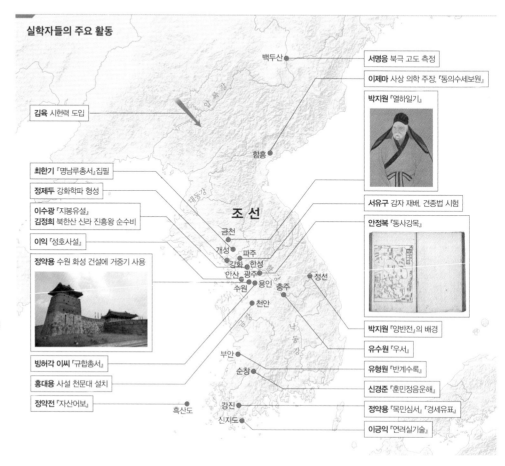

실학자들의 주요 활동

서명응 북극 고도 측정
이제마 사상 의학 주장, 『동의수세보원』
박지원 『열하일기』
김육 시헌력 도입
최한기 『명남루총서』 집필
정제두 강화학파 형성
이수광 『지봉유설』
김정희 북한산 신라 진흥왕 순수비
이익 『성호사설』
정약용 수원 화성 건설에 거중기 사용
서유구 감자 재배, 견종법 시험
안정복 『동사강목』
박지원 『양반전』의 배경
유수원 『우서』
유형원 『반계수록』
신경준 『훈민정음운해』
정약용 『목민심서』 『경세유표』
이긍익 『연려실기술』
빙허각 이씨 『규합총서』
홍대용 사설 천문대 설치
정약전 『자산어보』

백두산 / 함흥 / 금천 / 개성 / 파주 / 강화 / 한성 / 안산 / 광주 / 수원 / 용인 / 충주 / 정선 / 천안 / 부안 / 순창 / 강진 / 신지도 / 흑산도 / 조선 / 대동강 / 압록강 / 낙동강

조선 후기에는 성리학의 지나친 관념성과 형식성을 비판하면서 사회 문제에 관심을 가지는 학자들이 나타났다. 학문의 사회적 실천을 모색하면서 개혁을 주장한 학문 경향을 실학이라고 한다. 실학자들은 농민의 생활을 안정시켜 나라의 기틀을 다지고 물산의 생산을 늘려 사회를 풍요롭게 하는 것을 추구했다.

농민 생활의 안정을 가장 중요한 과제로 생각했던 학자들은 토지제도의 개편을 주장했다. 농민들로 하여금 경작할 토지를 안정적으로 확보할 수 있게 해주는 것이 그들의 개혁 방향이었다. 유형원은 토지의 균등한 분배를 핵심으로 하는 균전제를, 이익은 모든 농민이 일정 규모 이상의 농지를 의무적으로 경작하는 한전론을 주장했다. 정약용은 마을 단위로 농지를 공동으로 경작하는 여전론을 주장하다가, 토지를 국유화하여 균등 분배하되 그중 9분의 1은 공동으로 경작하여 나라에 세금으로 납부하는 정전제로 바꾸었다. 이들의 토지개혁론은 유교 경전에 나오는 정전제의 이념을 토대로 하되, 사회 현실에 구체적으로 적용하는 방식에 대한 생각이 약간씩 달랐다. 그래서 '학문을 세상을 다스리고 현실 문제를 효과적으로 해결하는 데 활용한다'라는 뜻으로 이들을 '경세치용학파'라고 한다.

이에 반해 일부 실학자들은 물산을 풍요롭게 하는 데 개혁의 주안점을 두었다. 이들은 학문을 백성의 생활을 이롭게 하는 데 사용하여 삶을 풍요롭게 해야 한다고 보았다. 이런 관점을

가진 실학자들을 '이용후생학파'라고 한다. 이들 사이에서 북학사상이 나타났다. 청을 방문했을 때 사회 발전상과 풍부한 물산을 보고, 이들이 발전시킨 문화와 산업을 받아들여야 한다고 생각한 것이다. 이런 관념은 전통적인 화이론을 토대로 병자호란의 치욕을 갚아야 한다는 중화사상에도 서서히 변화를 가져왔다.

박지원과 그의 제자인 박제가는 토지제도의 개혁을 통한 농민의 토지 경작 방안을 제시했으며, 나아가 농업 생산력을 높이고 상공업을 융성하게 하는 데 관심이 더 많았다. 세계와 우주를 보는 새로운 관념도 나타났다. 홍대용은 지전설을 주장하고 자기 나름의 천체관을 제시하여 중국을 중심으로 하는 하나의 세계관에서 탈피해야 한다는 논리로 연결시켰다.

그렇지만 학문을 실생활에 적용하려는 노력은 현실화되지 못했다. 일부 실학자들이 관직에 진출하고 특히 정조에 의해 조정에 중용되기도 했지만, 학문을 연구하거나 고을 행정을 맡는 정도였다. 정약용이 정조의 핵심 사업 중 하나인 수원 화성 건설에 중용된 정도가 실학자들이 자신의 생각을 현실에 발현한 최고치였다. 그나마도 경세치용학파 중 일부는 천주교 탄압에 휘말려 더는 관직에 나아갈 수 없었으며, 이용후생학파 실학자들도 정조의 문체반정으로 정치적으로 설 자리를 잃었다. 그 결과 실학자들은 정치와 거리를 둔 채 고증 중심의 실사구시에 중점을 두게 되었다.

이러한 경향은 국학 연구에서 두드러졌다. 일부 학자들은 언어, 역사, 지리 등의 분야에서 한국의 전통을 밝히는 연구에 중점을 두었다. 한글을 연구한다든지, 한국사를 서술하거나 지도를 제작하고, 조선의 국경을 역사지리적으로 탐구하기도 했다. 이중환의 『택리지』, 유득공의 『발해고』는 지금도 주목받는 지리서와 역사서이다. 특히 김정호가 편찬한 『대동여지도』는 체계적일 뿐 아니라 당시 기준으로 매우 정확한 지도로 평가받는다.

대동여지도와 현재 지도의 비교(청주)

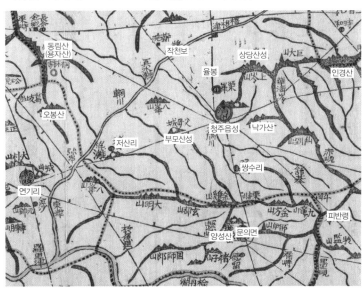

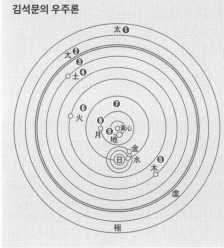

김석문의 우주론

김석문의 제이황극구천도(第二黃極九天圖)에 나타난 우주의 형태를 표현한 것이다. 그는 지전설을 처음 주장한 조선시대 학자로, 홍대용의 지전설에도 영향을 주었다. 그에 따르면, 우주는 9개의 하늘로 이루어져 있다. 바깥쪽부터 ❶ 태극천(太極天) — ❷ 태허천(太虛天) — ❸ 열수천(列宿天) — ❹ 토성천(土星天) — ❺ 목성천(木星天) — ❻ 화성천(火星天) — ❼ 태양천(太陽天, 수성과 금성도 여기에 포함) — ❽ 월천(月天, 달) — ❾ 지구천(地球天)—황심(黃心)

19세기 농민봉기

생산력 증가와 신분제 동요, 새로운 사상의 확산 등과 같은 사회 변화는 농민층의 분해를 가져왔다. 일부 농민은 부농이 되어 사회적 지위 상승에 성공했지만, 다수의 농민들은 농사지을 땅을 빼앗기거나 농업노동자로 전락했다. 그렇지만 농업 소득이 줄어든 만큼 세금도 줄어든 것은 아니었다. 정조는 자신의 개혁을 뒷받침할 세력으로 외척을 등용했는데, 정조 사후 이들이 강해지면서 정치를 좌우하는 세도정치가 행해졌다. 그 결과 국가의 통치 기강이 문란해지면서 재정 운영과 조세 행정이 제대로 시행되지 못하고 관리의 부정부패가 심해짐에 따라 농민들은 더 큰 어려움을 겪었다. 삼정의 문란은 이런 사회 문제를 잘 보여주는 현상이다.

조선시대 국가 재정의 근간을 이루는 삼정은 토지에 부과되는 조세를 징수하는 전정, 군포를 징수하는 군정, 환곡제도를 운영하는 환정을 가리킨다. 양전이 제대로 시행되지 않아 재정 수입이 줄자 조선 조정은 토지세의 항목을 늘리는 등 조세 징수를 강화했다. 군정의 경우는 군포를 이웃이나 친족, 어린아이나 노인, 심지어 죽은 사람에게 걷는 일까지 생겼다. 환정은 비싼 이자를 받아 관리들의 배를 불려주는 제도로 바뀔 정도였다.

삼정의 문란은 농민을 토지에서 몰아내는 현상을 심화시켰다. 떠돌이 농민이 늘어났으며, 그중에는 도적이 되는 사람들도 나타났다. 한편 조선 후기의 사회 변화는 농민들의 의식을 일깨워 관리의 수탈에 조직적으로 저항하는 현상도 야기했다. 항조나 항세운동, 벽서 등이 일어났으며, 도적에서 한 걸음 더 나아가 관청이나 관리를 습격하는 화적이나 명화적이 되는 경우도 빈번했다. 농민들의 저항은 한층 적극성을 띠어 무장봉기로 발전하기도 했다. 그중에서도 가장

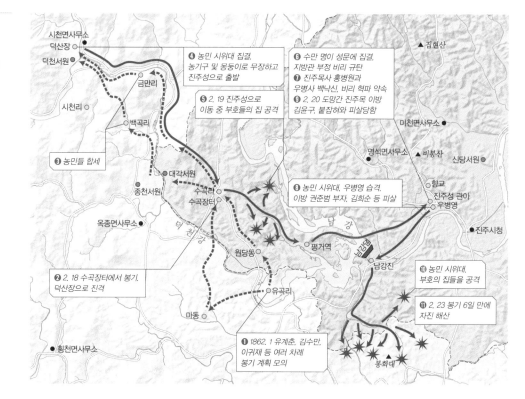

진주농민봉기, 1862년

현재 진주시 영역

▪▪▶ 유곡리~덕산장 이동로

→ 덕산장~진주성 이동로

● 주요 서원

○ 당시 주요 지명

● 현재 주요 지명

❹ 농민 시위대 집결.
농기구 및 몽둥이로 무장하고
진주성으로 출발

❺ 2. 19 진주성으로
이동 중 부호들의 집 공격

❻ 수만 명이 성문에 집결.
지방관 부정 비리 규탄
❼ 진주목사 홍병원과
우병사 백낙신, 비리 혁파 약속
❽ 2. 20 도망간 진주목 이방
김윤구, 붙잡혀와 피살당함

❾ 농민 시위대, 우병영 습격.
이방 권준범 부자, 김희순 등 피살

❿ 농민 시위대,
부호의 집들을 공격

⓫ 2. 23 봉기 6일 만에
자진 해산

❷ 2. 18 수곡장터에서 봉기.
덕산장으로 진격

❸ 농민들 합세

❶ 1862. 1 유계춘, 김수만,
이귀재 등 여러 차례
봉기 계획 모의

시천면사무소
덕산장
덕천서원
금만리
시천리
백곡리
대각서원
종천서원
수곡리
수곡장터
옥종면사무소
원당동
유곡리
마동
횡천면사무소
집현산
미천면사무소
명석면사무소
비봉산
신당서원
향교
진주성 관아
우병영
진주시청
남강
평거역
남강진
봉화대

규모가 크면서 후대의 농민봉기에 큰 영향을 미친 것은 1811년 12월 평안도에서 일어난 홍경래의 난이다.

평안도는 중국을 왕래하는 길목에 있어서 상업이 발전한 데다가 광산이 개발되는 등 경제가 발전한 지역이어서 조선 후기 사회경제 변화에 민감했다. 그러나 다른 지역보다 조세 부담이 컸고 탐관오리의 수탈도 심했으며, 지역 차별을 받아서 관직에 나가거나 고위 직책으로 올라가기도 힘들었다. 이에 불만을 가진 몰락 양반, 상층 신분은 아니지만 경제적 여유가 있는 상인이나 지주, 광산 노동자들이 대규모 반란을 일으켰다.

홍경래의 난의 원인이 되었던 사회경제 상황은 평안도 외 다른 지역도 마찬가지였다. 그러나 세도정치 아래 있었던 조선 조정은 탐관오리의 수탈로 문제가 생기면 해당 관리를 처벌하는 정도에 그쳤을 뿐 근본적 문제 해결에 나서지 않았다. 1862년 경상도 진주에서 대규모 농민봉기가 일어났다. 경상우병사 백낙신의 부정부패가 직접적인 원인이었지만, 사회 전반에 깔려 있던 부조리와 불만이 한꺼번에 폭발한 사건이었다. 농민들은 탐관오리 및 부정을 일삼은 향리, 이들과 결탁한 토호를 공격했다. 이 진주 농민봉기에 자극을 받아 그해에만 전국 30여 곳에서 봉기가 일어났다. 1862년이 임술년이므로 '임술농민봉기'라고 한다.

당황한 조선 조정은 수탈 행위로 농민의 원성을 사던 지방관과 향리를 처벌하고 지방 관리에 대한 감찰을 강화했다. 나아가 삼정이정청을 세워 삼정제도를 개혁하는 등 삼정의 문란을 해결하고자 했다. 그렇지만 농민의 부담을 약간 줄이는 정도였으며, 그나마도 제대로 시행되지 못한 채 흐지부지되고 말았다.

● 홍경래의 난은 1811년 12월 평안도에서 발발했다. 반군은 순식간에 청천강 이북의 평안도를 대부분 장악했지만 얼마 지나지 않아 관군에게 패했다. 반군은 정주성에 들어가 4개월을 버텼지만 결국 성이 함락되고, 홍경래의 난은 진압되었다. 그러나 홍경래가 살아 있다는 소문이 계속 이어지는 등 이 사건이 조세 부담과 관리의 수탈에 시달리던 농민들에게 미친 영향은 컸다.

홍경래의 난, 1811~1812년

- 홍경래 봉기군의 영향권
- → 남진군의 진격로
- ⇢ 남진군의 회군로
- → 북진군의 진격로
- ⇢ 북진군의 회군로
- → 관군의 이동로
- ◉ 봉기 발생 지점
- ● 홍경래 세력의 거점
- ✶ 전투 지점
- ○ 당시 주요 지명

❶ 1811. 12. 18 홍경래, 다복동에서 출정, 가산성 점령.
❷ 12. 19 북진군, 이제초를 선봉으로 해 곽산으로 출발. 남진군, 홍경래를 선봉으로 해 송림과 태천으로 출발

❺ 12. 26 남진군, 송림 도착

❼ 12. 28 북진군, 2개조로 나누어 진격

❾ 1812. 1. 3 북진군, 용천 점령

❹ 12. 24 북진군, 선천 도착

❽ 12. 29 남진군, 관군에 대패, 정주성으로 후퇴

❸ 12. 21 북진군, 정주성 입성

❿ 1. 10 관군, 북진군과 남진군의 합류 막기 위해 곽산 공격, 관군 승리

⓫ 1. 5~4. 19 봉기군, 관군과 전투, 홍경래는 전투 중 사망하고 봉기군 대부분 체포되어 처형당함

❻ 12. 27 순조, 박기풍이 이끄는 순무영의 중앙군 급파. 중앙군, 개성 거쳐 북상

노비자매문서(奴婢自賣文書)
자신이나 가족을 노비로 팔기 위해 스스로 작성한 문서. 작성 연월일, 매도자와 매수자의 이름, 매도 사유, 가격, 수결 등이 들어가 있다. 때로는 관청의 확인을 받기도 했다.

새로운 종교와 사상의 보급

천주교의 동아시아 전래

→ 마테오 리치의 중국 포교
→ 프란치스코 하비에르의 일본 포교
→ 소현세자의 이동로

❷ 1644 북경에서 70여 일 머무르며
아담 샬 등 예수회 선교사와 교류
1645. 2 귀국하면서 천주교 서적 전래

❶ 1637 병자호란 패배.
청의 인질로 심양에 억류

1614 이수광, 『지봉유설』을 통해
『천주실의』를 조선에 소개하면서
천주교 교리와 교황에 관해 서술

❺ 1598. 9 북경 거주 실패. 남경으로 이동
❼ 1601. 1 북경 재진입
1603. 8 『천주실의』 출판
1607 유클리드 『기하원본』 번역 출판

❻ 1599. 2 남경 도착

❹ 1595. 6 남창 도착
1595. 11 첫 한문 저작 『교우론』 저술

❸ 1589. 8 소주 도착
1591~1594 사서를 라틴어로 번역

❷ 1584. 10
곤여만국전도 출판

❶ 1582. 8
인도 고아에서 출발,
말라카 거쳐 오문 도착

심양(선양)
북경(베이징)
한성
조선
명
남경(난징)
남창(난창)
소주(사오관)
조경(자오칭)
오문(마카오)

교토
일본
야마구치 히로시마 사카이
히라도
가고시마

❶ 1551. 1 교토 도착.
천황과 쇼군을 만나지도,
선교 허가를 받지도 못함
1551. 3 히라도로 돌아감

❸ 1550. 12 무허가 선교
활동 후 다시 교토로 출발

❶ 1549. 8 가고시마 도착.
약 1년간 선교 활동

❷ 1550. 8 히라도 도착
1550. 10 교토를 향해 출발

조선 후기의 사회 변화에 따라 사람들의 생각도 점차 달라졌다. 신분의 차이에 따른 생활과 성리학 이념이 여전히 일반적이었지만 이를 거부하는 움직임도 나타났다. 특히 외부 세계와의 접촉은 이러한 변화를 자극했다. 유교와 불교, 성리학 이외의 다른 종교나 사상에 관심을 갖는 사람이 늘어났다.

천주교의 전파는 조선에 적잖은 충격을 주었다. 예수회의 적극적인 포교 정책으로, 조선에도 중국을 통해 천주교가 들어왔다. 천주교는 조선사회에서 은밀히, 그렇지만 상당히 널리 퍼졌다. 천주교는 일부 유교 지식인들과 부녀자층에서 신자를 늘려 나갔다. 천주교도들은 하나님을 믿으면 누구나 천국에 갈 수 있다고 믿었고, 인간은 평등하다고 생각했다. 때로는 마을을 만들어 함께 신앙을 다졌으며, 이런 생활 방식은 신앙심을 굳건히 하는 데 도움이 되었다.

조선의 통치 세력과 양반 상류층은 '어리석은' 부녀자층이야 그렇다 치더라도, 유학자들이 천주교를 믿는 것을 이해할 수 없었다. 그러기에 천주교를 사람 '홀리는' '사교(邪敎)'로 몰아세웠다. 이는 천주교 탄압의 주된 논리였다. 천주교를 믿는 양반 지식인은 대부분 권력에서 멀어져 있는 사람이었으며, 천주교 탄압은 다른 정치 세력을 억누르는 수단이기도 했다.

사회의 다른 한편에서는 기존 신분제와 사회 질서에 문제점을 느끼지만 천주교라는 서구의 사상과 문물에는 거부감을 느끼는 사람들도 있었다. 이들은 새로운 사회질서를 내세우면서도

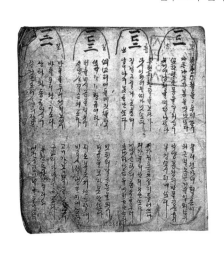

『**토정비결**』 조선 중기의 학자 토정 이지함이 지은 것으로 알려진 도참서. 개인이 태어난 연, 월, 일과 육십갑자를 이용해서 1년 동안의 신수를 월별로 나누어 알아보도록 되어 있다. 조선 후기부터 널리 보급되어 현대 사회에 이르기까지도 연초에 그해의 신수를 보는 데 가장 흔히 이용되고 있다.

밖에서 들어온 것이 아닌 우리 사회 내부에 기반을 둔 종교사상으로 몰려들었다. 그 역할을 한 것이 동학이다. 양반 출신의 최제우가 만든 동학은 평등사상과 인간이 곧 하늘이라는 이념으로 경주 일대에서 시작되어 이윽고 전국적인 조직을 갖추었다. '서학'과 대비되는 이름의 동학이, 천주교와 마찬가지로 일부 양반 지식인과 부녀자층에 퍼진 것은 의외라고 할 수 있다. 이는 그만큼 당시 조선사회가 새로운 종교와 사상을 갈망했음을 말해준다. 그렇지만 동학은 천주교와는 달리 농민도 '신자'가 아닌 '대중'으로서 광범위하게 참여하여 호응했다.

농민이 새로운 종교와 사상을 기다렸던 것은 구원의 희망 때문이었다. 이들은 현실에서 구원을 받으면 더할 나위 없이 좋겠지만, 그것이 안 되면 다음 세상에서라도 구원을 받기를 희망했다. 그렇게만 될 수 있으면 세상이 아예 뒤집어져도 좋겠다고 생각하는 사람도 있었다. 그들의 마음은 내세신앙과 예언사상에 끌렸다. 이런 사회 분위기 속에서 조선 후기의 '새로운' 사상은 아니지만 미륵신앙이 확산되었으며, 『정감록』과 같은 비결서의 이야기가 사회로 퍼져나갔다.

미륵신앙은 미륵보살이 하늘의 도솔천에 올라가 수도하여 부처가 된 다음, 땅에 내려와서 중생을 구제한다는 내용의 불교신앙이다. 그러나 사회가 어지럽고 민중의 생활이 힘들어지면, 불교의 차원을 넘어 구체적 구원을 기대하는 사람들에게까지 확산되었다. 조선 후기에도 미륵신앙이 널리 퍼졌으며, 이를 믿는 사람들이 무리를 지어 기존 사회질서를 거부하고 양반 지배층에 저항하는 현상이 생겨났다.

비결서는 장래의 사회 변화를 예언하고, 어려움에 부딪혔을 때 살아남는 방법을 제시했다. 그중에는 세상을 구원할 사람을 예언하는 책들도 있었다. 가장 잘 알려진 『정감록』에는 앞으로 어떤 성을 가진 사람이 어떤 지역에서 나라를 세워 세상을 구원할 거라는 예언이 적혀 있었다. 『정감록』이 예언한 사람이 누구인지가 대

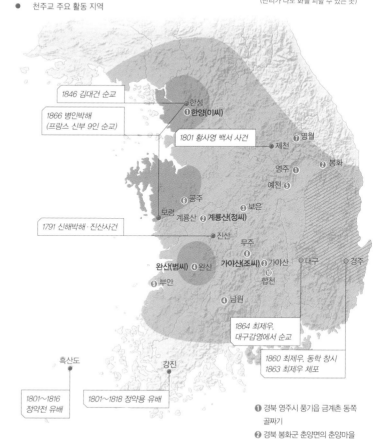

조선 후기 새로운 종교와 사상

- 천주교 초기 전파
- 1850년대 천주교 전파
- 천주교 주요 활동 지역
- 1860년대 동학 포교 지역
- 동학 주요 활동 지역
- ❶~❹ 계룡산 천도설
- ❶~❿ 『정감록』·『택리지』에 따른 십승지 (난리가 나도 화를 피할 수 있는 곳)

1846 김대건 순교
1866 병인박해 (프랑스 신부 9인 순교)
1801 황사영 백서 사건
한성 ❶한양(이씨)
영월
제천
봉화
영주
예천 ❺
공주 ❻ 보은
보령 계룡산 계룡산(정씨)
1791 신해박해·진산사건
진산
무주
완산(범씨) ❾완산 가야산(조씨) ❾가야산 대구 경주
부안 합천 ❿
남원
1864 최제우, 대구감영에서 순교
흑산도 강진
1860 최제우, 동학 창시
1863 최제우 체포
1801~1816 정약전 유배
1801~1818 정약용 유배

❶ 경북 영주시 풍기읍 금계촌 동쪽 골짜기
❷ 경북 봉화군 춘양면의 춘양마을
❸ 충북 보은군 외속리면 속리산 아래 증항 근처
❹ 전북 남원시 운봉읍 동점촌 주변 100리
❺ 경북 예천군 용문면 상금곡리의 금당동 북쪽
❻ 충남 공주군 유구읍과 마곡사 사이
❼ 강원 영월군 영월읍의 거운리 일대
❽ 전북 무주군 무풍면 북쪽 골짜기
❾ 전북 부안군 변산반도
❿ 경남 합천군 가야면 만수동 골짜기
(『정감록』의 순서에 따름)

중의 입에 줄곧 오르내렸으며, 예언한 지역으로 사람들이 몰려들었다. 『정감록』 외에도 『토정비결』, 『청학동비결』, 『남사고비결』 등 다양한 비결서가 퍼졌으며, 의상이나 도선대사, 서산대사 같은 승려, 토정 이지함과 같은 유교 지식인이 미래를 예견하는 능력을 가진 사람으로 입에 오르내렸다.

선운사 도솔암 미륵불 전라북도 고창군 선운사의 절벽에 새겨진 마애여래좌상으로, 고려 초기에 만들어졌으며 마애불로는 국내에서 가장 크다. 조선 후기에는 불상의 배꼽에 세상의 비밀을 간직한 비기가 숨겨져 있는데, 그것이 공개되면 세상이 바뀐다는 이야기가 전해졌다. 높이 15.6미터, 폭 8.4미터.

대원군의 개혁과 서양과의 접촉

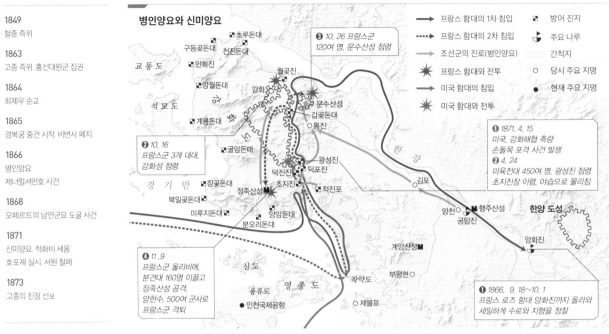

병인양요와 신미양요

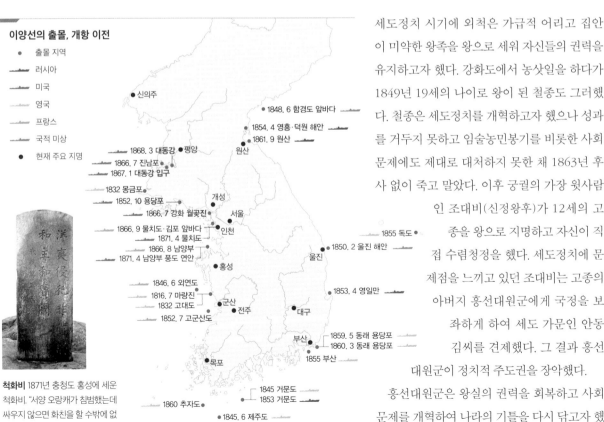

이양선의 출몰, 개항 이전

- 출몰 지역
- 러시아
- 미국
- 영국
- 프랑스
- 국적 미상
- 현재 주요 지명

척화비 1871년 충청도 홍성에 세운 척화비. "서양 오랑캐가 침범했는데 싸우지 않으면 화친을 할 수밖에 없고, 화친을 주장하면 나라를 파는 것이 된다"라는 문구가 적혀 있다.

세도정치 시기에 외척은 가급적 어리고 집안이 미약한 왕족을 왕으로 세워 자신들의 권력을 유지하고자 했다. 강화도에서 농삿일을 하다가 1849년 19세의 나이로 왕이 된 철종도 그러했다. 철종은 세도정치를 개혁하고자 했으나 성과를 거두지 못하고 임술농민봉기를 비롯한 사회 문제에도 제대로 대처하지 못한 채 1863년 후사 없이 죽고 말았다. 이후 궁궐의 가장 윗사람인 조대비(신정왕후)가 12세의 고종을 왕으로 지명하고 자신이 직접 수렴청정을 했다. 세도정치에 문제점을 느끼고 있던 조대비는 고종의 아버지 흥선대원군에게 국정을 보좌하게 하여 세도 가문인 안동 김씨를 견제했다. 그 결과 흥선대원군이 정치적 주도권을 장악했다.

흥선대원군은 왕실의 권력을 회복하고 사회 문제를 개혁하여 나라의 기틀을 다시 닦고자 했다. 붕당의 기반이던 비변사를 없애고 의정부의 권한을 강화했으며, 육조의 기능도 되살렸다. 특정 가문에 편중해 있던 주요 관직에 지역이나 당파를 초월하여 인물을 발탁했다. 양전을 실시했고, 호포제를 시행하여 양반을 포함한 모든 가구에 군포를 동등하게 부과함으로써 국가 재정을 늘리고 농민의 부담을 줄이고자 했다. 또한 재정을 어렵게 하던 서원을 47개만 남겨놓고 철폐했다.

　　흥선대원군의 개혁정책은 양반 유생들의 커다란 반발을 샀다. 더구나 그의 개혁은 삼정의 문란 등 조선사회의 문제 해결보다는 왕실 권위의 회복과 재정 확보에 주안점을 둔 것이었다. 그래서 조선 후기의 사회 변화를 반영하지 못했으며, 호포제와 같은 개혁정책도 철저히 시행되지 못하여 농민의 지지를 얻지 못했다.

　　흥선대원군은 임진왜란 때 불탄 조선의 법궁 경복궁을 다시 지어 왕실의 권위를 회복하고자 했지만 여기에는 막대한 비용이 들었다. 그 비용을 충당하기 위해 기부금 명목으로 원납전을 사실상 강제로 징수했으며, 특별 토지세를 도입하고, 심지어 도성 출입세를 신설했다. 그리고 당시 유통되던 상평통보의 100배와 5배에 해당하는 당백전과 당오전을 발행했지만, 실질 가치가 이에 크게 못 미쳐 엄청난 물가 상승을 초래했다. 경복궁 공사에 농민들을 대거 동원한 결과 부역으로 인한 어려움도 커졌다. 결국 흥선대원군은 고종이 친정을 실시하면서 집권 10년만에 권력을 잃고 말았다.

　　고종이 즉위할 무렵 조선에는 서양의 배들이 자주 나타났다. 사람들은 이 배들을 이양선(異樣船)이라고 불렀다. 시간이 갈수록 그 횟수가 늘어나 조선 조정은 경계심을 가지게 되었다. 더구나 중국과 일본이 서양의 압력에 굴복해 문호를 개방하고 통상을 하게 되었다는 소식이 전해지면서 위기의식이 더욱 커졌다. 흥선대원군은 이들의 통상 요구를 철저히 거부했다.

　　흥선대원군은 천주교를 억누르는 정책을 취했다. 이 과정에서 1866년 프랑스 선교사까지

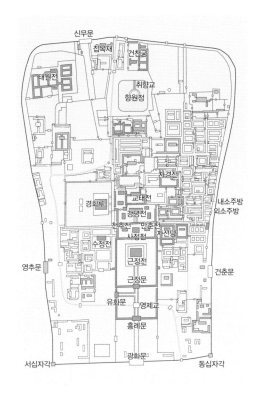

경복궁의 복원(북궐도형)
- ☐ 2010년 이전 건축 및 복원
- ☐ 2011~2021년 복원

죽임을 당하는 병인박해가 일어났다. 프랑스는 이에 대한 책임을 물어 조선을 공격했다(병인양요). 비슷한 시기에 미국의 무장 상선 제너럴셔먼호가 대동강을 거슬러 올라와 통상을 요구하다가 평양 군민들과 충돌하는 사건이 일어났다. 선원들이 부녀자를 폭행하고 약탈하자, 평양 군민은 이 배를 불태워버렸다. 5년 후 미국은 뒤늦게 책임자 처벌과 통상수교 등을 요구하면서 조선을 공격했다(신미양요). 두 나라 군대 모두 일시적으로 강화도 일부 지역을 점령했지만, 조선군의 완강한 저항으로 물러났다. 흥선대원군은 전국에 서양과의 화해를 엄격히 금하는 척화비를 세우는 등 통상수교 거부정책을 강화했다. 그러나 사회 일각에서는 서양과의 교류는 불가피하다고 보는 움직임도 나타났다. 결국 고종이 친정을 시작하고 왕비의 척족인 민씨 세력이 집권하면서 통상 요구를 받아들이는 방향으로 정책을 바꾸었다.

흥선대원군의 서원 철폐 때 남은 47개 서원

유네스코 세계유산, 조선 왕릉

조선 왕릉의 분포

❶~⓲ 유네스코 유산

⓳~㉔ 유네스코 유산 아님

㉕~㉖ 폐위 군주의 묘

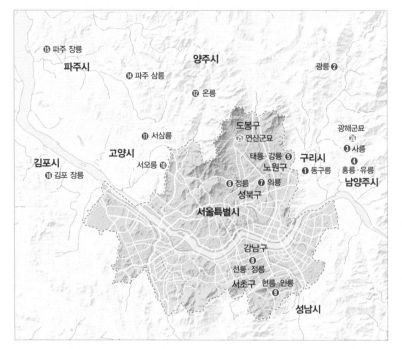

❶ 동구릉 : 건원릉(태조) 현릉(문종/현덕왕후) 목릉(선조/의인왕후·인목왕후) 휘릉(인조비 장렬왕후) 숭릉(현종/명성왕후) 혜릉(경종비 단의왕후) 원릉(영조/정순왕후) 수릉(문조(추)/신정왕후) 경릉景陵(헌종/효현황후·효정황후) ❷ 광릉(세조/정희왕후) ❸ 사릉(단종비 정순왕후) ❹ 홍릉洪陵(고종/명성황후) 유릉(순종/순명황후·순정황후) ❺ 태릉(중종비 문정왕후) 강릉(명종/인순왕후) ❻ 정릉貞陵(태조비 신덕왕후) ❼ 의릉懿陵(경종/선의왕후) ❽ 선릉(성종/정현왕후) 정릉靖陵(중종) ❾ 헌릉(태종/원경왕후) 인릉(순조/순원황후) ❿ 서오릉 : 창릉(예종/안순왕후) 경릉敬陵(덕종(추)/소혜왕후) 명릉(숙종/인현왕후·인원왕후) 익릉(숙종비 인경왕후) 홍릉弘陵(영조비 정성왕후) ⓫ 서삼릉 : 희릉(중종비 장경왕후) 효릉(인종/인성왕후) 예릉(철종/철인황후) ⓬온릉(중종비 단경왕후) ⓭ 융릉(장조(추)/헌경황후) 건릉(정조/효의황후) ⓮ 파주 삼릉 : 공릉(예종비 장순왕후) 순릉順陵(성종비 공혜왕후) 영릉永陵(진종(추)/효순황후) ⓯ 파주 장릉長陵(인조/인열왕후) ⓰ 김포 장릉章陵(원종(추)/인헌왕후) ⓱ 장릉莊陵(단종) ⓲ 영릉英陵(세종/소헌왕후) 영릉寧陵(효종/인선왕후) ⓳ 제릉(태조비 신의황후) ⓴ 후릉厚陵(정종/정안왕후) ㉑ 덕릉(목조(추)) 안릉(효공왕후) ㉒ 지릉(익조(추)) ㉓ 숙릉(익조비 정숙왕후) ㉔ 의릉義陵(도조(추)) 순릉純陵(도조비 경순왕후) 정릉定陵(환조(추)) 화릉(환조비 의혜왕후) ㉕ 연산군묘 ㉖ 광해군묘

왕릉은 궁궐과 더불어 현재 남아 있는 조선시대의 대표적 유적이다. 왕이 죽을 경우 생전의 업적을 기리고 저세상에서도 편안한 삶을 누릴 수 있도록 무덤을 쓰는 데 신경을 썼다. 돌아가셨다고 하더라도 부모를 극진히 모시는 일은 유교 정신의 근본인 효를 실천하는 것이었고, 그래서 왕실의 무덤을 쓰고 제사를 지내는 것은 중요한 의례였다. 또한 무덤을 풍수가 좋은 곳에 써야 후손이 번성한다는 믿음과 돌아가신 왕이 나라를 지켜주었으면 하는 바람도 있었다. 그래서 왕릉을 조성하고 관리하는 일은 조선시대의 중요한 행정 업무 중 하나였다. 법으로 관리 규정을 마련하고 능참봉이라는 별도의 관리를 두어 관리했다. 조선 왕릉이 비교적 잘 보존된 상태로 남아 있는 것은 이 때문이다.

조선 왕릉은 조선시대의 왕과 왕비, 그리고 죽은 뒤에 왕으로 지위를 올린 추존왕의 무덤을 통틀어 말한다. 왕이 죽으면 장례를 담당하는 산릉도감이 설치되어 왕릉을 조성했다. 왕릉의 위치는 풍수지리를 고려하여 정했는데 때로는 신하들

사이에 논쟁이 벌어지기도 했다. 왕릉의 위치가 정해지면 공사 일정과 필요 인력을 결정한 뒤 왕릉 조성 사업을 했는데, 대체로 5개월의 시간이 걸렸다.

왕릉의 형식은 6가지였다. 왕과 왕비의 봉분을 각각 따로 조성하는 '단릉', 하나의 곡장 안에 나란히 조성하는 '쌍릉', 하나의 봉분에 합장하는 '합장릉', 하나의 정자각을 두고 서로 다른 언덕에 봉분을 조성하는 '동원이강릉', 한 언덕에 왕과 왕비의 봉분을 위아래로 조성하는 '동원상하릉', 한 언덕에 왕과 두 명의 왕비의 봉분을 나란히 조성하는 '삼연릉'이 그것이다.

조선 왕릉은 의례에 따라 조성되었으므로 일정한 구조를 가진다. 주요 구조물로는 홍살문, 재실, 정자각, 그리고 봉분을 중심으로 한 능침 공간 등이 있다. 왕릉 입구에 설치되는 홍살문은 붉은 물감을 칠한 나무로 된 문으로 악귀가 왕릉에 침입하거나 재앙이 생기는 것을 막는다. 재실은 제사 기구를 보관하는 곳으로, 제사를 지낼 때는 참여하는 사람들의 음식을 여기에서 장만했다. 정자각은 제사 준비를 하는 곳으로, 내부에

조선 왕릉의 구조

- **봉분**
- **병풍석**
  봉분 아래에 둘러놓은 돌
- **곡장**
  봉분을 동, 서, 북으로 두른 담장
- **문석인**
  문인을 상징하는 석물
- **장명등**
  사후 세계를 밝히는 석등
- **예감**
  축문을 태우는 곳
- **정자각**
  제사를 지내는 건물
- **수라간**
- **향로, 어로**
  향로는 돌아가신 왕의 혼령이 다니는 길
  어로는 제사를 드리는 왕이 다니는 길
- **금천교**

- **석양**
  양 모양의 석물
- **석호**
  호랑이 모양의 석물
- **난간석**
  봉분을 둘러싼 울타리 돌
- **망주석**
  봉분 좌우에 세우는 돌기둥
- **혼유석**
  왕의 혼이 노니는 곳
- **석마**
  말 모양의 석물
- **무석인**
  무인을 상징하는 석물
- **산신석**
  왕릉이 위치한 산의 신령에게 제사 지내는 곳
- **비각**
- **수복방**
- **홍살문**
- **판위**
  왕이 능역에 들어서면서 경건한 마음으로 절을 하는 공간
- **재실**

제사 음식을 진설했다. 능침은 왕이 묻혀 있는 성역의 공간이다. 앞쪽 편에는 문석인과 석마, 그리고 무석인과 석마가 있다. 봉분의 바로 앞에는 혼유석을 설치하고 양 옆에는 망주석을 두었다. 봉분이 무너지지 않도록 밑 부분을 돌로 둘러쌓는데 이를 병풍석이라고 한다. 병풍석에는 12개 방위를 담당하는 12지신을 새겼는데, 봉분에 침입하는 나쁜 기운이나 귀신을 쫓아낸다는 의미였다.

조선 왕릉은 한양 주변에 두었으므로 현재는 주로 서울과 경기도에 분포되어 있다. 풍수지리뿐 아니라 왕실 사람과 조정 신하가 제사를 지낼 때 왕래해야 한다는 현실적 여건을 고려한 조치였다. 다만 단종의 무덤인 장릉은 강원도 영월에 있다. 이는 단종이 폐위되어 노산군으로 강등된 다음 그곳에 유배를 가서 죽었기 때문이다. 단종은 조선 후기 숙종 때 왕으로 복위되었으며, 무덤도 왕릉이 되었다. 조선시대 왕릉 40기는 2009년 제33차 세계유산위원회에서 유네스코 세계유산으로 지정되었다.

왕릉은 풍수지리가 좋은 땅에 썼으므로 여러 무덤이 모여 있는 경우도 많다. 가장 많은 무덤이 있는 곳은 경기도 구리시의 동구릉이다. 동구릉에는 태조가 묻힌 건원릉을 비롯하여 왕릉 9기가 있다. 인근의 구리시와 인접한 남양주시에도 여러 왕릉이 분포한다. 서울의 서쪽인 경기도 고양시에는 5기의 왕릉이 있는 서오릉, 3기의 왕릉으로 구성된 서삼릉 등이 있으며, 파주에도 삼릉이 있다.

여주 세종대왕 영릉(英陵) 세종과 소헌왕후의 무덤이다. 1446년(세종 28) 소헌왕후가 죽자 부모인 태종과 원경왕후의 헌릉 서쪽에 만들었으며 세종이 죽자 합장했다. 그러나 이후 영릉 터가 좋지 않아 옮겨야 한다는 주장이 나왔고, 1469년(예종 1) 여주로 옮겨 지금에 이르고 있다. 봉분 하나에 혼유석이 두 개 있어서 합장릉임을 알 수 있다.

大韓民國臨時政府國務院
大韓民國元年十月十一日

고종황제와 황실가족(위), 대한민국 임시정부 국무원 임원(아래)

근대

조선은 1876년 일본과의 수호조약을 시작으로 서구 각국과 통상 조약을 체결하면서 자본주의 세계 체제에 발을 디뎠다. 서구 문물과 사상이 들어오면서 조선사회의 변화는 점점 빨라졌다. 조선의 지배층과 지식인들은 개혁을 모색했으나 제국주의 열강의 이해관계와 주변국 간의 각축 속에서 뚜렷한 성과를 거두지는 못했다. 봉건적 모순 해결과 사회적 지위 향상, 외세의 배척을 목표로 하는 민중운동도 잇달았으나 성공하지 못했다. 자주적인 근대 국민국가로 나아가지 못한 조선은 결국 청일전쟁과 러일전쟁을 통해 한반도에서 주도권을 장악한 일본의 식민지가 되고 말았다.

일본은 한국을 자국 중심의 동아시아체제 안에 넣고 자국의 이해관계에 맞춰 통치했다. 식민 통치에 맞서는 민족운동이나 사회운동은 철저히 억눌렀다. 일제의 침략전쟁이 본격화한 1930년대 이후에는 많은 한국인이 군인, 노동자, '군위안부' 등으로 전쟁에 동원되었다. 그렇지만 다양한 형태의 민족운동과 독립운동이 한반도와 주변 지역에서 계속되었다.

서구 문물과 사상의 유입은 사람들의 관념과 일상생활을 크게 바꾸었다. 사람들은 타인의 개성을 존중하고 사회 구성원으로서 자신의 존재를 인식했다. 서구 문물을 사용하며 일상생활의 편리를 추구했다. 그렇지만 이는 근대 국가의 국민이 되어 국가의 요구를 따르고 그것을 실현하기 위해 봉사하는 과정을 체화하는 일이기도 했다.

문호개방과 불평등조약의 체결

조선과 동아시아의 개항

- ● 조선 개항장(개항 연도)
- ▲ 중국 개항장(난징조약, 1842)
- ▲ 중국 개항장(톈진조약, 1858)
- ■ 일본 개항장(미일화친조약, 1854)
- ■ 일본 개항장(미일수통상조약, 1858)
- → 운요호의 1차 이동로
- → 운요호의 2차 이동로
- → 운요호의 3차 이동로

청·일 양국의 대조선 수출액 비교

■ 청 ■ 일본 (단위 : 만 달러)

연도	청	일본
1885	31	138
1887	74	208
1889	110	230
1892	206	256

0% 20% 40% 60% 80% 100%

1876년 조선은 일본과 조일수호조규를 체결함으로써 문호를 개방했다. 이는 조선이 다른 나라와 맺은 최초의 근대 조약이지만 불평등조약이다. 일본은 1854년 미국과 통상조약을 체결하고 1868년부터는 메이지유신을 추진하고 있었다. 미국의 압력으로 불평등조약을 체결하고 문호를 개방했던 일본은 같은 방식으로 아시아 다른 나라와 외교관계를 맺고자 했다. 그 첫 번째 대상이 이웃나라 조선이었다.

일본은 군함인 운요호를 조선 연안에 파견했다. 운요호는 부산에서 영흥만에 이르는 동해안 일대의 해로를 측정하고 때로는 함포를 쏘면서 무력 시위를 했다. 일본으로 돌아갔다가 다시 출병한 운요호는 이번에는 서해안을 따라 북상하여 강화도 초지진에 접근, 조선군과 충돌했다. 일본은 이를 구실로 무력으로 조선을 위협하면서 문호개방을 요구했다.

당시 조선은 서양과 통상을 강력히 반대하던 흥선대원군이 물러난 뒤 고종이 친정을 하고, 왕비의 인척인 민씨 일가가 권력을 장악하고 있었다. 이에 따라 조선의 대외정책도 일부 변화의 조짐을 보였다. 조선 조정과 사회 일각에서도 외국에 문을 열어 통상을 하는 것이 필요하다는 주장이 고개를 들기 시작했다. 이런 분위기 아래에서 일본이 문호개방을 강하게 압박하자 조선 조정은 이번 기회에 외국과 통상을 하기로 결정하고 조일수호조규를 체결한 것이다.

그러나 일본의 압력으로 맺은 통상조약은 여러 조항에 걸쳐 일본에 유리한 내용을 포함했다. 주목할 것은 조선을 자주국으로 규정한 첫 번째 조항이다. 조선과 일본 간의 통상조약인데, 조선에 대한 규정만 있다. 게다가 조선은 원래부터 독립적으로 운영한 국가이므로 구태여 이런 조항을 넣을 필요가 없다. 이는 조선과 중국 간의 전통적인 특별한 관계를 인정하지 않는다는 점을 명확히 하기 위한 것이었다. 관세와 항세 등의 규정이 없어서 일본은 세금을 전혀 내지 않고 자국 상품을 조선에 들여올 수 있었다. 조선은 부산에 이어 원산과 인천을 차례로 일본에게 개방했다. 개항장에는 일본인 거류지가 생겼다. 일본인이 저지른 범죄는 조선 법률이 아닌 일본 법률의 적용을 받는 치외법권이 인정되었으며, 일본 화폐를 자유롭게 사용할 수 있었다. 일본 상인들은 자국에서 필요하거나 돈벌이가 되는 식량과 쇠가죽, 금 등을 조선에서 별다른 제약 없이 사 갈 수 있었다. 특히 쌀을 비롯한 식량은 설사 조선 안에서 부족한 경우라도 그 사유를 밝히고 사전에 통보해야만 수출을 막을 수 있게 하여 조선의 독자적 식량 정책마저 어렵게 만들었다. 또한 일본인이 연안 측정과 해로 조사를 마음껏 할 수 있게 허용했다.

조선이 일본과 통상조약을 체결하자, 서구 열강들도 그 뒤를 따랐다. 1882년 서구 열강 중 미국과 가장 먼저 통상조약을 체결했지만 불평등한 조건을 크게 개선하지는 못했다. 미국에게는 이후 조선이 외국과 맺는 조약에서 인정하는 가장 유리한 조건을 적용하는 최혜국 약관을 약속했다. 무역품에 관세를 매기기는 했지만 매우 낮은 조건이었다. 이런 불평등한 조건은 이후 영국·독일·이탈리아 등 다른 서구 열강과 맺은 통상조약에서도 마찬가지였다.

개항기 인천의 외국 거류지

청도 조공책봉체제라는 동아시아의 전통 질서를 근대적 대외관계로 바꾸고자 했다. 임오군란 이후 조선과 조청상민수륙무역장정을 맺고, 여기에 조선이 청의 속국임을 간접적으로 나타냈다. 청 상인의 개항장 내 치외법권과 개항장을 벗어난 내지 활동을 인정했다. 그 결과 조선에서 청 상인의 활동이 활발해지고, 조선의 무역에서 청의 비중이 높아졌다. 이에 따라 조선 내 경제활동의 주도권을 놓고 일본과 청 상인 간의 각축도 치열해졌다.

서울의 외국 공관,
19세기 말~20세기 초

■ 외국 공관(설립 시기)
ᒥᒥᒥ 당시 한양 도성
— 현재 주요 도로
● 현재 주요 지명

개화의 추진과 반발

조일수호조규를 체결한 이후 조선 조정은 근대 문물을 받아들이기 위해 일련의 개혁을 추진했다. 외교와 통상·군사 업무를 담당하는 새로운 기구를 설치하고, 청과 일본의 근대 문물을 배우기 위해 사절단을 파견했다.

그러나 이런 개혁정책은 전근대사회의 구조를 근대적으로 바꾸고자 하는 것은 아니었다. 봉건적 토지제도나 신분제도를 그대로 유지한 채 정치제도를 바꾸거나 서구식 군대를 육성하는 정도였다. 이런 정책은 더 혁신적인 개혁을 원하는 젊은 정치가들의 불만을 샀으며, 대중의 지지를 얻지도 못했다. 반면 보수적인 일부 양반 유생층은 정부의 정책이 확대되면 봉건적 사회질서 자체가 위협받지 않을까 우려했다.

개화정책에 대한 반발은 군인층에서 표면화했다. 병인양요와 신미양요, 운요호 사건 등 서구 및 일본과의 무력 충돌을 경험하면서 군사력 강화의 필요성을 절감한 조선은 신식 군대인 별기군을 창설했다. 별기군은 정부가 정책적으로 육성하는 군인이었으므로, 비교적 좋은 여건에서 생활을 할 수 있었다. 반면 별기군 육성을 위한 비용이 추가되자 기존 군인들에 대한 대우가 나빠졌고, 그들의 불만이 커져갔다. 1882년 6월, 1년 만에 봉급으로 받은 쌀에 겨와 모래가 섞여 있는 것을 보자, 그들은 분노가 폭발하여 폭동을 일으켰다(임오군란). 민중의 생활을 개선하기 위한 개혁이 없었던 데다가 개항 이후 곡물 가격의 상승 등으로 어려움을 겪던 도시

임오군란, 1882년

군민의 관청 습격과 이동

→ 9일 군민의 이동
→ 제1대의 이동
→ 제2대의 이동
→ 제3대의 이동
→ 하층민의 이동
→ 10일 군민의 이동
✊ 시위대 집결지
✺ 주요 사건 발생지

명성황후와 일본공사의 피신

---▶ 명성황후의 피신로
---▶ 일본공사의 피신로

주요 건물과 지명

▨ 궁의 영역
▨ 당시 주요 건물
▣ 도성의 문
◉ 궁의 문
○ 당시 주요 지명
● 현재 주요 지명
═ 현재 주요 도로

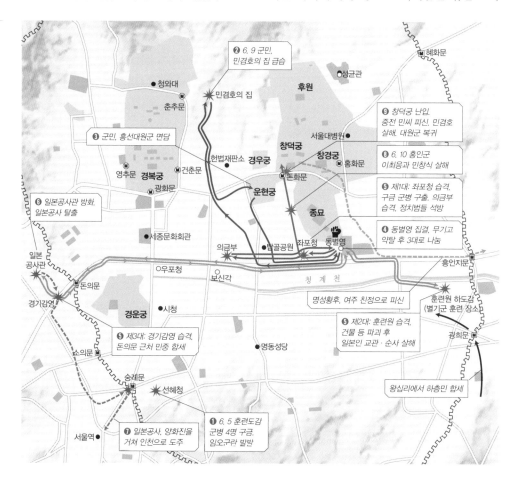

❷ 6. 9 군민, 민겸호의 집 급습

❸ 군민, 흥선대원군 면담

❻ 일본공사관 방화. 일본공사 탈출

❾ 창덕궁 난입. 중전 민씨 피신. 민겸호 살해. 대원군 복귀

❽ 6. 10 흥인군 이최응과 민창식 살해

❺ 제1대: 좌포청 습격, 구금 군병 구출. 의금부 습격. 정치범들 석방

❹ 동별영 집결. 무기고 약탈 후 3대로 나눔

명성황후, 여주 친정으로 피신

❺ 제3대: 경기감영 습격. 돈의문 근처 민중 합세

명성황후, 여주 친정으로 피신

❺ 제2대: 훈련원 습격. 건물 등 파괴 후 일본인 교관·순사 살해

왕십리에서 하층민 합세

❼ 일본공사, 양화진을 거쳐 인천으로 도주

❶ 6. 5 훈련도감 군병 4명 구금. 임오군란 발발

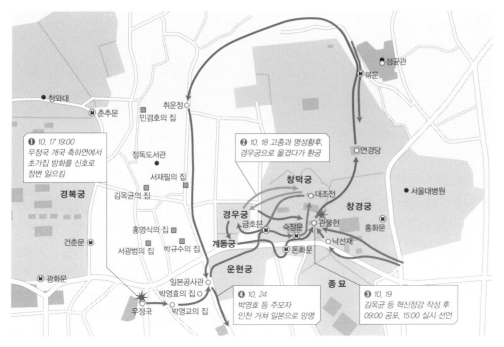

갑신정변, 1884년

개화파와 청군의 이동로

→ 17일 개화파의 이동로

→ 19일 개화파와 일본군의 이동로

→ 19일 청군의 이동로

→ 고종과 명성황후의 이동로

✳ 주요 사건 발생지

주요 건물과 지명

　궁의 영역

　당시 주요 건물

■ 주요 개화파 인물의 집

Ⓜ 궁의 문

○ 당시 주요 지명

● 현재 주요 지명

─── 현재 주요 도로

❶ 10. 17 19:00 우정국 개국 축하연에서 초가집 방화를 신호로 정변 일으킴

❷ 10. 18 고종과 명성황후, 경우궁으로 옮겼다가 환궁

❸ 10. 19 김옥균 등 혁신정강 작성 후 09:00 공포, 15:00 실시 선언

❹ 10. 24 박영효 등 주모자 인천 거쳐 일본으로 망명

하층민들도 군란에 가담했다. 이들은 개화정책을 추진한 정부 관료들과 민씨 일파의 집을 부수고, 일본공사관과 별기군을 습격했다. 왕비는 궁궐을 빠져나와 몸을 피했고, 고종은 어쩔 수 없이 흥선대원군에게 정권을 맡겨 폭동을 수습하고자 했다. 권력을 잡은 대원군은 정부의 개화정책을 중단하고 이전 상태로 돌리려 했다. 그러나 민씨 일파의 요청을 받은 청이 군대를 파견하여 대원군을 중국으로 끌고 가면서 상황은 일단락되고 다시 민씨 정권이 들어섰다.

정권은 임오군란 이전으로 돌아갔지만, 조선 조정에 대한 청의 영향력은 커졌다. 청은 조선의 정치에 일일이 간섭했으며, 조선의 권력자들도 청의 눈치를 보았다. 그러지 않아도 제한적이었던 조선의 개혁정책은 더욱 위축되었고, 민씨 정권의 개화정책이 미진하다고 생각한 개화파 관료들의 불만도 커져갔다. 이들은 조정에 더 적극적인 개혁을 요구했으나 거부당했으며, 조정 내의 입지도 갈수록 좁아졌다. 한편 조선 조정에 대한 청의 입김이 강해지면서 일본의 영향력은 약해졌다. 개화파 관료들과 일본은 세력을 만회할 방안을 모색했고, 힘으로 권력을 장악하여 개혁을 추진하는 것으로 방향을 잡았다.

때마침 베트남에서 청과 프랑스 사이에 전쟁이 일어나 한성의 청군 일부가 철수하자, 개화파 관료들은 좋은 기회로 생각했다. 일본은 개화파 관료들의 계획을 지원하여 세력을 회복하고자 했다.

1884년 10월 우정국 개국을 축하하는 연회를 계기로 개화파는 정변을 일으켜 민씨 정권을 제거하고 권력을 장악했다(갑신정변). 창덕궁에 있던 왕과 왕비를 경우궁으로 옮긴 뒤, 각료를 교체하고 일련의 개혁정책을 발표했다. 먼저 청과의 종속관계를 끊고 행정제도와 정치기구를 근대적으로 개편하고자 했다. 또한 재정제도를 효율화하고 문벌을 폐지하여 인재를 등용하고자 했다. 그러나 서울에 남아 있던 청군의 공격으로 정변 세력은 수세에 몰렸으며, 일본군은 약속을 저버리고 철수했다. 결국 정변은 사흘 만에 실패로 돌아갔다. 이를 주도한 인사들은 대부분 일본으로 망명하고, 일부는 청군에게 죽임을 당했다.

갑신정변 이후 청과 일본은 협의를 하여 조선에서 군대를 철수시켰다. 그러나 조선의 내정에 대한 청의 간섭은 더욱 심해졌다. 일본도 조선에 개입할 기회를 계속 노렸다.

별기군 민씨 정권의 개화 정책에 따라 이전의 5군영체제가 2군영체제로 축소되고 신식 군대인 별기군이 창설되었다. 구식 군인들의 처우는 신식 군인에 비해 아주 형편이 없었다. 이것이 임오군란이 일어나는 불씨로 작용했다.

동학농민혁명

조선 후기의 변화와 맞지 않는 사회구조와 통치 체제, 삼정의 문란 등 여러 문제는 문호개방 이후에도 해소되지 않은 채 지속되었다. 이 때문에 간헐적이기는 하지만 민중의 봉기가 계속되었다. 여기에 더해 문호개방 이후 일본과 청 상인이 조선 농촌까지 곳곳으로 침투하여 조선 상인을 위협했으며 농민의 생활을 어렵게 했다. 그런데도 조선의 정치 세력이나 봉건 지배층은 사회 변화에 대응해서 적극적으로 개혁을 하기보다는 이전과 같은 봉건적 수탈을 계속했다.

이로 인해 1890년대 들어 농민의 봉기가 다시 전국적으로 확산되는 경향을 보였다.

이런 문제점이 나타난 대표적인 지역이 전라도였다. 조선의 곡창 지대인 전라도는 농민에 대한 수탈이 매우 심했다. 봉건 지배층뿐 아니라 왕실, 지역의 관리나 아전까지도 토지를 차지한다든지 조세를 규정 이상으로 징수하여 이익을 취했다. 이러한 수탈에 맞서 전라도 고부에서 일어난 봉기가 전라도 전체로 확대되어 동학농민혁명으로 발전했다.

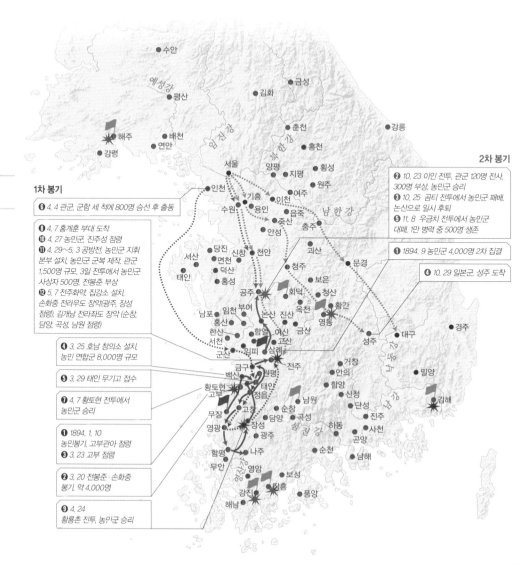

동학농민혁명, 1894년

1차 봉기

→ 농민군 이동로
┈┈▶ 관군 이동로
● 봉기 지역
✳ 주요 전투 지역

2차 봉기

→ 농민군 이동로
┈┈▶ 관군 이동로
┈┈▶ 일본군 이동로
● 봉기 지역
✳ 주요 전투 지역
🚩 봉기 시발점
🚩 그 밖의 봉기 지역
● 현재 주요 지명

1차 봉기

❻ 4. 4 관군, 군함 세 척에 800명 승선 후 출동

❽ 4. 7 홍계훈 부대 도착
❿ 4. 27 농민군, 진주성 점령
⓫ 4. 29~5. 3 공방전, 농민군 지휘 본부 설치, 농민군 군복 제작, 관군 1,500명 규모, 3일 전투에서 농민군 사상자 500명, 전봉준 부상
⓬ 5. 7 전주화약, 집강소 설치, 손화중 전라우도 장악(광주, 장성 점령), 김개남 전라좌도 장악 (순창, 담양, 곡성, 남원 점령)

❹ 3. 25 호남 창의소 설치, 농민 연합군 8,000명 규모

❺ 3. 29 태인 무기고 접수

❼ 4. 7 황토현 전투에서 농민군 승리

❶ 1894. 1. 10 농민봉기, 고부관아 점령
❸ 3. 23 고부 점령

❷ 3. 20 전봉준·손화중 봉기, 약 4,000명

❾ 4. 24 황룡촌 전투, 농민군 승리

2차 봉기

❷ 10. 23 이인 전투, 관군 120명 전사, 300명 부상, 농민군 승리
❸ 10. 25 곰티 전투에서 농민군 패배. 논산으로 일시 후퇴
❺ 11. 8 우금치 전투에서 농민군 대패. 1만 병력 중 500명 생존

❶ 1894. 9 농민군 4,000명 2차 집결

❹ 10. 29 일본군, 성주 도착

고부는 전라도 내에서도 기름지고 넓은 들을 가진 지역이었다. 이곳에 군수로 부임한 조병갑은 갖가지 명목으로 세금을 징수하는 등 농민을 수탈했다. 참다못한 농민들이 1894년 1월 전봉준을 필두로 들고 일어나 관아를 점령하고 아전들을 벌한 다음 군수 조병갑의 처벌을 요구했다. 도망간 조병갑은 파면되고 새로운 군수가 파견되어 잘못을 인정했다. 이에 농민들이 해산하여 사태는 일단락되는 듯했다.

그러나 사건의 조사를 위해 파견된 안핵사 이용태는 조병갑의 잘못을 조사하기는커녕 민란의 주동자를 역적죄로 몰아 잡아들이기 시작했다. 이에 농민들은 다시 농민군을 조직했다(1차 봉기). 농민들은 탐관오리와 아전들에 대한 처벌, 조세 수탈 방지, 양인 및 천인에 대한 차별 철폐 등 사회개혁을 요구했다. 농민군은 진압을 위해 출동한 관군을 황토현(정읍)과 황룡촌(장성) 등에서 격파하고 전라도 감영이 있는 전주까지 점령했다. 그러나 농민군의 진압을 명목으로 청군과 일본군이 조선에 들어오자, 외세의 개입과 양국 군대의 충돌을 우려한 조선 조정과 농민군은 전주에서 화약을 맺었으며, 조정은 농민군의 요구를 받아들이기로 했다. 한편 전라도의 농민군이 봉기하자 경상·충청·경기·황해·강원 등 다른 지역에서도 농민군이 호응하여 들고 일어났다.

전주화약을 맺고 해산한 농민군은 집강소를 설치하고 조정에 요구했던 개혁을 자신들의 세력 아래 있던 지역에서 직접 추진했다. 그런데 청과 일본은 군대를 철수시키지 않고 한반도와 요동 일대에서 전쟁을 벌였다. 일본군은 경복궁을 점령하고 조선의 개혁을 자신들에게 유리한 방향으로 추진하게 했으며, 농민들이 요구한 개혁은 제대로 시행하지 않았다. 이에 농민군은 다시 봉기했다(2차 봉기). 동학 지도부도 일반 교도들의 강력한 요구에 떠밀려 병력을 모으고 봉기에 참여했다. 논산에 집결한 농민군은 한성으로 진격하는 길목에 있던 공주를 공격했다.

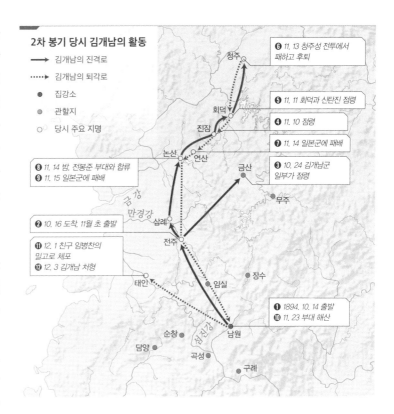

2차 봉기 당시 김개남의 활동

→ 김개남의 진격로
┅▶ 김개남의 퇴각로
● 집강소
● 관할지
○ 당시 주요 지명

❶ 1894. 10. 14 출발
❷ 10. 16 도착, 11월 초 출발
❸ 10. 24 김개남군 일부가 점령
❹ 11. 10 점령
❺ 11. 11 회덕과 신탄진 점령
❻ 11. 13 청주성 전투에서 패하고 후퇴
❼ 11. 14 일본군에 패배
❽ 11. 14 밤, 전봉준 부대와 합류
❾ 11. 15 일본군에 패배
❿ 11. 23 부대 해산
⓫ 12. 1 친구 임병찬의 밀고로 체포
⓬ 12. 3 김개남 처형

우금치를 비롯한 공주 곳곳에서 치열한 전투가 벌어졌다. 그렇지만 농민군은 잘 조직되고 우세한 무기를 갖춘 일본군과 관군의 방어망을 뚫지 못하고 결국 크게 패했다. 같은 시기 청주를 공격하던 농민군의 다른 부대도 패했다. 농민군은 부대를 정비하여 반격을 하려고 했지만 추격하는 관군 및 일본군에 잇달아 패하며 조직이 해체되었다. 전봉준, 김개남, 손화중과 같은 농민군의 주요 지도자들은 체포되어 처형당했으며, 동학의 지도부들도 피신했다. 조정은 농민군으로 참여한 사람들을 추적하여 처벌했다. 이로써 한국 근대사의 가장 큰 농민봉기였던 동학농민혁명은 막을 내리고 말았다.

김개남 전봉준과 함께 동학농민혁명을 이끈 지도자. 2차 봉기 때 청주성을 공격했으나 실패하고 태인에 은거 중 체포되어 처형당했다. 그때 나이 42세였다.

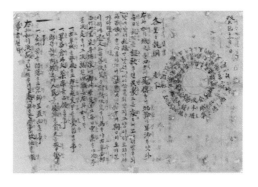

사발통문 1893년 11월 전봉준 등 20명이 거사를 결의하고 이를 동학 집강들에게 알리기 위해 작성한 문서. 탐관오리를 제거하고 전주를 점령한 후 서울로 직행한다는 내용이다. 사발통문은 참여자 이름을 사발 모양으로 둥글게 삥 돌려서 적은 문서로, 참여자들이 똑같은 정도로 결의한다는 의미를 담는다.

청일전쟁과 갑오개혁

통상조약 체결 이후 일본과 청, 서구 열강이 한반도에 들어와 이들 사이에 이해 문제로 협력과 갈등 관계가 형성되었다. 특히 주변 국가들이 조선을 놓고 주도권을 다투는 과정에서 한반도에서 두 차례 전쟁이 일어났다. 그 첫 번째 사건은 청일전쟁이다. 청은 조선과의 전통적 관계를 바탕으로 한반도에서 주도권을 장악하고자 했다. 이에 맞서 일본은 청의 종주권을 부정하고 한반도를 장악함으로써 대륙 진출의 발판으로 삼고자 했다. 양국은 갑신정변을 수습하며 체결한 톈진조약에 따라 조선에서 군대를 철수했으나 다시 세력을 확대하려고 기회를 엿보고 있었다. 조선에 진출한 청과 일본 상인의 경쟁도 갈수록 치열해졌다.

동학농민혁명이 일어나자 농민군의 기세에 당황한 조선 조정은 청에게 원병을 요청했고 청은 이에 응해 파병했다. 일본도 조선 내 자국민 보호를 명분으로 출병했다. 두 나라 군대의 충돌을 우려한 조선 조정은 농민군과 전주화약을 맺고 양국에 철군을 요청했다. 그러나 두 나라 군대는 철수하지 않고 한반도에서 대립하더니, 결국 전쟁을 일으켰다. 전쟁은 일본이 줄곧 우세한 가운데 전개되었다. 일본군은 풍도 해전과 성환 전투에서 잇달아 청군을 격파했다. 청군은 병력을 재정비하여 평양에서 다시 맞섰으나 크게 패하고 말았다. 황해에서 벌어진 해전에서도 일본군은 청의 해군을 격파했으며, 청군의 주요 근거지를 점령했다. 결국 두 나라는 일본의 요구를 청이 일방적으로 받아들인 시모노세키조약을 체결하고 전쟁을 마무리했다. 그 결과 일본은 조선에서 청을 배제하고 지배적인 권리를 획득했고, 조선과 중국 사이에 유지되었던 전통 질서는 완전히 무너졌다.

열강의 정치·경제적 침탈이 심해지는 가운데 1894년 동학농민혁명이 일어나자 조선 조정도 개혁의 필요성을 절감하고 근대적 개혁을 목표로 하는 갑오개혁에 착수했다. 신분제도를 없애고 정치기구를 근대적으로 개편했으며 조세와 재정을 체계화했다. 또한 지속적 개혁과 국가 발전을 뒷받침하기 위한 대중 계몽과 인재 양성을 목표로 새로운 교육제도를 시행했다.

그러나 한성에 들어온 일본군은 청일전쟁을 일으키기 직전 경복궁을 공격하여 점령하고, 흥선대원군의 협력 아래 김홍집을 수반으로 하는

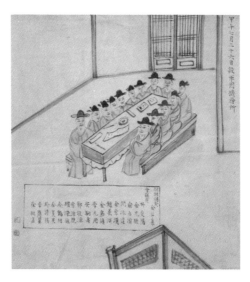

군국기무처 회의 모습 19세기 말 대표적 화가 조석진의 그림이다. 오른쪽 상단에 "갑오년(1894) 7월 26일 군국기무소 설치"라고 적혀 있고, 하단에 총재 김홍집을 비롯해 박정양, 김윤식, 유길준 등 회의 참석자가 나열되어 있다.

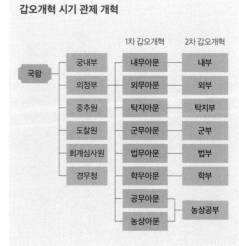

갑오개혁 시기 관제 개혁

국왕		1차 갑오개혁	2차 갑오개혁
	궁내부	내무아문	내부
	의정부	외무아문	외부
	중추원	탁지아문	탁지부
	도찰원	군무아문	군부
	회계심사원	법무아문	법부
	경무청	학무아문	학부
		공무아문	
		농상아문	농상공부

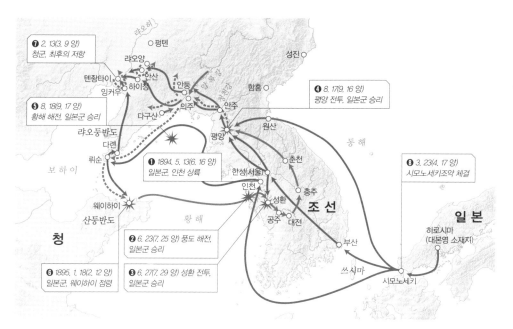

청일전쟁, 1894~1895년

→ 일본군의 이동로
→ 청군의 공격로
┅┅▶ 청군의 퇴각로
✹ 주요 격전지
○ 당시 주요 지명

❼ 2. 13(3. 9 양)
청군, 최후의 저항

○ 펑톈

랴오양

○ 성진

텐장타이
잉커우 ○ 안산
하이청
안동

함흥 ○

❹ 8. 17(9. 16 양)
평양 전투, 일본군 승리

❺ 8. 18(9. 17 양)
황해 해전, 일본군 승리

다구산
의주

안주

원산 ○

랴오둥반도
다롄

평양

동 해

뤼순

❶ 1894. 5. 13(6. 16 양)
일본군, 인천 상륙

한성(서울) ○
인천

춘천 ○

충주 ○

❽ 3. 23(4. 17 양)
시모노세키조약 체결

보하이

청

조 선

웨이하이
산둥반도

성환
공주 ○ 대전 ○

일 본

황 해

❷ 6. 23(7. 25 양) 풍도 해전,
일본군 승리

부산 ○

히로시마
(대본영 소재지)

쓰시마

❻ 1895. 1. 18(2. 12 양)
일본군, 웨이하이 점령

❸ 6. 27(7. 29 양) 성환 전투,
일본군 승리

시모노세키

내각을 세워 일본이 의도하는 방향으로 개혁을 추진하도록 간섭했다. 흥선대원군은 청의 압박에서 벗어나기 위해 일본과 손을 잡았지만 입장이 서로 달랐고, 일본의 간섭과 급격한 개혁에 반발했다. 그러자 일본은 그를 물러나게 하고 갑신정변 이후 일본에 망명 중이던 박영효를 귀국시켜 김홍집과 함께 연립내각을 구성하여 개혁을 추진하게 했다. 일본은 조선의 개혁에 대해 정치나 군사적으로 부국강병을 추진하기보다는, 이와 직접 관련이 없는 제도를 근대화하고 봉건적 사회 문화를 철폐하여, 이미 서구 문물을 받아들이고 있는 일본과 거리감을 없애는 것을 목표로 삼았다. 그러나 이런 개혁에 거부감을 느끼는 국왕과 왕실의 반발로 박영효가 내각에서 물러남으로써 일본의 의도대로 전개되지는 않았다. 더구나 조선 조정이 러시아를 끌어들여 일본 세력을 견제하자 갑오개혁은 지속되지 못했다.

갑오개혁으로 의정부와 육조를 틀로 하는 봉건적 정치체제가 무너지고 오늘날과 같이 행정 업무를 분담하는 정치기구가 들어섰다. 전근대적 신분제도와 이를 바탕으로 한 과거제가 철폐되었다. 그 대신 업무에 필요한 능력을 갖추고 있는지를 평가하는 시험을 통해 관리를 선발했

으며, 오늘날의 초등학교인 소학교와 여기에서 가르칠 교사를 육성하는 한성사범학교를 세워 모든 사회 구성원에게 기초 교육을 시행하고자 했다. 조혼을 금지하고 과부의 재혼을 허용하는 등 기존의 악습을 폐지했다. 국민의 생명과 재산을 법으로 보호하고, 조세 징수나 재정 운영도 법제화했다.

그러나 국가의 공식적 제도가 바뀐다고 사회의 관습이나 문화가 곧바로 달라지는 것은 아니다. 노비는 없어졌지만 백정을 비롯하여 천한 일을 한다고 취급받던 사람들에 대한 사회적 차별은 여전했으며, 여성에게도 '현모양처'라는 관념을 내세워 가정과 사회에서 순종을 요구했다. 양력의 사용이나 도량형의 개량이 사회에 널리 퍼지기까지는 상당한 시간이 걸렸다.

성환 전투 1894년 6월(양력 7월) 청군과 일본군 사이에 벌어진 성환 전투를 묘사한 일본 판화이다. '대일본제국 만만세'와 '성환 습격 화군(일본군) 대첩'이라는 제목 왼쪽에 욱일기가 보이고, 그 왼쪽에 공격 명령을 내리는 장교가 보인다. 일본군은 신식 무기를 갖춘 근대적 군대라는 이미지를 주는 반면, 청군은 간략하게 처리한 것 같은 인상이다. 전체적으로 '문명과 야만의 대결' 구도가 보인다. 미즈노 도시카타 작.

열강의 각축과 조선의 대응

한반도에서 일본의 세력이 커지고 갑오개혁도 일본의 뜻대로 전개되자, 조선 조정은 러시아를 끌어들여 일본을 견제하려고 했다. 마침 러시아도 일본이 청일전쟁의 승리로 시모노세키 조약을 맺어 요동을 할양받자 일본의 대륙 진출에 제동을 걸었다. 요동 할양이 동북아시아의 평화를 해칠 수 있다는 이유로 프랑스, 독일과 함께 압력을 넣어 요동을 청에 반환하게 한 것이다(삼국간섭). 다른 한편으로 러시아는 한반도를 통해 남쪽으로 진출하고자 조선과의 관계를 적극적으로 강화하려고 했다. 이에 따라 조선 조정 내에서 친러 세력이 커지고 일본의 영향력은 약해졌다. 세계 각지에서 러시아와 갈등하던 영국은 동북아시아에서 러시아 세력이 확대되는 것을 우려해서 일본과 가까워졌다. 영국은 이미 약 10년 전에 러시아의 남하를 견제하기 위해 거문도를 점령하고 해밀턴항을 세운 적이 있었다.

조선 조정의 이러한 움직임을 우려한 일본은 자신의 세력을 회복하기 위해 조정 내의 친러 인사를 제거하고자 했다. 일본은 친러 세력의 중심인물을 명성황후로 보고 1895년 8월 무사를 동원하여 궁궐을 침입, 살해했다(을미사변). 그런 다음 친일 내각을 구성하고 중단된 개혁을 계속 추진했다. 양력을 채택하고 갑신정변으로 중단되었던 우편제도를 시행했으며 예산제도를 마련했다. 특히 위생에 해로우며 일하기에 불편하다는 이유로 상투를 자르라는 단발령을 발표했는데, 이것은 조선사회를 뒤흔들었다.

대부분의 사람들은 단발령에 반발했다. 특히 신체는 부모에게서 물려받은 것이라고 생각하는 양반 유생들의 반발이 거셌다. 이들은 국모라고 여겼던 왕비를 시해하고 단발령을 시행하려는 일본 및 친일 세력을 응징한다는 명목으로 전국 곳곳에서 의병을 일으켰다. 일본이 일으킨 을미사변에 대한 국제 여론도 급속히 나빠졌다. 이로 인해 궁궐 안에서 왕실의 동태에 대한 일본의 감시가 약해진 틈을 타서, 친러 세력은 친미 세력과 손을 잡고 고종을 러시아공사관으로 빼돌렸다(아관파천). 국왕이 다른 나라 공사관에 몸을 의지하는 상황에서 조선은 주권을 제대로 행사할 수 없었다. 지방 행정제도를 개편하는 등 일부 통치 행위를 했지만, 정치는 대부분 외국의 힘에 휘둘렸다.

특히 제국주의 열강은 이 틈을 이용하여 조선에서 많은 이권을 차지했다. 철도 부설권, 금광을 비롯한 광산 채굴권, 삼림 벌목권, 전기·전화

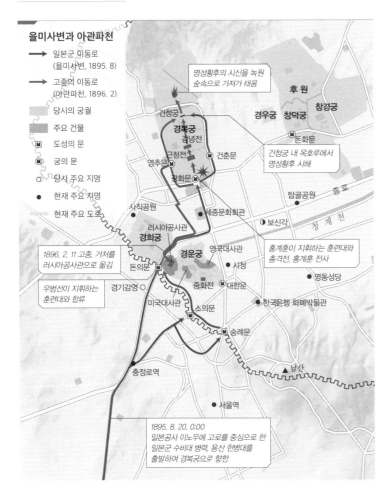

을미사변과 아관파천

→ 일본군 이동로
(을미사변, 1895. 8)

→ 고종의 이동로
(아관파천, 1896. 2)

당시의 궁궐

주요 건물

도성의 문

궁의 문

당시 주요 지명

● 현재 주요 지명

현재 주요 도로

1896. 2. 11 고종, 거처를 러시아공사관으로 옮김

우범선이 지휘하는 훈련대와 합류

명성황후의 시신을 녹원 숲속으로 가져가 태움

후 원

경우궁 창덕궁 창경궁

건청궁

경복궁
경녕전

근정전 건춘문

영추문

광화문

건청궁 내 옥호루에서 명성황후 시해

사직공원

세종문화회관

러시아공사관

경희궁

돈의문

경기감영

경운궁

중화전 대한문

미국대사관

소의문

승례문

충정로역

영국대사관

서청

홍계훈이 지휘하는 훈련대와 총격전 홍계훈 전사

탑골공원 종묘

보신각

청계천

명동성당

한국은행 화폐박물관

남산

서울역

1895. 8. 20. 0:00
일본공사 이노우에 고로를 중심으로 한 일본군 수비대 병력, 용산 헌병대를 출발하여 경복궁으로 향함

개설권 등이 주된 대상이었다. 국가와 사회의 기반시설을 세우는 권리들이 외국에 헐값에 넘어갔다. 특히 금광 채굴권과 철도 부설권은 주된 쟁탈 대상이었다. 미국인 자본가가 채굴권을 보유했던 평안도 운산 금광의 경우 금 생산량이 한국 전체의 4분의 1에 달할 정도였다. 이로 인해 조선의 금이 외국으로 빠져나갔다.

철도는 근대화의 기수이면서 제국주의 열강의 경제적·군사적 침략의 발판 역할을 했다. 이 때문에 제국주의 각국은 조선의 철도 부설권을 획득하기 위해 힘을 쏟았다. 경부선과 경원선은 일본, 경인선은 미국, 경의선은 프랑스가 부설권을 획득했으나, 이후에 경인선과 경의선 부설권도 모두 일본에게 넘어갔다. 일본은 1899년 처음으로 서울과 인천 사이에 철도를 개통한 데 이어 1905년에는 경부선, 1906년에는 경의선을 개통하여 부산에서 신의주까지 한반도를 관통하는 철로를 연결했다. 이 철도는 일본군에게 대륙 침략의 발판이 되었으며, 일본이 필요로 하는 호남의 쌀을 비롯한 한반도의 물자를 부산으로 이송하는 주요 수단이 되었다. 조선을 완전한 식민지로 만든 이후인 1914년에는 호남선과 경원선을 개통함으로써 한반도를 엑스(X)자로 연결하는 철로망을 완성했다.

철도를 만드는 과정에서 주변의 많은 농지가 철도와 역사에 편입되었다. 공사장 주변의 농민들은 철도 공사에 동원되거나 소를 징발당해서

농사를 망치는 경우가 많았다. 이 때문에 의병이나 활빈당 같은 무장한 농민 집단이 철도 공사를 방해하거나 공사장을 직접 공격하는 사건이 일어났다. 일본은 철도 공사를 방해하는 사람들을 공개 처형하기도 했다.

철도 파괴 혐의로 처형당하는 의병들 철도 건설은 주변 농민들의 농사에 큰 피해를 주어 농민항쟁 세력의 주요 표적이었다. 사진은 1904년 서울 용산과 마포를 잇는 철도 건널목 부근에서 철도 공사를 방해한 혐의로 공개 처형당하는 모습이다.

열강의 이권 침탈

▬■▬	철도 부설권	▨	금광 채굴권
●—●	통신 시설권	▨	광산 채굴권
▨	삼림 벌목권	▲	사금 채굴권
●	일본인 거류지		

종성
경원
1896(러)

1896 두만강 삼림 벌채권(러)

경성
1896(러)

강계

갑산
1896(미)

1896 압록강 삼림 벌채권(러)

신의주
용암포

성진

이원

북청

운산 1896(미)
영변
안주
은산 1900(영)

1896(프)→1904(일)
경의선 부설권

함흥

원산

1904 경원선 부설권(일)

남포
평양

수안
1905(영)

금성 1897(독)

1897(일) 송화

강릉 1870(미)

해주

개성

1896(미)→1897(일)
경인선 부설권

제물포
한성
수원
진위

1896
울릉도 삼림 벌채권(러)

1900(일) 직산

충주

1898 경부선 부설권(일)

공주
대전

홍산
군산
전주

대구
경주

창원
울산

광주
진주
마산
부산

목포

1904 마산선 부설권(일)

1900 율구미 조차 사건(러)

1896 고하도 매수 사건(러)

1885 거문도 점령 사건(영)

거문도 영국 해군 묘지 영국은 1885년 4월부터 1887년 2월까지 약 22개월간 거문도를 무단 점령했다. 사진은 이때 병이나 사고로 죽은 영국군의 묘지이다. 원래 9기였다고 전해지나 현재 2기만 남아 있다. 나무 십자가 1기는 훗날 만든 것이다.

근대 지식인의 세계여행

미국 대통령에게 절을 하는 보빙사 일행 1883년 9월 18일 미국 뉴욕의 피프스애비뉴호텔에서 미국 아서 대통령을 만난 조선 보빙사 대표 민영익, 홍영식, 서광범은 큰절을 했다. 이런 행동은 미국 대통령 일행을 당황하게 만들었지만, 조선의 풍습으로 이해했다고 한다. 그림은 다음 날 신문에 실린 것이다.

서구 문물이 들어오고 서양인과의 교류가 늘어나면서 조선의 지식인들 사이에서 서양에 대한 관심이 높아졌다. 이들은 서양의 강력한 힘이 어디에서 나오는지를 파악하여 조선도 그것을 받아들여야 한다고 보았다. 그래서 서양의 사회와 문화를 직접 확인하고 경험해보려는 사람들이 나타났다.

가장 먼저 유럽여행을 한 사람은 유길준이다. 그는 1881년 조사시찰단의 일원으로 일본을 방문했다가 근대 문물과 학문을 경험했다. 일본에 남아 공부하다가 임오군란 이후 근대적 개혁의 필요성을 알리기 위해 귀국했다. 그리고 미국과 통상조약을 체결한 조선이 1883년 7월 미국에 보빙사를 파견할 때 그 일행으로 참여했다가 그곳에 남아 국비로 유학을 했다. 갑신정변이 실패하자 학업을 중단하고 귀국했는데, 그 과정에서 유럽 여러 나라를 여행했다. 이를 바탕으로 귀국 후에 쓴 책이 『서유견문』으로 우리나라 최초의 서양여행기로 꼽힌다. 다만 이 책은 여행기의 형식이 아니라 저자가 유럽에서 보고 들은 것을 바탕으로 세계 지리, 유럽 각국의 정치체제와 제도, 풍속을 주제별로 서술한 것이 특징이다.

세계여행을 한 또 다른 사람들은 1896년 러시아 황제 니콜라이 2세의 대관식에 간 사절단이다. 민영환을 대표로 하여 윤치호, 김득련 등으로 구성된 사절단은 태평양을 지나 북아메리카를 횡단한 뒤 대서양을 건넜고 유럽 여러 나라를 거쳐 러시아에 도착했다. 사절단 일행은 대관식이 끝난 다음에는 시베리아를 경유하여 귀국했다. 이들은 미국과 유럽 여러 나라의 사회 모습을 살펴보았다. 러시아의 근대 산업과 시설을 관람했으며, 건설 중인 시베리아횡단철도에도 깊은 인상을 받았다. 이들의 세계여행은 민영환의 『해천추범』에 날짜별로 기록되어 있다.

세계일주를 한 것은 아니지만 유럽에 가서 그들의 학문과 기술을 배운 사람도 있었

근대 지식인의 세계여행
— 유길준
— 민영환
— 홍종우

미국

시카고   5. 3 위니펙

캐나다 자치

슈피리어호 5. 4

1883. 9 미국 아서 대통령에게 국서 전달

워싱턴 D.C.

5. 6 뉴욕   몬트리올 5. 5
보스턴
세일럼

1883. 11 도착. 에드워드 모스의 집에서 7개월간 영어 공부
1884. 6 더머아카데미 입학
1885. 7 유럽행

그린

대 서 양

5. 15 퀸스타운(코브)   영국
리버풀 5. 16
5. 16 런던   네덜란
포르투갈   파리

1890. 12. 24 파리 도착. 프랑스 저명한 정치가, 학자와 교류. 기메 박물관 근무

프랑스 독일
5. 18
마르세유   베를린
바르스

1893. 7. 23 귀국길에 오름

이탈리아   오스만

수에즈운하
이집트

Ⅱ Petits Collection Guillaume

Printemps Parfumé

ROMAN CORÉEN

Traduction de J.-H. Rosny

Illustrations de Marold et Mittis

PARIS
E. DENTU, ÉDITEUR
3, Place de Valois, 3

M DCCC XCII

프랑스어판 『춘향전』 1892년 프랑스 작가 로니와 유학생 홍종우가 파리에서 『춘향전』을 함께 번역해서 출간한 『향기로운 봄(Printemps Parfumé)』 표지이다. 한국 문학을 유럽에 알리는 계기가 되었다.

샌프란시스코
1883. 9 도착

밴쿠버 4. 29

태 평 양

민영환 일행과 러시아 관원들 1896년 5월 러시아 황제 니콜라이 2세의 대관식에 참석하기 위해 모스크바에 온 민영환 일행이 러시아 관원들과 찍은 사진이다. 앞줄 왼쪽부터 김득련(2등 참서관, 중국어 통역), 윤치호(수행원, 영어 통역), 민영환(정사), 파스코프(동행 무관), 플랑콘(외무관)이고, 뒷줄은 왼쪽부터 김도일(3등 참서관, 러시아어 통역), 스테인(주조선 러시아공사관 서기관), 손희영(민영환의 시종)이다.

북 극 해

10. 3 하바롭스크
블라디보스토크
10. 10 도쿄 요코하마
9. 27 블라고베셴스크
오사카
9. 21 네르친스크
1890 홍종우 출발
조선 부산항 일본
제물포
9. 14 화륜선으로 건넘
나가사키 4. 12
바이칼호
9. 11 이르쿠츠크
크라스노야르스크
상하이 4. 4
러시아
1883. 7 유길준, 보빙사 일원으로 일본 거쳐 미국행
1885. 12 유길준 도착
남중국해
상트페테르부르크 6. 8
노보시비르스크
예카테린부르크
1896. 4. 2 민영환 출발
1896. 10. 20 민영환 도착
모스크바
1894. 4 홍종우. 상하이에서 암살한 김옥균의 시신과 함께 양화진 도착
청
5. 20 도착
5. 22 러시아 황제 니콜라이 2세 만남
5. 26 황제 대관식을 우즈벤스키성당 밖에서 바라봄
안남
사이공(호치민)
인도
싱가포르
인 도 양
아라비아해
콜롬보

다. 홍종우는 1890~1893년 우리나라 최초로 프랑스 유학을 한 인물이다. 프랑스 파리의 기메박물관에서 일하면서 근대 문물을 직접 보고 익히는 한편 『춘향전』, 『심청전』 등 한국 고전소설을 프랑스어로 번역했다. 3년간의 프랑스 생활을 마치고 일본으로 돌아온 홍종우는 갑신정변 이후 일본에 망명 중이던 김옥균을 중국 상하이로 유인하여 암살했다.

유길준, 민영환, 홍종우는 구미의 사회와 산업을 보고 근대적 개혁의 필요성을 절감하여 서구 문물을 도입해야 한다고 생각했다. 다만 그 방향에는 차이가 있었다. 유길준과 민영환은 국왕권을 제한하는 입헌정치가 필요하다고 생각한 점에서 입장이 같았지만, 유길준이 이 과정에서 일본의 도움을 받을 수 있다고 생각한 반면, 민영환은 일본을 철저히 반대하여 훗날 을사조약이 체결되자 반대 상소를 올리고 자결했다. 이에 반해 홍종우는 입헌정치를 하되 국왕의 전제군주권을 보장하는 방향으로 개혁을 해야 한다고 주장했다. 홍종우의 이런 생각은 1897년 대한제국 선포와 황제의 전제군주권 강화에 깊이 영향을 미친 것으로 나타났다.

대한제국과 독립협회

고종이 러시아공사관에 머무는 기간이 길어지자 비판의 목소리가 커져갔다. 특히 독립협회는 고종의 환궁을 강력히 주장했다. 고종도 점차 국왕으로서 자신의 권력을 회복해야 한다고 생각했다. 이에 고종은 1년 만에 경운궁(지금의 덕수궁)으로 돌아와 개혁을 통해 권위를 회복하고 국가를 주도적으로 운영하고자 했다.

환궁과 더불어 정부는 나라 이름을 대한제국으로 바꾸었다. 국호에 맞춰 왕을 '황제'라고 칭하고 '광무'라는 연호를 사용하여 대한제국이 중국과 대등한 자주국임을 선언했다. 이어 일부 개화파 인사들과 손을 잡고 군주권의 강화를 목표로 광무개혁이라고 불리는 일련의 개혁을 단행했다.

광무개혁은 '옛것을 근본으로 하되 새것을 참조한다'는 원칙 아래 시행되었다. 양반이나 유생·지주 등 봉건 기득권층의 반발을 고려하여

갑오개혁이나 그 뒤를 이은 을미개혁과는 달리 온건한 개혁 방식을 채택한 것이었다. 그러면서 개혁의 기본 방향을 군주권 강화에 맞추었다. 국가 운영의 기본 방향을 규정한 대한국국제(國制)를 만들어 황제에게 군대 통수권, 입법권, 행정권, 관리 임명권, 조약 체결권과 외교관 임용권 등 중요한 모든 권한을 부여했다. 양전을 실시하여 토지의 소유관계를 국가 차원에서 확인하고 재정 확보를 모색했으며 화폐와 금융제도를 개혁했다. 외국 자본을 받아들여 근대 산업의 육성을 꾀하고, 이를 뒷받침할 인력을 확보하기 위해 각종 기술학교를 세웠으며, 국비 유학생을 보냈다. 대외적으로는 청과 대등한 관계에서 대한국대청국통상조약을 체결했다.

사회적으로도 과거 개화파 관료 출신 일부 인사와 근대적 개혁 사상가들이 조정 내 일부 현직 관료와 손을 잡고 나라의 자주권 회복과 사회 개혁을 추진했다. 조선이 자주독립국가임을 상징하기 위해 청의 사신을 맞이하던 영은문이 있던 자리에 독립문을 세우고 독립협회를 결성했다. 독립협회는 자주국권 회복의 일환으로 열강의 이권 침탈을 강력히 비판하는 한편, 정부에 이를 되돌려 받을 것을 요구했다. 그러나 독립협회의 이권 회복운동은 주로 러시아가 가진 이권에 집중하고 일본 자본에 의한 근대 문물의 도입과 산업 육성에는 우호적이었던 것에서 보듯이 대외적 편향성을 띠었다.

독립협회는 약간의 보조금을 내면 누구나 회원으로 가입시켰고, 청의 사신이 숙박하던 모화관을 독립관으로 바꾸어 대중 강연을 여는 등 대중 계몽에 힘썼다. 나아가 대중이 참여하여 정치 사회 문제를 토론하는 만민공동회를 개최하여 정부에 정치 사회적으로 압력을 넣었다. 독립협회와 만민공동회는 대중의 신체적 자유

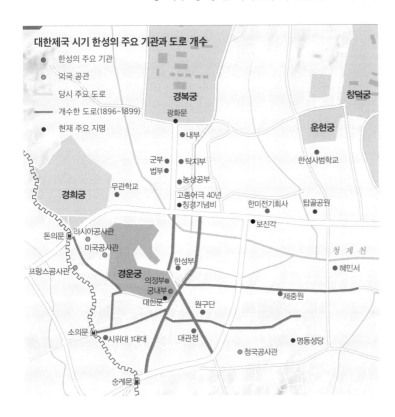

대한제국 시기 한성의 주요 기관과 도로 개수

● 한성의 주요 기관
● 외국 공관
— 당시 주요 도로
━ 개수한 도로(1896~1899)
● 현재 주요 지명

경복궁
광화문
경희궁
창덕궁
운현궁
내부
군부
법부
탁지부
농상공부
고종어극 40년
칭경기념비
무관학교
한성사범학교
한미전기회사
탑골공원
보신각
청계천
돈의문
러시아공사관
미국공사관
프랑스공사관
경운궁
한성부
혜민서
의정부
궁내부
대한문
원구단
제중원
소의문
시위대 1대대
대관정
명동성당
청국공사관
순례문

와 재산권 보장, 정치적 참여를 요구하고 사회 개혁을 촉구하는 자유민권운동과 자강개혁운동을 전개했다. 그렇지만 대중의 정치적 역량을 그대로 인정했다기보다는 대중을 계몽을 통해 일깨울 수 있는 대상으로 생각하는 경향을 보이기도 했다.

정부 안의 일부 보수적 관료들은 독립협회와 대중의 이런 활동을 제한하려고 한 반면, 개혁적 성향의 관료들은 자신들의 활동을 뒷받침할 수 있다고 보아서 지지했다. 독립협회는 개혁적 성향의 관료들과 손잡고 보수적 관료들을 정부에서 축출하고자 했다. 이에 한성 시민들과 관료들이 함께 참여하여 정치, 사회 개혁을 토론하는 관민공동회를 열었고, 여기에서 국정 전반의 개혁 방향을 담은 헌의 6조에 합의하기도 했다.

그러나 대중의 개혁 요구가 강도를 더하자 대한제국 정부는 부담을 느끼기 시작했다. 특히 독립협회가 정부의 자문기관인 중추원 의원의 과반수를 자신들의 회원으로 할 것을 요구하고, 나아가 중추원을 개편하여 근대적 의회의 성격

으로 바꾸려고 하자 대한제국 정부는 독립협회와 대립하게 되었다. 마침 독립협회가 공화정을 추구한다는 소문까지 퍼지면서 황제인 고종도 독립협회에 심한 거부감을 가지게 되었다. 이에 정부는 독립협회에 해산 명령을 내리고 이를 거부하는 독립협회 간부들을 체포했다. 독립협회와 대중은 만민공동회를 열어 해산에 반발했지만 정부는 보수단체와 군대를 동원하여 만민공동회도 강제로 해산했다.

원구단 황제가 하늘에 제사를 지내는 제단으로, 대한제국을 선포하면서 중국 사신을 접대하던 남별궁 자리(지금의 서울 중구 소공동)에 만들었다. 일본은 1913년 원구단을 헐고 그 자리에 철도호텔을 세웠는데, 현재는 웨스틴조선호텔이 있다. 사진 왼쪽의 황궁우는 현재까지 남아 있다.

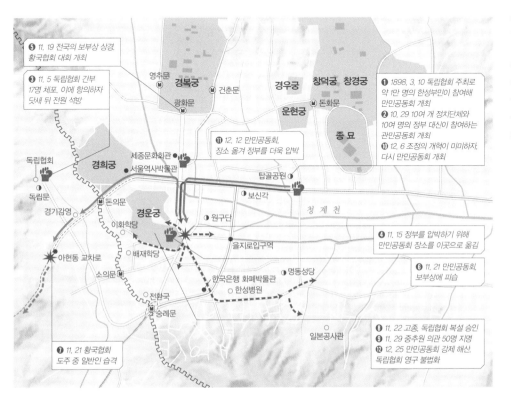

❺ 11. 19 전국의 보부상 상경. 황국협회 대회 개최

❸ 11. 5 독립협회 간부 17명 체포. 이에 항의하자 닷새 뒤 전원 석방

영추문
경복궁 ▪ 건춘문
광화문
경우궁 창덕궁 창경궁
운현궁 ▪ 돈화문
종묘

⑪ 12. 12 만민공동회, 장소 옮겨 정부를 더욱 압박

세종문화회관
서울역사박물관
탑골공원
독립협회
경희궁
독립문
경기감영
돈의문
이화학당
경운궁
이화학당
아현동 교차로
소의문
배재학당
한국은행 화폐박물관
한성병원
전환국
숭례문
명동성당

보신각
원구단
청계천
을지로입구역

❹ 11. 15 정부를 압박하기 위해 만민공동회 장소를 이곳으로 옮김

❻ 11. 21 만민공동회, 보부상에 피습

일본공사관

❼ 11. 21 황국협회 도주 중 일반인 습격

❽ 11. 22 고종, 독립협회 복설 승인
❾ 11. 29 중추원 의관 50명 지명
⑫ 12. 25 만민공동회 강제 해산. 독립협회 영구 불법화

독립협회와 만민공동회, 1898년

→ 독립협회의 이동로
⇢ 독립협회의 도주로
→ 황국협회의 이동로
⇢ 황국협회의 도주로
❶~⑫ 만민공동회 개최에서 해산까지
✊ 만민공동회 장소
✸ 충돌 장소
▣ 도성의 문
⊟ 궁의 문
○ 당시 주요 지명
● 현재 주요 지명

❶ 1898. 3. 10 독립협회 주최로 약 1만 명의 한성부민이 참여해 만민공동회 개최
❷ 10. 29 10여 개 정치단체와 10여 명의 정부 대신이 참여하는 관민공동회 개최
⑩ 12. 6 조정의 개혁이 미미하자, 다시 만민공동회 개최

러일전쟁과 일제의 국권침탈

조선을 놓고 벌어진 두 번째 전쟁은 1904년 일본과 러시아 사이에서 일어났다. 대한제국을 둘러싸고 두 나라가 각축을 벌임에 따라 조선의 통치층은 친일과 친러 세력으로 갈렸으며, 제국주의 열강도 이해관계에 따라 두 나라 중 한쪽 편을 들었다. 대한제국 정부는 한반도에서 일본과 러시아의 세력 균형을 모색하는 한편, 두 나라의 대립을 이용하여 정치적 자주권을 유지하고 국민국가를 건설하고자 했으나 뜻대로 되지 않았다. 오히려 양국으로부터 압력에 시달렸으며, 정치적 자주권을 행사하지 못하는 가운데 서구 열강에게도 이권을 빼앗겼다.

일본은 영국과 동맹을 맺고 미국의 양해를 일어 러시아와 전쟁에 들어갔다. 동아시아에서 러시아 세력이 커지는 것을 견제하기 위해 영국과 미국은 일본의 조선 침략을 승인했다. 1904년 2월 일본이 랴오둥반도의 뤼순항에 정박하고 있던 러시아 함대를 공격하면서 러일전쟁이 시작되었다. 전쟁 초기 일본 육군은 압록강 연안을 시작으로 랴오둥반도 일대에서 연이어 승리를 거두고 이 지역의 중심지인 펑텐(지금의 선양)을 점령했다. 그렇지만 이 과정에서 일본군도 적잖은 피해를 보았으며, 막대한 전쟁 비용 때문에 국가 재정도 어려움에 부딪혔다.

육지의 전투가 불리하게 전개되자 러시아는 전세를 만회하기 위해 북유럽의 발트해에 머물던 함대를 해전에 투입했다. 그러나 영국은 러시아 발틱 함대가 수에즈운하를 통과하지 못하게 함으로써 일본군에게 최대한 시간을 벌어주고, 러시아 함대의 정보도 일본에 제공했다. 지구를 거의 한 바퀴 돌아오느라 지친 발틱 함대를 일본의 연합 함대가 동해에서 격파함으로써 일본은 해전에서도 확실한 우위를 차지했다.

일본은 이 기회를 이용해 미국의 중재 아래 러시아와 포츠머스조약을 체결했고, 그 결과 대한제국에 대한 독점적 지배권을 인정받고 요동 지역의 조차권과 철도 부설권을 획득했다. 이제 일본은 별다른 제지 없이 조선에 대한 내정 간섭을 한층 강화했으며, 한반도와 요동 지역 진출을 위한 기반을 다져갔다.

헤이그 특사 1907년 고종은 을사조약이 일본의 강압으로 체결된 것임을 알리기 위해 네덜란드 헤이그에서 열린 제2회 만국평화회의에 특사를 파견했다. 왼쪽부터 이준, 이상설, 이위종.

헤이그 특사의 활동

→ 한성~헤이그 이동로

6. 4 도착.
이위종(주러시아공사 이범진 아들) 만남

러시아

상트페테르부르크
페름
모스크바
예카테린부르크
옴스크
노보시비르스크

네덜란드
헤이그
독일 베를린

프랑스

오스트리아-헝가리제국

이탈리아

오스만제국

6. 25 이준·이상설·이위종, 헤이그 도착. 숙소에 태극기 걸고 활동 시작
6. 29 만국평화회의 의장에게 회의 참석 허가 요구
7. 9 영국의 저명한 언론인 스테드가 주관한 각국 신문기자단 국제협회 참석. 이위종이 '한국의 호소'라는 제목으로 연설
7. 14 이준 순국

카자르 왕조

인도

러일전쟁이 일어나자 대한제국 정부는 중립을 선포했다. 그러나 한성에 병력을 투입한 일본은 압력을 넣어 1904년 2월에 대한제국의 영토와 교통·통신시설을 군사적 목적에 이용할 수 있도록 하는 한일의정서를 체결했다. 전황이 유리하게 전개되자 일본은 대한제국에 대한 압력을 더욱 강화했다. 1904년 8월 대한제국의 외교와 재정을 일본이 추천한 고문의 의견을 존중해서 처리하게 하는 협약을 반강제적으로 체결하게 했다(제1차 한일협약). 일본은 실제로는 외교와 재정뿐 아니라 모든 분야에 고문을 파견하여 대한제국의 행정 업무에 일일이 간섭했다.

러일전쟁의 결과 체결된 포츠머스조약으로 한반도의 독점적 지배권을 인정받은 일본은 1905년 11월 대한제국의 외교권을 일본에 위임하는 을사조약(제2차 한일협약)을 강제로 체결했다. 이 조약으로 설치된 통감부는 외교뿐 아니라 입법·사법·군사권 등 대한제국의 모든 권력을 장악했다. 이로써 대한제국은 사실상 일본의 식민지나 다름없는 처지가 되었다.

고종은 1907년 7월 네덜란드 헤이그에서 열린 제2회 만국평화회의에 특사를 파견했다. 을

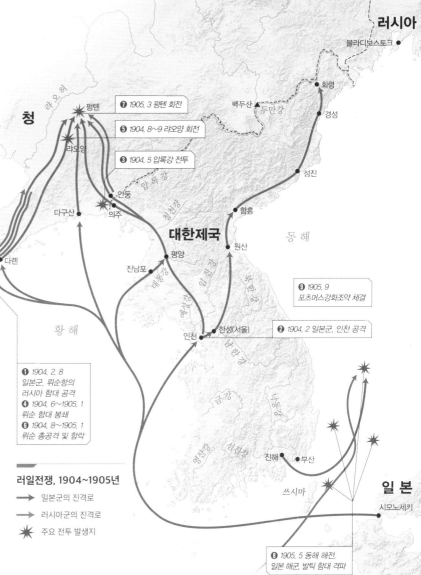

❶ 1904. 2. 8 일본군, 뤼순항의 러시아 함대 공격
❹ 1904. 6~1905. 1 뤼순 함대 봉쇄
❻ 1904. 8~1905. 1 뤼순 총공격 및 함락

❼ 1905. 3 펑톈 회전
❺ 1904. 8~9 랴오양 회전
❸ 1904. 5 압록강 전투
❾ 1905. 9 포츠머스강화조약 체결
❷ 1904. 2 일본군, 인천 공격
❽ 1905. 5 동해 해전, 일본 해군, 발틱 함대 격파

러일전쟁, 1904~1905년
→ 일본군의 진격로
→ 러시아군의 진격로
✴ 주요 전투 발생지

4. 26 이상설 만남
5. 21 이준과 이상설, 시베리아횡단철도 탑승

1907. 4. 22 이준, 한성에서 부산행 기차를 탐

사조약이 일본의 강압으로 맺어진 조약이므로 국권이 회복되어야 한다고 호소하기 위해서였다. 그러나 서양 열강이 이를 인정하지 않은 데다가 일본의 간섭까지 겹쳐 실패했다. 오히려 일본은 한일 간 협약을 어겼다는 이유로 고종을 강제로 퇴위시켰다. 일본은 1907년 7월 한일신협약을 체결하여 정부 각 부처에 일본인을 차관으로 임명하게 하는 한편, 대한제국의 군대를 강제로 해산시켰다. 이어 경찰권과 감옥 사무권까지 빼앗아 주요 행정 업무를 완전히 장악했다. 이런 사전 준비가 마무리되자 1910년 8월 '합방조약'을 체결하여 대한제국을 일본의 완전한 식민지로 만들었다.

일본과 러시아의 대립을 풍자한 그림 동아시아 지도가 그려진 링 위에서 '유럽 챔피언' 러시아와 '아시아 챔피언' 일본이 맞붙으려 한다. 이 그림의 두 선수처럼 러시아와 일본의 전쟁은 애초부터 체급이 맞지 않는 대결로 보였지만, 결과는 예상을 빗나갔다.

의병항쟁

일본이 정치적 간섭과 경제 침탈을 넘어서 본격적으로 조선의 내정을 간섭하자 이에 맞서 의병항쟁이 일어났다.

동학농민혁명이 일어난 1894년 시작된 의병항쟁은 1895년 을미사변과 단발령에 대한 반발로 본격화되었다. 의병의 봉기를 주도한 것은 양반 유생들이었다. 이들은 국모를 시해한 일본인을 응징하고 전통적 사회질서를 지킨다는 명목으로 의병을 일으켰다. 유생들이 힘을 가지고 있던 향촌 사회나 이들의 땅에서 농사를 짓던 소작인들이 의병에 참여했다. 동학농민혁명에 참여했거나 일본의 경제 침탈로 피해 입은 농민들도 의병에 가담했다. 산악 지역에서 사냥을 하고 살아가던 포수 등을 고용하기도 했다. 그러나 1896년 2월에 일어난 아관파천 이후 친일 내각이 무너지고, 고종이 단발령을 철회하며 의병을 회유하는 글을 발표하자, 양반 유생들은 대부분 의병을 해산하고 봉기를 끝냈다.

이에 반발한 일부 농민은 무장단체를 조직해 일본 및 봉건 지배층에 맞서 항쟁을 이어나갔다. 무장한 농민들은 백성을 구한다는 뜻의 '활빈당'이라는 이름을 사용하거나, 동학농민혁명을 계승한다는 의미에서 '남학당', '영학당' 등의 이름을 사용했다. 이들 단체는 일본이 주도하는 철도나 통신선 공사를 방해하는 등 항일투쟁을 벌이는가 하면, 관리들을 공격하고 부자나 일본 상인을 습격해 재물을 빼앗아 빈민에게 나누어 주기도 했다.

러일전쟁을 계기로 일본의 침략이 본격화되자 의병항쟁이 다시 활발해졌고, 을사조약 체결을 전후로 더욱 확대되었다. 최익현과 민종식

의병의 활동, 1895~1909년

||||| 1895~1896년 의병 활동 지역

≡≡≡ 1906~1907년 의병 활동 지역

▨ 1908~1909년 의병 활동 지역

---- 도 경계

● 의병봉기 중심지

○ 당시 주요 도시

▲ 주요 산

다양한 출신의 의병들 소년, 농민, 유생, 상인, 포수, 군인 등 다양한 사람이 가담했다. 영국 기자 프레더릭 매켄지의 『대한제국의 비극』에 실린 이 사진은 1907년 촬영된 것으로 보인다.

등 양반 유생들이 전국 곳곳에서 의병을 일으켰으며 신돌석 등 평민이 이끄는 의병 부대도 나타났다. 평민 의병장이 이끄는 의병 부대는 동학농민혁명과 활빈당 등 무장 투쟁의 경험을 바탕으로 일본군과 치열하게 맞섰다.

1907년 군대 해산으로 의병항쟁은 본격적인 전쟁으로 그 성격이 바뀌었다. 일제의 강제 해산에 반발한 일부 군인들이 의병에 가담하자 무기와 전술 등에서 의병의 전력은 한층 강화되었다. 중부와 남부 지방을 중심으로 일어나던 의병의 봉기도 전국으로 확대되었다. 유생이나 농민뿐 아니라 해산 군인·노동자·소상인·승려 등 다양한 계층이 의병에 가담했다. 일제가 의병의 무기로 사용될 것을 우려하여 민간의 총기를 강제로 거두어들이자 생계가 막힌 포수들도 의병에 참여했다. 황해도와 경기도 일대의 김수민, 함경도의 홍범도 등 평민 의병장의 활동도 크게 늘어났다.

1907년 강원도 의병을 중심으로 양반 유생 의병장이 이끄는 전국의 의병 부대가 경기도 양주에 집결하여 13도 창의군을 결성하고 서울 진공을 꾀했다. 그러나 13도 창의군은 평민 의병 부대가 제외되어 충분한 전력을 갖추지 못했으며, 작전이 일본군에게 사전에 알려져 별다른 전투를 벌이지 못한 채 실패로 돌아가고 말았다.

일본군의 공격이 강화되면서 의병항쟁은 점차 수그러들었다. 그러나 평민이나 평민과 비슷한 처지의 유생들이 이끄는 호남 지역의 의병항쟁은 줄기차게 이어졌다. 호남 의병은 민중과 협력하여 다양한 형태의 유격전으로 일본군과 맞섰으며, 일본에 협력한 관리나 상인을 응징했다. 일제는 1909년 9월부터 이른바 '남선대토벌'이라는 이름 아래 호남 의병에 대한 대대적인 공세에 나섰다. 일본은 육군과 해군 그리고 경찰력을 동원하여 호남 지역을 봉쇄하고 의병에 참여한 사람들을 찾아내는 작업에 들어갔다. 의병을 지원했다는 이유로 마을을 통째로 불태우는 일도 서슴지 않았다. 일본군의 대대적인

공세로 의병장 상당수가 붙잡혔으며, 의병 부대는 근거지를 잃게 되었다.

일본의 정치적 영향력이 커지고 일본군의 공세가 강화되면서 의병 부대는 국내 활동이 어려워졌다. 이에 연해주나 만주로 이동해서 활동을 이으려 했다. 이들은 이후 독립군의 기반이 되었다. 한편 1910년 일본의 대한제국 강제 병합 이후 국내에서는 소규모 의병 부대의 활동이 산발적으로 일어나는 데 그쳤다.

호남 지역에서 활동한 의병장들
1909년 9~10월 일본군의 '남선대토벌' 때 생포된 호남 의병장들이다. 1910년 4월 도쿄에서 발행된 『남한폭도대토벌기념사진첩』에 실려 있다. 윗줄 왼쪽부터 황두일, 김원국, 양진여, 심남일, 조규문, 안계홍, 김병철, 강사문, 박사화, 나성화. 아랫줄 왼쪽부터 송병운, 오성술, 이강산, 모천연, 강무경, 이영준.

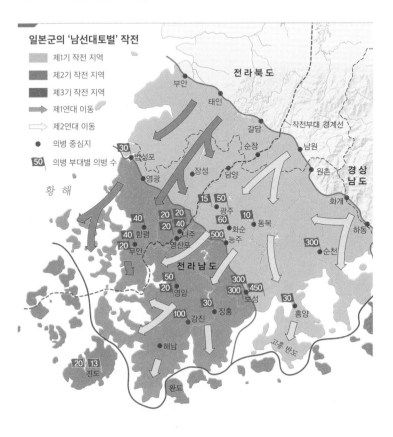

일본군의 '남선대토벌' 작전

- 제1기 작전 지역
- 제2기 작전 지역
- 제3기 작전 지역
- 제1연대 이동
- 제2연대 이동
- ● 의병 중심지
- 50 의병 부대별 의병 수

전라북도
부안
태인
갈담
순창
남원 경상남도
장성 담양 원촌
광주 화개
15 50
40 20 20 10 동복 하동
함평 20 20 나주 60 화순 300
40 영산포 능주 순천
20 무안 500
전라남도
50 300 450
20 영암 300 300 보성
100 장흥 30 흥양
강진 해남 고흥반도
20 13
진도
완도

황해

자강계몽운동

자강계몽운동의 전개

- 각 지역 출신이 서울에서 창립한 학회
- 주요 학교, 설립 연도(설립자)

오산학교 설립자 이승훈

대성학교 설립자 안창호

『독립신문』 창간호

서전서숙 1906 (이상설)
명동학교 1908 (김약연)
용정(룽징)
명동

서전서숙 설립자 이상설

『한성순보』

서북학회
오산학교 1907 (이승훈) — 정주
대성학교 1908 (안창호) — 평양
원산

화야의숙 1906(이철용)
관동학회
보창학교 1904 (이동휘) — 개성 / 포천 / 양양
강화 — 한성
보성학교 1905 (이용익) — 수원
양정의숙 1905 (엄주익)
진명여학교 1906 (엄준원)
숙명여학교 1906 (엄비)
헌산학교 1906(남궁억)
농림학교 1907
기호흥학회
교남학회
청주 / 안동
협동학교 1907(유인식)
전주
호남학회
대구
문동학원 1901(신규식)
부산
광주

서우학회(서북학회 전신)의 기관지 『서우』

일본 및 서구 제국주의의 정치 경제적 침탈이 심해지면서 자주독립을 유지하기 위해서는 먼저 나라의 힘을 길러야 한다고 생각하는 사람들이 늘어났다. 이들은 대중 계몽과 실력 양성을 목표로 하는 자강계몽운동을 추진했다. 이런 움직임은 러일전쟁에서 승리한 일본의 내정 간섭이 본격화하면서 활발해졌다.

1904년 일제가 한국 내 황무지 개척을 구실로 토지를 약탈하려고 하자 이를 막기 위해 보안회가 만들어졌다. 일본의 황무지 개척권 요구를 막아낸 후 보안회는 해산하고 그 뒤를 이어 대중의 정치의식을 높이고 입헌정치를 수립하는 것을 목표로 하는 헌정연구회가 설립되었다. 을사조약에 따라 설치된 통감부가 한국인 정치 단체의 활동을 금지함에 따라 헌정연구회는 해체되고 그 뒤를 이어 대한자강회가 설립되었다. 대한자강회는 전국 각 지역에 지부를 두고 국민 교육과 산업 증진 활동을 했다.

계몽운동가들은 교육과 언론, 산업 육성에 힘을 쏟았다. 서울, 평안도 등 여러 지역에 사립학교를 세워 새로운 학문을 가르치고 자주독립의식을 가진 학생을 길러냈다. 『대한매일신보』, 『황성신문』 등을 통해 대중을 계몽하고 일제의 침략 행위를 비판했다. 서울에서 공부하던 학생들은 출신 지역별로 학회를 결성하여 지역사회를 발전시키는 데 힘썼다.

계몽운동가들은 산업의 육성도 실력 양성의 중요한 측면으로 여겨 회사를 세우고 경제단체를 조직하고자 했다. 그러나 많은 자본이 들어가는 큰 기업을 세우는 것은 현실적으로 어려워 제대로 된 성과를 거두지는 못했다. 같은 관점에서 계몽운동가들은 국가가 주권을 지키려면 경제적 자주권을 확립해야 한다고 생각했다. 대한제국 정부가 일본에게 빌린 돈 1,000만 원을 갚기 위해 벌인 국채보상운동은 대표적인 경제적 자주권 운동이다. 1907년 2월 대구에서 시작된 국채보상운동은 그해 여름까지 20만 원에 가까운 성금을 모았다. 그러나 일제의 방해와 내부 갈등으로 기대했던 성과를 거두지 못했다.

계몽운동가들은 나라의 자주독립을 유지하고 국권을 되찾기 위해서는 실력 양성이 우선이라고 판단했다. 그러기 위해서는 더 큰 힘을 가진 서양 국가들이나 이들의 문물을 먼저 받아들인 일본을 본받을 필요가 있다고 여겼다. 이들은 국가나 민족이 힘을 가지게 된 것은 사회 변화에 잘 적응했기 때문이며, 그런 국가나 민족이 그렇지 못한 국가나 민족을 위에서 지배하는 것은 자연스러운 현상이라는 사회진화론을 받아들였다. 그렇기 때문에 일제에 맞서거나 그들의 침략 행위를 적극적으로 비판하지 않았다.

통감부는 한국의 내정에 깊이 관여하여 계몽운동단체들의 정치 활동을 일절 허용하지 않았다. 대한자강회도 1907년 서울 시민을 대상으로 정치 활동을 했다는 이유로 해산당했다. 이에 따라 계몽운동단체들은 일제가 허용하는 교육이나 문화운동에만 더욱 치중했다. 그 결과 일본의 우월함을 인정하고 실력 양성과 대중 계몽에만 치중한 서북학회나 대한자강회의 뒤를 이은 대한협회 등 일부 단체들은 친일 색채를 띠었으며, 일진회 등 적극적으로 친일 행위를 하는 단체들도 생겨났다. 이들은 한일 합방을 앞장서서 요구하기도 했다.

일제의 탄압으로 합법적 운동이 어려워지자 일부 민족운동가들은 평안도 지역의 상공인들과 힘을 합쳐 비밀리에 신민회를 조직했다. 신민회는 평양에 대성학교, 정주에 오산학교 등을 세워 새로운 교육과 사상의 보급에 힘썼다. 신민회 회원 중 일부는 '선 실력 양성, 후 독립'이라는 계몽운동의 일반적 도식에서 벗어나 실력을 기르기 위해서는 먼저 일제의 간섭에서 벗어나야 한다고 생각했다. 이들은 서간도 지역 등지에 한인촌과 독립군 기지를 세우고 독립군을 육성하여 대일무력항쟁을 준비하기도 했다.

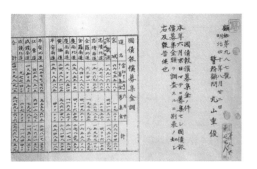

국채보상금 모집 금액 조사표 1907년 8월 일제가 파악해서 보고한 것으로, 시도별로 1907년 5월까지 모금한 금액과 6월에 모집한 금액을 나누어 조사했다. 기록된 총 모금액은 27만 2,689원이나, 실제 총액은 16~19만 원(현재 금액으로 약 40~48억 원)으로 추정된다. 이 조사표의 통계는 오른쪽 지도 참조.

국채보상운동 지역별 모금액
(1907년 6월까지 모금한 액수)

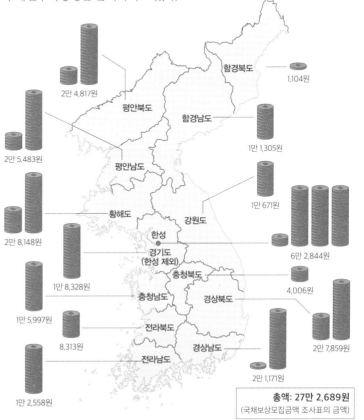

평안북도 2만 4,817원
함경북도 1,104원
평안남도 2만 5,483원
함경남도 1만 1,305원
황해도 2만 8,148원
강원도 1만 671원
경기도(한성 제외) 6만 2,844원
충청북도 4,006원
충청남도 1만 8,328원
경상북도 2만 7,859원
전라북도 1만 5,997원
8,313원
경상남도 2만 1,171원
전라남도 1만 2,558원

총액: 27만 2,689원
(국채보상모집금액 조사표의 금액)

근대 문물의 도입

문호개방 이후 조선에 들어온 서양 문물은 사회의 풍경과 사람들의 생활은 물론 의식에도 적잖은 변화를 가져왔다. 그중에서도 새로운 교통과 통신시설은 사람과 물자의 지역 간 이동과 소통을 쉽게 하여 교류를 활성화하고 지역의 모습에 큰 변화를 가져왔다. 어떤 지역에서 일어난 일이 금방 다른 지역에 알려졌으며, 전국적으로 영향을 미치기도 했다.

철도는 이권 경쟁의 가장 중요한 대상으로, 제국주의 국가들은 군사적 목적과 경제적 이익을 위해 철도를 부설했다. 철도는 지역의 풍경과 사람들의 생활 습관을 크게 바꾸었다. 철도를 따라 많은 물자가 수송되고 사람들이 왕래하면서 철도가 지나가는 지역은 크게 발달한 반면, 그렇지 않은 지역은 쇠퇴했다. 예컨대 한적한 고을이었던 대전은 경부선이 개통한 뒤 급속도로 발전한 반면, 이 지역의 중심지였던 공주는 점차 그 역할을 상실했다. 금강을 통해 물자를 운송하던 배들이 드나들어 번성했던 강경나루나 부강나루도 그 기능을 상실하고 작은 농촌 마을이 되었다.

철도는 사람들의 생활 반경과 시간관념을

대한제국 시기 철도 개통
— 경인선(1899)
— 경부선(1905)
— 경의선(1906)

남대문정거장 경인선 출발역이자 종착역으로 1900년 만들어졌다. 1905년 이후에는 경부선의 기점 역할을 했다. 역사 앞에 도착한 철도 승객을 태우기 위한 인력거가 보인다. 1923년 경성역으로 이름이 바뀌었으며, 1925년 이후 새로운 역사가 세워졌다. 사진은 그 이전의 역 모습.

바꾸었다. 사람들은 철도를 이용해서 생활하거나 멀리 떨어진 곳에 가서 물건을 사고팔기도 했다. 조선시대의 전통적인 시간 구분은 '자시, 축시, 인시…' 등과 같이 두 시간 단위로 12간지를 사용하는 것이었다. 그런데 철도는 '시'뿐 아니라 '분'까지 맞춰서 출발했다. 사람들은 기차의 출발과 도착 시간에 맞춰 역을 오가며 시간을 새롭게 인식하게 되었다. 이런 생활에 익숙

대한제국 시기 한성의 전차 개통

━━━━ 홍릉선(1899. 5)
──── 용산선(1899. 12)
──── 의주로선(1900. 7)
──── 마포선(1907)
○　 당시 주요 지명
세종대로 현재 주요 도로

마포선 (서대문~마포)

홍릉선 (서대문~청량리)

용산선 (종로~용산)

의주로선 (서대문~남대문)

돈의문을 통과하는 전차 홍릉선이 개통된 1899년 이후의 모습으로, 전차가 돈의문을 통과하고 있다. 돈의문은 1915년 일제의 도시 계획에 따라 철거되었다.

해지면서 이제는 1~2시간이 아니라 10~20분만 늦어도 실례라는 관념이 생겼다. 그렇지만 아직까지 현대적 시간관념이 완전히 자리 잡은 것은 아니었다.

군사적 목적으로 개설된 통신시설도 사람들의 생활을 적잖이 바꾸었다. 일본은 나가사키와 부산 사이에 통신시설을 연결한 데 이어 한성까지 유선망을 구축했다. 이에 맞서 청은 인천-한성-의주의 통신선을 개통했다. 통신망이 확대되면서 군사적 목적 외에 전보와 같이 일반인의 긴급한 소식을 알리는 통신수단도 도입되었다.

전화는 1896년 한성 안, 그리고 한성과 인천 간에 처음 개통되었다. 처음에는 관청 간의 업무 연락 용도로 사용되어 일반인의 생활에는 직접 영향을 주지 않았다. 1900년대 접어들어 민간 전화 사업이 시작되면서 일부 상류층이 전화를 사용하기 시작했다. 그렇지만 가설 비용이 많이 드는 사업의 성격상 전화는 이후에도 한동안은 일반 가정에 널리 보급되지 못했다.

근대 문물의 도입은 의식주에도 변화를 가져왔다. 을미사변 직후 발표된 단발령은 당시 많은 사람들의 반발을 샀지만 점차 머리를 짧게 자르는 사람들이 늘어났다. 양복과 양장을 하는 사람들이 늘어났으며, 한복도 거동에 편리하게끔 간소해졌다.

새로운 음식들도 들어왔다. 한성과 개항장을 중심으로 일본과 중국 음식들이 보급되었다. 통상조약 이후 서양인의 왕래가 많아지면서 서양 음식들도 소개되었다. 당시 조선을 왕래하는 서양인들은 주로 상류층이었다. 그래서 이들이 소개한 음식은 상류층 문화로 인식되었다. 커피는 서양 상류층의 기호품으로 여겨 고종도 즐길 정도였다. 그렇지만 서구 문화의 유입과 수용은 제국주의의 침략에 대한 경계심을 약화시키는 기능을 했으며, 민중의 근대 생활과도 직접적인 관련은 없었다.

근대 서울의 중심가 1911년 당시 종로 1가의 모습이다. 전차 노선이 직진과 왼쪽으로 갈라지는데, 직진 전차는 서대문, 왼쪽 노선의 전차는 용산으로 이어진다. 선로가 나뉘는 왼편 안쪽에 보신각이 자리하고 있다.

근대 교육의 성립

경주 수학여행 일제시기 중등 학생들은 국내(주로 경주)와 해외(일본과 만주)로 수학여행을 다녀왔다. 경주 불국사에서 수학여행 기념촬영을 한 것인데, 학생들이 다보탑에 올라가 있는 모습이 흥미롭다.

1876년 개항한 이래 조선에 근대 문물이 수용되면서 전통적 유학 교육과는 다른 서양식 근대 교육이 필요해졌다. 함경도 덕원·원산의 개화 관료들과 지역 주민들은 한국 최초의 근대 교육기관인 원산학사(1883)를 설립했고, 정부도 외국어 교육기관인 동문학(1883)과 최초의 관립 근대 학교인 육영공원(1886)을 세웠다. 갑오개혁 시기에 한성사범학교와 외국어 학교를 비롯하여 관공립 소학교가 각지에 설립되었으며, 이후 농상공학교 등 실업 교육기관도 설치되었다.

근대 교육은 국가 차원의 노력도 있었지만 민간 차원의 사립학교 설립을 통해 본격적으로 이루어졌다. 1880년대 중반 이후 개신교 선교사들은 선교와 계몽을 목적으로 사립학교를 다수 설립하였다. 서울의 배재학당, 이화학당, 경신학교, 정동여학당, 평양의 숭실학교와 숭의여학교 등이 대표적이다. 이들 학교는 기독교 이념에 입각하여 운영되면서도 한국인들의 민족의식을 고취하는 역할도 했다. 한국인들에 의한 사립학교 설립은 1905년 이후 국권 수호를 위한 애국계몽운동의 일환으로 폭발적으로 증가했다. 안창호의 대성학교(평양), 이승훈의 오산학교(정주), 이동휘의 보창학교(강화) 등이 대표적이다. 한말에 사립학교는 전국적으로 약 5,000개에 이를 정도였다. 이들 중 다수는 일반적인 근대 교육을 실시한 것은 물론이고 민족의식을 고취함으로써 국권 회복을 위한 실력 양성에 진력했으며, 체조와 운동회 등을 통해 군사 훈련을 시행하기도 했다.

일제는 조선을 식민지로 삼은 뒤 1911년 조선교육령을 제정하여 식민지 교육체제를 마련했다. 이에 따르면 조선인과 일본인은 서로 다른 학제에 속했으며 조선인의 교육 연한이 일본인에 비해 상대적으로 짧았다. 일제는 3·1운동 이후 민족 차별을 시정한다는 명목으로 1922년 제2차 조선교육령을 발포했다. 조선인의 교육 연한이 일본인과 같아지고 조선인을 위한 대학을 설치할 수 있게 되었다. 조선인들은 초등교육(보통학교)-중등교육((여자)고등보통학교·실업학교·사범학교)-고등교육(대학·전문학교)을 순차적으로 이수할 수 있었지만, 여전히 조선인과 일본인의 학제는 구별되었고 민족 차별

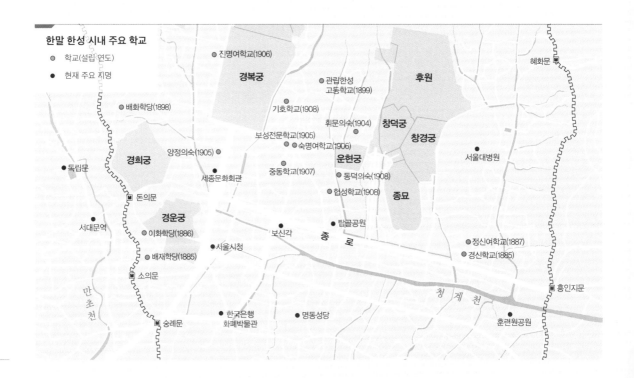

한말 한성 시내 주요 학교

- 학교(설립 연도)
- 현재 주요 지명

진명여학교(1906)

경복궁

관립한성 고등학교(1899)

후원

혜화문

배화학당(1898)

기호학교(1908)

휘문의숙(1904)

창덕궁

보성전문학교(1905)

숙명여학교(1906)

창경궁

양정의숙(1905)

경희궁

세종문화회관

중동학교(1907)

운현궁

동덕의숙(1908)

서울대병원

독립문

협성학교(1908)

종묘

돈의문

경운궁

서대문역

이화학당(1886)

보신각

탑골공원

종 로

정신여학교(1887)

서울시청

경신학교(1885)

배재학당(1885)

소의문

흥인지문

만초천

숭례문

한국은행 화폐박물관

명동성당

청계천

훈련원공원

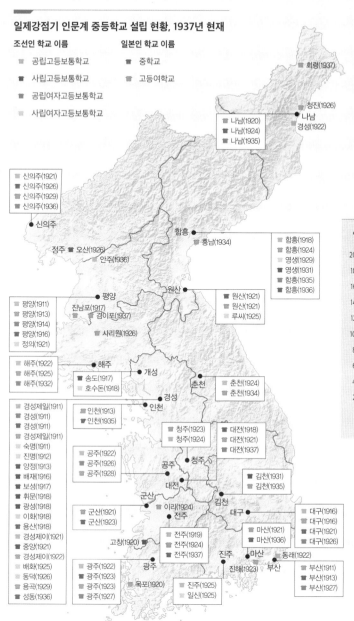

일제강점기 인문계 중등학교 설립 현황, 1937년 현재

조선인 학교 이름
- 공립고등보통학교
- 사립고등보통학교
- 공립여자고등보통학교
- 사립여자고등보통학교

일본인 학교 이름
- 중학교
- 고등여학교

회령(1937)

청진(1926)
나남
경성(1922)
나남(1920)
나남(1924)
나남(1935)

신의주(1921)
신의주(1926)
신의주(1929)
신의주(1936)
신의주

정주 오산(1926)
안주(1936)

함흥
흥남(1934)
함흥(1918)
함흥(1924)
영생(1929)
영생(1931)
함흥(1935)
함흥(1936)

원산
진남포(1917)
겸이포(1937)
사리원(1926)
원산(1921)
원산(1921)
루씨(1925)

평양
평양(1911)
평양(1913)
평양(1914)
평양(1916)
정의(1921)

해주
해주(1922)
해주(1925)
해주(1932)

송도(1917)
호수돈(1918)
개성

춘천
춘천(1924)
춘천(1934)

경성
인천
인천(1913)
인천(1935)

경성제일(1911)
경성(1911)
경성(1911)
경성제일(1911)
숙명(1911)
진명(1912)
양정(1913)
배재(1916)
보성(1917)
휘문(1918)
광성(1918)
이화(1918)
용산(1918)
경성제이(1921)
중앙(1921)
경성제이(1922)
배화(1925)
동덕(1926)
용곡(1929)
성동(1936)

청주(1923)
청주(1924)
공주
공주(1922)
공주(1926)
공주(1928)

대전(1918)
대전(1921)
대전(1937)

김천(1931)
김천(1935)

대전
군산
군산(1921)
군산(1923)

이리(1924)
전주
전주(1919)
전주(1924)
전주(1937)

김천

대구
대구(1916)
대구(1916)
대구(1921)
대구(1926)

마산(1921)
마산(1936)

고창(1920)

진주
진해(1923)
마산
부산
동래(1922)
부산(1911)
부산(1913)
부산(1927)

광주
광주(1922)
광주(1923)
광주(1923)
광주(1927)
목포(1920)

진주(1925)
일신(1925)

여수공립보통학교 1929년 당시 여수공립보통학교의 모습. 조선시대 전라좌수영의 진남관을 교사로 사용했다. 근대 학교 다수가 관아나 향교 등 전통 시설을 기반으로 삼았다.

일제강점기 조선인 초등교육 학생 수

보통학교 — 서당 — 각종학교

(200만, 180만, 160만, 140만, 120만, 100만, 80만, 60만, 40만, 20만)

1911 1916 1921 1926 1931 1936 1941

일제강점기 남녀 보통학교 취학률

남 여

(단위 : %)

연도	남	여
1912	3.7	0.4
1917	6.1	0.8
1922	16.0	2.7
1927	27.7	5.4
1932	28.4	6.8
1937	43.8	13.4
1942	66.1	29.1

의 관행은 지속되었다.

일제시기 근대 교육은 식민당국과 조선인들의 동상이몽 속에서 확산되어갔다. 조선총독부는 학교 교육을 통해 조선인을 '충량한 국민'으로 만들고자 하면서도 교육 비용을 전가하고 가급적 낮은 수준의 교육에 가두려 했다. 반면 조선인들은 근대 교육을 통해 민족의 실력 양성이나 개인의 계층 상승을 이루려는 열망에 충만하여 학교 설립과 취학에 폭발적인 에너지를 쏟아냈다. 학교 수의 증가에 비해 조선인들의 취학열이 훨씬 높았기 때문에 입학난은 항상 사회 문제로 대두되었

고 조선인들의 학교설립운동이 활발하게 이어졌다. 이제 식민지 조선은 신분을 대신하여 학력이 사회적 지위를 결정하는 학력사회로 변화했다.

1937년 중일전쟁을 시작한 이후 일제는 전시체제를 가동하는 과정에서 황국신민화와 내선일체 교육을 강화하기 위해 1938년 제3차 조선교육령을 발포하고 특히 초등교육의 확장에 적극적으로 나섰다. 이로써 조선민족과 일본인의 학제가 통일되었지만, 이는 민족 차별의 완화를 위한 것이 아니라 조선인 말살을 위한 것이었다.

일제의 식민지 지배정책

1910년 일제는 한국을 강제로 병합하고 식민 지배의 최고 기구인 조선총독부를 설치했다. 그 우두머리인 총독은 조선 통치에 관한 일체 권한을 일왕으로부터 위임받은 자로 행정·입법·사법의 3권을 장악했으며, 일본 육해군 대장 출신이 임명되었다.

1910년대에 일제는 식민 지배에 대한 조선인의 불만을 힘으로 누르고 조선을 영구 병합하기 위한 토대를 닦고자 강압적인 무단통치를 시행했다. 군인인 헌병이 경찰 업무까지 장악하는 헌병경찰제를 실시하여, 대검을 찬 헌병들이 치안 유지는 물론이고 세금 징수, 위생, 민사소송 조정, 산림 감시 등 민간의 일에도 강압적으로 개입했다. 중범죄가 아닌 경우 헌병과 경찰이 정식 재판 없이 처벌할 수 있는 권한을 가졌고, 갑오개혁 때 폐지된 태형제도를 부활시켜 조선인에게 볼기를 치는 야만적인 처벌을 가했다. 또한 조선인이 발행하는 신문을 폐간하고 조선인 정치단체를 모두 해체하는 등 언론·출판·결사의 자유를 박탈했다.

한편 일제는 농업사회이던 조선에 대한 경제적 지배를 강화하기 위해 1910~1918년에 토지조사사업을 시행했다. 이 사업은 근대적 토지소

헌병과 경찰 배치 상황, 1919년

- ✪ 헌병대본부
- ○ 경무부
- ★ 헌병분대
- ◆ 경찰서

조선총독부 기능별 통치 체제

조선총독부					
총독 (무관) 정무총감 (문관)					
중앙행정기관	지방행정기관	경찰·사법기관	자문조사기관	교육기관	경제기관
총독관방	도(13개)	경무총감부	중추원	각급 학교	철도국
총무부	부(12개) 군(317개)	사법기관	취조국		통신국
내무부	면(4,338개)	법원 검사국 감옥	참여관 및 참사제도		임시토지조사국
탁지부					세관
농상공부					전매국
사법부					

유권과 지세제도를 확립한다는 명분 아래 진행되었지만, 실제로는 일제와 지주에게 일방적으로 혜택이 돌아가는 결과를 낳았다. 토지에 대한 권리 중에서 소유권만 인정되어 농민은 기존의 관행적 권리를 모두 박탈당했지만, 지주들은 소작농에 대한 통제력이 강화되고 토지 매입이 쉬워져 이득을 보았다. 또한 세금을 부과하는 토지의 면적이 대폭 늘어나고 지세 부과율이 높아져 조선총독부는 지세 수입을 2배 정도 늘린 반면 농민은 이전보다 세금 부담이 더 무거워졌다.

그러나 1919년을 거치며 변화가 일어났다. 3·1운동의 열기에 놀란 일제는 이전처럼 무력만 가지고는 조선인을 통치하기 힘들다고 판단하여 '문화정치'를 표방하며 지배정책을 바꾸었다. 우선 일제는 무단통치의 상징인 헌병경찰제를 폐지하고, 언론·출판·집회·결사의 자유를 일부 허용했다. 이에 따라 1920년 『조선일보』와 『동아일보』가 잇달아 창간되는 등 조선인이 발행하는 신문이 등장하고, 각지에서 청년회와 노동·농민조직 등이 결성되어 조선인의 정치·사회적 움직임이 활발해졌다. 일제는 이를 어느 정도 허용하면서도 치안유지법을 제정하여 식민 통치에 정면으로 맞서려는 움직임에는 강력하게 대처했다. 또한 조선인의 정치적 욕구를 일부 수용하여 도평의회와 면협의회를 조직하는 등 지방자치를 실시했다. 하지만 이들 기구

는 의결권이 없는 자문기구에 불과했고 여기에는 재산을 가진 사람만 참여할 수 있었다.

1920년대에 일제는 조선을 식량 공급 기지로 삼아 산미 증산 계획을 추진했다. 수리시설 확충과 논 면적 확대 등의 토지 개량 사업과 신식 농기구와 우량 품종 보급, 비료 사용 증가 등의 농사 개량 사업을 통해 조선의 쌀 생산을 늘리고, 이를 식량 부족 상태에 놓인 일본에 공급하려는 정책이었다. 그 결과 조선의 쌀 생산량이 크게 늘어났지만, 증가분을 능가하는 규모의 쌀이 일본으로 이출되어 조선의 1인당 쌀 소비량은 오히려 감소했다. 더구나 지주는 미곡 상품화를 통해 엄청난 이득을 취한 반면에 농민들은 영농 비용이 증가하여 경제 사정이 오히려 더 나빠졌다. 이로 인해 조선의 농촌에서 부익부 빈익빈의 계급 분화가 급속히 전개되면서 다수의 농민이 몰락하는 결과를 낳았다.

패검한 일본인 교사 무단통치 시기에는 군인과 경찰은 물론이고 관리와 교사도 제복을 입고 칼을 찼다. 교사가 칼을 차고 학생들을 가르친다는 것은 식민 지배자들이 말하는 '근대 계몽'의 허구성을 말해주며, 무력과 공포를 통해 조선인들을 식민통치에 굴복시키려는 무단통치의 폭력성을 상징적으로 보여준다.

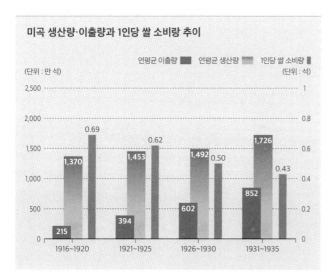

미곡 생산량·이출량과 1인당 쌀 소비량 추이

연평균 이출량 ■ 연평균 생산량 ■ 1인당 쌀 소비량

(단위 : 만 석) (단위 : 석)

시기	이출량	생산량	소비량
1916~1920	215	1,370	0.69
1921~1925	394	1,453	0.62
1926~1930	602	1,492	0.50
1931~1935	852	1,726	0.43

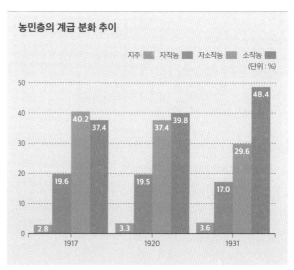

농민층의 계급 분화 추이

지주 ■ 자작농 ■ 자소작농 ■ 소작농 ■

(단위 : %)

연도	지주	자작농	자소작농	소작농
1917	2.8	19.6	40.2	37.4
1920	3.3	19.5	37.4	39.8
1931	3.6	17.0	29.6	48.4

3·1운동

일제에 대한 조선인들의 저항은 1919년 3·1운동을 통해 폭발했다. 3·1운동의 배경으로는 무엇보다 무단통치에 대한 조선인들의 반발을 꼽을 수 있지만, 국제 정세의 변화도 중요한 계기로 작용했다. 제1차 세계대전(1914~1918)이 종말을 고할 무렵에 미국의 윌슨 대통령이 민족자결주의를 제창했고, 사회주의혁명을 이룬 러시아의 레닌 역시 약소 민족의 해방과 자결을 약속하고 있었다. 세계대전의 전후 처리 문제를 논의하기 위해 1919년 1월에 파리에서 국제회의가 개최된다는 소식을 접한 해외의 망명가들은 민족자결의 분위기에 고무되어 국제사회에 조선의 독립을 요구하고자 했다. 상하이에 있던 여운형 등은 신한청년당을 조직하고 파리강화회의에 김규식을 대표로 파견한 뒤, 국내·일본·러시아 등지로 흩어져 각지의 행동을 촉구했다. 이에 자극받은 일본의 조선인 유학생들이 도쿄에서 독립선언서를 발표했고(2·8독립선언), 국내에서도 3·1운동의 준비가 본격화했다.

1919년 초부터 각자 운동을 준비하던 천도교와 기독교 계열은 2월 말에 힘을 모으기로 합의하고 불교계를 끌어들였으며, 별도로 시위를 준비 중이던 학생들도 여기에 동참했다. 이들은 국내에서 독립선언과 만세시위를 벌이고 국제사회에 독립을 청원하기로 결정하고, 민족대표를 선출했다. 마침내 1919년 3월 1일 서울의 파고다공원을 비롯하여 평양·진남포·안주(평남), 선천·의주(평북), 원산(함남) 등 북쪽의 6개 도시에서 만세시위가 전개되면서 3·1운동이 시작되었다.

시위는 3월 상순까지 기독교와 천도교 교세가 강한 북부 지방의 도시로 퍼져나갔으며, 3월 중순부터는 경기도를 중심으로 중남부 지방의 소도시로 확산되었다. 3월 하순에서 4월 상순까지는 전국의 농촌까지 시위가 퍼지면서 민중의 참여가 확대되고 시위 발생 건수도 늘어나는 등 절정에 올랐다. 일제의 탄압이 기세지면서 4월 하순부터는 소강 국면에 들어갔지만 시위는 5월까지 간헐적으로 계속되었다.

3·1운동은 수많은 사람이 모여 독립선언서를 낭독한 뒤 만세를 부르며 평화적으로 행진하는 양상을 보였다. 일제는 처음부터 무력을 동원하여 강경 진압에 나섰다. 이 때문에 평화 시위가 종종 일제에 맞선 폭력 투쟁으로 비화하기도 했다. 도시의 경우 주로 철도역을 중심으로 확산되었는데, 학생들의 참여가 두드러졌고 상인들의 철시와 노동자의 파업도 발생했다. 농촌에서는 대개 장날에 장터에 모여 시위를 벌였으며, 마을이나 문중 같은 공동체적 관계망을 통해 주민들을 모으기도 했다. 특히 농촌에서는 횃불을 들고 행진하거나 산에 올라가 만세를 외치는 방식의 시위도 벌어졌다.

3·1운동은 두 달 이상 전국적으로 벌어진 대규모 시위운동으로 신분·계급·지역·종교·성별 등의 차이를 넘어 민족 전체가 참여한 거족적 저항이었다. 지금까지 확인된 집단적 저항만 해도 약 2,000건에 달하며, 100만 명 이상이 참여

국내외 3·1운동 준비 과정

← 주요 독립운동가의 이동

니콜리스크
(우수리스크)

여운형

블라디보스토크

1919. 2 여운형, 김규식의
파리강화회의 참석 소식 전함

1919. 2 여운형,
전러시아조선인대회 참석

평양

신의주

1919. 2 기독교계, 만세시위 결정

경성

장덕수

도쿄

1919. 2
2·8독립선언

김규식(파리)

상하이

1918. 11 신한청년당 결성

1919. 1 천도교계 만세시위 결정
1919. 2 천도교계·기독교계·학생,
연합 시위에 합의
1919. 3. 1 파고다공원 등지에서
만세시위 개시

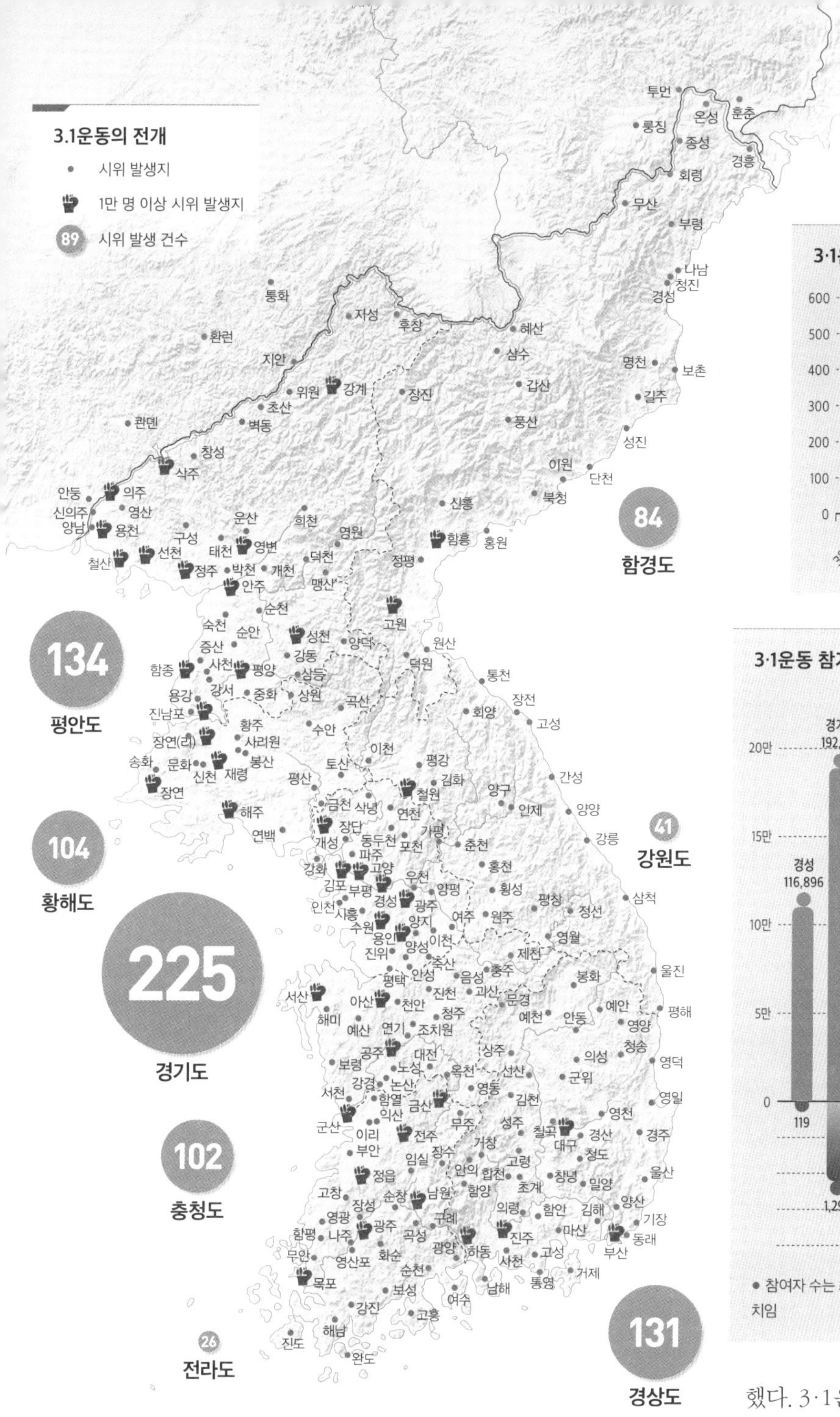
3.1운동의 전개
시위 발생지
1만 명 이상 시위 발생지
89 시위 발생 건수
84
함경도
134
평안도
104
황해도
225
경기도
41
강원도
102
충청도
26
전라도
131
경상도

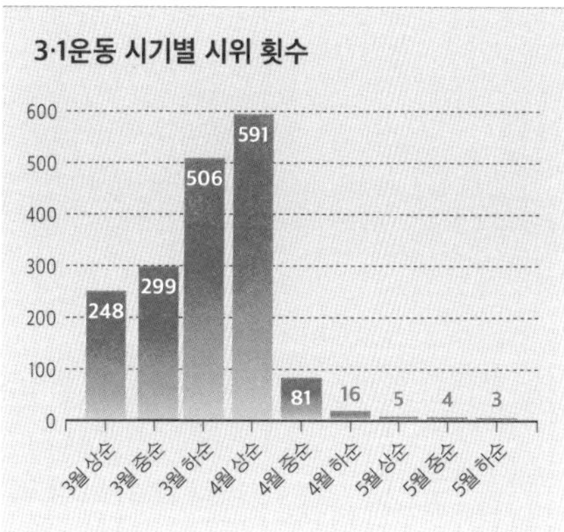
3·1운동 시기별 시위 횟수
600
500
400
300
200
100
0
248
299
506
591
81
16
5
4
3
3월 상순
3월 중순
3월 하순
4월 상순
4월 중순
4월 하순
5월 상순
5월 중순
5월 하순

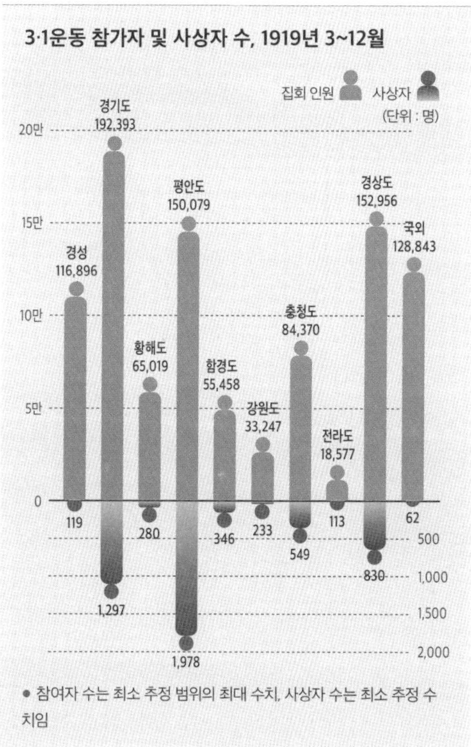
3·1운동 참가자 및 사상자 수, 1919년 3~12월
집회 인원
사상자
(단위 : 명)
20만
15만
10만
5만
0
500
1,000
1,500
2,000
경성 116,896
경기도 192,393
황해도 65,019
평안도 150,079
함경도 55,458
강원도 33,247
충청도 84,370
전라도 18,577
경상도 152,956
국외 128,843
119
1,297
280
1,978
346
233
549
113
830
62
● 참여자 수는 최소 추정 범위의 최대 수치, 사상자 수는 최소 추정 수치임

했다. 3·1운동은 나라의 독립을 이루지는 못했지만, 역사상 커다란 성과를 남겼다. 3·1운동을 통해 각성한 조선인들은 민족운동과 사회운동을 적극적으로 벌이기 시작했고, 일제도 무단통치를 포기할 수밖에 없었다. 또한 3·1운동은 독립운동의 통일적 지도와 국제적 인정을 위해 대한민국 임시정부가 수립되는 밑바탕이 되었으며, 중국·인도 등 약소 민족의 민족운동에도 큰 자극을 주었다.

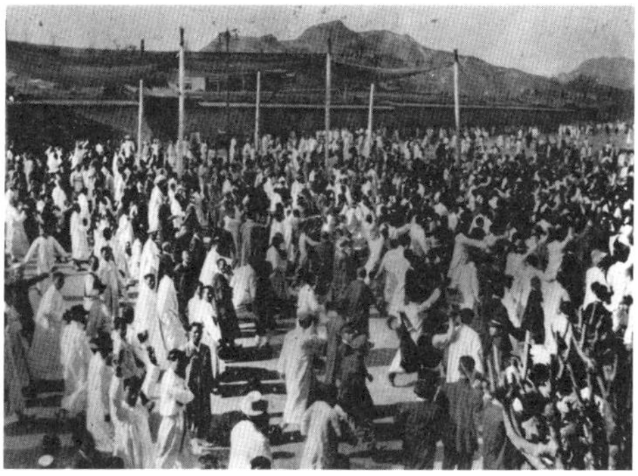

덕수궁 앞 만세시위 1919년 1월 21일 고종이 덕수궁에서 서거하였고, 3월 3일 장례가 치러졌다. 3·1운동은 이러한 분위기에서 개시되었다. 고종의 시신이 안치된 덕수궁 앞의 만세시위는 사실상 조선의 마지막 임금인 고종의 죽음을 슬퍼하는 행진이기도 했지만, 한편으로는 외세의 침탈에 무기력했던 왕정에 대한 이별의 행진이기도 했다.

대한민국 임시정부와 해외 독립운동

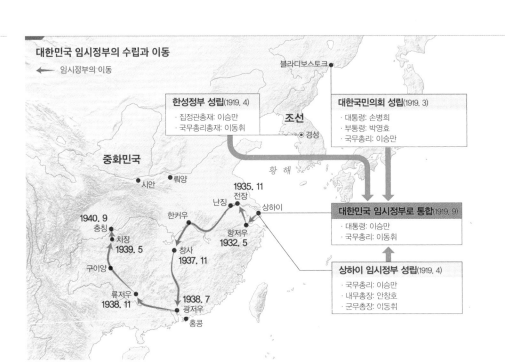

대한민국 임시정부의 수립과 이동
← 임시정부의 이동

한성정부 성립(1919.4)
· 집정관총재: 이승만
· 국무총리총재: 이동휘

대한국민의회 성립(1919.3)
· 대통령: 손병희
· 부통령: 박영효
· 국무총리: 이승만

블라디보스토크

조선
◉경성

중화민국

황해

1935.11 전장
난징
한커우
시안 뤄양
상하이

1940.9 충칭
치장
1939.5
구이양
창사
1937.11
항저우
1932.5

대한민국 임시정부로 통합(1919.9)
· 대통령: 이승만
· 국무총리: 이동휘

상하이 임시정부 성립(1919.4)
· 국무총리: 이승만
· 내무총장: 안창호
· 군무총장: 이동휘

류저우
1938.11
광저우
1938.7
홍콩

독립군(청산리) 1920년 10월 만주 지린성의 청산리에서 독립군 연합 부대가 일본군과 싸워 큰 승리를 거두었다. 이 전투에 참여한 독립군은 당시 블라디보스토크에 주둔하고 있던 체코 군단이 귀국할 무렵 이들로부터 다량의 무기를 구입하여 우수한 무장을 갖출 수 있었다.

3·1운동을 계기로 각지에서 임시정부를 수립하려는 움직임이 나타났다. 1919년 3~4월에 국내에서는 서울에서 국민대회를 준비하던 세력이 임시정부 수립을 선포했으며(한성정부), 해외에서는 러시아 연해주 지역에서 임시정부 성격을 갖는 대한국민의회가 만들어졌고, 중국 상하이에서도 다수의 독립운동가들이 모여 임시정부를 조직했다. 안창호를 중심으로 이들 사이에 통합 논의가 시작되어, 한성정부의 내각 구성안을 수용하되 통합 정부의 위치를 상하이로 하고 명칭을 대한민국 임시정부로 하는 것에 합의했다. 이해 9월에 통합 정부로 출범한 대한민국 임시정부는 3·1운동의 성과로 세워진 독립운동의 최고지도기관인 동시에 우리 역사상 최초의 민주공화제 정부였다.

대한민국 임시정부는 독립운동 세력을 대부분 망라하였으며, 연통제와 교통국을 두어 국내와도 비밀리에 연결망을 확보하고 『독립신문』을 발간하는 등 활발한 활동을 벌였다. 또한 독립전쟁 준비에도 착수하여 간도 지역의 일부 독립군 부대를 직속 기관으로 삼았고, 미국에 구미위원부를 두어 외교 활동에도 적극적으로 나섰다. 그러나 임시정부는 역점을 두었던 외교독립 노선이 열강의 무관심으로 실패하고, 일제의 탄압으로 국내와의 연계가 끊어진 데다가, 대통령 이승만의 전횡으로 지도력이 흔들리는 등 위기에 빠졌다. 이에 각지의 독립운동 세력은 임시정부를 새롭게 정비하기 위한 국민대표회의 소집을 요구하고 나섰다.

1923년 1월 상하이에서 열린 국민대표회의

는 각 지역·단체 대표 130여 명이 모인 가운데 4개월간 계속되었지만, 임시정부를 해체하고 다시 조직하자는 창조파와 현재의 임시정부를 개혁하자는 개조파 사이의 입장 차이를 좁히지 못하고 결렬되었다. 이에 실망한 독립운동 세력이 대거 상하이를 떠남으로써 대한민국 임시정부는 사실상 그 기능을 상실했다. 이후 중국 각지로 흩어져 각개 약진하던 독립운동 세력은 1926년부터 단일한 정당으로 모이자는 민족유일당운동을 전개했지만 다양한 세력들 사이의 이념적 차이 등으로 인해 실패했다.

임시정부의 부침이 거듭되던 시기에 만주에서는 일제에 맞선 무장투쟁이 전개되었다. 1920년 무렵 만주 지역에는 조선인 독립군 부대가 50여 개에 달했는데, 이들은 압록강과 두만강을 건너 국내로 들어와 식민지 통치기관을 습격하고 빠져나가는 국내진공작전을 벌였다. 1920년 6월 두만강 너머 북간도의 독립군은 홍범도의 지휘 아래 일본군 추격 부대를 봉오동에서 크게 무찔렀다. 이에 일본군은 대규모 병력을 보내 대대적인 토벌에 나섰지만, 홍범도와 김좌진이 이끄는 연합 부대가 같은 해 10월 청산리를 근거지로 전투를 벌여 크게 승리했다. 일제는 이에 대한 보복으로 간도 지역의 조선인 거주지를 초토화하고 민간인을 대대적으로 학살하여 독립군의 근거지를 뿌리 뽑고자 했다.

독립군 부대들은 북쪽으로 이동하여 진용을 정비하는 과정에서 서로 충돌하는 불상사를 겪기도 했지만, 1920년대 중반에 이르면 만주 지역에서 참의부·정의부·신민부를 조직하고 군사 및 자치 활동을 수행했다. 1920년대 말에는 3부 통합운동이 시도되었지만, 국민부와 혁신의회로 재편되는 데 그쳤다. 두 단체는 모두 정당과 무장 부대를 거느린 군정부 성격을 띠었다. 국민부는 조선혁명당과 조선혁명군을 조직하고 남만주에서 무장투쟁을 벌였으며, 혁신의회는 한국독립당과 한국독립군을 조직하고 북만주에서 활동했다.

임정 요인 기념사진 1920년(대한민국 2) 새해 첫날에 대한민국 임시정부 요인들이 태극기를 배경으로 신년 기념사진을 찍은 모습이다. 임시정부는 1920년을 '독립전쟁의 해'로 선포하고 적극적으로 독립운동을 전개했지만, 몇 해 지나지 않아 내외의 곤경에 빠져 침체기에 들어갔다.

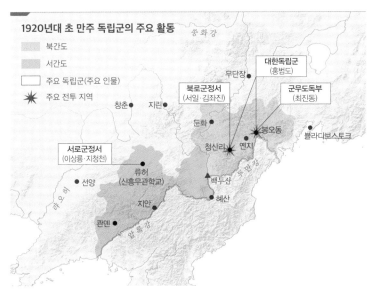

1920년대 초 만주 독립군의 주요 활동

- 북간도
- 서간도
- □ 주요 독립군(주요 인물)
- ✸ 주요 전투 지역

서로군정서 (이상룡·지청천)
류허 (신흥무관학교)
북로군정서 (서일·김좌진)
대한독립군 (홍범도)
군무도독부 (최진동)

송화 강, 창춘, 지린, 둔화, 청산리, 봉오동, 옌지, 무단장, 블라디보스토크, 선양, 지안, 콴뎬, 백두산, 혜산, 랴오허, 두만강, 압록강

1920년대 중반 이후 만주 독립운동

- ▦ 참의부 활동지역
- ▨ 정의부 활동지역
- ▧ 신민부 활동지역
- 국민부 활동지역
- 혁신의회 활동지역
- ● 현재 주요 지명

혁신의회 (한국독립군)
신민부
국민부 (조선혁명군)
정의부
참의부

하얼빈, 미산, 무단장, 창춘, 지린, 둔화, 왕칭, 옌지, 회령, 블라디보스토크, 선양, 류허, 안투, 백두산, 청진, 혜산, 콴뎬, 지안, 두만강, 압록강

국내 민족운동의 전개

1919. 3
3·1운동

1922. 11
조선민립대학 기성회 결성

1923. 1
조선물산장려회 창립
전 조선 청년당대회 개최

1924. 4
조선노농총동맹 창립
조선청년총동맹 창립

1925. 4
조선공산당 창립

1926. 4
순종 죽음

1926. 6
6·10만세운동

1927. 2
신간회 창립

1927. 5
여성운동 단일전선 근우회 창립

1929. 11
광주학생운동

1931. 5
신간회 해체

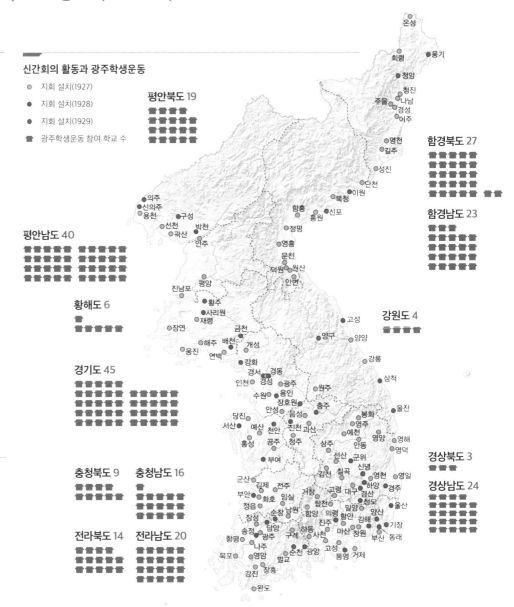

신간회의 활동과 광주학생운동

- 지회 설치(1927)
- 지회 설치(1928)
- 지회 설치(1929)
- 광주학생운동 참여 학교 수

평안북도 19

함경북도 27

함경남도 23

평안남도 40

황해도 6

강원도 4

경기도 45

충청북도 9   충청남도 16

경상북도 3

경상남도 24

전라북도 14   전라남도 20

3·1운동 이후 국내의 민족운동 세력은 독립을 위해서는 민족의 역량을 길러야 한다고 판단하여 실력양성운동에 나섰다. 전국 각지에서 청년회를 조직하여 근대적 지식·생활·문화를 보급했고, 전국적 범위에서도 언론·출판·교육 등을 통한 대중 계몽과 더불어 물산장려운동과 민립대학설립운동을 벌였다. 민족자본 육성을 목표로 한 물산장려운동은 '우리가 만든 것 우리가 쓰사'라는 구호 아래 토산품 애용운동 방식으로 전개되었다. 민족 엘리트 육성을 목표로 한 민립대학설립운동은 조선인의 대학을 설립하기 위한 모금운동 방식으로 전개되었다.

1923년부터 본격화한 두 운동은 경제와 교육 분야에서 민족의 역량을 키우려는 것으로, 초기에는 광범한 대중적 호응 속에서 전국적으로 확산되었다. 그러나 민족의식에만 호소하는 정신주의적 캠페인의 성격을 띠었기 때문에 대중의 실제 삶을 개선하는 데에는 큰 도움이 되지 않앗고 오래 지속되지 못했다. 두 운동은 새롭게 등장한 사회주의자들로부터 가진 자들에게만 혜택이 돌아가는 운동이라는 비판을 받으면서 동력을 잃었다.

3·1운동 이후 조선에는 사회주의라는 새로운 흐름이 생겨났다. 1920년대 초부터 러시아와 일본을 통해 유입된 사회주의사상은 일제의 식민 지배에서 벗어나 독립을 이룩할 뿐만 아니라 자산계급으로부터 무산계급이 해방돼야 한다는 논리를 갖고 있었다. 사회주의자들은 전국 각지에 사상단체를 만들어 새로운 이념을 보급하는 한편 농민운동과 노동운동 등에 결합하여 힘을 길러 나갔다. 이들은 1924년에 조선청년총동맹과 조선노농총동맹을 결성하여 대중적 영향력을 확보했으며, 1925년에는 비밀리에 조선공산당을 조직했다. 조선공산당은 여러 차례 일제의 대검거로 궤멸 위기에 처하곤 했지만, 1928년 해체될 때까지 사회주의운동을 이끌면서 민족주의 계열과 경쟁 및 협력을 이어갔다.

사회주의 세력은 처음에는 계급해방을 위한 경제적 투쟁에 몰두했지만, 점차 민족해방을 위한 정치적 투쟁에 적극적으로 나섰다. 이들은 1926년 6월 10일 순종의 장례식을 활용하여 대대적인 만세시위를 벌이기로 하고 민족주의 계열과 협력을 추진했다. 6·10만세운동은 일제의 삼엄한 경계로 전국적으로 확산하지 못했지만, 그 준비 과정에서 사회주의 계열과 민족주의 계열이 협력한 경험은 두 세력이 연대할 수 있는 토대가 되었다.

1920년대 중반부터 민족주의 계열 중 일부가 일제와 타협하는 경향을 보이기 시작했다. 이들은 그동안 '독립을 위한 실력 양성'을 주장했지만, 당장은 독립을 이루기가 쉽지 않다며 독립 대신에 자치를 이루자고 주장했다. 이에 위기의식을 느낀 비타협적 민족주의 계열과 사회주의 계열은 힘을 합쳐 신간회를 조직했다. 1927년에 결성된 신간회는 전국에 140여 개의 지회를 조직하고 회원이 4만 명에 달할 정도로 대중

적인 단체로 성장했다. 신간회는 강연회를 통해 대중을 계몽하고 일제의 식민지 지배정책을 비판했으며, 각지에서 벌어지던 대중운동을 적극적으로 지원했다. 특히 1929년 11월에 광주학생운동이 일어나 전국으로 확산하자 조사단을 파견하고 민중대회를 개최하려는 등의 노력을 기울였다. 그러나 신간회는 일제의 지속적인 탄압으로 점차 힘을 잃었고, 사회주의 계열과 민족주의 계열의 연대에 균열이 생기면서 1931년에 해산되었다. 이후 민족주의 계열은 문맹퇴치운동과 조선학운동 등을 벌였고, 사회주의 계열은 대중운동을 급진적으로 이끌면서 공산당재건운동에 나섰다.

신간회 창립총회 1927년 2월 15일 서울 종로의 기독교중앙청년회관에서 신간회 창립총회가 열렸다. 이날 총회에서는 이상재를 회장으로 선출하고, "우리는 정치적·경제적 각성을 촉진함", "우리는 단결을 공고히 함", "우리는 기회주의를 일체 부인함"이라는 3대 강령을 채택했다.

사회주의의 유입

소 련

이르쿠츠크

1921 이르쿠츠크파
고려공산당 결성(임시정부 비판)

1918 한인사회당 결성
(한인 최초 사회주의 정당)

하바롭스크

몽골인민공화국

블라디보스토크

베이징

사상단체 설립(서울청년회·무산자동지회·
신사상연구회·화요회·북풍회 등),
1925 조선공산당 결성

일본

중화민국

경성

도쿄

유학생 사회주의단체 결성
(고학생우회·흑도회·북성회 등)

1921 상해파 고려공산당 결성
(임시정부 참여)

상하이

대중운동과 지역사회의 역동성

3·1운동 이후 조선인들은 자신의 삶을 개선하기 위한 활동을 적극적으로 전개했다. 전국 각지에서 청년회가 조직되어 강연회, 토론회, 야학 등을 개최하는 등 대중 계몽에 힘쓰고, 금주·단연 같은 생활 개선과 지덕체 함양을 위한 활동을 벌였다. 청년회는 단지 청년층만의 조직이 아니라 지역사회를 이끌어가는 근대적 지역 엘리트의 결집체였다. 초기에는 비정치적 성격의 계몽과 수양에 주력하면서도 지역사회의 다양한 관심사에 주도적으로 나섰다. 1920년대 중반부터는 사회주의사상의 영향을 받은 진보적 청년들이 유지나 명망가 중심의 청년회를 '혁신'하고 주도권을 잡았으며, 각지에서 전개되는 노동자와 농민 등의 대중운동을 적극 지원했다.

인구의 대다수를 차지하던 농민들은 가혹한 소작제도와 일제의 수탈에 맞서 생존권을 지키기 위한 운동을 벌였다. 1920년대 전반에는 주로 소작료 인하 투쟁을 벌였는데, 대표적인 예는 1923년에 발생한 암태도 소작쟁의였다. 전남 무안군 암태도의 농민들은 고율의 소작료를 인하할 것을 요구하며 소작료 불납 투쟁을 벌

였고, 지역 주민들까지 연대하여 악덕 대지주와 일제 행정당국에 맞섰다. 수개월 동안 계속된 투쟁 끝에 암태도 농민들은 소작료 4할을 쟁취했으며, 그 여파가 전국적으로 퍼져나갔다. 1920년대 후반에는 소작농과 자작농을 포함하는 농민조합을 중심으로 소작권 보장 투쟁이 많이 벌어졌고, 1930년대 초에는 빈농층을 중심으로 토지혁명을 지향하고 식민 농정 반대를 주장하는 '혁명적 농민운동'이 전개되었다.

식민지 자본주의가 전개되면서 열악한 상황에 놓인 노동자들은 임금 인상과 노동조건 개선 등을 요구하는 노동쟁의를 일으켰다. 1920년 조선노동공제회가 창립된 이후 각지에서 다양한 형태의 노동조직이 만들어져 생존권을 지키기 위한 투쟁이 전개되었다. 1924년에 노농계급의 해방, 8시간 노동제, 최저임금제 등을 표방한 조선노농총동맹이 결성된 이후 노동쟁의가 더욱 격화했으며, 1920년대 후반에는 산업별·지역별 노동조합 연합체가 만들어져 파업이 장기화·대규모화했다. 그 대표적인 예가 1929년에 일본인 감독이 조선인 노동자를 구타한 사건

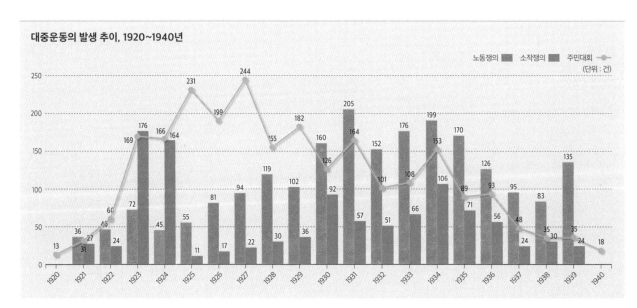

대중운동의 발생 추이, 1920~1940년

노동쟁의 ■　소작쟁의 ■　주민대회 ●
(단위 : 건)

을 계기로 폭발한 원산 총파업이다. 원산노동연합회를 중심으로 원산 주민의 3분의 1 이상이 참여하여 4개월 동안 지속된 원산 총파업은 비록 경찰의 탄압으로 실패했지만 노동운동의 힘을 내외에 과시했다. 1930년대 전반에는 노동운동이 최고조에 이르렀고, 일제의 탄압으로 합법적 노동운동이 불가능해지자 비합법적 투쟁을 전개하는 '혁명적 노동운동'이 전개되었다.

이러한 민중의 생존권 투쟁은 점차 일제 식민통치에 대한 저항의 성격을 띠어갔는데, 이와는 달리 비록 식민 지배의 한계 내에서이긴 하지만 지역 주민들의 삶을 개선하기 위한 다양한 운동이 군·면 단위에서 활발하게 전개되었다. 지역 주민들은 일제의 부당한 행정에 대한 반발에서부터 학교 설립이나 지역 개발 등 다양한 사안을 주제로 주민대회를 개최하고 자신들의 요구를 관철하고자 했다. 이러한 지역 주민들의 역동적 움직임은 종종 노동·농민운동과 결합하여 식민 지배에 균열을 가하기도 했다.

원산 총파업 1928년 가을 함경남도 덕원군 소재의 영국계 석유회사에서 일본인 감독이 조선인 노동자를 구타하는 사건이 발생하자 노동조합이 파업으로 맞섰지만 탄압을 당했다. 이에 원산노동연합회는 1929년 1월 총파업을 개시했다. 원산의 각종 사회단체와 주민들이 후원하는 가운데 무려 4개월에 걸쳐 전개되었다.

1920~1930년대 노동·농민운동과 주민대회

👊 노동운동
👊 농민운동
(89) 주민대회 수

138 함경북도

1931·1932 부두 노동자 파업
1934 좌익농민조합 사건
1929 화전민 항쟁

1931 단천 농민조합 사건
1931 홍원 농민조합 운동
1930 탄광 광부 파업. 광산 습격

115 평안북도

1930 정평 적색노조 사건
1930 정평 농민조합 사건

237 함경남도

1925~1931 불이서선농장 소작쟁의

1930~1935 태평양 노동조합

1927 흑연광산 파업
1931 제사공장 파업

1929 노동자 총파업

113 평안남도

1930·1931 고무 노동자 파업

1923 양말공장 파업
1930 고무공장 파업
1931 면옥 노동자 파업

151 황해도

1932 농민조합 사건

86 경기도

121 강원도

1922 인력거 노동자 파업
1925 전차노동자 파업
1926 경성방직 파업
1932 싱거 미싱 파업
1933 종연방적 파업

1923~1924 정미소 노동자 파업
1933 영주적농재건위원회 사건
1924 풍산소작인회 쟁의

71 충청북도

141 충청남도

176 경상북도

1924~1925 북률동척농장 소작쟁의
1935 부여 공산주의자협의회 사건
1927 이엽사농장 소작쟁의
1921 익옥수리조합 반대운동

161 전라북도

1924 조선제사 파업
1925 대구역 노동자 파업
1930 정미소 노동자 파업

1932 박간농장 소작쟁의

261 전라남도

1923~1924 암태도 소작쟁의
1924 조선면화 파업
1925 자유노조 파업
1926 제유공장 파업
1933 전남운동협의회 사건

1921 부두 노동자 파업
1925 인쇄 직공 파업
1929 고무공장 파업
1930 조선방직 파업

1922~1923 소작쟁의
1923 명석면 소작쟁의

364 경상남도

전시동원체제와 민중의 삶

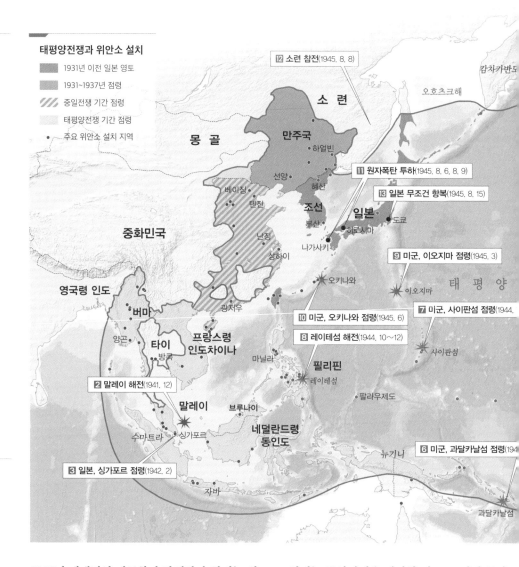

태평양전쟁과 위안소 설치

- 1931년 이전 일본 영토
- 1931~1937년 점령
- 중일전쟁 기간 점령
- 태평양전쟁 기간 점령
- 주요 위안소 설치 지역

12 소련 참전(1945. 8. 8)
11 원자폭탄 투하(1945. 8. 6, 8. 9)
13 일본 무조건 항복(1945. 8. 15)
9 미군, 이오지마 점령(1945. 3)
7 미군, 사이판섬 점령(1944)
10 미군, 오키나와 점령(1945. 6)
8 레이테섬 해전(1944. 10~12)
6 미군, 과달카날섬 점령(194)
2 말레이 해전(1941. 12)
3 일본, 싱가포르 점령(1942. 2)

1929년 세계적인 대공황이 발생하자 일제는 위기 탈출을 위해 대외 침략과 군국주의의 길로 나아갔다. 1931년 만주를 무력 침공한 뒤 만주국을 수립하여 자신의 세력권에 편입한 이후 군부를 중심으로 파시즘체제를 만들어갔다. 1937년에는 중일전쟁을 개시하여 대륙 침략에 나섰고, 장기전에 대비하여 자원을 확보하고자 동남아시아까지 침공했다. 독일·이탈리아와 추축국 동맹을 맺은 일본은 1941년에 미국 하와이를 기습 공격하여 태평양전쟁을 일으키며 연합국과 전면적인 대결 국면에 들어갔다.

일제는 중일전쟁을 개시한 뒤 1938년에 국가총동원법을 발포하고 총력전 태세를 갖추었다. 전시동원체제는 전쟁 승리를 위해 국가의 모든 힘을 효율적으로 동원하는 체제를 말하는데, 그 동원은 물적·인적·정신적 측면을 모두 포함했다.

일제는 조선총독부를 정점으로 모든 지방행정 단위별로 총동원연맹을 만들어 전국적으로 일사불란하게 통제하는 동원체제를 구축했으며, 생산·유통·분배의 모든 경제 과정을 국가가 통제하는 전시통제경제를 실시했다. 군수산업

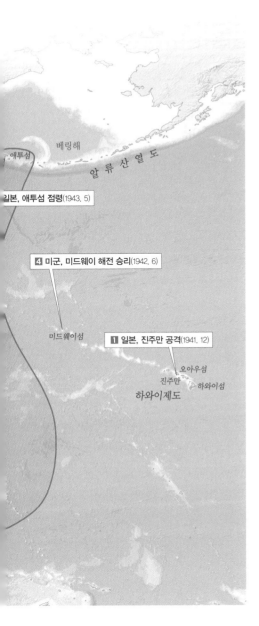

일본, 애투섬 점령(1943. 5)

4 미군, 미드웨이 해전 승리(1942. 6)

미드웨이섬

1 일본, 진주만 공격(1941. 12)

오아우섬

진주만 하와이섬

하와이제도

베링해

알류산열도

애투섬

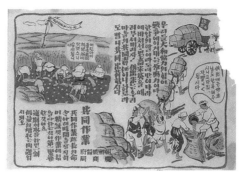

일제는 효과적인 동원을 위해서는 조선인들이 전쟁에 마지못해 끌려가는 것이 아니라 자발적·적극적으로 참가해야 한다고 판단했다. 이를 위해 조선인의 정신을 완전히 일본식으로 개조하는 '황국신민화'정책을 추진했다. 이 정책의 첫 번째 목표는 조선인의 민족의식을 말살하는 것이었다. 일제는 '내선일체'를 내세워 조선적인 모든 것을 지워버리고 조선인에게 일본정신을 주입했다. 조선인들은 항상 일본어를 사용하고, 매일 황국신민의 서사를 외우고, 아침마다 일왕이 사는 궁궐을 향해 절을 하고, 매달 1일에는 전국 각지에 세워진 신사에 참배해야 했다. 심지어 성과 이름을 일본식으로 바꾸는 창씨개명을 하지 않으면 '비국민'으로 낙인찍혀 정상적인 사회생활을 할 수가 없었다. 그런데 황국신민화정책은 민족 말살에서 한발 더 나아가 조선인을 파시즘적 인간으로 만드는 것을 목표로 삼았다. 이들이 말하는 황국신민이란 바로 '천황을 위해서라면 웃으면서 죽는 인간'을 의미했다. 황국신민화정책은 조선인의 민족의식에 상처를 입혔을 뿐만 아니라 조선인에게 파시즘의 망령을 주입했다.

을 중심으로 산업구조를 재편하고, 군량 조달과 무기 제조를 위해 쌀과 놋그릇 등을 강제로 공출했으며, 생필품과 식량을 배급하고 상품의 가격을 통제했다. 일제는 전쟁에 필요한 노동력을 공급하기 위해 조선인 대부분을 근로보국대로 편성하여 강제노동을 시켰고, 100만 명 이상을 징용으로 끌고 가 해외 각지의 공장과 광산 등에 배치했다. 또한 일본인만으로는 병력이 부족해지자 조선 청년들을 군인으로 징발했으며, 심지어 수십만 명의 조선 여성을 일본군 '위안부'로 끌고 가서 성적 착취를 가하는 만행을 저질렀다.

코리안 디아스포라

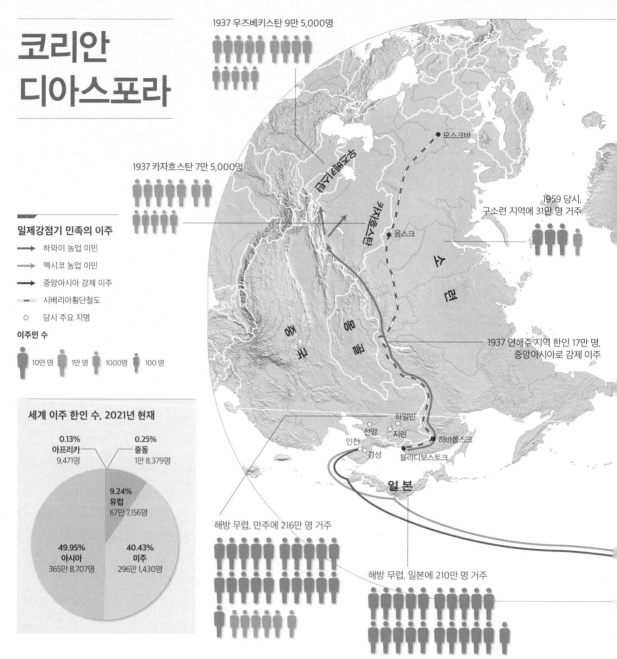

1937 우즈베키스탄 9만 5,000명

1937 카자흐스탄 7만 5,000명

모스크바

1959 당시, 구소련 지역에 31만 명 거주

옴스크

1937 연해주 지역 한인 17만 명, 중앙아시아로 강제 이주

일제강점기 민족의 이주
→ 하와이 농업 이민
→ 멕시코 농업 이민
➤ 중앙아시아 강제 이주
⇢ 시베리아횡단철도
○ 당시 주요 지명

이주민 수
10만 명 1만 명 1000명 100명

하얼빈
선양
지린
인천
경성
하바롭스크
블라디보스토크

일 본

해방 무렵, 만주에 216만 명 거주

해방 무렵, 일본에 210만 명 거주

세계 이주 한인 수, 2021년 현재

0.13% 아프리카 9,471명

0.25% 중동 1만 8,379명

9.24% 유럽 67만 7,156명

49.95% 아시아 365만 8,707명

40.43% 미주 296만 1,430명

일제강점기 일본 거주 한인의 증가

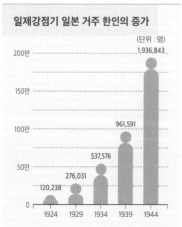

(단위 : 명)

연도	인구
1924	120,238
1929	276,031
1934	537,576
1939	961,591
1944	1,936,843

19세기 후반부터 가난에서 벗어나려는 농민들이 새로운 삶의 터전을 찾아 압록강과 두만강을 넘어 중국의 만주와 러시아의 연해주로 이주하는 경우가 있었다. 한말에는 일제의 국권 침탈에 맞서 해외에 독립운동의 근거지를 마련하기 위해 이 지역으로 이동하는 움직임도 생겨났다. 이들은 현지에 거주하는 한인들을 규합하여 한인촌을 형성하고 자치기구를 만들어 한인의 권익 보호와 항일운동에 힘썼다.

일제의 식민화 이후 만주로의 이주는 더욱 확대되어 국경 너머의 간도 지역은 중국인보다 한인이 더 많을 정도였으며 해외 무장투쟁의 주요 무대가 되었다. 1931년 만주를 침략한 일제는 만주국을 수립하고 한인을 정책적으로 대거 이주시켰다. 독립운동을 위해 이주한 사람, 배고픔을 견디다 못해 이주한 사람, 만주에서 새로운 꿈을 펼쳐보고자 이주한 사람 등 다양한 이유에서 만주로 모여든 한인들의 숫자

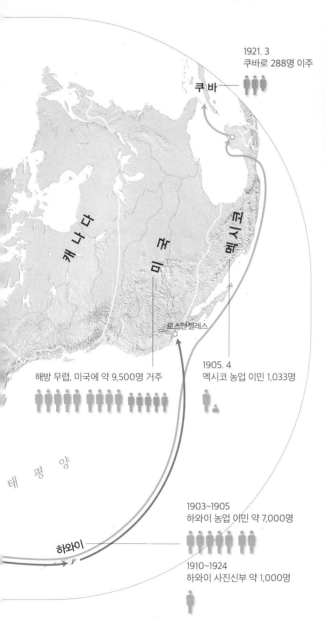

1921. 3
쿠바로 288명 이주

쿠바

캐나다

미국

멕시코

로스앤젤레스

해방 무렵, 미국에 약 9,500명 거주

1905. 4
멕시코 농업 이민 1,033명

태평양

1903~1905
하와이 농업 이민 약 7,000명

하와이

1910~1924
하와이 사진신부 약 1,000명

하와이 사진신부 하와이에서 일하던 조선인 남성들은 현지에서 결혼 상대를 구하기가 어려웠다. 그래서 남성이 자신의 사진을 고국으로 보내면 그와 결혼을 원하는 여성이 미국에 와서 결혼하는 '사진신부'가 생겨났다. 1910~1924년에 약 1,000명의 '사진신부'가 하와이로 건너간 것으로 알려져 있다.

해 미주 이주는 대한제국 정부에 의해 정책적으로 시작되었다. 1903~1905년에 약 7,000명의 한인이 정부의 이민 정책에 따라 하와이로 이주하여 사탕수수 농장에서 일했으며, 이들 중 일부는 미국 본토의 캘리포니아나 멕시코로 이주했다. 이들은 힘든 노동과 인종 차별을 견디면서 독립운동 자금을 지원했다.

일본으로의 이주는 주로 식민지 시기에 이루어졌다. 19세기 말에 이미 일본 유학생이 생겨났지만, 식민지가 된 이후에는 많은 사람들이 일자리를 찾아 가까운 일본으로 향했다. 이들은 농촌보다는 도시의 공장이나 상점에서 일했는데, 일본인들로부터 온갖 멸시와 차별을 받았다. 특히 1923년 간토대지진 때는 일본인들의 민족적 편견과 악성 유언비어로 인해 다수가 학살되는 비극도 겪었다. 일제 말기에는 징용 등으로 군수공장이나 광산 등지에서 위험한 노동에 강제로 투입되는 경우가 많았다. 해방 당시 약 210만 명에 이르던 일본 이주 한인들 중에서 귀국하지 못하고 현지에 남은 사람들은 민족 분단의 여파로 남과 북 중에서 어디를 지지하는가에 따라 패가 갈려 서로 대립하는 아픔도 겪었다. 이들이 재일동포인데, 최근에는 남북 어느 한 편만 지지하지 않고 한국인 또는 조선인이라는 민족성을 유지하면서도 일본에 거주하는 시민이라는 의미에서 스스로를 '재일 코리안' 또는 '자이니치(在日)'라고 부르기도 한다.

19세기 후반부터 여러 이유에서 고향을 떠나 타국살이를 했던 해외 한인들은 고난을 이기고 각지에 정착하여 한인사회를 이루어 왔다. 이들은 민족적 정체성을 가지면서도 현지 시민으로 열심히 살아가고 있으며, 오늘날 한국이 세계 속에서 살아나가는 데 많은 도움을 주고 있다.

는 해방될 무렵에 약 216만 명에 이르렀다. 그중에서 약 120만 명의 한인이 해방 직후 귀국하지 못하고 현지에 남았는데, 이들이 현재 '조선족'이라고 불리는 재중 한인들이다.

연해주로 이주했던 한인들은 척박한 동토를 일구며 한편으로는 한국의 독립운동과 러시아혁명에도 기여했다. 그러나 이들은 스탈린 치하에서 감시와 통제를 받았으며, 급기야 1937년에는 이역만리 중앙아시아로 강제 이주를 당했다. 이 과정에서 수많은 한인들이 희생되거나 재산을 잃었다. 드넓은 초원에 버려진 약 17만 명의 한인들은 소련 당국의 아무런 지원도 없이 맨몸으로 자신들의 터전을 개척했다. 이들이 현재 '고려인'이라고 불리는 중앙아시아의 한인들이다.

만주와 연해주 이주가 자연 발생적으로 이루어진 것에 비

해방을 향한 노력

조선의용군(왼쪽) 조선독립동맹 산하의 군대로, 중국 팔로군과 함께 치열한 항일전쟁을 벌였다. 사진은 "중국과 한국 두 민족이 연합하여 강도 일본을 타도하자"라는 선전 문구를 담벼락에 쓰고 있는 조선의용군 선전부 대원의 모습이다.

광복군(오른쪽) 대한민국 임시정부 산하의 군대로, 중국·미국·영국 등과 함께 대일전에 나섰다. 광복군 결성식 직후 찍은 기념사진인데, 한중 우호를 상징하듯이 태극기와 중화민국 국기가 걸려 있다. 앞줄 가운데가 김구 주석, 그 왼편이 지청천 광복군 총사령관이다.

일제가 만주를 침공하자 독립군 세력은 중국의 항일 세력과 함께 무장투쟁을 벌였다. 북만주의 한국독립군과 남만주의 조선혁명군이 크게 활약했지만 일제의 진압에 밀려 중국 관내(만리장성 안쪽 지역)로 후퇴했다. 조선혁명군 가운데 일부는 만주에 남아 중국공산당이 결성한 동북항일연군에 합류했다. 1936년 동북항일연군의 조선인들은 김일성의 주도 아래 조국광복회를 결성하고 국경 지역의 국내 항일 세력과도 연계했다. 이들은 한때 압록강을 건너 함경남도 보천보를 습격하는 등 위세를 떨쳤으나, 일본의 대공세에 밀려 1940년 무렵 소련의 연해주로 이동했다.

1937년 중일전쟁이 발발하자 중국 관내에 있던 민족운동 세력은 통합을 시도했다. 김원봉이 이끄는 의열단을 중심으로 결성된 조선민족혁명당은 중도 좌파 세력을 통합하여 조선민족전선연맹을 결성하고 그 산하에 조선의용대를 창설했다. 조선의용대는 중국군과 함께 활동하며 정보 수집과 포로 심문, 일본군에 대한 심리전 등의 임무를 수행했다. 그러나 조선의용대의 주력은 더욱 적극적으로 무장투쟁을 벌이고자 중국공산당의 근거지인 화북 지역으로 이동했다. 1941년부터 조선의용대 화북지대는 타이항산을 근거지로 일본군과 격전을 벌였다. 이들은 1942년에 화북 일대에서 활동하던 조선인 사회

주의자들과 함께 조선독립동맹(위원장 김두봉)을 결성하고 그 산하 부대인 조선의용군으로 개편했다.

한편 1932년 윤봉길 의거 이후 일제의 탄압을 피해 중국 내륙으로 이동하던 김구는 조선민족혁명당에서 이탈한 민족주의 세력을 규합하여 한국독립당을 재결성하고 대한민국 임시정부를 재정비했다. 1940년 임시정부는 충칭에 자리 잡은 뒤 중국국민당의 후원 아래 한국광복군을 결성했다. 이후 임시정부는 활동력과 대표성을 강화하고자 중도 좌파 성향의 조선민족혁명당 등을 받아들여 좌우 연립정부를 구성하고 (주석 김구, 부주석 김규식) 화북으로 이동하지 않은 조선의용대 잔류 세력을 광복군에 편입시켰다. 대한민국 임시정부는 연합국으로부터 정식 정부로 승인받기 위한 외교 활동을 벌이는 한편 광복군을 통해 군사 활동도 강화했다. 광복군은 인도·미얀마 전선에 대원을 파견하여 영국군을 도와 정보 수집과 선전 활동 등을 벌였고, 미군의 지원 아래 특수 훈련을 받고 국내 진입을 준비했다.

국내에서도 해방을 대비하고 있었다. 사회주의 세력은 일찍부터 일제의 탄압을 피해 비밀리에 조선공산당 재건운동을 벌이고 있었는데, 1940년대에는 박헌영이 주도한 경성 콤그룹을 필두로 전국 각지에 흩어져 지하 활동을 계속했

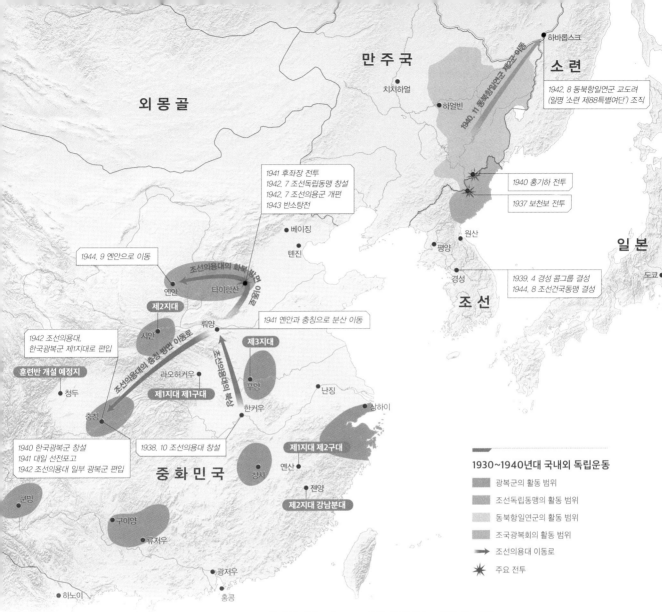

만 주 국

소 련

외 몽 골

치치하얼

하얼빈

하바롭스크

1940. 11 동북항일연군 제2로군 이동

1942. 8 동북항일연군 교도려
(일명 '소련 제88특별여단') 조직

1941 후좌장 전투
1942. 7 조선독립동맹 창설
1942. 7 조선의용군 개편
1943 반소탕전

베이징

텐진

1940 홍기하 전투

1937 보천보 전투

원산

평양

일 본

1944. 9 옌안으로 이동

조선의용대의 화북 방면 이동

옌안

타이항산

제2지대

시안

뤄양

1942 조선의용대,
한국광복군 제1지대로 편입

조선의용대의 충칭 방면 이동로

1941 옌안과 충칭으로 분산 이동

조선의용대의 북상

제3지대

라오허커우

훈련반 개설 예정지

청두

제1지대 제1구대

푸양

한커우

난징

상하이

경성

도쿄

조 선

1939. 4 경성 콤그룹 결성
1944. 8 조선건국동맹 결성

1940 한국광복군 창설
1941 대일 선전포고
1942 조선의용대 일부 광복군 편입

충칭

1938. 10 조선의용대 창설

중 화 민 국

창사

제1지대 제2구대

옌산

제양

제2지대 강남분대

쿤밍

구이양

류저우

광저우

홍콩

하노이

1930~1940년대 국내외 독립운동

광복군의 활동 범위
조선독립동맹의 활동 범위
동북항일연군의 활동 범위
조국광복회의 활동 범위
→ 조선의용대 이동로
✳ 주요 전투

다. 여운형은 1944년 사회주의자와 민족주의자를 아우르는 조선건국동맹을 비밀리에 결성하고 지방으로 조직을 확대하고 있었다.

이처럼 해방 직전 해외에는 충칭의 대한민국임시정부, 화북의 조선독립동맹, 만주와 소련의 동북항일연군 세력이 있었고, 국내에는 조선건국동맹과 조선공산당 재건운동 세력이 비밀리에 활동 중이었다. 이들은 비록 이념이나 역사적 경험이 달랐지만, 사회주의와 민족주의를 아우르는 민족통일전선을 지향했고, 연합군과 함께 무장투쟁을 벌여 조선을 해방한다는 노선에 공감하고 있었다. 또한 이들 사이에는 크고 작은 연계가 이루어지고 있었다. 그러나 일제가 원자폭탄을 맞고 조기에 항복하는 바람에 이들이 염원하던 국내 진입을 통한 해방은 달성되지 않았다.

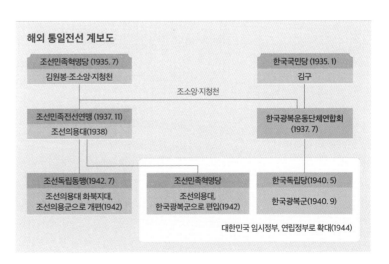

해외 통일전선 계보도

조선민족혁명당 (1935. 7)
김원봉·조소앙·지청천

한국국민당 (1935. 1)
김구

조소앙·지청천

조선민족전선연맹 (1937. 11)
조선의용대(1938)

한국광복운동단체연합회
(1937. 7)

조선독립동맹(1942. 7)
조선의용대 화북지대,
조선의용군으로 개편(1942)

조선민족혁명당
조선의용대,
한국광복군으로 편입(1942)

한국독립당(1940. 5)
한국광복군(1940. 9)

대한민국 임시정부, 연립정부로 확대(1944)

모던의 빛과 그림자

**일제강점기 경성 중심가,
1930년대 중반**

- ◉ 정부기관
- ◎ 외국공관
- ○ 민간기업
- ● 교육기관
- ◉ 종교시설
- ● 문화시설
- ● 조선시대 건축물

(괄호 안은 현재 지명)

개항 이래 근대 문물이 유입되면서 조선사회가 크게 변하기 시작했는데, 이러한 양상은 식민지 하에서도 계속되었다. 근대 문물은 생활의 편리함과 효율성, 새로움과 세련됨을 상징했지만, 그것을 누릴 수 있는 자와 그것에서 소외된 자를 구별하고 차별하는 장치가 되기도 했다.

근대 문물이 집약된 도시는 일제 시기에 '부(府)'라고 불렀다. 1914년에 처음 부로 지정된 12개 도시 중에서 전통적인 도회지였던 서울(경성)·대구·평양을 제외하면 나머지는 부산·인천·목포 등 대부분 개항장으로 일본인들이 집중적으로 거주하던 곳이었다. 이후 전통적 지방행정 중심지(선주·진주·해주 등) 외에도 교통(대전)·공업(흥남)·군사(나진) 등의 거점이 새롭게 도시로 성장했다.

식민지 도시에서 조선인과 일본인의 거주 지역이 뚜렷하게 구분되었다. 서울의 경우 청계천을 중심으로 북쪽에는 조선인이, 남쪽에는 일본인이 많이 살았다. 각각 북촌과 남촌으로 불리던 두 지역은 거주민의 경제 수준과 문화의 차이에 따라 분위기가 사뭇 달랐다. 도시에는 각종 근대 시설이 집중되었고 근대 문화의 화려함이 나타났지만, 그 외곽에는 토막민(土幕民)이라 불리는 도시 빈민의 거주지도 펼쳐져 있었다.

1920년대에 들어서 주로 도시를 중심으로 다

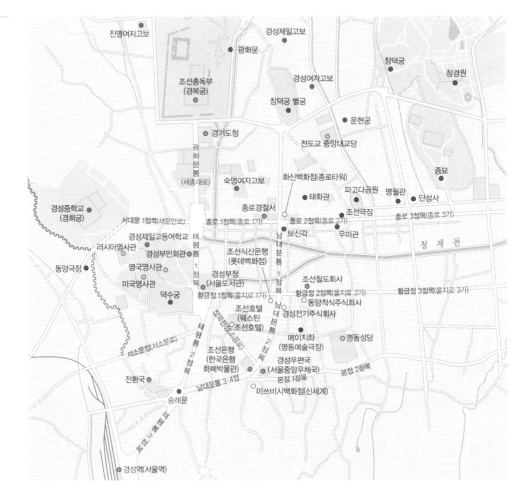

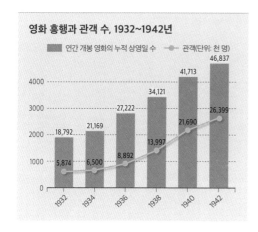

영화 흥행과 관객 수, 1932~1942년

양한 근대 문화가 빠르게 확산되었다. 영화는
일제 시기 도시인들 사이에서 최고의 인기를 누
렸다. 1937년에는 전국적으로 영화 관람객 수
가 1,000만 명을 돌파했을 정도였다. 민족 정서
를 듬뿍 담은 나운규의 〈아리랑〉이나 통속적 멜
로드라마인 〈장한몽〉 같은 신파 영화는 물론이
고 할리우드영화도 상당한 인기를 끌었다. 라디
오와 축음기가 보급되고 음반 제작이 이루어지
면서 대중가요도 큰 인기를 누렸다. 서양곡을
번안한 윤심덕의 〈사의 찬미〉, 영화 주제가인
〈장한몽가〉와 〈낙화유수〉, 트로트풍의 〈목포의
눈물〉, 동요 〈오빠 생각〉 등 수많은 노래가 애잔
한 곡조로 식민지 조선인의 서글픈 심정을 표현
하여 인기를 끌었다.

신파조가 강한 영화나 가요와 달리 축구·야
구·정구 등 스포츠는 젊은이들에게 건강한 신
체와 절제된 규율의 상징으로 받아들여졌고, 지
덕체의 삼육(三育)을 강조하는 분위기를 타고
청년회와 학교를 중심으로 확산되었다. 특히 축
구는 인기가 높았으며, 경성과 평양의 축구 대
항전(경평전)은 전국적인 관심사가 되었다. 이
밖에도 고희동, 나혜석, 이중섭 등을 중심으로
서양화가 보급되었으며, 동양의 진주라는 찬사
를 받은 최승희의 무용도 이목을 집중시켰다.

신문과 잡지는 근대 문화를 보급하는 핵심 매
체였다. 1920~1930년대에는 근대적 계몽이나
통속적 오락성을 추구하는 다양한 잡지가 발간
되었다. 여기에 소개된 새로운 생활·사고방식

은 경제적 여유를 갖추고 근대적 교육을 받은
사람들을 중심으로 확산되었다. 이들은 '모던보
이'나 '모던걸'이라고 불리며 세련된 근대 문화
를 향유했지만, 여기에서 소외된 다수의 대중은
시대에 뒤떨어진 '구식'이라며 조소를 받기도
했다.

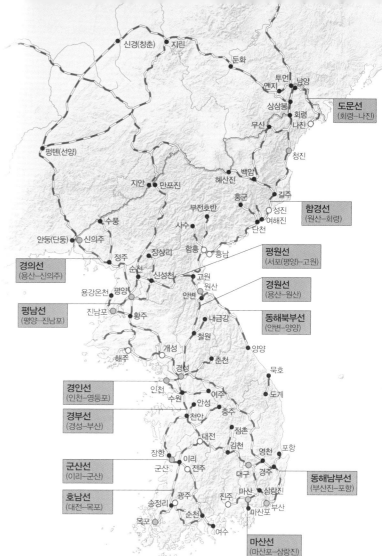

일제강점기의 철도, 1945년
═══ 국유철도
─── 사설철도
═══ 만주 지역의 철도
● 주요 철도역
◐ 부 (1910년대 설치)
○ 부 (1930~1940년대 설치)

모던보이와 모던걸 1920년대 중
반 이후 근대문화를 적극 수용한
신세대가 도시 중심으로 확산했
다. 나팔바지에 모자를 쓴 남성
들, 짧은 치마에 값비싼 시계와
반지를 끼고 앙증맞은 핸드백을
든 여성들. '모던보이'와 '모던걸'
이라고 불리던 이들은 세련된 서
구문화를 향유하는 동경의 대상
임과 동시에 사치와 타락을 상징
하는 비난의 대상이 되기도 했다.

특집

서울의 근대 건축물

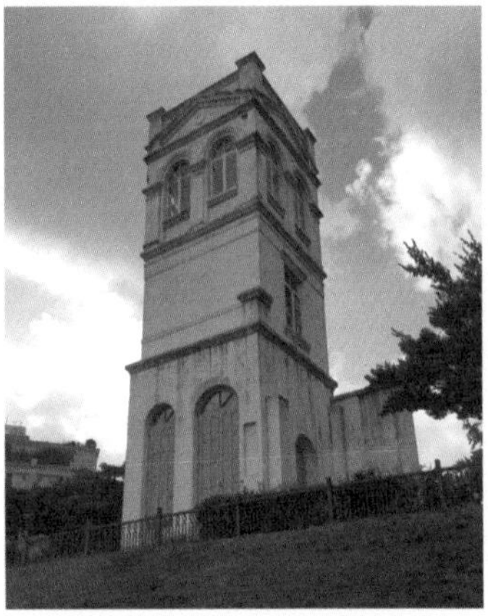

구 러시아공사관 첨탑 구 러시아공사관은 1890년 완공된 르네상스식 건물이다. 1896년 아관파천 당시 고종이 1년간 머물렀다. 한국전쟁 때 건물 대부분이 파괴되고 현재는 첨탑과 지하 2층만 남았다.

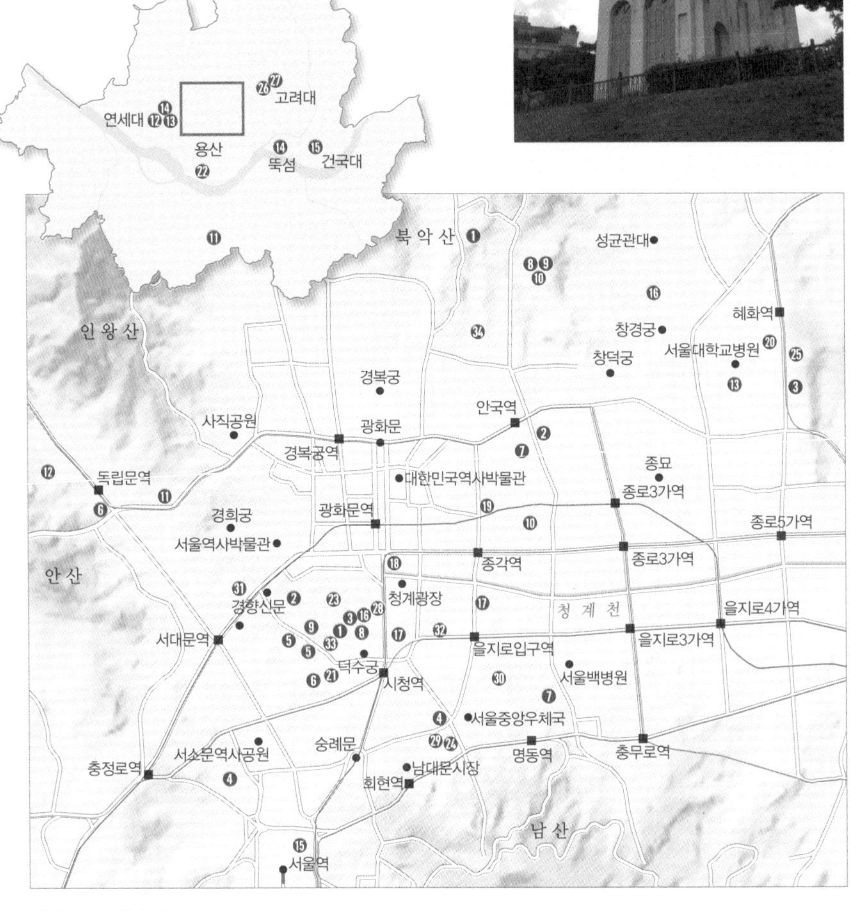

연세대
고려대
용산
뚝섬
건국대
북악산
성균관대
혜화역
창경궁
서울대학교병원
창덕궁
인왕산
경복궁
안국역
사직공원
광화문
경복궁역
대한민국역사박물관
종묘
독립문역
종로3가역
경희궁
광화문역
종로5가역
서울역사박물관
종각역
종로3가역
안산
청계광장
경향신문
청계천
을지로4가역
서대문역
을지로입구역
을지로3가역
덕수궁
시청역
서울백병원
서울중앙우체국
숭례문
명동역
충무로역
서소문역사공원
충정로역
남대문시장
회현역
남산
서울역

서울에 남아 있는 근대 건축물

- ①~⑰ 개항기~대한제국 시기 건축
- ①~㉞ 일제강점기 건축
- ■ 지하철역
- ● 현재 주요 지명

약현성당 한국에 현존하는 가장 오래된 서양식 벽돌 성당으로 서울 중림동에 있다. 1892년 프랑스 신부 외젠 코스트의 주도로 준공되어 이후 성당 건축의 모범이 되었다. 현재의 건물은 1998년 방화로 불에 탄 것을 2000년에 원형대로 복원한 것이다.

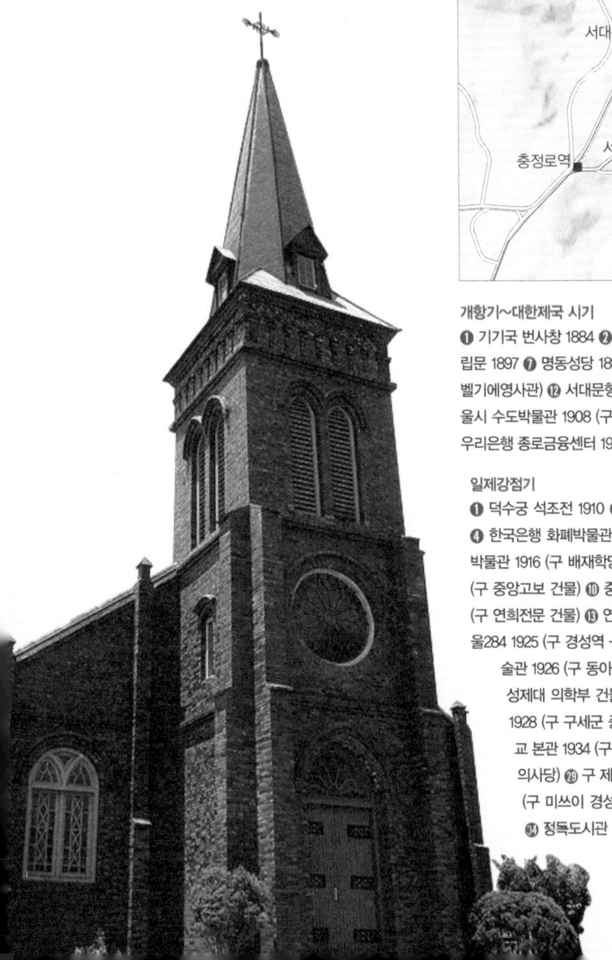

개항기~대한제국 시기

① 기기국 번사창 1884 ② 구 러시아공사관 1890 ③ 주한 영국대사관 1891(구 영국영사관) ④ 약현성당 1892 ⑤ 정동제일교회 1897 ⑥ 독립문 1897 ⑦ 명동성당 1898 (구 종현성당) ⑧ 덕수궁 정관헌 1900 ⑨ 중명전 1901 ⑩ 승동교회 1904 ⑪ 서울시립남서울미술관 1905 (구 벨기에영사관) ⑫ 서대문형무소역사관 (구 경성감옥 – 구 서대문감옥) 1907 ⑬ 서울대학교병원 의학박물관 1907 (구 대한의원 본관) ⑭ 서울시 수도박물관 1908 (구 뚝도 수원지 제1정수장) ⑮ 건국대학교박물관(상허기념관) 1908 (구 서북학회 회관) ⑯ 창경궁 대온실 1909 ⑰ 우리은행 종로금융센터 1909 (구 광통관)

일제강점기

① 덕수궁 석조전 1910 ② 덕성여대 평생교육원 소속 건물 1912 (구 운현궁 양관) ③ 한국방송통신대학교 역사관 1912 (구 중앙시험소) ④ 한국은행 화폐박물관 1912 (구 조선은행 – 구 한국은행) ⑤ 이화박물관(이화여고 심슨기념관) 1915 (구 이화학당) ⑥ 배재학당 역사박물관 1916 (구 배재학당 동관) ⑦ 천도교 중앙대교당 1921 ⑧ 중앙고등학교 서관 1921 (구 중앙고보 건물) ⑨ 중앙고등학교 동관 1923 (구 중앙고보 건물) ⑩ 중앙고등학교 본관 1937 (구 중앙고보 건물) ⑪ 딜쿠샤 (앨버트 테일러 가옥) 1923 ⑫ 연세대학교 스팀슨관 1920 (구 연희전문 건물) ⑬ 연세대학교 아펜젤러관 1924 (구 연희전문 건물) ⑭ 연세대학교 언더우드관 1925 (구 연희전문 건물) ⑮ 문화역서울284 1925 (구 경성역 – 구 서울역) ⑯ 대한성공회 서울 주교좌 성당 1926 ⑰ 서울도서관 1926 (구 경성부청 – 구 서울시청) ⑱ 일민미술관 1926 (구 동아일보 사옥) ⑲ 농협은행 종로금융센터 1926 (구 조선일보 사옥) ⑳ 서울대학교 연건캠퍼스 의과대학 1927 (구 경성제대 의학부 건물) ㉑ 서울시립미술관 1928 (구 경성재판소) ㉒ 용산역사박물관 1928 (구 용산철도병원) ㉓ 정동1928 아트센터 1928 (구 구세군 중앙회관) ㉔ 신세계백화점 본점 1930 (구 미쓰코시백화점) ㉕ 예술가의집 1931 (구 경성제대 본관) ㉖ 고려대학교 본관 1934 (구 보성전문 본관) ㉗ 고려대학교 대학원 1937 (구 보성전문 도서관) ㉘ 서울시의회 1935 (구 경성부민관 – 구 국회의사당) ㉙ 구 제일은행 본점 1935 (구 조선저축은행) ㉚ 명동예술극장 1936 (구 메이지좌) ㉛ 경교장 1938 ㉜ 그레뱅뮤지엄 1938 (구 미쓰이 경성지점 사옥 – 구 미국문화원 – 구 서울시청 을지로 별관) ㉝ 국립현대미술관 덕수궁관 1938 (구 이왕가미술관) ㉞ 정독도서관 1938 (구 경기고)

서울시립남서울미술관 서울 관악구 남현동에 있는 근대 건축물이다. 1905년 회현동에 벨기에영사관으로 지은 것을 1983년 건축물 그대로 현재의 위치로 이전했다. 2004년 기존 건축물을 그대로 유지한 채 최소한의 보수만 해서 미술관으로 개관했다.

서울대학교병원 의학박물관 서울대학교병원 내에 있는 가장 오래된 근대 병원 건축물이다. 1908년 대한의원 본관으로 지었으며, 일제강점기에는 제국대학 부속 병원, 해방 이후에는 서울대학교 부속 병원이었다. 1992년부터 의학박물관으로 사용되고 있다.

한국은행 화폐박물관 철근 콘크리트 구조에 돌로 만든 대표적 근대 건축물로, 서울 중구 남대문로에 위치한다. 1912년 조선은행 본점 건물로 준공되었다. 해방 이후 한국은행 본점으로서 역할을 하다가 2001년부터 화폐박물관으로 사용되고 있다.

배재학당 역사박물관 서울 중구 서소문로에 있는 한국 최초의 벽돌로 지은 서양식 학교 건물로, 현재까지 원형이 잘 보존되어 있다. 1916년 배재학당 동관으로 준공되어 1984년 배재고등학교가 강동구 고덕동으로 이전할 때까지 사용되었다. 2008년부터 역사박물관의 역할을 하고 있다.

구미 국가들과의 통상조약 체결로 조선에 들어오는 서양인들이 늘어나고 서양 문물의 도입이 확대되었다. 한성에는 이들의 업무나 생활에 필요한 서양식 건축물들이 건립되었다. 대한제국 정부도 국민국가 건설을 위한 개혁을 추진하면서 학교와 병원을 비롯한 근대 시설을 만들었다. 이때 세운 건물 중 다수는 근대화와 산업화 과정이나 한국전쟁 등으로 파괴되었지만, 일부는 그대로 남아 한국 근대사의 자취를 보여준다. 남아 있는 근대 건축물 중에는 박물관이나 미술관으로 이용되는 경우도 있다.

이 근대 건축물들은 근대 초 서양인들이 어떤 분야에 종사했는지를 보여주며, 대한제국이 근대적 개혁을 추진하면서 중점을 둔 분야를 반영하고 있다. 서울에 남아 있는 근대 서양식 건물은 정동을 중심으로 한 중구 일대에 집중적으로 위치한다. 대한제국 황제 고종이 경운궁(지금의 덕수궁)에서 머물면서 통치권을 행사했으며, 현재의 을지로와 숭례문 일대에 상권이 발달했기 때문이었다. 당시 서양식 근대 건물들은 주로 벽돌이나 화강암으로 지었다. 또한 용도별로 서양에서 유행하거나 널리 사용되는 건축 기법을 택하여 19세기 말~20세기 초 서양의 건축 양식을 보여주기도 한다.

외국 공관은 정동에 집중되어 있었다. 구 러시아공사관은 1890년 완공된 르네상스식 건물이다. 아관파천의 현장이기도 한 이곳은 한국전쟁 때 대부분 파괴되고 첨탑과 지하 2층만 남았다. 덕수궁의 도로 건너편인 회현동에는 벨기에공사관 건물이 있었다. 1983년 관악구 남현동으로 해체 이전했으며, 현재는 서울시립남서울미술관으로 활용하고 있다.

초기에 지은 천주교와 개신교 교회들도 중구 일대에 남아 있다. 서울역에 인접한 중림동에는 현재 남아 있는 가장 오래된 서양식 천주교회인 약현성당이 있다. 1898년에는 한국 천주교의 중심인 명동성당이 고딕양식으로 건립되었다. 정동제일교회는 미국 감리교 선교사 아펜젤러가 세운 개신교 교회로, 기독교계 근대 학교인 배재학당, 이화학당과 인접해 있다. 그래서 학생들의 예배나 신앙 생활에 활용되었으며, 그 일대의 서양 외교관들의 만남 장소가 되기도 했다.

대한제국이 근대적 개혁을 내세우면서 세운 건물들도 일부 남아 있다. 덕수궁 석조전은 그중 가장 유명하다. 황실 숙소와 업무를 위한 건물이었으나 1910년 국권 상실 직후에 완공되었고, 이후 미술관이나 박물관으로 사용되었다. 대한제국은 의학 교육과 의료시설에도 관심을 쏟았다. 서울대학교 병원 안에 있는 구 대한의원 본관은 그 자취이다.

이런 개화기 서양식 근대 건축물은 서울 외에 주로 인천, 군산, 목포, 부산과 같은 개항장에 남아 있다. 일제강점기 일본의 통치기구가 세워지고 많은 일본 기업들이 한반도에 진출함에 따라 더 많은 근대 건축물들이 생겨났다.

서울 남대문 일대의 야경

07

현대

1940

1945. 8
일본, 연합군에 무조건 항복

1948. 4
제주 4·3사건

1948. 8
대한민국 정부 수립

1948. 9
조선민주주의인민공화국 수립

1950. 6
한국전쟁 발발

1953. 7
정전협정 조인

1960

1960. 4
4·19혁명

1961. 5
박정희, 군사쿠데타 일으킴

1965. 6
한일기본조약 조인

1970. 7
경부고속도로 완공

1972. 10
박정희, 전국에 비상계엄령 선포(10월 유신)

1979. 10
김재규, 박정희 살해

1979. 12
신군부, 군부와 정치 실권 장악

1980

1980. 5
광주민주화운동

1982
야간 통행금지 해제

1987. 6
6월민주항쟁

1988. 9~10
서울올림픽 개최

1989
해외여행 전면 자유화

1994~1999
북한, 최악의 식량난(고난의 행군)

1997
국제통화기금(IMF) 지원 요청

2000

2000. 6
김대중·김정일, 정상회담

2002. 5~6
한일월드컵 개최

2005. 3
호주제 폐지

2007. 10
노무현·김정일, 정상회담

2011. 12
김정일 사망

2018. 4~9
문재인·김정은, 1~3차 정상회담

2019. 6
판문점에서 남북미정상회담

2020

1945년 8월 15일 한국은 일제 식민통치에서 해방되었지만, 미국과 소련의 세력 분할 지점이 되어 38도선으로 분단되었다. 국제적 냉전과 국내적 좌우 대립으로 인해 남북에 각각 정부가 수립되었으며, 한국전쟁이라는 파국을 맞았다. 전쟁 이후 남북의 정권은 상호 적대감과 전쟁의 공포심을 활용하여 독재체제를 만들어갔다.

대한민국은 산업화와 민주화를 이루는 과정에서 커다란 고통과 갈등을 겪었다. 4·19혁명을 통해 이승만의 독재를 무너뜨리고 민주주의를 이루고자 했지만, 5·16 군사쿠데타로 좌절되었다. 1960~1980년대에는 놀라운 경제 성장을 이룩했지만, 성장지상주의 전략 속에서 민중의 실질적 삶의 개선에서는 한계를 보였다. 그렇지만 한국은 1980년대에 민주화시대를 열었으며, 1990년대에는 국가 부도의 위기를 극복했다.

21세기에 들어와 한국은 산업화와 민주화를 동시에 이룩한 몇 안 되는 국가로 손꼽히고 있으며, 최근에는 국제사회에서 선진국 지위를 인정받게 되었다. 그렇지만 한국은 심각한 불평등과 과도한 경쟁체제 등으로 각종 사회적 문제에 직면해 있으며, 남북의 긴장관계를 해결하지 못하고 있다. 또한 세계화시대를 맞아 국제적 위상을 높이고 다양한 민족과 문화를 포용하는 사회로 나아가야 한다는 과제를 안고 있다.

해방과 분단

동아시아 정세, 1945년
■ 자본주의 진영
■ 사회주의 진영

1945년 8월 15일 일본의 항복으로 한국은 해방을 맞이했다. 해방 직후의 정치적 진공 상태를 가장 먼저 메운 인물은 여운형이다. 그는 해방 직전 비밀리에 결성한 조선건국동맹을 바탕으로 조선건국준비위원회(건준)를 조직했다. 건준은 안재홍 등의 민족주의자들과 박헌영 등의 사회주의자들을 광범위하게 결집하는 한편, 전국 각지에 지부를 설치하고 치안 유지와 행정 업무를 담당했다. 이들은 미군 진주를 앞둔 시점에 연합국으로부터 한국인의 대표 기관으로 인정받기 위해 조선인민공화국 수립을 선포하고 각지의 지부를 인민위원회로 개편했다. 조선인민공화국은 이승만을 주석에 추대하고 좌우 연립 정부의 형식을 취했지만, 사회주의 세력의 일방적 주도에 불만을 품은 민족주의자들이 대거 이탈하면서 정당성을 얻지 못했다. 인민위원회는 상당수 지역에서 실질적인 행정기구 역할을 담당했지만, 미군이 진주한 뒤 강제 해산되는 운명을 겪는다.

해방 직후 한국인들은 스스로의 힘으로 독립 국가를 세울 수 있을 것으로 예상하고, 친일파를 제외하고 국내외의 정치 세력을 총망라하여 정부를 수립하고자 했다. 일제의 식민통치에서 해방된 한국인들은 계급·계층별로 다양한 조직을 결성하고 자신들의 삶을 개선하기 위한 운동에 적극적으로 나섰다. 이러한 가운데 해외 독립운동가들이 속속 귀국하면서 해방 정국은 열기를 더해갔다. 10월에는 이승만이 미국에서 돌아왔고, 11월에는 김구·김규식 등 대한민국 임시정부 일행이 중국에서 귀국했다. 한편 북한에서도 9월에 김일성이 소련에서, 12월에는 조선독립동맹 세력이 중국에서 평양으로 돌아왔다. 국내 정치 세력도 우익의 한국민주당과 좌익의 조선공산당 등을 중심으로 결집하여 해외 독립운동 세력과 함께 새로운 국가 건설에 나섰다.

그러나 이러한 움직임은 38도선 분할과 미소 양군의 진주로 난관에 봉착했다. 미국은 2차 세계대전에서 일본을 이기기 위해 소련의 참전을 요구하면서도 동아시아에서 소련의 영향력을 제한할 방안을 모색했다. 미국은 일본의 항복과 동시에 북위 38도를 경계로 미국과 소련이 각각 한국의 남과 북을 점령한다는 계획을 세우고 소

소련
이르쿠츠크
울란바토르
몽골인민공화국
하바롭스크
창춘 옌지
선양 블라디보스토크
베이징
톈진 평양 동 해
옌안 서울
중화민국 뤄양 도쿄
난징 일 본
충칭 상하이
동
중
국
해
베트남민주공화국
타이완
하노이 홍콩

필리핀

건국 지도자 여운형 1945년 8월 16일 서울 휘문중학교에서 열린 집회에 참석한 여운형의 모습(사진 중앙 아래). 해방 직후 건준을 결성하여 정국을 주도했고 1946년에는 좌우합작운동을 이끌었으나 1947년 7월 극우 청년에게 암살당했다.

해방과 분단, 1945년

- ▨ 인민위원회 통치 구역(남한의 경우)
- ➡ 미군의 진주   ── 당시 군 경계선
- ➡ 소련의 진주   ● 현재 주요 지명
- ➡ 해외 독립운동 세력의 귀환

김일성
(소련에서)

김두봉
(중국 화북에서)

❶ 8. 11 소련군 상륙

❷ 8. 22 소련군, 평양 진주
❹ 9. 22 김일성, 평양 도착
❺ 12월 김두봉 등 조선독립동맹
세력 귀국

❸ 9. 19 김일성 귀국

38°

❷ 9. 8 미군, 인천 상륙

❶ 8. 15 건국준비위원회 결성
❸ 9. 9 미군, 군정 선포
❹ 10. 16 이승만, 미국에서 귀국
❺ 11. 23 김구, 김규식 등
대한민국 임시정부 요인 귀국

이승만
(미국에서)

김구·김규식
(중국 상하이에서)

해방 직후 정치인 인기도 여론조사

조선을 이끌어갈 지도자

단위: %

여운형	이승만	김구	박헌영	이관술	김일성	최현배	김규식
33	21	18	16	12	9	7	6

● 복수 추천 허용으로, 백분율 합이 100%가 넘음

일제강점기 최고의 혁명가

- 여운형 18%(195명)
- 이승만 16%(176명)
- 박헌영 15%(168명)
- 김구 14%(156명)
- 기타 14%(153명)
- 김규식 5%(52명)
- 안재홍 5%(59명)
- 김일성 6%(72명)
- 허헌 7%(78명)

련의 동의를 얻어냈다. 이로써 38도선이 그어졌 고 한반도는 미소 양국의 세력 분할 지점이 되 었다.

미소 양군은 일본군의 항복 접수와 무장 해제 를 명분으로 한반도에 진주했다. 8월 말 평양에 진주한 소련군은 일본으로부터 38도선 이북의 행정권을 접수하고 이를 인민위원회에 이양했 다. 소련은 해방 직후 한국인들의 급격한 움직 임이 자국에 불리하게 작용하지 않을 것으로 판 단하여 전면에 나서기보다는 인민위원회를 통

한 간접통치를 수행했다. 반면 9월 초 서울에 진 주한 미군은 일본의 항복을 접수한 뒤에 미군정 청을 설치하고 38도선 이남에 대한 직접 통치에 나섰다. 미군정은 급격한 변화보다는 현상 유지 에 치중했으며, 국내에서 급조된 조선인민공화 국은 물론이고 해외에서 입국하는 대한민국 임 시정부도 인정하지 않았다. 이 때문에 남한에서 는 현상을 유지하려는 미군정과 근본적인 개혁 을 요구하는 민중 사이에 크고 작은 충돌이 끊 이지 않았다.

국가 건설을 둘러싼 진통

좌우 양측의 대중 집회 좌익 세력
은 모스크바 3국 외상회의 결정
을 절대 지지하고(왼쪽) 우익 세
력은 신탁통치를 절대 반대하며
(오른쪽) 대규모 집회를 열었다.

1945년 12월 모스크바에서 미국·영국·소련의 외무장관이 모여 한국의 독립 문제를 논의한 결과, 한국인들로 구성된 임시정부를 수립하며 최장 5년의 신탁통치를 거쳐 한국을 독립시키기로 결정했다. 이에 김구와 이승만 등 우익 세력은 신탁통치를 받아들일 수 없다며 반탁운동에 나섰다. 반면 좌익 세력은 이 결정이 한국의 민주적 개혁과 임시정부 수립, 5년 이내의 독립을 보장한다며 지지했다. 신탁통치에 대한 양측의 입장 차는 좌우 대립이 극렬해지는 계기가 되었다.

모스크바 3국 외상회의의 결정에 따라 1946년 3월 임시정부 수립을 위한 미소공동위원회가 서울에서 열렸다. 그러나 미소 양측은 임시정부를 자신에게 유리하게 구성하고자 한 치의 양보 없는 입씨름만 거듭했다. 미소공동위원회가 아무런 성과 없이 결렬되자 이승만은 남한만이라도 정부를 수립하자고 주장했으며, 좌익 세력은 미군정의 탄압에 힘으로 맞서기 시작했다. 정국이 혼란해지는 가운데 여운형과 김규식 등 중도 성향 인사들을 중심으로 좌우합작운동

이 추진되었다. 이들은 좌우 협력을 통해 민족적 단결을 도모하고 미소공동위원회를 재개하여 남북을 통합한 임시정부를 수립하고자 했다. 좌우합작운동은 좌우 대립의 극복을 염원하는 대중적 지지 속에서 시작되었지만, 좌우 양측의 비협조와 미군정의 개입으로 인해 결실을 맺지 못했다.

1947년에 접어들면서 냉전이 본격화하고 좌우합작운동이 실패로 돌아가자 분단의 위기가 고조되었다. 이해 5월 미소공동위원회가 다시 열렸지만 아무런 성과 없이 결렬되었다. 이에 미국은 더 이상의 협상은 무의미하다며 한국 문제를 유엔에서 다루자고 주장했다. 반면 소련은 연합국 간의 합의 사항인 모스크바 3국 외상회의의 결정에 따르지 않겠다면 차라리 미소 양군이 한반도에서 동시에 철수하자고 주장했다. 1947년 11월 유엔 총회는 미국의 제안대로 유엔 감시하에 남북 총선거를 실시하여 한국 정부를 수립하기로 결정하고, 선거 준비를 위해 임시위원단을 한국에 파견했다. 소련이 임시위원단의 입북을 거부하자 1948년 2월 유엔은 선

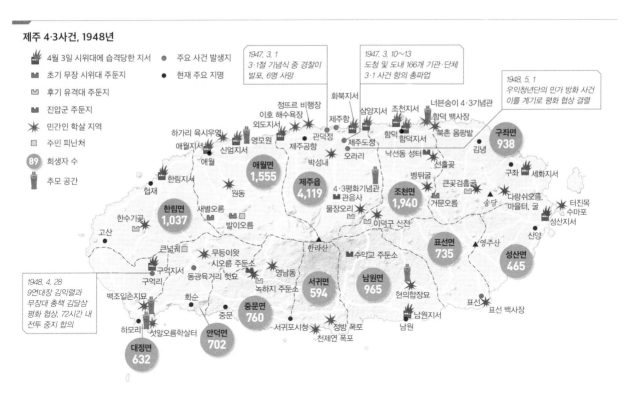

제주 4·3사건, 1948년

- 4월 3일 시위대에 습격당한 지서
- 초기 무장 시위대 주둔지
- 후기 유격대 주둔지
- 진압군 주둔지
- 민간인 학살 지역
- 주민 피난처
- 89 희생자 수
- 추모 공간
- 주요 사건 발생지
- 현재 주요 지명

1947. 3. 1
3·1절 기념식 중 경찰이 발포, 6명 사망

1947. 3. 10~13
도청 및 도내 166개 기관·단체 3·1 사건 항의 총파업

1948. 5. 1
우익청년단의 민가 방화 사건 이를 계기로 평화 협상 결렬

1948. 4. 28
9연대장 김익렬과 무장대 총책 김달삼 평화 협상, 72시간 내 전투 중지 합의

정뜨르 비행장, 이호 해수욕장, 외도지서, 화북지서, 삼양지서, 조천지서, 너븐숭이 4·3기념관, 함덕 백사장, 하가리 육시우영, 영모원, 관덕정, 제주항, 함덕, 함덕지서, 북촌 옴팡밭, 구좌면 938, 애월지서, 신엄지서, 제주공항, 제주도청, 오라리, 낙선동 성터, 김녕, 애월, 박성내, 선흘곳, 벵듸굴, 구좌, 세화지서, 한림지서, 애월면 1,555, 제주읍 4,119, 4·3평화기념관, 관음사, 조천면 1,940, 큰곳검흘굴, 거문오름, 송당, 다랑쉬오름, 마을터, 굴, 터진목 수마포, 성산지서, 협재, 한림면 1,037, 원동, 새별오름, 물장오리, 이덕구 신전, 신양, 한수기곳, 발이오름, 고산, 큰넓궤, 한라산, 수악교 주둔소, 표선면 735, 영주산, 성산면 465, 무등이왓, 시오름 주둔소, 영남동, 구억지서, 동광육거리 헛묘, 구억리, 녹하지 주둔소, 서귀면 594, 남원면 965, 현의합장묘, 표선, 백조일손지묘, 화순, 중문, 중문면 760, 남원지서, 남원, 표선 백사장, 하모리, 섯알오름학살터, 안덕면 702, 서귀포시청, 정방 폭포, 천제연 폭포, 대정면 632

거가 가능한 지역, 즉 38도선 이남에서만 총선거를 열기로 결정했다.

남한 단독 선거가 결정되자 분단을 막기 위해 김구와 김규식이 남북협상을 제안했다. 북한이 이에 호응하자 1948년 4월 남북의 주요 지도자들이 평양에 모여 외국 군대의 철수와 남북 총선거를 통한 통일 정부 수립을 합의했지만, 남한 총선거는 그대로 강행되었다. 남한 단독 정부 수립에 반대하는 움직임이 격화되는 가운데 비극적인 제주 4·3사건이 발생했다. 1948년 4월 3일 제주도에서 좌익 세력이 남한만의 선거를 저지하기 위해 무장 봉기를 일으키자, 미군정과 그 뒤를 이은 한국 정부는 군경을 대거 동원하여 강경 진압에 나섰다. 몇 해 동안 지속된 과도한 진압의 소용돌이 속에서 수만 명의 무고한 제주도민이 무참하게 희생되었으며 다수의 마을이 초토화되었다. 또한 제주도 진압군으로 파견될 예정이었던 여수 주둔 국군 부대가 출동 명령을 거부하고 봉기했다. 이를 진압하는 과정에서 양측의 충돌이 여수, 순천, 지리산 일대로 확산되어 이 지역의 수많은 민간인이 희생되었다.

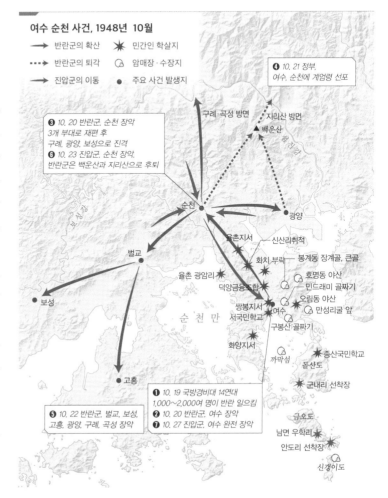

여수 순천 사건, 1948년 10월

- 반란군의 확산
- 반란군의 퇴각
- 진압군의 이동
- 민간인 학살지
- 암매장·수장지
- 주요 사건 발생지

❹ 10. 21 정부, 여수, 순천에 계엄령 선포

❸ 10. 20 반란군, 순천 장악 3개 부대로 재편 후 구례, 광양, 보성으로 진격
❻ 10. 23 진압군, 순천 장악 반란군은 백운산과 지리산으로 후퇴

구례·곡성 방면, 지리산 방면, 백운산, 순천, 광양, 벌교, 율촌지서, 신산리취척, 화치 부락, 봉계동 장계골, 큰골, 율촌 광암리, 호명동 아산, 민드래미 골짜기, 덕양금융조합, 오림동 야산, 쌍봉지서, 만성리굴 앞, 서국민학교, 여수, 구봉산 골짜기, 화양지서, 까막섬, 종산국민학교, 돌산도, 순천만, 보성, 고흥, 중산국민학교, 군내리 선착장, 금오도, 남면 우학리, 안도리 선착장, 신갱이도

❶ 10. 19 국방경비대 14연대 1,000~2,000여 명이 반란 일으킴
❷ 10. 20 반란군, 여수 장악
❼ 10. 27 진압군, 여수 완전 장악

❺ 10. 22 반란군, 벌교, 보성, 고흥, 광양, 구례, 곡성 장악

남북 정부 수립

남한 총선거 실시

1948. 5. 31
제헌국회 개원

1948. 7. 17
대한민국 헌법 제정

1948. 8. 15
대한민국 정부 수립

1948. 8. 25
북한 총선거 실시

1948. 9. 2
최고인민회의 개최

1948. 9. 9
조선민주주의인민공화국 수립

1948. 10
반민특위 결성

1949. 10
반민특위 해산

1950. 3
농지개혁법 공포

1948년 5월 10일 유엔한국임시위원단의 감독 아래 38도선 이남 지역에서 총선거가 일제히 시행되었다. 남북협상에 참여했던 세력이 남한만의 총선거에 불참한 가운데, 이전부터 남한 단독정부 수립을 추진하던 이승만과 한국민주당 등 우익 세력이 선거에 대거 출마했다. 분단을 현실로 인정하고 반쪽일망정 정부를 개혁적으로 구성하려는 일부 중도 성향의 인물들도 선거에 참여했다. 선거를 통해 구성된 초대 국회는 헌법 제정의 임무를 갖고 있어서 제헌국회라고 불렸다.

제헌국회는 대한민국 임시정부를 계승한다는 의미에서 국호를 대한민국으로 결정했다. 이어서 국민주권과 삼권분립을 골자로 한 민주공화제, 균등의 원칙과 자유시장경제를 혼합한 경제질서 등을 강조한 헌법(제헌헌법)을 공포했다. 제헌헌법에 따라 국회에서 대통령으로 선출된 이승만은 초대 내각을 구성하고, 1948년 8월

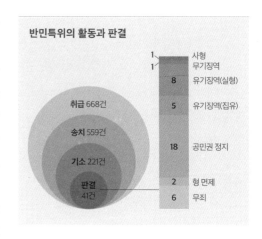

반민특위의 활동과 판결

취급 668건
송치 559건
기소 221건
판결 41건

1 사형
1 무기징역
8 유기징역(실형)
5 유기징역(집유)
18 공민권 정지
2 형 면제
6 무죄

15일 대한민국 정부 수립을 선포했다. 대한민국 정부는 그해 12월 유엔 총회에서 유엔 감시하의 선거가 가능했던 지역에 수립된 유일한 합법 정부로 승인받았다. 대한민국은 남북을 아우르지 못하고 남한 지역에 제한된 점에서 한계가 있었지만, 미군정이 종식되고 한국인 스스로 주권을 행사하는 출발점이 되었다.

새로 출범한 대한민국은 일제 잔재의 청산과

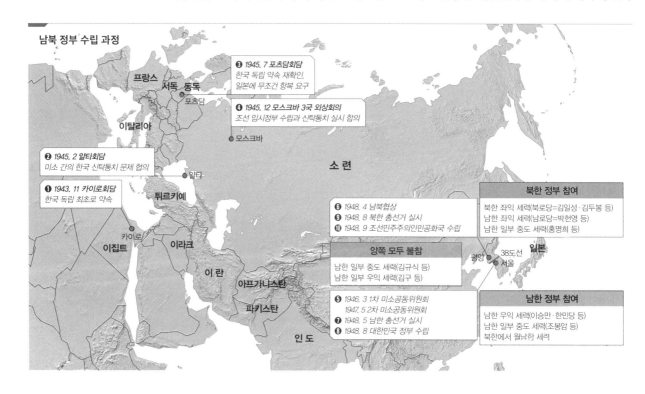

남북 정부 수립 과정

❸ 1945. 7 포츠담회담
한국 독립 약속 재확인,
일본에 무조건 항복 요구

❹ 1945. 12 모스크바 3국 외상회의
조선 임시정부 수립과 신탁통치 실시 합의

❷ 1945. 2 얄타회담
미소 간의 한국 신탁통치 문제 협의

❶ 1943. 11 카이로회담
한국 독립 최초로 약속

프랑스
서독 동독
포츠담
이탈리아
모스크바
얄타
튀르키예
소 련
카이로
이라크
이집트
이란
아프가니스탄
파키스탄
인 도
평양
38도선
서울
일본

❻ 1948. 4 남북협상
❾ 1948. 8 북한 총선거 실시
❿ 1948. 9 조선민주주의인민공화국 수립

북한 정부 참여
북한 좌익 세력(북로당=김일성·김두봉 등)
남한 좌익 세력(남로당=박헌영 등)
남한 일부 중도 세력(홍명희 등)

양쪽 모두 불참
남한 일부 중도 세력(김규식 등)
남한 일부 우익 세력(김구 등)

❺ 1946. 3 1차 미소공동위원회
1947. 5 2차 미소공동위원회
❼ 1948. 5 남한 총선거 실시
❽ 1948. 8 대한민국 정부 수립

남한 정부 참여
남한 우익 세력(이승만·한민당 등)
남한 일부 중도 세력(조봉암 등)
북한에서 월남한 세력

지주-소작 관계의 해결 등 해방 직후부터 국민의 관심이 집중된 문제를 처리해야 했다. 특히 이러한 과제의 해결에는 소장파로 불리던 젊고 개혁적인 중도 성향의 무소속 국회의원들이 적극적으로 나섰다. 정부 수립 직후 국회를 중심으로 반민족행위특별조사위원회(반민특위)가 구성되어 일제하 반민족행위자들에 대한 광범한 조사가 시작되었다. 그러나 정부와 친일 세력은 반공이데올로기를 내세워 반민특위의 활동을 방해하고 무력화시켰다. 그 결과 반민특위는 제대로 성과를 내지 못한 채 조기에 해체되었고 일제 잔재 청산은 미해결 과제로 남았다.

전체 인구의 대부분을 차지하던 농민들은 토지 개혁을 갈망했으나, 이 문제는 정부 수립 후에도 1년 넘게 지체되다가 1950년 3월 농지개혁법이 공포되면서 본격화되었다. 농지 개혁은 경자유전의 원칙에 따라 지주로부터 유상으로 소작지를 매입하여 소작농들에게 유상으로 매각하는 방식으로 전개되었다. 이로써 수백 년 동안 지속된 지주제가 해체되고 자작농체제가 성립했다.

38도선 이남에서 대한민국 정부가 수립되었을 무렵 이북에서도 북한만의 정부 수립이 진행되었다. 1946년 봄에 무상몰수 무상분배 방식의 토지 개혁으로 권력 기반을 닦은 북한은 1947년 말부터 독자적으로 임시헌법 제정에 착수했다. 북한은 남한에서 총선거가 실시되자 38도선 이북에도 정부가 필요하다며 남북협상을 다시 열자고 제안했다. 김구와 김규식은 통일정부 수립을 약속했던 남북협상의 합의를 무시하는 것이라며 이에 반대했다. 그러나 북한은 남북의 좌익 세력과 남한의 일부 중도 세력을 규합하여 2차 남북협상을 강행하고 독자적인 정부 수립을 결의했다.

북한은 8월 25일 북한 전역에서 총선거를 실시하여 남한의 국회에 해당하는 최고인민회의를 구성했다. 최고인민회의는 북한의 헌법을 제정하고 김일성을 수상으로 선출한 뒤, 9월 9일 조선민주주의인민공화국을 출범시켰다. 이로써 한반도에는 두 개의 정부가 들어섰고 분단은 더욱 공고해졌다.

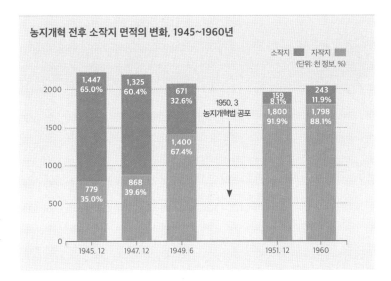

농지개혁 전후 소작지 면적의 변화, 1945~1960년

소작지 / 자작지
(단위: 천 정보, %)

1945. 12 : 소작지 1,447 65.0% / 자작지 779 35.0%
1947. 12 : 소작지 1,325 60.4% / 자작지 868 39.6%
1949. 6 : 소작지 671 32.6% / 자작지 1,400 67.4%
1950. 3 농지개혁법 공포
1951. 12 : 소작지 159 8.1% / 자작지 1,800 91.9%
1960 : 소작지 243 11.9% / 자작지 1,798 88.1%

남과 북의 정부 수립 1948년 8월 15일 서울 중앙청 앞에서 열린 대한민국 정부 수립 국민 경축식(위)과 북한 초대 내각의 기념사진(아래)이다.

한국전쟁의 전개와 피해

남북의 두 정부는 출발부터 상호 적대적이었으며 힘을 동원해서라도 상대방을 제압하고 통일을 달성하겠다면서 무력통일론을 공공연하게 주장했다. 이승만은 '북진통일'을 내세웠고, 김일성은 '국토완정'과 '남조선해방'을 외쳤다. 남북 정부의 적대의식은 말에 그치지 않고 심각한 무력 충돌로 이어졌다. 미소 양군이 한반도에서 철수를 완료한 1949년 여름부터 그해 겨울까지 38도선 일대에서 남북 사이에 크고 작은 전투가 끊이지 않았다. 때로는 연대급 병력이 38도선을 넘어 상대방 지역을 일시적으로 점령하는 등 내전에 가까운 상황으로 치닫기도 했다.

남북 간 무력 충돌이 잦아들었던 1950년 6월 25일 북한은 38도선 전역에 걸쳐 남침을 감행했다. 개전 사흘 만에 서울을 점령한 북한군은 여세를 몰아 7월 말에 낙동강까지 진출했다. 유엔은 북한의 남침을 침략 행위로 규정하고 이를 물리치기 위해 유엔군을 결성했다. 그해 9월 15일에 유엔군은 인천상륙작전을 수행해 낙동

강 교두보에 집중되었던 북한군의 후방 보급로를 차단했다. 허를 찔린 북한군은 일시에 전열이 붕괴되면서 전면 후퇴했고, 9월 28일 서울이 인민군의 수중에서 벗어났다. 국군과 유엔군은 침략 행위를 격퇴한 것에 그치지 않고 한반도를 통일하고자 38도선을 넘어 북진을 개시하여, 10월 말에는 압록강, 11월 말에는 두만강까지 진출했다. 이에 중국은 미국의 영향력이 국경에 미치는 것을 좌시할 수 없다고 판단하고 북한을 돕기 위해 대규모 군대를 파견했다. 중국군의 공세에 밀린 국군과 유엔군은 다시 서울을 빼앗기고 평택 부근까지 후퇴했다가 1951년 3월에 서울을 재탈환했다. 이후 전선이 38도선 일대에서 교착 상태에 빠지자 소련의 제안에 따라 1951년 7월 정전협상을 시작했다.

정전협상은 군사분계선 설정, 정전 감시체제 구성, 포로 교환 방법 등을 둘러싸고 2년이나 이어졌다. 그동안 전선에서는 치열한 전투가 계속되어 수많은 인명 피해를 낳았다. 1953년 7월 27일 북진통일을 고수하던 이승만 정부가 불참한 가운데 유엔군과 북한군·중국군이 정전협정을 체결했다.

한국전쟁은 동족 간의 내전에서 시작되어 동서 양 진영이 대거 가세한 국제전으로 비화했으며, 이 와중에 엄청난 인적·물적·심적 피해를 낳았다. 남북의 수많은 군인과 민간인이 목숨을 잃었고, 부상자·고아·과부가 넘쳐났으며, 1,000만 명에 가까운 이산가족이 발생했다. 수많은 건물, 도로, 교량, 산업시설이 파괴되어 전국이 폐허로 변했다.

전쟁 과정에서 민간인들이 겪어야 했던 고통과 희생은 엄청났다. 전쟁 발발 전에 보통 사람들은 남북 두 정부 중에 어느 한쪽만 지지하거나 어느 한쪽에만 소속감을 느끼지 않고 모두를

전쟁으로 폐허가 된 서울 한국전쟁은 많은 사람의 생명을 앗아갔을 뿐만 아니라 전국의 산업시설과 생활 터전을 잿더미로 만들었다. 폭격과 시가전 등으로 폐허가 된 서울 시내에서 사람들이 조금이라도 쓸 만한 물건들을 찾으려 애쓰고 있고, 저 멀리 불에 그을린 중앙청(구 조선총독부) 건물이 보인다.

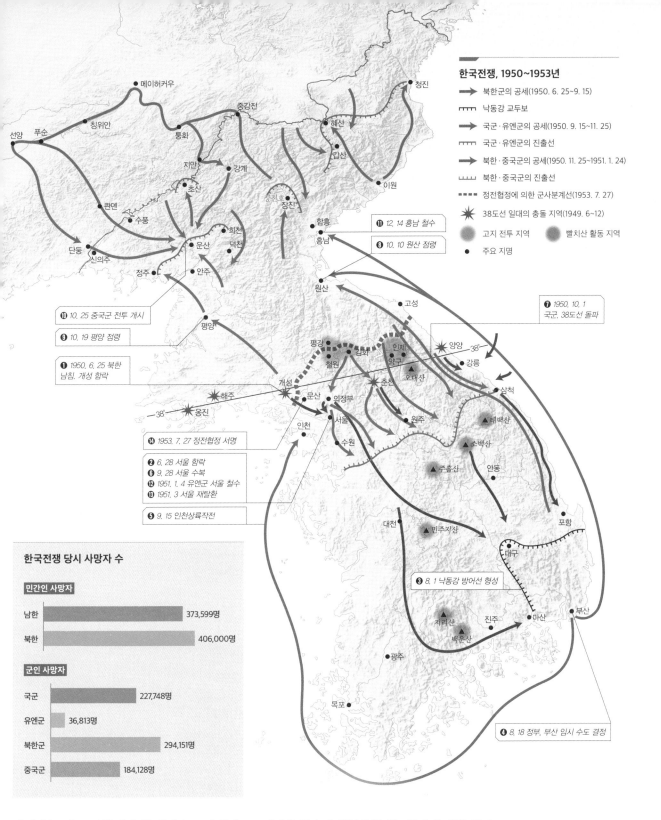

한국전쟁, 1950~1953년

➡ 북한군의 공세(1950. 6. 25~9. 15)
ᴜᴜ 낙동강 교두보
➡ 국군·유엔군의 공세(1950. 9. 15~11. 25)
ᴜᴜ 국군·유엔군의 진출선
➡ 북한·중국군의 공세(1950. 11. 25~1951. 1. 24)
ᴜᴜ 북한·중국군의 진출선
••• 정전협정에 의한 군사분계선(1953. 7. 27)
✳ 38도선 일대의 충돌 지역(1949. 6~12)
● 고지 전투 지역
● 빨치산 활동 지역
• 주요 지명

❶ 1950. 6. 25 북한 남침. 개성 함락
❷ 6. 28 서울 함락
❸ 8. 1 낙동강 방어선 형성
❹ 8. 18 정부. 부산 임시 수도 결정
❺ 9. 15 인천상륙작전
❻ 9. 28 서울 수복
❼ 1950. 10. 1 국군, 38도선 돌파
❽ 10. 10 원산 점령
❾ 10. 19 평양 점령
❿ 10. 25 중국군 전투 개시
⓫ 12. 14 흥남 철수
⓬ 1951. 1. 4 유엔군 서울 철수
⓭ 1951. 3 서울 재탈환
⓮ 1953. 7. 27 정전협정 서명

한국전쟁 당시 사망자 수

민간인 사망자

남한	373,599명
북한	406,000명

군인 사망자

국군	227,748명
유엔군	36,813명
북한군	294,151명
중국군	184,128명

언젠가는 서로 통합해야 할 대상으로 보았다. 그러나 남북의 국가권력은 자기 주민들에게 국가에 대한 절대적 충성과 상대방에 대한 맹목적 증오를 강요했고, 이에 따르지 않으면 각각 '빨갱이'와 '반동분자'로 몰아서 학살했다. 극한의 전쟁을 겪으며 한국사회에는 국가에 대한 공포심과 상대방에 대한 적대감이 커졌으며, 남북의 정권은 이를 활용하여 자신에 대한 불만과 저항을 허용하지 않는 억압적인 독재체제를 만들어 갔다.

이승만 정부는 전쟁 상황에서도 권력 독점과 집권 연장에 골몰했다. 한국전쟁 발발 직전에 구성된 2대 국회에 정부에 비판적인 인사들이 대거 입성하자, 이승만은 국회의 간접선거로는 대통령 재선이 어렵다고 판단했다. 1952년 이승만은 전쟁 중의 임시 수도였던 부산 일대에 계엄령을 선포하고 국회의원들을 감금하는 등 공포 분위기를 조성한 뒤에, 자신이 원하는 대통령직선제를 골자로 하고 국회가 요구하던 내각책임제의 일부 요소를 절충한 개헌안을 통과시켰다. 재선에 성공한 이승만은 영구집권을 위해 1954년에 또다시 임기 중인 대통령에 한해 중임 제한을 적용하지 않는다는 요지의 개헌안을 국회에 제출했다. 개헌안은 국회에서 한 표가

모자라서 부결되었지만, 이튿날 정부는 국회 의결 정족수를 사사오입(반올림)한다는 억지 논리로 가결을 선포했다. 이후 야권은 이승만 독재에 맞서기 위해 야당 통합을 추진했지만, 의견 차이를 좁히지 못하고 민주당과 진보당으로 나누어졌다.

1956년 제3대 정부통령 선거에는 여당인 자유당, 야당인 민주당과 진보당이 참여했다. 민주당은 신익희를 대통령 후보로 삼고 "못 살겠다 갈아 보자!"라는 구호를 내세워 이승만에게 도전했지만, 선거운동 중에 신익희가 사망했다. 진보당은 조봉암을 대통령 후보로 정하고 "피해 대중 단결하라!"라는 구호 아래 평화통일과 수탈 없는 경제체제 등 진보적 정책을 주장하며

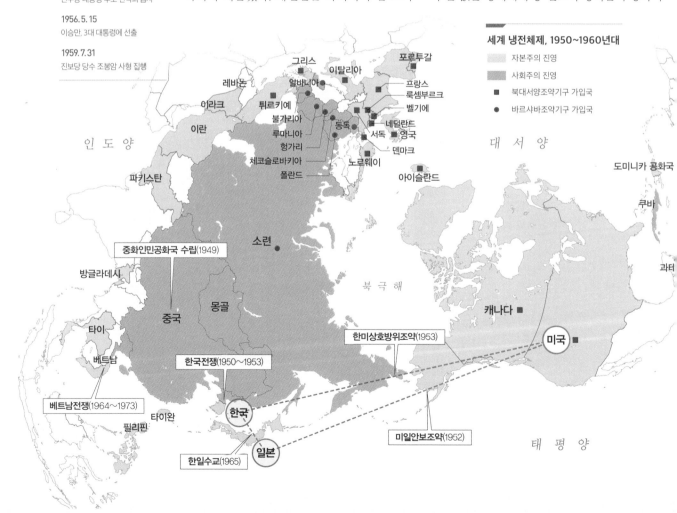

세계 냉전체제, 1950~1960년대
- 자본주의 진영
- 사회주의 진영
- ■ 북대서양조약기구 가입국
- ● 바르샤바조약기구 가입국

중화인민공화국 수립(1949)

한미상호방위조약(1953)

한국전쟁(1950~1953)

베트남전쟁(1964~1973)

미일안보조약(1952)

한일수교(1965)

돌풍을 일으켰다. 민주당의 거부로 야권 후보 단일화가 이루어지지 않았음에도 이승만은 대통령에 어렵게 당선되었고, 부통령에는 민주당 장면 후보가 당선되었다. 위기감을 느낀 이승만 정부는 반공을 내세워 진보당을 해체하고 조봉암을 처형했다. 이어 이승만 정부는 국가보안법을 대폭 강화하고 정부에 비판적인 신문을 폐간하는 등 반공독재체제를 굳혀 나갔다.

전쟁의 후유증과 반공체제의 강화로 한국 사회는 반공주의와 국가주의가 횡행하는 삭막한 세상이자 공동체적 질서가 깨진 각자도생의 세상으로 변했다. 국가가 강요하는 반공 이념에 대해서는 어떠한 의문과 도전도 용납되지 않았으며, 국가와 정부에 충성하지 않는 자는 '빨갱이'로 몰려 인간 취급을 받지 못했다. 국가보안법은 정권에 대한 비판을 억누르는 전가의 보도가 되었고, 학생들은 학도호국단이라는 준군사 조직에 편입되었다. 또한 모두가 헐벗고 굶주리던 시절에 전쟁으로 상처받은 사람들은 이웃과 친척마저 믿지 못하고 각자 살아남기 위해 몸부림칠 수밖에 없었다. 이는 한편으로는 사회적 연대와 공동체적 가치의 퇴색을 의미했지만, 다른 한편으로는 가족 단위의 계층 상승을 위한 높은 교육열의 원동력이 되었다.

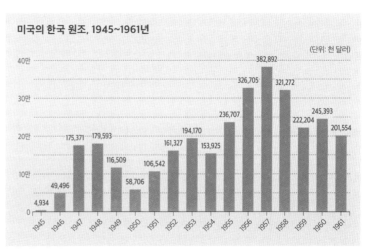

조봉암 재판 조봉암은 일제강점기에 조선공산당의 핵심 멤버로 활동했지만 해방 후에는 중도 노선을 걸었다. 대한민국 정부 수립 후에는 초대 농림부장관으로서 농지 개혁을 적극 추진해 대중적 인기가 높았다. 1956년 3대 대통령선거에서 이승만의 강력한 라이벌로 등장했지만, 1958년 간첩죄와 국가보안법 위반 혐의로 체포되어 이듬해 사형당했다. 2011년 대법원은 조봉암의 혐의에 대해 무죄를 선고했다.

전후에는 미국의 경제 원조에 힘입어 전후 복구와 경제 건설이 이루어졌다. 미국은 매년 한국의 조세 수입에 맞먹는 대규모의 원조를 제공했다. 1950년대 한국의 산업은 원조 물자를 가공하는 면방직, 제분, 제당 등 이른바 삼백(三白) 산업 중심으로 소비재공업이 발달했다. 그러나 원조를 주관하는 미국의 경제 개입이 지나쳤으며, 원조 물자를 분배하는 과정에서 정권과 밀착된 기업에 막대한 특혜가 주어지는 등의 문제가 심각했다. 나아가 1950년대 말부터 미국의 원조가 줄어들고 지원 방식이 무상 원조에서 유상 차관으로 바뀌자 한국 경제는 심각한 불황에 빠졌다.

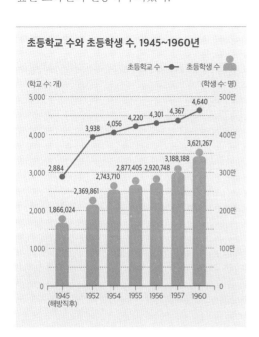

초등학교 수와 초등학생 수, 1945~1960년

초등학교 수 ● 초등학생 수

(학교 수: 개)

(학생 수: 명)

5,000 — 500만

4,640

4,367

4,301

4,220

4,056

3,938

4,000 — 400만

2,884

3,621,267

3,188,188

3,000 — 300만

2,877,405 2,920,748

2,743,710

2,369,861

2,000 — 200만

1,866,024

1,000 — 100만

0 — 0

1945 (해방직후) 1952 1954 1955 1956 1957 1960

미국의 한국 원조, 1945~1961년

(단위: 천 달러)

40만

382,892

30만

326,705 321,272

236,707

245,393

222,204

20만

201,554

175,371 179,593

194,170

161,327

153,925

116,509

106,542

10만

58,706

49,496

4,934

0

1945 1946 1947 1948 1949 1950 1951 1952 1953 1954 1955 1956 1957 1958 1959 1960 1961

4·19혁명

1960년 3월 15일에 실시된 4대 정·부통령선거는 역대 최악의 부정선거였다. 정부는 4년 전 대선에서 조봉암에게 고전했던 이승만을 압도적으로 당선시켜 손상된 체면을 회복하고 야당에 빼앗긴 부통령 자리에 이기붕을 당선시키기 위해 가능한 모든 수단을 동원하여 부정행위를 감행했다. 투표일 이전부터 이에 항의하는 학생들의 시위가 대구 등지에서 산발적으로 이어졌다. 투표 당일에는 마산에서 부정선거를 규탄하는 대규모 시위가 일어났고, 경찰의 발포로 사상자가 발생했다. 이날 실종된 고등학생 김주열이 4월 11일 눈에 최루탄이 박힌 시신으로 발견되자 그날 마산에서 시민들의 대규모 시위가 다시 일어났다. 이승만 정부는 이를 공산주의 세력이 조종한 '폭동'으로 몰아갔지만, 시위는 전국적으로 확산되었다.

4월 19일 서울·부산·광주 등지에서 학생과 시민들의 부정선거 규탄시위가 폭발했다. 이승만 정부는 계엄령을 선포하고 시위대에 발포하여 100명이 넘는 사망자를 낳는 등 강경 진압에 나섰지만, 이는 오히려 사태를 악화시킬 뿐이었

4·19혁명의 전개, 1960년
- ● 4. 19 이전　　　● 4. 19~4. 30
(*은 4. 19 당일 시위 지역)

다. 분노한 시민들은 부정선거 규탄을 넘어 대규모 유혈사태를 초래한 이승만의 퇴진을 요구하기 시작했다. 4월 25일 대학교수단의 시국선언에 고무된 시민들은 밤새도록 정권 퇴진을 요구하는 시위를 벌였으며, 다음 날에는 파고다공원에 세워졌던 이승만 동상을 쓰러뜨렸다. 분노

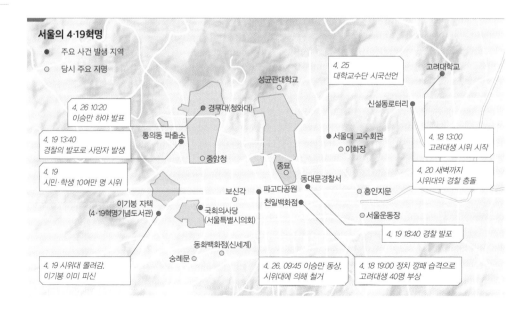

서울의 4·19혁명
- ● 주요 사건 발생 지역
- ○ 당시 주요 지명

성균관대학교

4. 25 대학교수단 시국선언

고려대학교

4. 26 10:20 이승만 하야 발표

경무대(청와대)

신설동로터리

통의동 파출소

서울대 교수회관

이화장

4. 18 13:00 고려대생 시위 시작

4. 19 13:40 경찰의 발포로 사망자 발생

중앙청

종묘

4. 20 새벽까지 시위대와 경찰 충돌

4. 19 시민·학생 10여만 명 시위

동대문경찰서

보신각

흥인지문

이기붕 자택 (4·19혁명기념도서관)

국회의사당 (서울특별시의회)

파고다공원

천일백화점

서울운동장

4. 19 18:40 경찰 발포

동화백화점(신세계)

숭례문

4. 19 시위대 몰려감. 이기붕 이미 피신

4. 26. 09:45 이승만 동상, 시위대에 의해 철거

4. 18 19:00 정치 깡패 습격으로 고려대생 40명 부상

한 민심에 놀란 이승만은 최후의 보루로 여기던 미국조차 등을 돌리자 대통령직에서 물러났고, 얼마 뒤 하와이로 망명했다.

4·19혁명으로 이승만 정부가 무너지자 3·15 부정선거는 무효가 되었고, 내각책임제와 국회 양원제, 국민 기본권 강화를 골자로 하는 개헌이 이루어졌다. 새 헌법에 따라 치러진 총선에서 민주당이 압승하여 대통령 윤보선과 국무총리 장면으로 이뤄진 정부가 출범했다. 내각책임제하에서 실권을 가진 장면은 경제제일주의를 내세우며 국토 개발 사업 추진, 경제 개발 계획 수립, 지방자치 확대 등을 의욕적으로 추진했다. 그러나 민주당 정부는 윤보선 중심의 구파와 장면 중심의 신파 간 파벌 대립으로 지도력을 제대로 발휘하지 못했다.

4·19혁명은 정권 교체에 머물지 않고 커다란 사회적·정치적 개혁으로 이어졌다. 이승만 반공독재체제에 억눌렸던 대중은 항쟁이 열어놓은 자유의 공간에서 생존권 요구와 사회 개혁 열망을 분출했다. 노동자와 교사들은 노동조합을 결성하고, 학생들은 학원 민주화를 요구했으며, 각지에서는 한국전쟁 당시 자행된 민간인 학살의 진상 규명과 명예 회복을 요구하는 목소리가 터져 나왔다.

이러한 가운데 진보적인 정치 세력과 학생들을 중심으로 분단 상황을 극복하기 위한 통일운동이 태동했다. 이들은 처음에는 국제사회의 보

장 아래 영세중립국으로 통일을 이루는 방안을 제안하다가(중립화통일론), 점차 외세의 간섭을 배제하고 남북 당사자 간의 협상을 통해 통일을 이루자고 주장했다(남북협상론). 보수적 체질을 극복하지 못한 민주당 정부는 4·19혁명 이후에 분출하는 사회 개혁과 통일의 요구에 제대로 부응하지 못했다. 이에 1961년 봄부터는 통일운동을 둘러싸고 민주당과 진보 세력 사이에 갈등이 깊어졌으며, 일부 군인들이 이를 빌미로 쿠데타를 감행했다. 이로써 민주당 정부가 붕괴되고 4·19는 미완의 혁명으로 막을 내렸다.

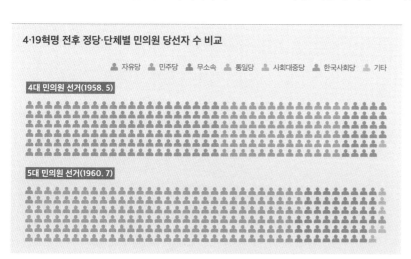

4·19혁명 전후 정당·단체별 민의원 당선자 수 비교

👤 자유당 👤 민주당 👤 무소속 👤 통일당 👤 사회대중당 👤 한국사회당 👤 기타

4대 민의원 선거(1958. 5)

5대 민의원 선거(1960. 7)

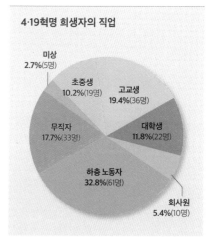

4·19혁명 희생자의 직업

미상 2.7%(5명)
초중생 10.2%(19명)
고교생 19.4%(36명)
대학생 11.8%(22명)
회사원 5.4%(10명)
하층 노동자 32.8%(61명)
무직자 17.7%(33명)

박정희 정권의 성립과 유신체제

1961년 5월 16일 박정희를 위시한 일부 군인이 쿠데타를 일으켜 정권을 장악했다. 이들은 무능한 민주당 정부를 대신하여 구악을 일소하고 사회를 안정시킨 뒤 정권을 이양하고 군대로 복귀하겠다고 약속했지만, 이는 쿠데타의 불법성을 가리는 명분에 불과했다. 쿠데타 세력은 2년 넘게 군정을 실시했다. 이 기간에 부정 축재자와 정치깡패를 처벌하고 농촌 고리대를 탕감하는 등 혁신적 이미지를 창출했지만, 다른 한편으로는 반공체제를 강화하고 비판 세력을 탄압하는 등 강압정책을 썼다. 1963년 박정희는 약속을 깨고 대통령선거에 출마했는데, 야당 후보 윤보선을 보수적 사대주의자로 몰아붙이고 자신을 혁신적 민족주의자로 부각시켜서 가까스로 당선되었다.

박정희 정부는 반공과 함께 경제 개발을 가장 크게 내세웠다. 정부는 경제 개발에 필요한 자금을 확보하기 위해 한일 국교 정상화를 졸속으로 추진했다. 그 결과 한국은 일본으로부터 식민지배에 대한 사과와 배상을 받아내지 못한 채 유·무상의 원조 5억 달러를 제공받는 것에 만족해야 했다. 굴욕적인 대일 외교에 반대하는 시위가 거세게 일어났지만, 정부는 계엄령과 위수령을 발동해 이를 진압하고 1965년 한일기본조약을 체결했다. 또한 박정희 정부는 베트남전쟁의 수렁에 빠진 미국의 요청을 받아들여 베트남에 군대를 파견했다. 한국은 그 대가로 미국으

쿠데타 직후의 박정희 서울시청 앞에서 육사 생도들의 쿠데타 지지 행진을 사열하고 있는 박정희 소장(가운데)과 차지철 대위(맨 오른쪽). 박정희는 18년 뒤 과거 쿠데타 동지였던 김재규에 의해 피살되었다.

5·16군사쿠데타, 1961년

→ 쿠데타군 이동
→ 장면 총리 도주로
ⓒ 쿠데타군 점령
30 30사단 점령
33 33사단 점령
⋯⋯ 당시 미개통 한강 다리
━━ 전차·철도 노선
○ 주요 사건 발생지

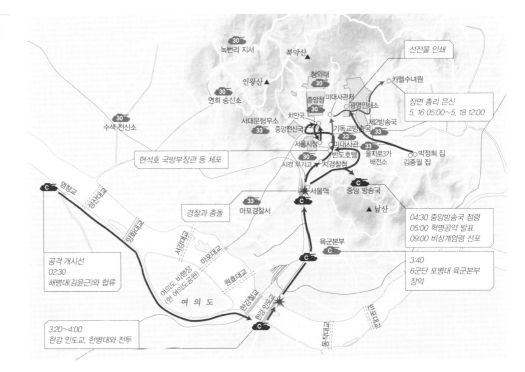

로부터 군의 현대화와 대규모 경제 지원을 받아 냈다. 또한 파병 군인들의 송금과 베트남 건설 참여 등을 통해 전쟁 특수를 누릴 수 있었다. 그러나 국제적으로 비난받던 미국 주도의 '더러운 전쟁'에 개입해 국가 위신이 손상되었고, 수많은 한국군의 희생과 베트남 민간인 학살 등의 후유증을 남겼다.

박정희는 경제 개발의 성과로 1967년 대통령선거에서 승리한 뒤 영구 집권으로 나갔다. 1969년에는 대통령을 세 번 할 수 있도록 헌법을 바꾸는 삼선개헌을 강행했다. 1971년 대통령 선거에서 박정희는 대대적으로 금품을 살포하고 지역감정을 조장하여 야당 후보 김대중의 돌풍을 누르고 어렵게 승리했다. 야당의 거센 도전과 민심 이반 조짐에 위기감을 느낀 박정희는 1972년 10월 계엄령을 발동하고 또다시 군대를 투입해 국회를 해산하고 헌법 일부 조항을 정지시켰다. 이어 박정희 정부는 대통령의 권한 극대화를 핵심으로 하는 새로운 헌법(유신헌법)을 만들었다. 새 헌법에 따라 대통령 임기가 4년에서 6년으로 늘어났고, 중임 제한이 철폐되어 종신 집권이 가능해졌다. 대통령은 국민의 직접선거가 아니라 통일주체국민회의라는 기구에서 간접선거를 통해 선출되었다. 대통령은 국회의원의 3분의 1을 지명하며, 입법부를 무력화할 수 있는 국회해산권을 가졌고, 모든 법관을 직접 임명하여 사법부도 장악했다. 이로써 대통령은 행정·입법·사법 등 모든 권력을 한 손에 틀어쥐고 원할 때까지 그 자리에 머물 수 있는 절대권력자가 되었다.

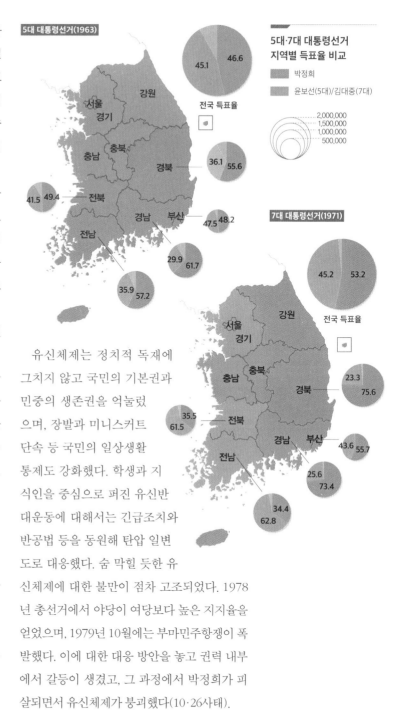

5대 대통령선거(1963)

5대·7대 대통령선거 지역별 득표율 비교
■ 박정희
■ 윤보선(5대)/김대중(7대)

2,000,000
1,500,000
1,000,000
500,000

전국 득표율 45.1 46.6

서울 경기 강원
충북
충남 경북 36.1 55.6
41.5 49.4 전북
경남 부산 47.5 48.2
전남 29.9 61.7
35.9 57.2

7대 대통령선거(1971)

전국 득표율 45.2 53.2

서울 경기 강원
충남 충북
경북 23.3 75.6
35.5 61.5 전북
경남 부산 43.6 55.7
전남 25.6 73.4
34.4 62.8

유신체제는 정치적 독재에 그치지 않고 국민의 기본권과 민중의 생존권을 억눌렀으며, 장발과 미니스커트 단속 등 국민의 일상생활 통제도 강화했다. 학생과 지식인을 중심으로 퍼진 유신반대운동에 대해서는 긴급조치와 반공법 등을 동원해 탄압 일변도로 대응했다. 숨 막힐 듯한 유신체제에 대한 불만이 점차 고조되었다. 1978년 총선거에서 야당이 여당보다 높은 지지율을 얻었으며, 1979년 10월에는 부마민주항쟁이 폭발했다. 이에 대한 대응 방안을 놓고 권력 내부에서 갈등이 생겼고, 그 과정에서 박정희가 피살되면서 유신체제가 붕괴했다(10·26사태).

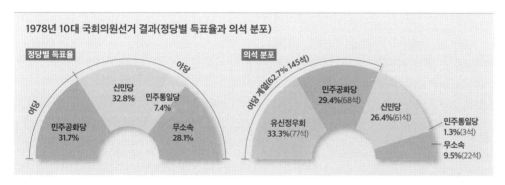

1978년 10대 국회의원선거 결과(정당별 득표율과 의석 분포)

정당별 득표율
야당
여당
신민당 32.8%
민주통일당 7.4%
민주공화당 31.7%
무소속 28.1%

의석 분포
여당 계열(62.7%, 145석)
민주공화당 29.4%(68석)
유신정우회 33.3%(77석)
신민당 26.4%(61석)
민주통일당 1.3%(3석)
무소속 9.5%(22석)

광주민주화운동

10·26사태 이후 민주화를 열망하는 국민과 독재체제를 유지하려는 세력 간에 긴장이 발생했다. 박정희 정부에서 국무총리를 맡았던 최규하가 대통령에 취임했으나 유신체제 종식을 과단성 있게 추진하지 못했다. 이러한 가운데 전두환·노태우 등 신군부로 불린 강경파 군인들이 계엄사령관 정승화를 체포하여 군권을 장악한 뒤 정치적 영향력을 확대했다(12·12쿠데타).

1980년 봄부터 각계각층에서 민주화 요구가 봇물 터지듯 쏟아졌다. 학생과 시민들은 비상계엄 해제, 유신헌법 폐지, 전두환 퇴진 등을 요구했으며, 김영삼·김대중 등 야당 정치인도 개헌을 주장하며 정치 활동에 나섰다. 노동자들은 노동조건의 개선을 요구하며 민주적 노동조합 설립에 나섰고, 강원도 사북에서는 회사와 경찰의 탄압에 맞서 탄광 노동자들의 격렬한 시위가 일어났다. '서울의 봄'이라고 불리는 민주화 분위기는 5월 15일 절정에 달했다. 10만 명이 넘는 학생과 시민들이 서울역 앞에 모여 민주화 이행을 요구하는 대규모 시위를 벌인 뒤 정부의 답변을 기다리기로 하고 해산했다. 그러나 신군부는 5월 17일 24시를 기해 비상계엄을 전국으로 확대하고 대학에 휴교령을 내리는 한편, 국회의 기능을 정지시키고 학생운동 지도부와 김대중 등 주요 정치인들을 체포하는 친위 쿠데타를 감행했다.

5월 18일 광주에서 신군부에 저항하는 대학생들의 시위가 벌어졌는데, 공수부대를 포함한 계엄군은 시위 군중을 무자비하게 진압했다. 계엄군의 만행에 분노한 시민들이 거리로 쏟아져 나와 시위에 동참하면서 항쟁이 본격화했다. 계엄군은 학생과 시민들을 향해 무차별적인 폭력을 행사했지만 그럴수록 시민들의 저항은 격렬해졌다. 그리고 5월 21일 계엄군이 전남도청 앞에서 대치 중이던 시위대를 향해 집단 발포하여 수십 명의 사망자가 발생했다. 이에 분노한 청년들은 화순, 나주, 목포, 영암, 해남 등 광주 인근 지역으로 진출하여 항쟁을 촉구하고, 경찰서에 보관된 무기를 탈취해 계엄군에 맞섰다. 시민군의 출현에 당황한 계엄군은 시내에서 철수하여 광주를 포위한 채 전면적인 진압을 위한 준비에 들어갔다.

계엄군이 철수하자 광주는 해방과 자치의 분위기로 고조되었다. 시민들은 스스로 질서를 유지하는 한편 매일 도청 앞 광장에 모여 사태 해결과 민주화를 촉구했다. 광주 시민들을 대표한 시민수습대책위원회가 계엄군과 협상에 나서 폭력 진압 사과와 재발 방지, 연행자 석방과 사후 보복 금지, 계엄령 해제와 민주화 등을 요구했지만, 결국 당국은 이를 거부했다. 시민들 사이에서 총기 회수 문제를 둘러싸고 갈등이 있었지만, 계엄군에 맞서 자위적 무장을 유지하기로

계엄군과 대치 중인 광주 시민들 1980년 5월 20일 차량시위 장면. 다음날 전남도청 앞에서 계엄군이 집단 발포하여 대규모 인명 피해가 발생하자, 광주 시민들은 시민군을 결성하여 계엄군에 맞섰다.

시위의 발생과 시민군·계엄군의 충돌

전남대 ❶❷
전남대 정문
❹
❸
광주역 ❶❹
무등경기장
❶ KBS
일신방직
광주천
광주고 ❸
광주종합터미널
수창국민학교
광주소방서
서구청
계림극장 동면동 파출소 지산동 파출소
❶
터미널
청산학원
화정2동사무소
가톨릭센터
충장로
MBC
도교육위원회
한일은행
❶❷❷
금남로
동아일보
충장로 파출소
광주세무서
광주공원
중앙로
❸ 전남도청
사직공원
구시청
전남대병원
❹
조선대 ❶

계엄군의 진압과 시민군의 최후

전남대
광주역
무등경기장
❶
일신방직
광주천
❶
광주고
광주종합터미널
수창국민학교
서구청
계림극장
터미널
화정2동사무소
충장로
금남로
광주공원
중앙로
전일빌딩
동아일보
관광호텔
❷ 전남도청
사직공원
전남대병원
❶
조선대

광주민주화운동, 1980년 5월

→ 시위대 이동로
→ 계엄군 이동로
⇢ 계엄군 퇴각로

5. 18
❶ 02:00 공수부대 주둔
❷ 10:00 전남대생 정문 앞 시위.
  공수부대, 강제 진압
❸ 10:20 전남대생, 금남로로 이동
  시작. 공수부대, 곳곳에서 시위 진압

5. 19
❶ 03:00 11여단 병력 도착
❷ 10:00 시민과 공수부대 간 투석전
  전개
❸ 16:30 공수부대, 최초 발포.

5. 20
❶ 10:20 남녀 30여 명 속옷 차림으로
  구타당함
❷ 18:40 택시 200여 대 차량 시위
❸ 21:50 광주MBC 방화
❹ 23:00 계엄군 발포, 시민 5명 사망

5. 21
❶ 04:30 광주KBS 방화
❷ 13:20 공수부대 집단 발포
❸ 16:00 시위대, 시가전 전개
❹ 17:30 공수부대 철수

5. 27
❶ 01:00 진압 작전 개시
❷ 04:00 도청 포위
  05:00 진압 작전 종료

결정했다. 그러나 27일 새벽 광주 시내로 진격한 계엄군이 전남도청을 사수하던 시민군을 유혈 진압하여 광주민주화운동은 막을 내렸다.

광주민주화운동은 신군부의 권력 장악을 막지 못하고 수백 명의 목숨을 잃은 채 좌절되었다. 그러나 시민들은 국가권력의 폭력에 굴복하지 않고 저항했으며, 권력 공백 상태에서도 질서를 유지하며 공동체 정신과 민주화 의지를 다졌다. 이를 바탕으로 이후의 민주화운동은 이전과는 다른 수준으로 진전했다. 1980년대 민주화운동은 광주의 처절한 희생에 대한 반성과 성찰 위에서 전개되었다. 항쟁 당시 선두에 섰던 '민중'의 역사적 의미를 재인식하고, 신군부의 무력 진압을 용인한 미국에 대한 비판적 시각이 싹트면서 민주를 넘어 민중과 민족이라는 새로운 문제로 시야를 넓힐 수 있었다.

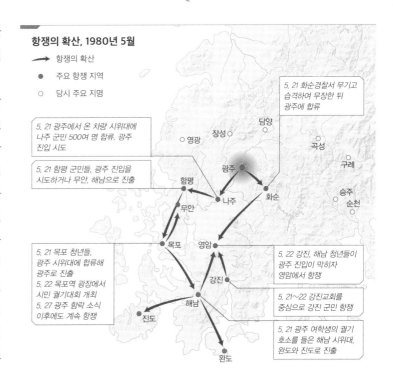

항쟁의 확산, 1980년 5월

→ 항쟁의 확산
● 주요 항쟁 지역
○ 당시 주요 지명

5. 21 화순경찰서 무기고 습격하여 무장한 뒤 광주에 합류

5. 21 광주에서 온 차량 시위대에 나주 군민 500여 명 합류. 광주 진입 시도

5. 21 함평 군민들, 광주 진입을 시도하거나 무안, 해남으로 진출

5. 21 목포 청년들, 광주 시위대에 합류해 광주로 진출
5. 22 목포역 광장에서 시민 궐기대회 개최
5. 27 광주 함락 소식 이후에도 계속 항쟁

5. 22 강진, 해남 청년들이 광주 진입이 막히자 영암에서 항쟁

5. 21~22 강진교회를 중심으로 강진 군민 항쟁

5. 21 광주 여학생의 궐기 호소를 들은 해남 시위대, 완도와 진도로 진출

담양
장성
영광
곡성
광주
구례
함평
나주
화순
승주
순천
무안
영암
목포
강진
해남
진도
완도

6월민주항쟁

1981. 2. 25
전두환, 12대 대통령에 당선

1982. 3. 18
부산 미국문화원 방화 사건

1985. 2. 12
신한민주당, 총선 결과 제1야당으로
등장

1985. 5. 23~26
서울 미국문화원 점거 농성

1985. 6. 24
구로공단에서 동맹파업 발발

1987. 1. 14
박종철, 경찰 고문으로 사망

1987. 4. 13
전두환, 호헌조치 발표

1987. 6
직선제개헌 국민운동
(6월민주항쟁)

1987. 6. 29
노태우, 직선제 수용

1987. 7~9
전국적으로 노동자 파업 발생

1987. 12. 16
노태우, 13대 대통령에 당선

서울역 앞의 시위대 1987년 6월 26일 학생과 시민이 서울역 도로를 가득 메웠다. 이들은 최루탄을 발사하는 경찰에 맞서 "호헌 철폐, 독재 타도"를 외치며 시위를 벌였다.

광주민주화운동을 무력으로 진압한 전두환은 자신에게 비판적인 세력을 힘으로 억누르고 공포 분위기를 조성한 뒤에 헌법을 개정하여 간접선거 방식으로 임기 7년의 대통령에 취임했다. 전두환 정권은 자신에게 도전할 만한 세력에 대해서는 강경한 탄압을 일삼으면서도 취약한 권력의 정당성을 만회하기 위해 유화책을 병행했다. 과외 금지, 학생의 교복 및 두발 자율화, 야간 통행 금지 해제 등의 조치를 시행하고, 프로야구 출범과 컬러텔레비전 보급 등으로 국민의 관심을 다른 곳으로 돌리고자 했다.

전두환의 집권 이후 억눌렸던 민주화 열망이 학생층을 중심으로 다시 분출하기 시작했으며, 1985년부터 전면적으로 확산되었다. 이해 2월에 치러진 총선에서 김영삼과 김대중을 중심으로 결성된 신한민주당이 대통령직선제 공약을 걸고 돌풍을 일으켰다. 5월에는 대학생들이 광주의 무력 진압을 묵인한 미국에 항의하여 서울의 미국문화원을 점거했으며, 6월에는 서울의 구로공단 노동자들이 생존권 보장과 민주노조 사수를 외치며 동맹파업을 전개했다.

이러한 힘들은 1986년에 이르러 독재정권 종식을 위한 헌법개정운동으로 모였다. 학생운동 세력은 파쇼헌법 철폐 투쟁에 나섰고, 야당은 개헌을 요구하는 1,000만 서명운동을 개시했다. 전두환 정권은 개헌운동이 급진화하는 것을 막기 위해 국회에서 여야 간의 개헌 협상을 시도했으나, 대통령직선제를 요구하는 야당과 내각책임제를 고집하는 여당의 갈등은 해소되지 않았다. 1987년 4월 전두환은 더 이상의 개헌 협상은 무의미하다며 현행 헌법에 따라 대통령 간접선거를 강행하겠다는 성명을 발표했다(4·13 호헌조치). 부천경찰서 성고문 사건과 박종철

6월민주항쟁, 1987년

● 6월 10일 시위 지역

● 6월 10일 이후 시위 지역

1985. 5 미국문화원 점거 농성
1986. 10 건국대에서
'전국애국학생투쟁연합' 사건,
1,287명 구속
1987. 1 박종철 고문치사
1987. 6 노태우, 6·29 선언

1986. 6 부천경찰서 성고문 사건

1982. 3 부산 미국문화원 방화 사건

1982. 10 박관현, 광주 학살 진상
규명 요구, 옥중 단식 투쟁 중 사망
1985. 8 노동자 홍기일,
광주 사건 진상 규명 요구 분신
1985. 12 광주 미국문화원 점거 농성

고문치사 사건 등으로 들끓던 독재정권에 대한 비판 여론이 이를 계기로 폭발했다.

6월 10일 여당이 전당대회를 열고 노태우를 대통령 후보로 추대하던 바로 그 시간에 민주헌법 쟁취를 요구하는 대규모 시위가 전국 20여 개 도시에서 열렸다. 전날 시위 도중 이한열 학생이 경찰의 최루탄에 피격되는 사건이 발생하자 더욱 분노한 시민들이 거리로 쏟아져 나와 "호헌 철폐, 독재 타도"를 외치며 시위에 동참했다. 정부는 전국의 경찰력을 총동원하여 시위를 막았지만, 명동성당을 거점으로 삼은 시위대는 저항을 멈추지 않았다. 시위는 점차 지방의 중소도시로 번졌고, 특히 '넥타이 부대'로 불린 도시 중산층의 참여가 두드러졌다. 6월 18일 최루탄 추방대회와 6월 26일 국민평화대행진에는 경찰력으로 막기 힘들 정도로 많은 시민이 동참했다. 전두환 정권은 한때 군대를 투입할 계획도 세웠지만, 파국을 우려하는 미국의 반대와 민주화를 열망하는 국민의 힘에 눌려 결국 직선제 수용을 골자로 하는 6·29선언을 발표했다.

독재정권이 국민에게 굴복하자 그동안 억눌렸던 각계각층의 민주화 요구가 봇물 터지듯 쏟아져 나왔다. 특히 생존권조차 보장받지 못하고 비인간적인 대우에 고통받던 노동자들은 울산을 비롯한 전국 각지의 주요 공단에서 파업을 벌이고 1,000개가 넘는 민주노조를 건설했다. 7~9월 사이에 전개된 노동자 대투쟁은 그동안 수도권의 경공업 분야를 중심으로 전개되던 노동운동이 전국적 범위로, 그리고 대규모 공장으로 확대되면서 중요한 사회운동으로 떠오르는 계기가 되었다.

6월민주항쟁의 결과 대통령직선제 개헌이 이루어졌다. 그러나 그해 겨울의 대통령 선거에서 야권이 분열하여 노태우가 대통령에 당선되면서 민주정부 수립에는 미치지 못했다. 그럼에도 6월민주항쟁은 수십 년 동안 지속된 독재정치를 종식하고 한국사회를 민주화 국면으로 진입시킨 점에서 커다란 역사적 의의가 있다. 6월민주항쟁은 노동자 대투쟁과 결합하지 못하고 정치적 민주화에 제한되었던 한계도 있지만, 이 항쟁을 통해 성장한 시민의식은 사회민주화와 경제민주화를 향한 동력이 되었다.

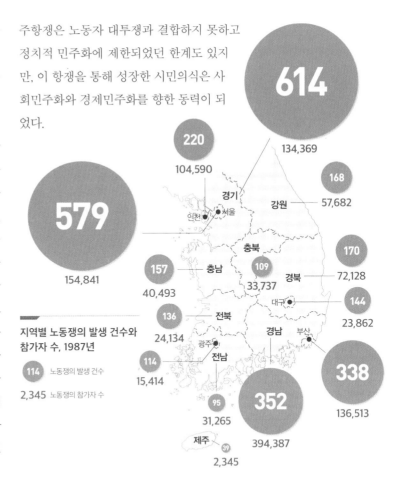

지역별 노동쟁의 발생 건수와 참가자 수, 1987년

- 114 노동쟁의 발생 건수
- 2,345 노동쟁의 참가자 수

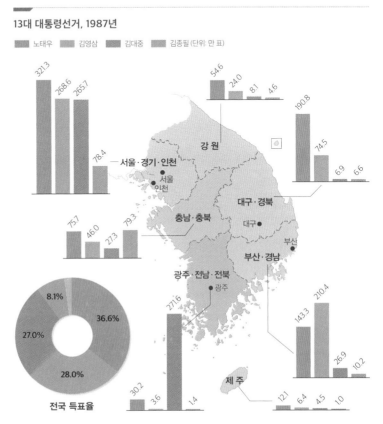

13대 대통령선거, 1987년

■ 노태우 ■ 김영삼 ■ 김대중 ■ 김종필(단위: 만 표)

전국 득표율
36.6%
28.0%
27.0%
8.1%

경제 성장의 빛과 그림자

1950년대 한국 경제는 미국의 원조에 의존하는 취약한 구조였으며, 소비재 경공업을 중심으로 초기 산업화가 진행되었다. 4·19혁명 이후 집권한 장면 정부는 '경제제일주의'를 내세우며 국토 개발 사업을 추진하고 경제 개발 계획을 수립하는 등 의욕을 보였지만, 얼마 지나지 않아 5·16군사쿠데타로 실각하여 큰 성과를 거두지 못했다. 한국의 본격적인 경제 성장은 박정희 집권 시기에 시작되었다.

박정희 정부는 1962년부터 1차 경제 개발 5개년 계획을 시행했다. 처음에는 국내 자본을 동원하여 수입 대체 산업화를 지향하는 방식을 추진했지만, 1964년부터 외국 자본을 도입하여 수출 산업에 주력하는 수출 주도형 경제 개발로 궤도를 수정했다. 1·2차 5개년 계획이 시행된 1960년대에는 연평균 경제 성장률이 10퍼센트에 가까울 정도로 가파르게 성장했다. 그러나 1960년대 말에 이르자 해외에서 빌린 차관의 원리금 상환 압박이 시작되어 부실 기업의 도산이 속출하고, 단순 가공 무역에 의존하는 경공업 중심 수출 전략의 한계로 무역적자가 심

해졌다. 1970년대 초에 박정희 정부는 일부 부실 기업을 정리하고 기업의 채무를 탕감하는 한편 중화학공업 육성책을 추진했다. 그 결과 4차 경제 개발 5개년 계획(1977~1981) 초기까지 매년 성장률이 10퍼센트 안팎을 유지할 정도로 고도 성장을 구가했으며, 1970년대 중반이 지나며 중공업 생산액이 경공업을 앞지르게 되었다. 그러나 1970년대 말에 이르러 중화학공업에 대한 과잉 투자로 산업 가동률이 떨어지고, 중화학공업에 필요한 핵심 자본재의 수입 의존도가 높아져 무역수지 적자 폭이 오히려 증가했다. 1980년 한국 경제는 구조적 한계를 극복하지 못한 채 때마침 불어 닥친 세계적인 불황과 석유 파동의 여파로 마이너스 성장을 기록했다.

1960~1970년대 한국 경제는 '한강의 기적'이라고 불리며 고속 성장했다. 그 결과 한국은 20년이라는 짧은 기간 동안 가난한 농업국에서 신흥공업국으로 성장했다. 1961년 21억 달러에 불과했던 국민총생산(GNP)이 1980년에는 606억 달러로 늘어났고, 1인당 국민총생산은 같은 시기에 82달러에서 1,597달러로 증가했다. 그

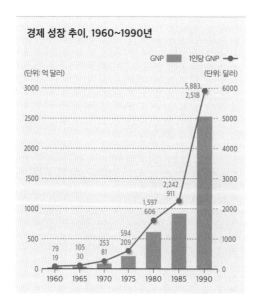

경제 성장 추이, 1960~1990년

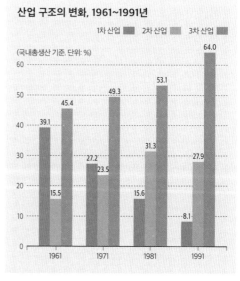

산업 구조의 변화, 1961~1991년

러나 국가가 계획한 수출 주도형 공업화 전략에 따른 고속 성장의 이면에서 적잖은 사회적·경제적 문제점이 드러나고 있었다. 경제의 대외의존도가 심화되고, 수출과 내수의 선순환 구조가 형성되지 못해 산업구조의 유기적 연관성이 약화되었다. 수출 산업 중심의 불균형 성장 전략으로 인해 정부의 특혜를 받은 일부 기업이 크게 성장한 반면 농업은 몰락하고 중소기업도 어려움을 겪었다. 또한 분배를 도외시한 성장제일주의 정책으로 노동자와 농민 등 생산 대중은 뼈를 깎는 고된 노동의 대가를 제대로 받지 못한 채 곤궁한 삶을 이어가야 했다.

1980년대 중반부터 한국 경제는 저금리·저유가·저달러의 유리한 상황을 활용하여 재도약의 계기를 마련했다(3저 호황). 1980~1990년대에는 자동차와 반도체 등 기술집약적 산업의 성장으로 무역수지가 흑자로 돌아서면서 지속적인 성장을 이룰 수 있었다. 그러나 과도한 재벌편중의 경제구조, 정경유착에 따른 불공정성, 노동 착취를 통한 생산력 증대 등의 고질적인 문제를 극복하지 못한 채 양적 성장 위주의 개발 전략에 안주했다. 더욱이 1990년대부터 세계화 분위기를 타고 무역 자유화와 자본시장 개방이 급속히 추진되어 대외 의존도가 더욱 심화되었다. 이러한 가운데 1997년에는 국제 금융

자본의 투기적 공세에 따른 외부 충격을 이기지 못하고 IMF 외환 위기에 빠졌다.

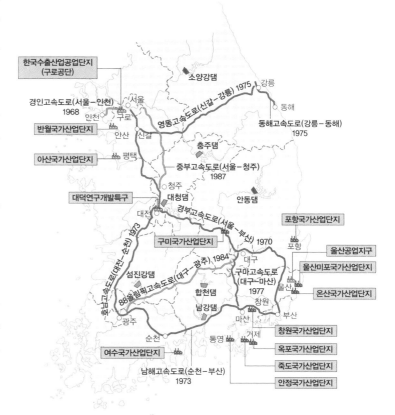

고속도로 건설과 국가 산업의 발전, 1960~1980년대

주요 고속도로	주요 국가산업단지	주요 댐
1960년대 개통	1960년대 조성	1960년대 건설
1970년대 개통	1970년대 조성	1970년대 건설
1980년대 개통	1980년대 조성	1980년대 건설

한국수출산업공업단지(구로공단)
소양강댐
경인고속도로(서울-인천) 1968
영동고속도로(신갈-강릉) 1975
강릉
동해
동해고속도로(강릉-동해) 1975
반월국가산업단지
충주댐
아산국가산업단지
평택
중부고속도로(서울-청주) 1987
청주
대덕연구개발특구
대청댐
안동댐
포항국가산업단지
경부고속도로(서울-부산) 1970
구미국가산업단지
호남고속도로(대전-순천) 1973
섬진강댐
88올림픽고속도로(대구-광주) 1984
대구
구마고속도로(대구-마산) 1977
합천댐
남강댐
창원
울산공업지구
울산미포국가산업단지
온산국가산업단지
부산
창원국가산업단지
옥포국가산업단지
죽도국가산업단지
안정국가산업단지
마산
거제
통영
순천
여수국가산업단지
남해고속도로(순천-부산) 1973
광주

전태일 동상 1970년 11월 13일 전태일은 평화시장에서 "근로기준법을 지켜라, 노동자는 기계가 아니다"라고 외치며 자신의 몸에 불을 질러 사망에 이르렀다. 전태일의 죽음은 1970년대 민주노조 운동의 출발점이 되었다.

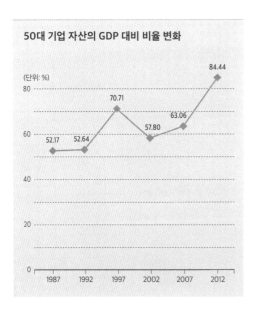

50대 기업 자산의 GDP 대비 비율 변화

(단위: %)

- 1987: 52.17
- 1992: 52.64
- 1997: 70.71
- 2002: 57.80
- 2007: 63.06
- 2012: 84.44

50대 기업 매출액의 GDP 대비 비율 변화

(단위: %)

- 1987: 45.77
- 1992: 41.51
- 1997: 50.86
- 2002: 49.42
- 2007: 52.97
- 2012: 73.78

사회구조의 변화

1960년대 이후 본격적으로 전개된 산업화의 영향으로 한국사회가 크게 변화했다. 도시 중심의 공업화가 급속하게 전개되면서 수많은 사람이 농촌을 떠나 도시로 몰려왔다. 1960년에 전체 인구의 72.0퍼센트를 차지하던 농촌 인구는 1960년대 후반부터 감소 추세로 접어들었고, 1975년에 이르러 도시 인구가 농촌 인구를 앞지르기 시작했다. 또한 1970년대 중반부터 광공업(2차산업) 생산이 농림어업(1차산업) 생산을 추월했다.

급격한 산업화·도시화의 이면에서는 많은 사회 문제가 발생하고 있었다. 산업화에서 소외된 농촌은 낮은 소득과 열악한 문화시설 등으로 인해 젊은층이 빠져나가면서 고령화되었고, 이제는 농촌의 몰락을 넘어 붕괴를 우려하는 지경에 처했다. 도시로 몰려든 사람들은 1980년대 말까지도 저임금구조가 유지되었기 때문에 대부분 휘황찬란한 도시의 그늘 속에서 가난한 삶을 살아야 했다.

해방 이후 폭증한 교육열은 '한강의 기적'이라 불리는 급속한 산업화를 가능하게 한 핵심 동력이었다. 농지 개혁을 통해 자작농이 된 농민들은 허리띠를 졸라매고 모든 힘을 자식 교육에 쏟았으며, 교육을 통한 계층 상승의 열망은 한국전쟁의 폐허 속에서도 식지 않았다. 해방 무렵 50퍼센트에도 못 미치던 초등학교 취학률은 1960년에 거의 100퍼센트에 이르렀고, 해방 무렵 8만 명이 채 안 되던 중고등학생 수는 1960년에 80만 명을 넘겼다. 1960년대 이후에는 중학교 평준화(1968년)와 고등학교 평준화(1974년) 등으로 중등교육의 확대가 두드러져 1980년대 중반에는 고등학교 취학률이 80퍼센트를 넘겼다.

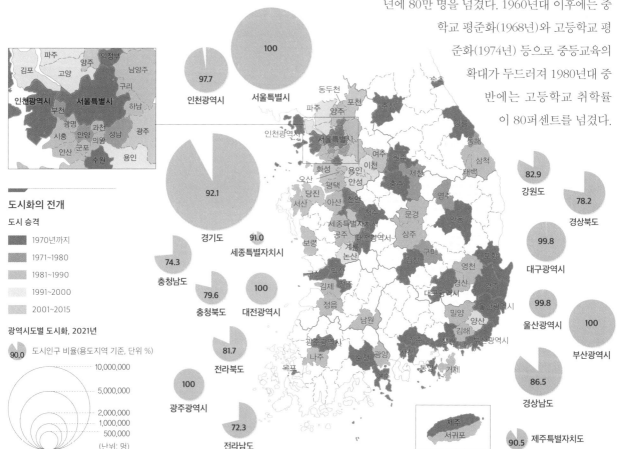

도시화의 전개

도시 승격

■	1970년까지
■	1971~1980
■	1981~1990
■	1991~2000
■	2001~2015

광역시도별 도시화, 2021년

90.0 도시인구 비율(용도지역 기준, 단위 %)

10,000,000
5,000,000
2,000,000
1,000,000
500,000
(단위: 명)

1980년대 이후에는 고등교육의 확대가 이어졌다. 1979년에도 10퍼센트에 미치지 못하던 대학·전문대학 취학률은 1993년에 50퍼센트를 돌파했고 2000년에는 95퍼센트에 이르렀다.

여성은 교육 확대의 혜택을 늦게 받았지만, 남성보다 빠른 속도로 학력 향상을 이루었다. 1955년에 전체 고등학생 중에서 여학생의 비중은 15퍼센트를 조금 넘는 수준이었는데, 1979년에는 40퍼센트를 넘어섰다. 또한 1970년대만 해도 대학생 중에서 여성의 비율이 25퍼센트 정도에 그쳤지만, 2010년대 이후에는 40퍼센트를 웃돌고 있다. 그 결과 여성의 사회 진출이 크게 증가했음에도 한국 사회의 가부장적 질서로 인해 여성들은 오랜 기간 차별적인 대우를 받았다. 이에 저항하는 여성운동의 성과로 성차별적인 호주제가 폐지되는 등 여성의 사회적 지위 향상이 이루어졌지만, 아직도 해결해야 할 과제가 많이 남아 있다.

산업화 과정에서 한국의 인구구조는 극적인 변화를 겪었다. 해방 직후 귀환 동포가 대규모로 유입되면서 인구가 폭증하기 시작했다. 전쟁의 막대한 피해로 인구가 일시 감소했지만 곧이어 전후 베이비 붐 현상에 따라 인구가 급격히 증가했다. 이후 20세기 말에 IMF 사태를 겪으며 미래가 불투명해진 젊은 세대가 출산에 소극적인 태도를 보이는 한편, 생활 수준이 향상되어 평균 연령이 높아지는 추세이다. 그 결과 최근에는 인구 감소와 고령화사회에 따른 사회적 문제가 대두했다.

이러한 인구구조의 변화와 더불어 가족구조 또한 큰 변화를 보였다. 3대가 함께 사는 대가족제를 대신하여 부부와 직계가족으로 구성되는 핵가족이 보편화되었으며, 최근에는 1인 가족이 증가하는 추세이다. 또한 여성의 지위 변화에 따라 가족관계도 변화하고 있다. 맞벌이 부부가 증가하면서 평등한 부부관계가 강화되고 있으며, 남아 선호가 약해지면서 자녀에 대한 성차별적 대우도 크게 줄어들었다.

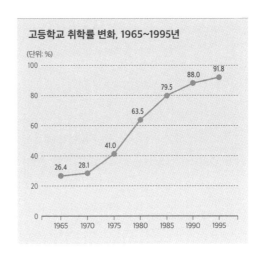

고등학교 취학률 변화, 1965~1995년

(단위: %)

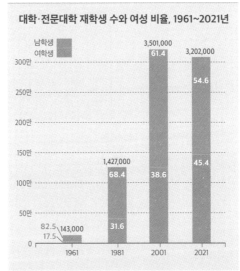

대학·전문대학 재학생 수와 여성 비율, 1961~2021년

남학생
여학생

가족 계획 포스터 1974년에 보건사회부와 대한가족계획협회가 함께 제작한 가족 계획 포스터. 박정희 정부는 전후 베이비붐 현상으로 합계출산율이 6명을 넘던 당시 사회상이 경제 성장을 방해한다고 판단하여 1962년부터 강력한 인구 억제책으로 가족 계획을 실시했다. 1960년대의 세 자녀 갖기 운동은 1970년대에 두 자녀 갖기 운동으로 강화되었고, 1980년대에는 한 자녀 갖기 운동까지 벌였다. 개발도상국 시절에 인구 폭발을 완화하려 했던 시도는 긍정적으로 평가할 수 있지만, 국가 주도의 과도한 인구 억제책의 후과로 이제는 인구 감소를 걱정해야 하는 시대가 되었다.

대중문화의 발달

한국전쟁 이후 미국의 영향력이 커지면서 도시를 중심으로 사회 전반에 미국식 대중문화가 널리 퍼졌다. 전후에 확산된 새로운 대중문화는 한편으로는 댄스홀로 상징되는 향락적 성격을 가졌고, 또 한편으로는 전통적 질서에서 벗어나 개인의 자유를 추구하는 자유주의 경향을 띠었다. 정비석의 소설 『자유부인』은 이러한 양면성을 잘 보여주는 대표적인 흥행작이었다. 미국식 대중문화의 범람 속에서도 전쟁으로 파괴된 휴머니즘을 회복하려는 문학작품이 나타났으며, 〈단장의 미아리 고개〉나 〈이별의 부산 정거장〉 등 비극적 정서를 담은 트로트도 유행했다. 1970년대 무렵부터 대학생을 중심으로 기성세대와 구별되는 새로운 문화가 퍼졌다. 청바지를 입고 통기타를 치며 포크송을 부르는 모습은 청년문화의 상징이 되었다. 당시 청년문화는 미니스커트와 장발처럼 퇴폐적이라 비난받으며 단속의 대상이 되기도 했고, 숨 막힐 듯 자유를 억누르는 유신독재체제에 대한 저항의 원동력이 되기도 했다.

1970년대에 본격적으로 보급된 텔레비전은 대중문화에 큰 영향을 미쳤다. 청각 매체인 라디오와 달리 시청각 매체인 텔레비전은 대중

장발 단속 박정희 정부는 유신 선포 이후 청년들의 문화까지 단속했다. 유신체제는 강력한 정치적 억압 장치였을 뿐만 아니라 권력의 입맛에 따라 국민의 일상과 문화적 욕망까지도 제어하는 거대한 통제 장치였다. 사진은 장발 단속에 걸려 강제 이발당하는 모습.

의 폭발적인 관심을 끌며 드라마, 코미디, 스포츠, 가요 등을 널리 보급했다. 1980년대에 컬러텔레비전이 보급되면서 그 영향력은 더욱 강해졌다. 천연색으로 구현된 화려한 화면은 대중의 시각을 자극하며 인기를 끌었고, 집집마다 저녁이 되면 텔레비전 앞에 모여앉아 피로를 풀었다. 이후 유선방송과 위성방송을 통해 이러한 현상은 더욱 확대되었다.

산업화의 결실이 가시화한 1980년대 이후에는 대중의 여가 생활에도 큰 변화가 나타났다. 가족이나 동료들과 함께 음식점에서 식사를 즐

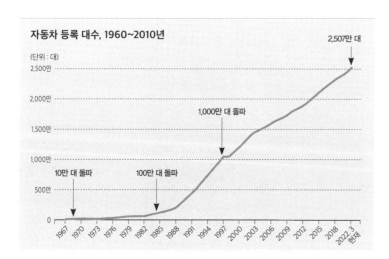

자동차 등록 대수, 1960~2010년

(단위 : 대)

2,507만 대

10만 대 돌파   100만 대 돌파   1,000만 대 돌파

1967 1970 1973 1976 1979 1982 1985 1988 1991 1994 1997 2000 2003 2006 2009 2012 2015 2018 2022.3 현재

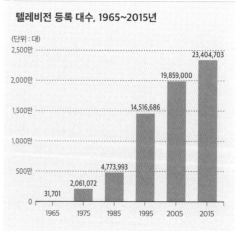

텔레비전 등록 대수, 1965~2015년

(단위 : 대)

1965	1975	1985	1995	2005	2015
31,701	2,061,072	4,773,993	14,516,686	19,859,000	23,404,703

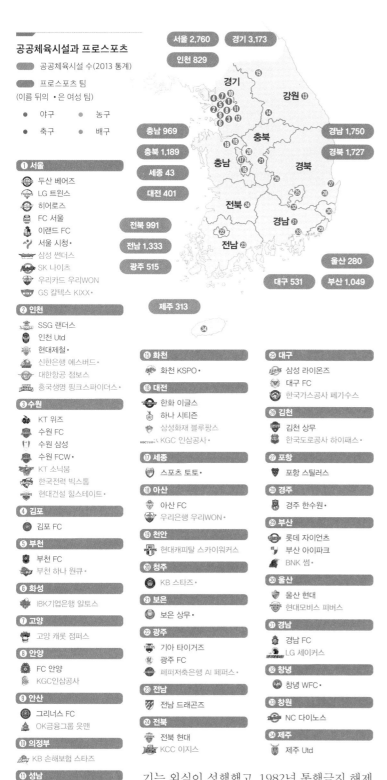

공공체육시설과 프로스포츠

- 공공체육시설 수(2013 통계)
- 프로스포츠 팀

(이름 뒤의 •은 여성 팀)

- ● 야구
- ● 농구
- ● 축구
- ● 배구

① 서울
- 두산 베어즈
- LG 트윈스
- 히어로즈
- FC 서울
- 이랜드 FC
- 서울 시청
- 삼성 썬더스
- SK 나이츠
- 우리카드 우리WON
- GS 칼텍스 KIXX •

② 인천
- SSG 랜더스
- 인천 Utd
- 현대제철 •
- 신한은행 에스버드 •
- 대한항공 점보스
- 흥국생명 핑크스파이더스 •

③ 수원
- KT 위즈
- 수원 FC
- 수원 삼성
- 수원 FCW •
- KT 소닉붐
- 한국전력 빅스톰
- 현대건설 힐스테이트 •

④ 김포
- 김포 FC

⑤ 부천
- 부천 FC
- 부천 하나 원큐 •

⑥ 화성
- IBK기업은행 알토스

⑦ 고양
- 고양 캐롯 점퍼스

⑧ 안양
- FC 안양
- KGC인삼공사

⑨ 안산
- 그리너스 FC
- OK금융그룹 읏맨

⑩ 의정부
- KB 손해보험 스타즈

⑪ 성남
- 성남 FC

⑫ 용인
- 삼성생명 블루밍스 •

⑬ 강원
- 강원 FC

⑭ 원주
- DB 프로미

⑮ 화천
- 화천 KSPO •

⑯ 대전
- 한화 이글스
- 하나 시티즌
- 삼성화재 블루팡스
- KGC 인삼공사 •

⑰ 세종
- 스포츠 토토 •

⑱ 아산
- 아산 FC
- 우리은행 우리WON •

⑲ 천안
- 현대캐피탈 스카이워커스

⑳ 청주
- KB 스타즈 •

㉑ 보은
- 보은 상무 •

㉒ 광주
- 기아 타이거즈
- 광주 FC
- 페퍼저축은행 AI 페퍼스 •

㉓ 전남
- 전남 드래곤즈

㉔ 전북
- 전북 현대
- KCC 이지스

㉕ 대구
- 삼성 라이온즈
- 대구 FC
- 한국가스공사 페가수스

㉖ 김천
- 김천 상무
- 한국도로공사 하이패스

㉗ 포항
- 포항 스틸러스

㉘ 경주
- 경주 한수원 •

㉙ 부산
- 롯데 자이언츠
- 부산 아이파크
- BNK 썸 •

㉚ 울산
- 울산 현대
- 현대모비스 피버스

㉛ 경남
- 경남 FC
- LG 세이커스

㉜ 창녕
- 창녕 WFC •

㉝ 창원
- NC 다이노스

㉞ 제주
- 제주 Utd

서울 2,760 | 경기 3,173 | 인천 829 | 충남 969 | 충북 1,189 | 세종 43 | 대전 401 | 전북 991 | 전남 1,333 | 광주 515 | 제주 313 | 경남 1,750 | 경북 1,727 | 울산 280 | 대구 531 | 부산 1,049

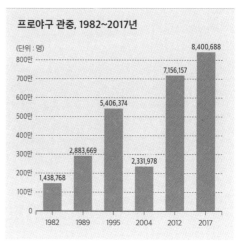

프로야구 관중, 1982~2017년

(단위 : 명)

연도	관중 수
1982	1,438,768
1989	2,883,669
1995	5,406,374
2004	2,331,978
2012	7,156,157
2017	8,400,688

끌었는데, 사람들은 자신이 응원하는 팀의 승패에 울고 웃으며 하루의 스트레스를 풀었다. 1989년에 해외여행이 전면 자유화되고 이후 마이카(my car) 시대가 도래하자 여행산업이 크게 발전했다. 이전에는 공무나 학업 목적 외에는 외국에 갈 수 없었지만, 이제는 시간과 돈이 허락된다면 자유롭게 세계 각지를 돌아다닐 수 있게 되었다. 또한 가족 단위로 자가용 승용차를 타고 주말을 이용하여 전국의 명소를 찾아다니는 사람이 증가했다. 이러한 현상은 최근에도 캠핑 문화의 성행으로 이어지고 있다.

1990년대 후반부터는 정보화시대가 도래하면서 인터넷을 매개로 대중문화가 확산되고 있다. 인터넷은 세계 각지의 사람과 지식과 정보를 연결해서 새로운 문화 현상을 만들고 있다. 이제 대중은 문화의 소비자 위치에만 머물지 않고 상호관계 속에서 새로운 문화를 창조하는 주체가 되었다. 또한 인터넷을 통해 타인과 공간의 제한 없이 소통할 수 있게 되면서 대중문화는 글로컬(Glocal) 양상으로 확산되고 있다. 지방자치제의 실시와 지방 문화관광산업의 발달(로컬)이 인터넷과 연결되면서 지역 문화를 전 국민이 함께 향유하게 되었다. 또한 세계화(글로벌)의 흐름 속에서 외국의 문화가 한국에도 실시간으로 유입되고 한국의 문화가 다른 나라에서도 인기를 끌면서 세계적으로 한류 열풍이 나타나고 있다.

기는 외식이 성행했고, 1982년 통행금지 해제 조치 이후에는 늦은 밤까지 음주가무를 즐기는 향락이 번졌다. 같은 해 프로야구 개막을 시작으로 다양한 프로 스포츠가 생겨나면서 많은 사람이 텔레비전을 통해서나 경기장에 직접 찾아가서 스포츠를 즐겼다. 특히 프로야구가 인기를

북한의 변화

1946.3
토지 개혁 실시

1953.3
남로당 계열 숙청

1956.8
연안파 숙청

1967.5
유일사상체계 확립 결의

1972.12
사회주의 헌법 공포

1994.7.8
김일성 사망

1994~1999
북한 최악의 식량난(고난의 행군)

1998.9
김정일 국방위원장 체제 출범

2011.12.17
김정일 사망

2012.4
김정은, 국방위원장에 취임

해방 이후 북한에서는 소련군의 지원 아래 인민위원회체제가 수립되었다. 1946년에 북한은 토지 개혁을 비롯하여 노동조건을 개선하고 남녀평등을 보장하는 등 일련의 사회 개혁을 단행했다. 이는 해방 이후 민중의 염원을 실현하는 개혁적 성격을 가짐과 동시에 남한에 대한 정치적 우위를 선점하려는 일방적 조치였다는 문제를 갖고 있었다. 북한은 1948년 9월 조선민주주의인민공화국을 출범한 이래 "남조선해방"을 외치며 무력통일을 불사했고, 1950년 6월 한국전쟁을 도발하여 동족을 전쟁의 참화에 밀어넣는 역사적 과오를 저질렀다.

전쟁이 종결된 이후 북한은 전후 복구와 경제 건설 과정에서 농업협동화와 중공업우선정책을 추진하면서 사회주의 계획경제체제를 확립했다. 이 와중에 세력을 강화한 김일성은 그동안 권력을 분점하고 있던 남로당 계열, 소련파, 연안파 등을 차례로 몰아내고 일인독재체제를 다져나갔다. 또한 북한은 건국과 전쟁 과정에서 후원자 역할을 했던 소련과 중국이 갈등하기 시작하자 1950년대 후반부터 이들의 영향력에서 벗어나 독자 노선을 추구했다.

이후 북한은 사상에서의 주체, 경제에서의 자립, 정치에서의 자주, 국방에서의 자위를 추구하는 독자적인 사회주의 노선을 '주체사상'이라 불렀다. 탈식민국가로서 북한이 자주적 발전을 도모한 것은 정당한 선택이었다고 볼 여지도 있다. 그러나 주체사상은 북한을 국제적으로 고립시키고, 물적 자원이 부족한 현실에서 주민들에게 과도한 노력 동원과 정신 무장을 강요했으며, 무

북한의 집단체조 북한은 중요한 국가 행사 때 대규모 집단체조를 진행한다. 군중이 일사분란하게 카드섹션과 매스게임을 벌이는 집단체조는 인민의 집단주의를 강화하고 대외적으로는 북한 체제를 과시하는 목적을 가진다.

북한의 행정구역, 2020년 현재
- ▣ 도청·직할시청·특별시청 소재지
- ◉ 시청 소재지
- 온성 군명

엇보다도 김일성의 유일지배체제를 정당화하는 이데올로기로 작용한 문제점을 안고 있었다.

1970년대 말까지만 해도 북한의 사회주의식 경제 발전은 상당한 성과를 냈지만, 사상적 획일성, 극단적인 권력 집중, 사회주의 계획경제의 경직성 등으로 인해 북한 사회는 점차 활력을 잃고 정체에 빠져들었다. 북한은 외국 자본을 유치하고 소련·중국과의 접경지대에 경제특구를 설치하는 등 중국식 개방정책을 일부 수용하고자 했지만 별다른 성과를 거두지 못했다. 1990년경부터 국제 사회주의권이 붕괴하고 1994년에 반세기 넘게 권력을 잡았던 김일성이 사망하자, 북한은 체제의 존립을 걱정해야 할 정도로 심각한 위기에 빠졌다. 김일성의 뒤를 이은 김정일 정권은 군대를 앞세우는 '선군정치'를 표방하고 주민들에게 인내와 헌신을 요구하면서 '고난의 행군'을 해나갔다.

2000년대에 들어 북한은 시장경제 요소를 일부 도입하고 남북관계를 개선하려 했다. 이에 따라 개성공단을 조성하는 등 개혁개방의 조짐을 보이기도 했다. 그러나 다른 한편으로는 '우리식 사회주의'와 '조선 민족 제일주의' 등을 내세우며 내부 결속에 골몰하고, 미국의 대북 제재에 맞서 체제를 유지하기 위해 핵무기와 장거리 미사일 개발을 본격화하는 강경책을 구사했다. 김정일이 사망한 뒤 2012년에 등장한 김정은 정권은 이전보다는 경제 건설을 통한 인민 생활의 향상을 중시하고 있지만, 여전히 핵 개발을 포기하지 않아 남북·북미 간의 관계 개선에 어려움을 겪고 있다. 그럼에도 북한은 한반도 평화와 민족의 번영을 위해 머리를 맞대야 할 상대이다. 또한 이들은 더디지만 개혁개방을 수용하는 방향으로 한 걸음씩 나가고 있다.

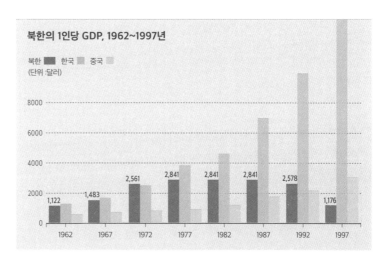

북한의 1인당 GDP, 1962~1997년
- 북한 ■ 한국 ■ 중국 ■
- (단위 : 달러)

연도	북한
1962	1,122
1967	1,483
1972	2,561
1977	2,841
1982	2,841
1987	2,841
1992	2,578
1997	1,176

남북관계의 변화와 통일 노력

한국전쟁 이후 국제적 냉전체제하에서 남과 북은 적대 행위를 지속했다. 이승만 정부는 정전 이후에도 북진통일을 주장하며 북한과의 대화를 일절 거부했고, 평화통일을 주장하던 조봉암에게 간첩 혐의를 뒤집어씌워 사형시켰다. 4·19혁명 이후 성립한 장면 정부도 통일 문제에 소극적이었으며, 혁신 세력의 남북협상 시도는 5·16군사쿠데타로 좌절되었다. 박정희 정부는 반공을 국시로 삼고 북한과의 체제 경쟁에 몰두했다. 북한 역시 '남조선혁명'을 외치며 남한 정부를 적대시했으며, 1968년 1월에는 청와대 공격을 시도하는 심각한 무력도발을 감행했다.

1970년대 초 미국과 중국의 관계가 개선되어 동아시아에 데탕트 분위기가 조성되자 남북관계에도 변화가 생겼다. 남북의 특사가 비밀리에 평양과 서울을 오가며 통일 문제를 논의한 결과, 1972년 7월 '자주·평화·민족대단결'의 통일 원칙을 천명한 '7·4남북공동성명'이 발표되었다. 여기에서 밝힌 3대 통일 원칙은 이후 남북 대화의 기본 토대가 되었다. 그러나 남북 양 정권은 통일에 대한 대중적 기대감을 이용하여 권력 강화에 나섰고, 곧이어 남북 대화도 중단했다. 1980년대에 남북은 새로운 통일 방안으로 각각 '민족화합 민주통일 방안'과 '고려민주연방공화국 창립'을 제시했지만, 상호 불신 속에서 별다른 성과를 거두지 못했다.

1987년부터 남측이 민주화 국면으로 이행하고 1990년을 전후하여 냉전이 해체되자 남북관계는 새로운 단계에 접어들었다. 1989년 노태우 정부는 사회주의권과의 관계 개선을 추구하는 '북방정책'을 천명했으며, 남북 간 교류를 통한 상호 신뢰를 기초로 남북 연합을 거쳐 통일국가로 나가자는 '한민족공동체 통일 방안'을 발표했다. 소련의 붕괴로 곤경에 처한 북한도

남북 교류와 협력

〰️ 비무장지대

▬▬ 철도

● 현재 주요 지명

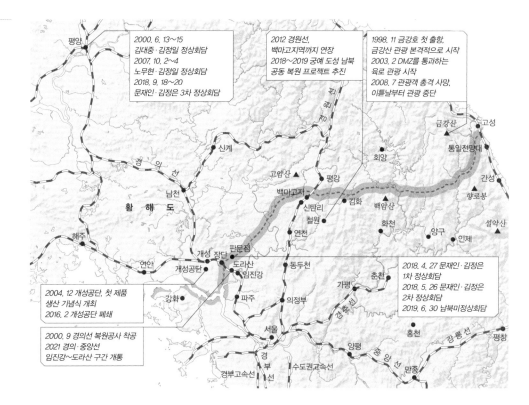

2000. 6. 13~15
김대중·김정일 정상회담
2007. 10. 2~4
노무현·김정일 정상회담
2018. 9. 18~20
문재인·김정은 3차 정상회담

2012 경원선,
백마고지역까지 연장
2018~2019 궁예 도성 남북
공동 복원 프로젝트 추진

1998. 11 금강호 첫 출항,
금강산 관광 본격적으로 시작
2003. 2 DMZ를 통과하는
육로 관광 시작
2008. 7 관광객 총격 사망,
이튿날부터 관광 중단

2004. 12 개성공단, 첫 제품
생산 기념식 개최
2016. 2 개성공단 폐쇄

2000. 9 경의선 복원공사 착공
2021 경의·중앙선
임진강~도라산 구간 개통

2018. 4. 27 문재인·김정은
1차 정상회담
2018. 5. 26 문재인·김정은
2차 정상회담
2019. 6. 30 남북미정상회담

평양 · 신계 · 남천 · 황해도 · 해주 · 연안 · 강화 · 개성공단 · 개성 장단 · 판문점 · 도라산 · 임진강 · 파주 · 서울 · 경의선 · 경부고속선 · 수도권고속선 · 고암산 · 평강 · 백마고지 · 신탄리 · 철원 · 연천 · 동두천 · 의정부 · 김화 · 백암산 · 화천 · 양구 · 인제 · 춘천 · 가평 · 홍천 · 양평 · 경춘선 · 경원선 · 중앙선 · 회양 · 금강산 · 고성 · 통일전망대 · 간성 · 향로봉 · 설악산 · 속초 · 평창 · 강릉선

국제적 고립에서 벗어나기 위해 남북 대화에 응했다. 1990년 9월부터 양측의 총리를 대표로 하는 남북고위급회담이 열렸으며, 1991년 9월에는 남북이 유엔에 동시 가입했다. 그 직후 남북은 상대방의 체제를 인정·존중하며, 상대방에 대한 무력 사용을 금지하고, 화해와 협력을 통해 통일로 나가자는 내용을 담은 '남북 사이의 화해와 불가침 및 교류 협력에 관한 합의서'(남북기본합의서)를 채택하고, '한반도 비핵화 공동선언'을 발표했다. 그러나 1992년 말부터 북한의 핵 개발 의혹이 제기되고 1994년 김일성 사망으로 북한이 곤경에 처하면서 남북관계는 다시 교착 상태에 빠졌다.

김대중 정부는 대북 화해와 협력을 지향하는 '햇볕정책'을 추구하여 남북관계를 획기적으로 발전시켰다. 2000년 6월 김대중 대통령은 평양을 방문하여 김정일 국방위원장을 만남으로써 분단 이후 처음으로 남북정상회담을 성사시켰다. 그 결과 남북은 자주적 입장에서 통일 문제를 해결하며, 상호 체제를 인정·유지하면서 단계적 통일을 이루자는 '6·15남북공동선언'을 발표했다. 이후 김대중 정부는 개성공단 건설, 금강산 관광, 이산가족 상봉, 남북 교류 활성화 등을 추진하여 상당한 성과를 거두었다. 이어 노무현 정부는 2007년 10월 남북정상회담을 개최하고 '남북관계 발전과 평화번영을 위한 선언'(10·4남북정상선언)을 채택했다. 여기서 남북은 정전체제를 종식하고 평화체제를 구축하며, 서해 평화수역 조성과 평화협력 특별지대 설치를 포함하여 남북의 번영을 위한 40여 개의 구체적 실천 사업을 추진하기로 합의했다. 그러나 2008년 이명박 정부 출범 이후 남측이 대북 압박정책으로 선회하고 북한 역시 핵 개발과 대남 무력도발을 일삼으면서 관계가 급속히 악화했고, 이에 대해 미국이 대북 제재를 계속하면서 북미 관계도 경색되었다.

2017년에 출범한 문재인 정부는 한반도 긴장 완화와 남북관계 개선에 나섰고, 경제 건설이

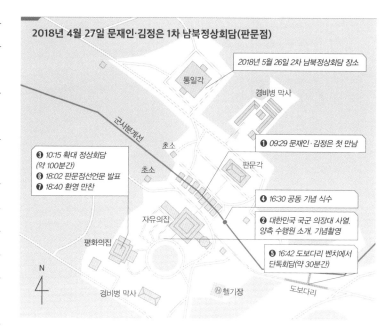

2018년 4월 27일 문재인·김정은 1차 남북정상회담(판문점)

2018년 5월 26일 2차 남북정상회담 장소

통일각

경비병 막사

군사분계선

초소

초소

❸ 10:15 확대 정상회담 (약 100분간)
❻ 18:02 판문점선언문 발표
❼ 18:40 환영 만찬

자유의집

평화의집

판문각

❶ 09:29 문재인·김정은 첫 만남

❹ 16:30 공동 기념 식수

❷ 대한민국 국군 의장대 사열, 양측 수행원 소개, 기념촬영

❺ 16:42 도보다리 벤치에서 단독회담(약 30분간)

경비병 막사

Ⓗ 헬기장

도보다리

N

절박한 북한도 국제적 제재에서 벗어나기 위해 이에 응했다. 2018년 4월 문재인 대통령과 김정은 국무위원장은 판문점에서 남북정상회담을 개최하고 한반도의 평화체제 구축과 비핵화 원칙을 합의한 '한반도의 평화와 번영, 통일을 위한 판문점 선언'(4·27판문점선언)을 발표했다. 이후 북미정상회담과 남북정상회담이 연이어 개최되어 남북 관계의 새로운 이정표를 마련했다. 그럼에도 남북의 화해와 협력의 길 앞에는 여전히 많은 난관이 놓여 있다.

남북정상의 악수 2000년 6월 13일 평양 순안공항에서 김대중 대통령과 김정일 국방위원장이 악수를 나누고 있다. 역사상 처음으로 열린 남북정상회담에서는 7·4남북공동성명의 정신을 재확인했고 6·15남북공동선언을 채택했다. 남과 북은 이후에도 화해와 대결의 국면을 오가면서도 2007년(노무현·김정일)과 2018년(문재인·김정은)에 남북 정상회담을 이어나갔다.

세계화 시대의 한국

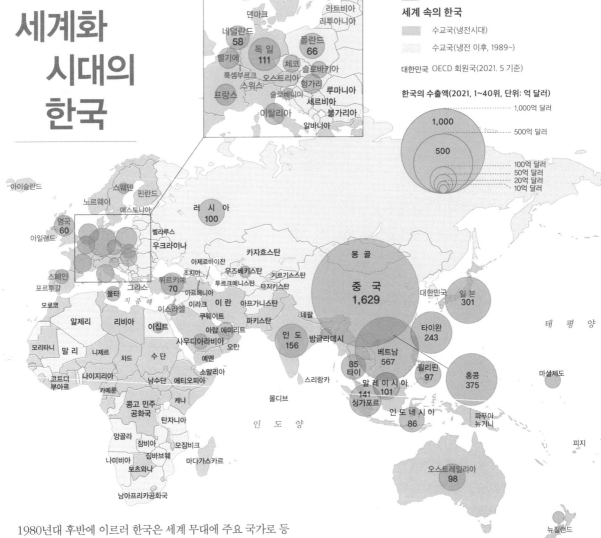

세계 속의 한국

수교국(냉전시대)

수교국(냉전 이후, 1989~)

대한민국 OECD 회원국(2021. 5 기준)

한국의 수출액(2021, 1~40위, 단위: 억 달러)

1,000억 달러
500억 달러
100억 달러
50억 달러
20억 달러
10억 달러

1,000

500

유럽 지역
덴마크
네덜란드
독일 111
58
벨기에
룩셈부르크 오스트리아
스위스
프랑스
슬로베니아
이탈리아
라트비아
리투아니아
폴란드 66
체코
슬로바키아
헝가리
루마니아
세르비아
불가리아
알바니아

아이슬란드
스웨덴 핀란드
노르웨이
에스토니아
영국 60
아일랜드
벨라루스
우크라이나
스페인
포르투갈 그리스
모로코 몰타 지중해
알제리 리비아 이집트
모리타니 말리 니제르 차드 수단
코트디부아르 나이지리아
카메룬
콩고 민주 공화국
앙골라 잠비아 모잠비크
나미비아 짐바브웨 마다가스카르
보츠와나
남아프리카공화국

러 시 아 100
카자흐스탄
아제르바이잔
조지아 우즈베키스탄 키르기스스탄
튀르키예 70 투르크메니스탄 타지키스탄
아르메니아
이라크 이란 아프가니스탄
이스라엘
쿠웨이트 파키스탄
아랍 에미리트
사우디아라비아 오만 네팔
예멘 인 도 156 방글라데시
소말리아
에티오피아 스리랑카
케냐
탄자니아
몰디브
몽 골
중 국 1,629
대한민국
일 본 301
타이완 243
베트남 567
85 타이
말 레 이 시 아 101
141 싱가포르
인도네시아 86
필리핀 97
홍콩 375
마셜제도
파푸아 뉴기니
피지

태 평 양
인 도 양

오스트레일리아 98

뉴질랜드

1980년대 후반에 이르러 한국은 세계 무대에 주요 국가로 등장했다. 1980년대 중반까지도 한국은 가난한 후진국, 독재 국가, 위험한 분단국가 등의 이미지로 알려져 있었다. 그러나 1980년대 후반에 이른바 '3저 호황'을 계기로 비약적인 경제 성장을 이루는 한편, 아시안게임 개최(1986년), 민주화운동 (1987년), 올림픽 개최(1988년), 해외여행 자유화(1989년) 등을 거치며, 한국은 산업화와 민주화를 동시에 이룬 나라로 국제사회에 알려지기 시작했다. 곧이어 1990년대 초에 사회주의권이 붕괴하고 냉전체제가 해체되는 국면에서 한국은 북방정책과 시장 개방을 추진하며 세계화의 물결을 타고 국제사회에서 위상을 높여 나갔다.

1995년에 국민소득이 1만 달러를 넘어섰고, 이듬해에는 세계 주요 국가로 구성된 경제협력개발기구(OECD)에 가입하여 선진국 진입이 곧 이루어질 것처럼 보였다. 그러나 국제적으로 신자유주의가 강화되는 가운데 한국은 국제 투기자본의 공세를 이기지 못하고 1997년 말에 심각한 외환 위기에 빠져들어 국제통화기금(IMF)으로부터 대규모 구제금융을 받아야 하는 상황에 이르렀다. 김대중 정부 출범 이후 전 국민적 고통 분담을 통해 단기간에 IMF 구제금융에서 벗어났지만, IMF에 의해 신자유주의 경제질서가 도입된 결과 소득 양극화와 비정규직 급증 등의 구조적 문제를 안게 되었다.

21세기에 들어와서 한국은 인터넷과 정보통신 분야 등에서 선도적인 위치를 점하며 경제 성장을 지속했고, 세계 각국과 자유무역협정(FTA)을 체결하며 세계적인 무역 국가로 발돋움했다. 2010년에 세계 20개 주요 국가의 정상이 참여하는 'G20정상회의'를 서울에서 개최했고, 2021년에는 유엔 무역개발회의가 한국의 지위를 개발도상국에서 선진국으로 변경했다.

한국은 세계화시대를 맞아 선진국 수준으로 발전하는 과정에서 경제만이 아니라 사회문화 면에서도 큰 변화를 겪었

월드컵 4강 2002년에 한국과 일본이 공동 개최한 월드컵에서 한국은 이탈리아, 포르투갈, 스페인 등 유럽 강호를 꺾고 본선 4강에 오르는 쾌거를 달성했다. 월드컵 응원단 '붉은 악마'의 티셔츠를 입은 수십만 명의 인파가 서울 시청 광장을 가득 채우고 한국팀을 응원했다. 월드컵 4강 진출 신화는 한국인들이 '오~ 필승 코리아'를 외치며 '대한민국'을 자랑스럽게 여기는 계기가 되었다.

캐나다 67

미국 959

대서양

멕시코 113

쿠바

코스타리카

베네수엘라

콜롬비아

에콰도르

페루

브라질

볼리비아

파라과이

칠레

우루과이

아르헨티나

한국 거주 외국인 현황

외국인 주민, 2007~2019년

(단위 : 명)

연도	인원
2007	722,686
2010	1,139,283
2013	1,445,631
2016	1,764,664
2019	2,216,612

출신 국가, 2019년 현재

- 중국(한국계) 30.2%
- 중국 12.4%
- 베트남 11.1%
- 타이 10.2%
- 미국 4.4%
- 우즈베키스탄 3.5%
- 필리핀 2.8%
- 캄보디아 2.6%
- 기타 22.8%

다. 1990년대부터 본격화한 외국인 노동자의 유입은 21세기에 더욱 가속화되었다. 처음에는 조선족이라 불리는 중국의 동포들이 유입되다가 점차 베트남과 캄보디아 등 동남아시아는 물론이고 러시아와 중앙아시아 등지에서도 많은 사람들이 들어와 일자리를 잡았다. 북한에서 이탈한 주민들도 한국 사회에 정착하여 새로운 삶을 개척하고 있다. 한국을 배우기 위해 많은 외국 학생들이 국내의 대학에서 수학하고 있으며, 한국 내의 회사에 근무하는 외국인도 상당수에 이른다. 이들이 한국인과 결혼하여 다문화가정을 이루는 경우도 늘어나고 있다. 한국은 이제 '단일민족'이라는 정체성보다는 다양한 인종과 민족이 더불어 사는 다문화사회로 변했다.

한국은 국제사회에서 강화된 위상을 바탕으로 문화적 영향력을 확대하고 있다. 한국사회의 독특한 역동성, 민주화 이후 신장된 문화적 창조성, 문화 개방을 통해 얻은 국제적 감각 등이 어우러지면서 최근에는 영화·음악·드라마 등의 분야에서 '한류 열풍'을 불러일으키며 그 위상을 세계에 과시하고 있다. 이제 한국사회는 내적으로는 다양한 민족과 문화를 수용하면서 더불어 사는 지혜를 발휘하고, 외적으로는 문화적·인적 교류를 통해 세계와 소통하는 창조적 노력을 기울여야 할 것이다.

역대 주요 통치자

고구려 국왕

1 동명성왕 BC 37~BC 19 　2 유리명왕 BC 19~AD 18 　3 대무신왕 18~44 　4 민중왕 44~48 　5 모본왕 48~53
6 태조대왕 53~146 　7 차대왕 146~165 　8 신대왕 165~179 　9 고국천왕 179~197 　10 산상왕 197~227
11 동천왕 227~248 　12 중천왕 248~270 　13 서천왕 270~292 　14 봉상왕 292~300 　15 미천왕 300~331
16 고국원왕 331~371 　17 소수림왕 371~384 　18 고국양왕 384~391 　19 광개토왕 391~413 　20 장수왕 413~491
21 문자명왕 491~519 　22 안장왕 519~531 　23 안원왕 531~545 　24 양원왕 545~559 　25 평원왕 559~590
26 영양왕 590~618 　27 영류왕 618~642 　28 보장왕 642~668

백제 국왕

1 온조왕 BC 18~AD 28 　2 다루왕 28~77 　3 기루왕 77~128 　4 개루왕 128~166 　5 초고왕 166~214
6 구수왕 214~234 　7 사반왕 234 　8 고이왕 234~286 　9 책계왕 286~298 　10 분서왕 298~304
11 비류왕 304~344 　12 계왕 344~346 　13 근초고왕 346~375 　14 근구수왕 375~384 　15 침류왕 384~385
16 진사왕 385~392 　17 아신왕 392~405 　18 전지왕 405~420 　19 구이신왕 420~427 　20 비유왕 427~455
21 개로왕 455~475 　22 문주왕 475~477 　23 삼근왕 477~479 　24 동성왕 479~501 　25 무령왕 501~523
26 성왕 523~554 　27 위덕왕 554~598 　28 혜왕 598~599 　29 법왕 599~600 　30 무왕 600~641
31 의자왕 641~660

신라 국왕

1 혁거세거서간 BC 57~AD 4 　2 남해차차웅 4~24 　3 유리이사금 24~57 　4 탈해이사금 57~80 　5 파사이사금 80~112
6 지마이사금 112~134 　7 일성이사금 134~154 　8 아달라이사금 154~184 　9 벌휴이사금 184~196 　10 내해이사금 196~230
11 조분이사금 230~247 　12 첨해이사금 247~261 　13 미추이사금 261~284 　14 유례이사금 284~298 　15 기림이사금 298~310
16 흘해이사금 310~356 　17 내물마립간 356~402 　18 실성마립간 402~417 　19 눌지마립간 417~458 　20 자비마립간 458~479
21 소지마립간 479~500 　22 지증왕 500~514 　23 법흥왕 514~540 　24 진흥왕 540~576 　25 진지왕 576~579
26 진평왕 579~632 　27 선덕여왕 632~647 　28 진덕여왕 647~654 　29 무열왕 654~661 　30 문무왕 661~681
31 신문왕 681~692 　32 효소왕 692~702 　33 성덕왕 702~737 　34 효성왕 737~742 　35 경덕왕 742~765
36 혜공왕 765~780 　37 선덕왕 780~785 　38 원성왕 785~798 　39 소성왕 798~800 　40 애장왕 800~809
41 헌덕왕 809~826 　42 흥덕왕 826~836 　43 희강왕 836~838 　44 민애왕 838~839 　45 신무왕 839
46 문성왕 839~857 　47 헌안왕 857~861 　48 경문왕 861~875 　49 헌강왕 875~886 　50 정강왕 886~887
51 진성여왕 887~897 　52 효공왕 897~912 　53 신덕왕 912~917 　54 경명왕 917~924 　55 경애왕 924~927
56 경순왕 927~935

발해 국왕

1 고왕 698~719 　2 무왕 719~737 　3 문왕 737~793 　4 폐왕 793 　5 성왕 793~794
6 강왕 794~809 　7 정왕 809~812 　8 희왕 812~817 　9 간왕 817~818 　10 선왕 818~830
11 대이진 830~857 　12 대건황 857~871 　13 대현석 871~894? 　14 대위해 894?~906 　15 대인선 906?~926

고려 국왕

- 1 태조 918~943
- 2 혜종 943~945
- 3 정종 945~949
- 4 광종 949~975
- 5 경종 975~981
- 6 성종 981~997
- 7 목종 997~1009
- 8 현종 1009~1031
- 9 덕종 1031~1034
- 10 정종 1034~1046
- 11 문종 1046~1083
- 12 순종 1083
- 13 선종 1083~1094
- 14 헌종 1094~1095
- 15 숙종 1095~1105
- 16 예종 1105~1122
- 17 인종 1122~1146
- 18 의종 1146~1170
- 19 명종 1170~1197
- 20 신종 1197~1204
- 21 희종 1204~1211
- 22 강종 1211~1213
- 23 고종 1213~1259
- 24 원종 1259~1274
- 25 충렬왕 1274~1298, 1298~1308
- 26 충선왕 1298, 1308~1313
- 27 충숙왕 1313~1330, 1332~1339
- 28 충혜왕 1330~1332, 1339~1344
- 29 충목왕 1344~1348
- 30 충정왕 1349~1351
- 31 공민왕 1351~1374
- 32 우왕 1374~1388
- 33 창왕 1388~1389
- 34 공양왕 1389~1392

조선 국왕

- 1 태조 1392~1398
- 2 정종 1398~1400
- 3 태종 1400~1418
- 4 세종 1418~1450
- 5 문종 1450~1452
- 6 단종 1452~1455
- 7 세조 1455~1468
- 8 예종 1468~1469
- 9 성종 1469~1494
- 10 연산군 1494~1506
- 11 중종 1506~1544
- 12 인종 1544~1545
- 13 명종 1545~1567
- 14 선조 1567~1608
- 15 광해군 1608~1623
- 16 인조 1623~1649
- 17 효종 1649~1659
- 18 현종 1659~1674
- 19 숙종 1674~1720
- 20 경종 1720~1724
- 21 영조 1724~1776
- 22 정조 1776~1800
- 23 순조 1800~1834
- 24 헌종 1834~1849
- 25 철종 1849~1863
- 26 고종 1863~1897

대한제국 황제

- 1 고종황제 1897~1907
- 2 순종황제 1907~1910

일제강점기 조선 총독

- 1 데라우치 마사타케 1910. 10~1916. 10
- 2 하세가와 요시미치 1916. 10~1919. 8
- 3 사이토 마코토 1919. 8~1927. 12
- 4 야마나시 한조 1927. 12~1929. 8
- 5 사이토 마코토 1929. 8~1931. 6
- 6 우가키 가즈시게 1931. 6~1936. 8
- 7 미나미 지로 1936. 8~1942. 5
- 8 고이소 구니아키 1942. 5~1944. 7
- 9 아베 노부유키 1944. 7~1945. 9

대한민국 대통령

- 1 이승만 1948. 7~1952. 8
- 2 이승만 1952. 8~1956. 8
- 3 이승만 1956. 8~1960. 4
- 4 윤보선 1960. 8~1962. 3
- 5 박정희 1963. 12~1967. 6
- 6 박정희 1967. 7~1971. 6
- 7 박정희 1971. 7~1972. 12
- 8 박정희 1972. 12~1978. 12
- 9 박정희 1978. 12~1979. 10
- 10 최규하 1979. 12~1980. 8
- 11 전두환 1980. 8~1981. 2
- 12 전두환 1981. 2~1988. 2
- 13 노태우 1988. 2~1993. 2
- 14 김영삼 1993. 2~1998. 2
- 15 김대중 1998. 2~2003. 2
- 16 노무현 2003. 2~2008. 2
- 17 이명박 2008. 2~2013. 2
- 18 박근혜 2013. 2~2017. 3
- 19 문재인 2017. 5~2022. 5
- 20 윤석열 2022. 5~현재

북한 국가원수

- 1 김일성 1948. 9~1994. 7
- 2 김정일 1994. 7~2011. 12
- 3 김정은 2011. 12~현재

시각자료 목록 및 출처·소장처

지도·그래프·계보도·표

01 원시
010 한반도 구석기시대 주요 유적지_ 송호정 011 한반도 신석기시대 주요 유적지_ 한국생활사박물관 편찬위원회,『한국생활사박물관』, 사계절출판사, 2000~2004(이하 『생활사』), 1권, 55쪽 012 요동·서북한 지역의 탁자식 고인돌 분포도 013 청동기 유물·유적 분포도

02 고대
016 고조선, BC 4~3세기 017 청동기시대 초기 동북아시아의 여러 종족 및 국가, BC 7~5세기/ 고조선과 한의 전쟁 018 동아시아의 초기 국가, AD 1세기경_ 송호정 019 부여의 세력 범위, AD 3세기경_ 송호정,『처음 읽는 부여사』, 사계절출판사, 2015, 73쪽 020 고구려의 정복 활동, BC 1세기~AD 4세기 021 국내성 부근 유적 022 백제의 발전, 1~4세기 전반/ 위례성 주변의 유적 023 백제의 전성기, 4세기 후반 024 신라 6촌과 6부 025 신라 초기의 영역 확장 026 가야의 대외교류, 4세기경 027 전기 가야 연맹과 금관가야, 1~5세기 초/ 후기 가야 연맹과 대가야, 5~6세기 중반 028 고구려의 남진 029 고구려의 영토 확장, 4~5세기/ 평양 주변 고구려 유적 030 사비성 031 웅진·사비시대의 백제, 5~6세기 032 일본에 전해진 백제 문화/ 백제의 해상 교역로_ 노태돈,『한국고대사』, 경세원, 2014, 78쪽 034 신라의 영토 확장, 6세기 037 삼국의 불교 수용, 4~6세기

03 남북국시대
040 중국 수나라 시대의 동아시아, 6세기 말~7세기 초_『고등학교 역사부도』, 금성출판사, 2014, 178쪽 041 고구려와 수의 전쟁 042 고구려와 당의 전쟁, 645년 043 안시성 전투, 645년 044 고구려의 대외교류, 7세기 046 백제의 멸망과 유민들의 저항 047 고구려의 멸망과 유민들의 저항 048 삼국통일 무렵의 동아시아, 7세기 후반_『고등학교 역사부도』, 178쪽 049 나당전쟁의 경과 050 신라의 왕경_ 송호정 051 통일신라의 통치제도 정비/ 9서당의 설치 053 촌락별 토지 결/ 촌락별 인구·호/ 촌락별 가축/ 촌락별 유실수_ 송호정 054 발해 상경 용천부 발굴지 055 발해의 영토 확장과 천도_ 동북아역사지도 056 신라의 대외교류, 8~9세기 058 장보고의 활동/ 청해진 유적지 061 발해의 대외교역 062 혜초의 인도 여행 063 남북국시대의 주요 문화재_ 문화재청 국가문화유산포털 홈페이지; 동북아역사넷 홈페이지 064 김헌창의 난, 822년 065 신라 말 주요 반란과 새로운 세력의 등장/ 신라 중대 이후의 자연재해 증가_ 역사문제연구소 기획,『미래를 여는 한국의 역사』, 1권, 웅진지식하우스, 2011, 271쪽 066 엔닌의 당나라 여행_ 엔닌, 김문경 역주,『입당구법순례행기』, 중심, 2001 067 청왕조 중심의 조공 시스템

04 고려
070 고려 건국 무렵의 동아시아, 918년경_ 박한제 외,『아틀라스 중국사』, 사계절출판사, 2007, 99쪽 071 후삼국의 전쟁, 900~935년 072 고려의 수도 개경_ 국사편찬위원회 고려개경지리정보 홈페이지; 박용운,『고려시대사』, 일지사, 2008, 137쪽 073 태조 왕실의 근친혼관계/ 왕건 부인의 출생지_ 이병희,『뿌리 깊은 한국사 샘이 깊은 이야기』(이하 『뿌샘』) 3권, 가람기획, 2014, 31쪽 074 거란(요)의 대외 팽창, 10~11세기 초_ 김호동,『아틀라스 중앙유라시아사』, 사계절출판사, 2016, 117쪽 075 거란의 침입과 고려군의 항쟁 076 윤관의 9성 건설, 1107~1108년 077 여진(금)의 대외 팽창, 12세기_『아틀라스 중앙유라시아사』, 121쪽 078 고려시대의 주요 문벌_ 이병희 외,『중학교 역사부도』, 금성출판사, 2014, 34쪽/ 인주 이씨와 고려 왕실의 외척관계 079 묘청의 난, 1135~1136년 080 전국적 민란 발생, 1160~1240년 081 시기별 민란 발생 추이/ 무인 집정의 변천 및 권력기구_『고등학교 역사부도』, 12쪽 참고 082 칭기스 칸의 아시아 정복, 1206~1226년_『아틀라스 중국사』, 126쪽 083 몽골의 침입/ 강화성, 13세기 084 몽골제국과 고려_『아틀라스 중앙유라시아사』, 143쪽 085 고려 왕실과 원 황실의 혼인관계_『아틀라스 중앙유라시아사』, 154쪽/ 여몽연합군의 일본 원정_『아틀라스 중국사』, 133쪽 086 주원장의 명 건국과 고려, 14세기 후반_『아틀라스 중국사』, 144쪽 087 공민왕의 영토 확장, 14세기 후반 088 홍건적의 침입 089 왜구의 고려 침략_ 이영,『잊혀진 전쟁, 왜구-그 역사의 현장을 찾아서』, 한국방송통신대학교출판부, 2007, 66~69쪽/ 왜구의 동아시아 침략, 13~15세기 전반/ 고려 후기 시기별 왜구 침입 횟수 090 신안선 항로_ 이진한,『고려시대 무역과 바다』, 경인문화사, 2014, 215쪽/ 신안선 발굴 지점 091 한반도 서·남해안 해저 유산 발굴_ 윤용혁,『한국 해양사 연구』, 주류성, 2015, 104쪽 092 고려시대의 경기 093 고려의 5도 양계, 11세기/ 정치기구/ 군사기구(2군6위)/ 교육기구_『중학교 역사부도』, 32쪽 095 고려의 산업/ 전라남도 강진군의 청자 도요지 096 조운로와 주요 교통로_ 문경호,『고려시대 조운제도 연구』, 혜안, 2014, 277쪽 097 개경 중심의 간선대로_ 한정훈,「고려시대 교통과 조세운송체계 연구」, 부산대학교 박사학위논문, 2009, 92쪽 098 고려 귀족의 초혼 연령_ 김용선,『고려 금석문 연구』, 일조각, 2004, 112쪽 099 고려 귀족의 평균 사망 나이_『고려 금석문 연구』, 142쪽 100 고려시대 유교 문화 지도_『중학교 역사부도』, 36쪽 101 의천 송나라 여행, 1085~1086년_『아틀라스 중국사』, 117쪽/ 고려

시대의 주요 사찰 102 고려의 대외교역, 11세기/ 벽란도 중심의 교통로_『중학교 역사부도』, 33쪽 104 위화도 회군, 1388년/ 위화도 107 고려의 주요 문화재_ 국립문화재연구원 홈페이지: 문화재청 국가문화유산포털 홈페이지

05 조선

110 조선 건국 무렵의 동아시아, 14세기 말_『아틀라스 중앙유라시아사』, 167쪽 111 조선시대의 한양(조선성시도)_ 〈조선성시도〉(서울역사박물관, 공공누리 제 2유형)/ 조선 건국 당시 도읍 후보지_ 서울역사박물관, 『서울역사박물관-600년 서울을 담다』, 서울역사박물관, 2013, 9쪽 112 조선 초기 육조거리의 관아 배치_ 이순우, 『광화문 육조앞길』, 하늘재, 2012, 23쪽 113 조선 초기 공신 책봉과 공신 수_ 『뿌샘』 4권, 139~140쪽/ 조선 초기 왕실 계보도, 세종~성종 115 조선왕조실록 사고/ 조선 전기의 주요 역사서와 지리서 116 북방 이주 정책, 15세기_ 이상협, 『조선 전기 북방 사민 연구』, 경인문화사, 2001, 24·39·44쪽 117 조선의 여진 정벌_ 동북아역사재단 한국외교사편찬위원회, 『한국의 대외관계와 외교사: 조선 편』, 동북아역사재단, 2018, 229·246쪽 118 주요 사화 피해자의 근거지/ 사림의 계보_ 『고등학교 역사부도』, 13쪽 119 중종 대 시기별 삼사 전체 인원과 사림의 비중_ 『뿌샘』 4권, 137쪽 120 조선의 8도 121 조선의 교통과 통신/ 조선시대의 관제_ 우리역사넷 홈페이지 122 향교와 과거제도/ 문과 급제자의 시기별 수와 구성 123 성균관의 구조 124 조선의 조운체계 125 한양의 주요 창고 및 나루/ 조선시대 도량형_ 이종봉, 『한국중세도량형제연구』, 혜안, 2001, 110·185쪽 126 전국 토지 결 수의 변화, 1389~1904년 127 조선 초기 도별 수전 비율과 토지·인구_ 강만길 외, 『한국사』 7, 한길사, 1995, 265쪽/ 『농사직설』의 구성_ 『뿌샘』 4권, 429쪽 128 조선의 수공업/ 한양을 중심으로 한 도보 생활권 129 한양 부근의 5일장 순회/ 한양 종로의 시전 거리_ 〈조선경성도〉; 『서울역사박물관-600년 서울을 담다』, 50~51쪽 131 조선시대 양동마을의 구조 132 도산서원 배치도 133 조선시대 시기별 서원·사우 건립 및 사액 수_ 『뿌샘』 4권, 381~382쪽 134 성균관 대성전 선성선현위패 봉안위차도 137 『조선왕조실록』에 기록된 주요 천문 현상, 1392~1527년_ 국사편찬위원회, 『신편 한국사』(국사편찬위원회 한국사데이터베이스 홈페이지) 27권, 14~15쪽 138 조선 전기의 대일 관계 139 조선의 대외교역, 16세기_ 하네다 마사시, 조영헌 역, 『바다에서 본 역사』, 민음사, 2018, 148쪽 140 16~17세기 은의 이동/ 주요 연구자의 아메리카 은 생산량 통계, 16~18세기_ 주경철, 『대항해 시대』, 서울대학교출판부, 2008, 254쪽/ 아메리카가 전 세계 은 생산에서 차지한 비중, 1493~1800년_ 『대항해 시대』, 252쪽 142 조선 관군과 의병의 저항 143 임진왜란 당시 주요 해전/ 임진왜란 이후의 동아시아, 17세기 초 144 조선의 나선 정벌 145 후금·청의 침입과 조선의 항쟁/ 인조의 피신과 삼전도 항복, 1636~1637년 146 조선시대 주요 서원과 배향 인물/ 147 붕당의 변화/ 이인좌의 난, 1728년 148 조선 후기 도별 인구와 실제 징수 대상_ 손병규, 「조선 후기 국가재원의 지역적 분배」, 『역사와 현실』 70, 2008, 67~68쪽; 손병규, 「18세기 말의 지역별 '호구총수', 그 통계적 함의」, 손병규·송양섭 편, 『통계로 보는 조선 후기 국가경제』, 성균관대학교출판부, 2013, 36쪽 149 조선 후기 대동법의 시행 150 조선 후기 한양의 시장 151 조선 후기 상업의 발달/ 조선 후기 광산의 분포_ 박영한 외, 『중학교 사회과부도』, 성지문화사, 1996; 김용현 외, 『중학교 사회과부도』, 삼화출판사, 2003 152 향전의 구조_ 김한종 153 전국의 동족마을_ 김한종/ 안동 하회마을 155 가면극·판소리·사당패 분포_ 김한종 156 연행사와 통신사의 여행로_ 『아틀라스 중국사』, 166~167쪽; 한일공통역사교재 제작팀, 『조선통신사』, 한길사, 2005, 108~109쪽 157 백두산 정계비의 위치 158 최부와 문순득의 표류_ 최부, 서인범·주성지 역, 『표해록』, 한길사, 2004; 최부, 박원호 역, 『최부 표해록 역주』, 고려대학교출판부, 2006; 국립해양문화재연구소, 『홍어장수 문순득 아시아를 눈에 담다』, 국립해양문화재연구소, 2012 159 하멜, 표류에서 탈출까지/ 네덜란드동인도회사의 활동, 1650년경 160 실학자들의 주요 활동_ 김한종 161 대동여지도와 현재 지도의 비교(청주)_ 김한종/ 김석문의 우주론_ 조희영, 「김석문의 『역학이십사도해(총해)(易學二十四圖解(總解))』 다시 보기」, 『민족문화연구』 88, 2020, 212쪽 162 진주농민봉기, 1862년 163 홍경래의 난, 1811~1812년 164 천주교의 동아시아 전래_ 『아틀라스 중국사』, 158~159쪽; 일본사학회, 『아틀라스 일본사』, 사계절출판사, 2011, 103쪽; 윤재필, 「16세기 예수회의 일본 선교 연구」, 장로회신학대학교 석사학위논문, 2013, 19~23쪽; 『고등학교 역사부도』, 77쪽 165 조선 후기 새로운 종교와 사상_ 『고등학교 역사부도』, 77쪽 166 병인양요와 신미양요/ 이양선의 출몰, 개항 이전 167 경복궁의 복원(북궐도형)_ 뉴시스 홈페이지/ 흥선대원군의 서원 철폐 때 남은 47개 서원 168 조선 왕릉의 분포_ 문화재청 궁능유적본부 조선왕릉 홈페이지 169 조선 왕릉의 구조_ 문화재청 궁능유적본부 조선왕릉 홈페이지

06 근대

172 조선과 동아시아의 개항_ 『아틀라스 중국사』, 200쪽; 『아틀라스 일본사』, 147쪽/ 청·일 양국의 대조선 수출액 비교 173 개항기 인천의 외국 거류지_ 안민수, 「인천 조계지의 토지소유 및 토지이용 변화에 관한 연구」, 한국교원대학교 석사학위논문, 2003/ 서울의 외국 공관, 19세기 말~20세기 초_ 이순우, 『정동과 각국공사관』, 하늘재, 2012, 118~119쪽; 서울역사박물관, 『정동 1900』 서울역사박물관, 2012 174 임오군란, 1882년 175 갑신정변, 1884년 176 동학농민혁명, 1894년 177 2차 봉기 당시 김개남의 활동_ 김한종 178 갑오개혁 시기 관제 개혁 179 청일전쟁, 1894~1895년_ 『아틀라스 일본사』, 159쪽 180 을미사변과 아관파천 181 열강의 이권 침탈 182 근대 지식인의 세계여행_ 민영환, 조재곤 편역, 『해천추범』, 책과함께, 2007; 유길준, 허경진 역, 『서유견문』, 서해문집, 2004; 정명섭, 『그래서 나는 조선을 버렸다』, 청림출판, 2017 184 대한제국 시기 한성의 주요 기관과 도로 개수_ 〈최신경성전도〉(1907); 정수인, 「서울의 도시 공간 구조 변화에 관한 연구: 대한제국 시기를 중심으로」, 한양대학교 석사학위논문, 2005, 92쪽 185 독립협회와 만민공동회, 1898년 186 헤이그 특사의 활동 187 러일전쟁, 1904~1905년_ 『아틀라스 일본사』, 160쪽 188 의병의 활동, 1895~1909년_ 김한종 189 일본군의 '남선대토벌' 작전 190 자강계몽운동의 전개 191 국채보상운동 지역별 모금액_ 독립기념관, 『독립기념관-전시품 도록』, 독립기념관, 1992, 49쪽 192 대한제국 시기 철도 개통_ 박경룡, 『개화기 한성부 연구』, 일지사,

1995; 정재정, 『일제 침략과 한국 철도』, 서울대학교출판부, 1999; 전현우, 『거대도시 서울 철도』, 워크룸프레스, 2020 **193** 대한제국 시기 한성의 전차 개통_ 최인영, 「서울지역 전차 교통의 변화 양상과 의미: 1899~1968」, 서울시립대학교 박사학위논문, 2014 **194** 한말 한성 시내 주요 학교 **195** 일제강점기 인문계 중등학교 설립 현황, 1937년 현재_ 박철희, 「식민지기 한국 중등교육 연구」, 서울대학교 박사학위논문, 2002, 32·35쪽/ 일제강점기 조선인 초등교육 학생 수_ 오성철, 『식민지 초등교육의 형성』, 교육과학사, 2000, 113쪽/ 일제강점기 남녀 보통학교 취학률_ 『식민지 초등교육의 형성』, 133쪽 **196** 헌병과 경찰 배치 상황, 1919년_ 국사편찬위원회 삼일운동 데이터베이스 홈페이지 '탄압기구'/ 조선총독부 기능별 통치 체제_ 『신편 한국사』 47권, 30쪽 **197** 미곡 생산량·이출량과 1인당 쌀 소비량 추이_ 장시원·전강수, 「식민지기의 농업 정책」, 안병직 편, 『한국경제성장사』, 서울대학교출판부, 2001, 418쪽/ 농민층의 계급 분화 추이_ 한국근현대사학회, 『새롭게 쓴 한국독립운동사 강의』, 한울, 2020, 155쪽 **198** 국내외 3·1운동 준비 과정_ 박찬승, 『한국독립운동사』, 역사비평사, 2014, 94~97쪽; 『신편 한국사』 47권, 313~332쪽 **199** 3·1운동의 전개_ 국사편찬위원회, 『백년만의 귀환: 3·1운동 시위의 기록』, 국사편찬위원회, 2019/ 3·1운동 시기별 시위 횟수_ 국사편찬위원회 삼일운동 데이터베이스 홈페이지/ 3.1운동 참가자 및 사상자 수, 1919년 3~12월_ 『백년만의 귀환: 3·1운동 시위의 기록』, 327~328쪽 **200** 대한민국 임시정부의 수립과 이동_ 『고등학교 역사부도』, 112쪽 **201** 1920년대 초 만주 독립군의 주요 활동_ 『한국독립운동사』, 55·152쪽; 『한국독립운동사 강의』, 208쪽/ 1920년대 중반 이후 만주 독립운동_ 『한국독립운동사 강의』, 217쪽 **202** 신간회의 활동과 광주학생운동_ 윤효정, 「신간회 운동 연구」, 고려대학교 박사학위논문, 117쪽; 한규무, 『광주학생운동』, 독립기념관 한국독립운동사연구소, 2009, 233쪽 **203** 사회주의의 유입_ 『한국독립운동사』, 192~212쪽; 『신편 한국사』 49권, 67~83쪽 **204** 대중운동의 발생 추이, 1920~1940년 **205** 1920~1930년대 노동·농민운동과 주민대회_ 김경일, 『일제하 노동운동사』, 창작과비평사, 1992; 조동걸, 『일제하 한국농민운동사』, 한길사, 1979; 지수걸, 『일제하 농민조합운동 연구』 역사비평사, 1993; 『한국독립운동사 강의』, 125·134쪽; 한상구, 「일제시기 지역주민운동 연구」, 서울대학교 박사학위논문, 2013, 38쪽 **206** 태평양전쟁과 위안소 설치_ 『아틀라스 일본사』, 180·182·183쪽; 동북아역사넷 홈페이지 '일본군 위안소 지도' **208** 일제강점기 민족의 이주: 국편 재외동포사 총서/ 세계 이주 한인 수, 2021년 현재_ 외교부 자료/ 일제강점기 일본 거주 한인의 증가_ 『한국독립운동사 강의』, 297쪽 **211** 1930~1940년대 국내외 독립운동/ 해외 통일전선 계보도_ 최병택 외, 『고등학교 한국사』, 천재교육, 2019, 227쪽 **212** 일제강점기 경성 중심가, 1930년대 중반_ 〈경성정밀지도〉(1933)(서울역사박물관 소장); 전국역사지도사모임, 『표석을 따라 경성을 거닐다』, 유씨북스, 2016 **213** 영화 흥행과 관객 수_ 공제욱·정근식 편, 『식민지의 일상, 지배와 균열』, 문화과학사, 2006, 453쪽/ 일제강점기의 철도, 1945년_ 허우긍, 『일제강점기의 철도 수송』, 서울대학교출판문화원, 2010, 38~44쪽; 『일제 침략과 한국 철도』, 156쪽 **214** 서울에 남아 있는 근대 건축물

07 현대

218 동아시아 정세, 1945년 **219** 해방과 분단, 1945년/ 해방 직후 정치인 인기도 여론조사_ 「조선 지도인물 여론조사발표」, 『선구』 1권 3호, 1945, 696쪽 **221** 제주 4·3사건, 1948년_ 강덕환 외, 『제주 4·3사건 추가진상조사보고서』 1, 2019, 72쪽/ 여수 순천 사건, 1948년 10월 **222** 남북 정부 수립 과정/ 반민특위의 활동과 판결_ 이용기 **223** 농지개혁 전후 소작지 면적의 변화, 1945~1960년_ 『한국사』 18, 한길사, 114쪽; 이강수, 『반민특위 연구』, 나남, 2003, 292쪽; 서중석, 『사진과 그림으로 보는 한국현대사』, 웅진, 2020, 120쪽 **225** 한국전쟁, 1950~1953년/ 한국전쟁 당시 사망자 수_ 김인걸 외, 『한국현대사 강의』, 돌베개, 1998, 143쪽(통일조선신문 자료) **226** 세계 냉전체제, 1950~1960년대_ 『고등학교 역사부도』, 129·138쪽 **227** 초등학교 수와 초등학생 수, 1945~1960년_ 『한국현대사 강의』, 194쪽/ 미국의 한국 원조, 1945~1961년_ 『한국현대사 강의』, 183쪽 **228** 4·19혁명의 전개, 1960년_ 이용기/ 서울의 4·19혁명 **229** 4·19혁명 전후 정당·단체별 민의원 당선자 수 비교/ 4·19혁명 희생자의 직업_ 『사진과 그림으로 보는 한국현대사』, 247쪽 **230** 5·16군사쿠데타, 1961년 **231** 5대·7대 대통령선거 지역별 득표율 비교/ 1978년 10대 국회의원선거 결과(정당별 득표율과 의석 분포) **233** 광주민주화운동, 1980년 5월/ 항쟁의 확산, 1980년 5월_ 5.18기념재단, 『5.18 민중항쟁과 정치·역사·사회』 3, 심미안, 2007, 307쪽 **234** 6월민주항쟁, 1987년_ 『사진과 그림 한국현대사』, 446쪽 **235** 지역별 노동쟁의 발생 건수와 참가자 수, 1987년_ 정해구, 『전두환과 80년대 민주화운동』, 역사비평사, 2011, 159쪽/ 13대 대통령선거, 1987년 **236** 경제 성장 추이, 1960~1990년_ 통계청, 『통계로 본』 한국의 발자취』, 통계청, 1995/ 산업 구조의 변화, 1961~1991년_ 통계청, 『통계로 본』 한국의 발자취』, 통계청, 1992 **237** 고속도로 건설과 국가 산업의 발전, 1960~1980년대_ 『생활사』 12권; 행정안전부 국가기록원 홈페이지/ 50대 기업 자산의 GDP 대비 비율 변화_ 위평량, 『재벌 및 대기업으로 경제력 집중과 동태적 변화분석(1987-2012)』, 경제개혁연구소, 2014/ 50대 기업 매출액의 GDP 대비 비율 변화_ 위평량(2014) **238** 도시화의 전개_ 통계청 홈페이지; 대한민국 국가지도집 홈페이지 **239** 고등학교 취학률 변화, 1965~1995년_ 교육부·한국교육개발원, 『통계로 본 한국교육의 발자취』, 교육부, 1997/ 고등교육기관 재학생 수와 여성 비율, 1961~2021년_ 전체 대학생 수와 여성 비율 증가_ 통계청, 『통계로 본』 한국의 발자취』, 통계청, 1992; 통계청 홈페이지 **240** 전국 자동차 등록 대수_ 국토교통부 홈페이지/ 텔레비전 등록 대수, 1965~2015년_ 채백 외, 「TV의 보급 확대와 공동체의 변화」, 『커뮤니케이션 이론』 14-4, 2018, 146~147쪽 **241** 공공체육시설과 프로스포츠_ 대한민국 국가지도집 홈페이지/ 프로야구 관중, 1982~2017년_ KBO 홈페이지 **242** 평양 시가도 **243** 북한의 행정구역, 2020년 현재_ 대한민국 국가지도집 **244** 북한의 1인당 GDP, 1962~1997년_ 이영훈, 『한국경제사』 2, 일조각, 2016, 496쪽 **245** 남북 교류와 협력/ 2018년 4월 27일 문재인·김정은 1차 남북정상회담(판문점) **246** 세계 속의 한국_ 외교부 홈페이지, 외교관계 수립현황; 위키백과; 무역협회 통계 참고 **247** 한국 거주 외국인 현황_ 행정안전부 2020년 자료

01 원시

008 고창 죽림리 지석묘군_ 문화재청(공공누리 제1유형) 010 단양 금굴 유적_ 문화재청(공공누리 제1유형)/ 복원한 승리산인_ 조선유물유적도감 편찬위원회 편,『조선유물유적도감』1권, 평양: 조선유적유물도감편찬위원회, 1992/ 주먹도끼_ 문화재청(공공누리 제1유형) 011 서북지방 토기·동북지방 토기·중서부지방 토기·남부지방 토기_ 국립중앙박물관(공공누리 제1유형) 012 장리 고인돌_ 북한 평양시 상원군 장리 소재. 송호정 013 비파형 동검_ 송호정/ 세형 동검_ 국립중앙박물관(공공누리 제1유형)/ 검단리 유적_ 부산대학교박물관

02 고대

014 백제금동대향로_ 국립부여박물관(공공누리 제4유형) 016 연진 와당_ 송호정 018 오수전_ 국립중앙박물관(공공누리 제1유형)/ 다호리 출토 붓_ 문화재청(공공누리 제1유형) 019 부여 군사의 갑옷_ 송호정 020 환련 출토 부여 양식 귀걸이_ 송호정 021 환도산성(산성자산성)_ 중국 지린성 지안시 소재. 한국교원대학교 역사교육과,『아틀라스 한국사』(이하 '2004년판'), 사계절출판사, 2004, 27쪽 023 석촌동 4호분_ 문화재청(공공누리 제1유형) 024 경주 월성_ 국립중앙박물관,『신라실·통일신라실·발해실: 전시 교육을 위한 기본 자료』제3권, 국립중앙박물관, 2014, 12쪽 025 기마 인물형 토기_ 국립중앙박물관(공공누리 제4유형) 027 판갑옷과 투구_ 국립김해박물관(공공누리 제1유형) 029 경주 호우총 청동그릇_ 국립중앙박물관(공공누리 제4유형) 031 양직공도_ 중국 장쑤성 난징시 난징박물관 소장/ 나주 신촌리 금동관_ 국립중앙박물관(공공누리 제4유형) 033 무령왕릉 청동 거울_ 국립공주박물관(공공누리 제4유형)/ 청자육이호_ 국립공주박물관(공공누리 제1유형)/ 칠지도(모조품)_ 국립중앙박물관(공공누리 제1유형) 034 북한산 신라 진흥왕 순수비_ 문화재청(공공누리 제1유형) 035 경주 계림로 보검_ 국립경주박물관(공공누리 제1유형)/ 경주 98호 남분 유리병_ 국립경주박물관(공공누리 제1유형) 036 임신서기석_ 국립경주박물관(공공누리 제4유형)/ 무용총 수렵도_ 중국 지린성 지안시 소재 037 장천 1호분 예불도_ 중국 지린성 지안시 소재/ 이차돈 순교비_ 국립경주박물관(공공누리 제1유형)/ 연가칠년명 금동불입상_ 국립중앙박물관(공공누리 제4유형)

03 남북국시대

038 석굴암 본존불_ 故한석홍 기증 사진자료. 문화재청(공공누리 제1유형) 041 운제_ 조우석,『무비요람(武備要覽)』, 일조각, 1982/ 안악3호분 행렬도_ 북한 황해남도 안악군 소재. 2004년판, 46쪽 043 백암성_ Rincewind42(CC BY 2.0) 044 둔황 벽화의 조우관 쓴 인물_ 중국 간쑤성 둔황시 소재. 段文杰 主編,『中國美術全集-16.敦煌壁畵(下)』, 人民美術出版社, 1985, 39쪽/ 아프라시압 벽화의 조우관 쓴 인물_ 우즈베키스탄 사마르칸트 소재. 코리아넷(CC BY-SA 2.0) 045 퀼 테긴 비석_ 몽골 아르항가이주 소재. 한국생활사박물관 편찬위원회/ 장회태자묘 벽화의 조우관 쓴 인물_ 중국 산시성 셴양시 소재. 박한제 외,『아틀라스 중국사』, 사계절출판사, 2007, 77쪽/ 다카마쓰고분 벽화_ 일본 나라현 다카이치군 소재. 전국역사교사모임·일본역사교육자협의회,『마주 보는 한일사』1, 사계절출판사, 2006, 65쪽 046 경주 태종무열왕릉비_ 문화재청(공공누리 제1유형) 047 청주 운천동 신라사적비_ 문화재청(공공누리 제1유형) 049 매소성_ 미상 050 성덕대왕신종_ 국립경주박물관(공공누리 제1유형) 051 문관 토용_ 국립경주박물관(공공누리 제1유형) 052 신라인이 만든 소와 말 모양 토용_ 국립경주박물관(공공누리 제1유형)/ 신라촌락문서_ 일본 도오다이지 쇼소인 소장 054 오봉루 제1·2 궁전터_ 송호정 056 노래하는 호인 토우_ 국립중앙박물관(공공누리 제1유형) 057 입수쌍조문 석조 유물_ 송호정/ 금동초심지가위_ 국립경주박물관(공공누리 제4유형)/ 상원사 동종의 비천상_ 퍼블릭 도메인 059 완도 청해진 유적_ 송호정/ 완도 청해진 유적의 우물_ 송호정/ 적산 법화원_ 한국생활사박물관 편찬위원회 061 발해 도자기_ 한국생활사박물관 편찬위원회/ 발해 중대성 문서_ 일본 궁내청 서릉부 소장 063 정효공주묘 벽화_ 중국 지린성 허룽시 소재. 한국생활사박물관 편찬위원회/ 발해 석등_ 중국 헤이룽장성 닝안현 흥륭사 소재/ 영광탑_ 중국 지린성 창바이조선족자치현 소재. 한국생활사박물관 편찬위원회/ 낙산사 의상대_ Steve46814(CC BY-SA 3.0)/ 경주 분황사 화쟁국사비부_ 문화재청(공공누리 제1유형) 065 해인사 길상탑 탑지_ 국립중앙박물관(공공누리 제1유형) 067 거란문자_ 국립중앙박물관(공공누리 제1유형)/ 문성공주_ 위키미디어 공용

04 고려

068 화엄경 변상도(부분)_ 국립중앙박물관(공공누리 제1유형) 071 견훤산성_ 코리아넷(CC BY 2.0)/ 안동 태사묘 유물_ 경상북도 안동시 태사묘 보물각 소장 073 청동 왕건상_ 북한 평양시 조선중앙역사박물관 소장 075 강감찬_ 서울시 관악구 낙성대공원 소재 077 척경입비도_ 고려대학교박물관 079 아집도 대련_ 리움미술관 081 무인 석상_ 북한 개성시 공민왕 현정릉 소재 083 용장성_ 진도군청(공공누리 제1유형) 086 공민왕과 노국대장공주 초상_ 국립고궁박물관(공공누리 제1유형) 088 명군과 전투하는 왜구_『왜구도권』중 일부. 도쿄대학교 사료편찬소 소장 090 목간_ 국립중앙박물관(공공누리 제1유형)/ 주석 정_ 국립중앙박물관(공공누리 제1유형)/ 청동 추_ 국립중앙박물관(공공누리 제1유형) 091 청자 음각 연꽃 넝쿨무늬 매병_ 국립중앙박물관(공공누리 제1유형)/ 청자 상감 구름 학 국화무늬 베개_ 국립중앙박물관(공공누리 제1유형)/ 청자 상감 넝쿨무늬 잔받침_ 국립중앙박물관(공공누리 제1유형)/ 청자 상감 구름 학무늬 대접_ 국립중앙박물관(공공누리 제1유형)/ 청자 사자모양 연적과 뚜껑_ 국립중앙박물관(공공누리 제1유형) 094 추수하는 농민들_ 미륵하생경변상도 중

213 모던보이와 모던걸_ 안석주 작 만문만화, 『조선일보』, 1928년 2월 5일(모던걸), 2월 7일(모던보이) 214 구 러시아공사관 첨탑_ 강창훈/ 약현성당_ 문화재청(공공누리 제4유형) 215 서울시립남서울미술관_ 문화재청(공공누리 제1유형)/ 서울대학교병원 의학박물관_ 문화재청(공공누리 제1유형)/ 한국은행 화폐박물관_ 강창훈/ 배재학당 역사박물관_ 문화재청(공공누리 제1유형)

07 현대

216 서울 남대문 일대의 야경_ 셔터스톡 218 건국 지도자 여운형_ 몽양여운형선생기념사업회 220 신탁통치 반대_ 국가기록원(CET0042889)/ 신탁통치 찬성_ 미국 국립문서기록관리청(AUS026_01_00V0004_017) 223 대한민국 정부 수립 경축식_ 국가기록원(CER0000173)/ 북한 정부 초대 내각 기념사진_ 퍼블릭 도메인 224 전쟁으로 폐허가 된 서울_ 퍼블릭 도메인 227 조봉암 재판_ 국가기록원(CET0037387) 229 4·19혁명에 동참한 어린이들_ 3·15의거기념사업회/가자 북으로, 오라 남으로_『마주 보는 한일사』 3, 332쪽 230 쿠데타 직후의 박정희_ 위키미디어 공용 232 계엄군과 대치 중인 광주 시민들_ 경향신문사 234 서울역 앞의 시위대_ 경향신문사 237 『마주 보는 한일사』 3, 281쪽 239 가족 계획 포스터_ 보건사회부(1974) 240 장발 단속_ 경향신문사 243 북한의 집단체조_ stephan(CC BY-SA 2.0) 245 남북정상의 악수_ 경향신문사 247 월드컵 4강_ 대한민국 정부(CC BY-SA 2.0)

참고문헌

통사

『고등학교 역사부도』, 금성출판사, 2014.

『고등학교 역사부도』, 지학사, 2018.

『고등학교 역사부도』, 천재교육, 2018.

강만길 외, 『한국사』 1~27, 한길사, 1994.

국사편찬위원회, 『신편 한국사』(국사편찬위원회 한국사데이터베이스 홈페이지).

국사편찬위원회, 『한국사』(국사편찬위원회 한국사데이터베이스 홈페이지).

김호동, 『아틀라스 중앙유라시아사』, 사계절출판사, 2016.

譚其驤 主編, 『中國歷史地圖集』 1~8, 中國地圖出版社, 1985.

동북아역사재단 한국외교사편찬위원회, 『한국의 대외관계와 외교사』 1~6, 2018.

동북아역사재단 한일역사문제연구소 편, 『동아시아사 입문』, 동북아역사재단, 2020.

박한제 외, 『아틀라스 중국사』, 사계절출판사, 2007.

서의식 외, 『뿌리 깊은 한국사 샘이 깊은 이야기』, 1~7, 가람기획, 2015~2016.

송찬섭 외, 『한국사의 이해』, 한국방송통신대학교출판부, 1998.

역사문제연구소, 『미래를 여는 한국의 역사』 1~5, 웅진지식하우스, 2011.

역사문제연구소, 『사진과 그림으로 보는 한국의 역사』 1~3, 웅진주니어, 2005.

윤용혁, 『한국 해양사 연구』, 주류성, 2015.

이기백·이기동, 『한국사 강좌』 I(고대편), 일조각, 1982.

일본사학회, 『아틀라스 일본사』, 사계절출판사, 2011.

전국역사교사모임·일본역사교육자협의회, 『마주 보는 한일사』 1~3, 사계절출판사, 2006·2014.

하일식, 『연표와 사진으로 보는 한국사』, 일빛, 1998.

한국사연구회(편), 『새로운 한국사 길잡이』 상·하, 2008.

한국사특강편찬위원회, 『한국사특강』, 서울대학교출판부, 2008.

한국생활사박물관 편찬위원회, 『한국생활사박물관』 1~12, 사계절출판사, 2000~2004.

한명기 외, 『쟁점 한국사』(전 3권) 창비, 2017.

한영우, 『다시 찾는 우리 역사』, 경세원, 2004.

원시·고대·남북국시대

『삼국사기』.

『삼국유사』.

국립중앙박물관, 『신라실·통일신라실·발해실』, 국립중앙박물관, 2014.

권덕영, 『고대한중외교사』, 일조각, 1997.

권오영, 『해상 실크로드와 동아시아 고대국가』, 세창출판사, 2019.

김창석, 『삼국과 통일신라의 유통체계 연구』, 일조각, 2004.

김창석, 『한국 고대 대외교역의 형성과 전개』, 서울대학교출판문화원, 2013.

김태식 외, 『한국 고대 사국 국경선』, 서경문화사, 2008.

김태식, 『미완의 문명 7백년 가야사』 1~3, 푸른역사, 2002.

김현숙, 『고구려의 영역 지배 방식 연구』, 모시는 사람들, 2005.

노중국, 『백제 사회사상사』, 지식산업사, 2010.

노중국, 『백제 정치사』, 일조각, 2018.

노태돈 편저, 『단군과 고조선사』, 사계절출판사, 2000.

노태돈, 『고구려사 연구』, 사계절, 1999.

노태돈, 『삼국통일 전쟁사』, 서울대학교출판부, 2009.

노태돈, 『예빈도에 보인 고구려』, 서울대학교출판부, 2003.

노태돈, 『한국고대사』, 경세원, 2014.

박남수, 『한국 고대의 동아시아 교역사』, 주류성, 2011.

부산경남역사연구소 고대사연구부, 『시민을 위한 가야사』, 집문당, 1996.

서영일, 『신라 육상 교통로 연구』, 학연문화사, 1999.

서울대학교박물관 외, 『고구려: 한강 유역의 요새』, 통천문화사, 2000.

송기호, 『발해 정치사 연구』, 일조각, 1995.

송기호, 『발해를 다시 본다』, 주류성, 1999.

송기호, 『발해를 찾아서』, 솔출판사, 2017.

송호정 외, 『한국고대사』 1~2, 푸른역사, 2016.

송호정, 『다시 쓰는 고조선사』, 서경문화사, 2020.

송호정, 『처음 읽는 부여사』, 사계절출판사, 2015.

송호정, 『한국고대사 속의 고조선사』, 푸른역사, 2003.

양기석, 『백제의 국제관계』, 서경문화사, 2013.

엔닌, 김문경 역주, 『입당구법순례행기』, 중심, 2001.

여호규, 『고구려 초기 정치사 연구』, 신서원, 2014.

윤명철, 『장보고 시대의 해양 활동과 동아지중해』, 학연문화사, 2002.

윤선태, 『신라 통일기 왕실의 촌락 지배』, 서울대학교 박사학위논문, 2000.

이성시, 『고대 동아시아의 민족과 국가』, 삼인, 2022.

李成市, 『東アジア文化圏の形成』, 山川出版社, 2000.

이성시, 『동아시아의 왕권과 교역』, 청년사, 1999.

이성시, 『만들어진 고대』, 삼인, 2001.

임기환, 『고구려 정치사 연구』, 한나래, 2004.

임용한,『전쟁과 역사』삼국편, 혜안, 2001.

전덕재,『신라 6부 체제 연구』, 일조각, 1996.

전덕재,『이슈와 쟁점으로 읽는 한국고대사』, 역사산책, 2018.

전덕재,『한국 고대 사회경제사』, 태학사, 2006.

전덕재,『한국 고대사회의 왕경인과 지방민』, 태학사, 2002.

田中俊明·東潮,『韓國の古代遺蹟』1·2, 中央公論社, 1988~1989.

전호태,『고구려 고분 벽화 연구』, 사계절출판사, 2000.

정수일,『고대문명교류사』, 사계절, 2001.

조선유물유적도감 편찬위원회 편,『조선유물유적도감』1권, 평양: 조선유적유
　　물도감편찬위원회, 1992.

중앙문화재연구원 편,『고고학자가 얘기하는 우리의 선사시대』, 진인진, 2021.

한국고고학회,『한국 고고학 강의』, 사회평론, 2010.

한규철,『발해의 대외관계사』, 신서원, 1994.

해상왕장보고 기념사업회,『해상왕 장보고』, 해상왕장보고 기념사업회, 2004.

고려

국사편찬위원회,『한국사』12~21, 국사편찬위원회, 1993~1996.

권순형,『고려의 혼인제와 여성의 삶』, 혜안, 2006.

김갑동,『고려시대사 개론』, 혜안, 2013.

김광철,『원 간섭기 고려의 측근정치와 개혁정치』, 경인문화사, 2018.

김기덕,『고려시대 봉작제 연구』, 청년사, 1999.

김당택,『원 간섭하의 고려 정치사』, 일조각, 1998.

김명진,『통일과 전쟁 고려 태조 왕건』, 혜안, 2018.

김순자,『한국 중세 한중관계사』, 혜안, 2007.

김영미,『고려시대의 일상 문화』, 이화여자대학교출판부, 2009.

김용선,『고려 금석문 연구』, 일조각, 2004.

김인호 외,『고려시대사』1·2, 푸른역사, 2017.

김인호,『고려시대 사람들의 사유와 집단 심성』, 혜안, 2017.

김창현,『고려의 여성과 문화』, 신서원, 2007.

김철웅,『고려시대의 도교』, 경인문화사, 2017.

노명호,『고려 태조 왕건의 동상』, 지식산업사, 2012.

도현철,『고려 말 사대부의 정치사상연구』, 일조각, 1999.

문경호,『고려시대 조운제도 연구』, 혜안, 2014.

민현구,『한국중세사 산책』, 일지사, 2005.

박옥걸,『고려시대 귀화인 연구』, 국학자료원, 1996.

박용운,『고려시대사』, 일지사, 2008.

박재우,『고려의 정치운영의 체계와 왕권』, 신구문화사, 2005.

박종기,『고려사의 재발견』, 휴머니스트, 2015.

박종진,『개경: 고려왕조의 수도』, 눌와, 2022.

안병우,『고려 전기의 재정 구조』, 서울대학교출판부, 2002.

윤용혁,『삼별초: 무인정권·몽골, 그리고 바다로의 역사』, 혜안, 2014.

이강한,『고려와 원제국의 교역의 역사』, 창비, 2013.

이경식,『한국중세 토지제도사: 고려』, 서울대학교출판문화원, 2011.

이미지,『태평한 변방: 고려의 대거란 외교와 그 소산』, 경인문화사, 2018.

이수건,『한국중세 사회사 연구』, 일조각, 1984.

이영,『잊혀진 전쟁 왜구: 그 역사의 현장을 찾아서』, 에피스테메, 2007.

이정신,『고려 무신정권기 농민·천민항쟁 연구』, 고대민족문화연구원, 1991.

이종봉,『한국중세 도량형제 연구』, 혜안, 2001.

이진한,『고려시대 무역과 바다』, 경인문화사, 2014.

이진한,『고려시대 송상왕래 연구』, 경인문화사, 2011.

정요근 외,『고려에서 조선으로: 여말선초, 단절인가 계승인가』, 역사비평사,
　　2019.

정용숙,『고려 왕실 족내혼 연구』, 새문사, 1988.

채웅석,『고려 중기 정치사의 재조명』, 일조각, 2021.

하일식 편,『고려시대 사람들의 삶과 생각』, 혜안, 2007.

한국역사연구회,『고려시대 사람들은 어떻게 살았을까』1·2, 현북스, 2022.

한국중세사학회,『21세기에 다시 보는 고려시대의 역사』, 혜안, 2018.

한정훈,「고려시대 교통과 조세운송체계 연구」, 부산대학교 박사학위논문,
　　2009.

한정훈,『고려시대 교통운수사 연구』, 혜안, 2013.

허흥식,『고려의 과거제도』, 일조각, 2005.

홍영의,『고려 말 정치사 연구』, 혜안, 2005.

조선

『만기요람』

『성호사설』

『신증동국여지승람』

『열하일기』

『조선왕조실록』

강만길 외,『한국사』7, 한길사, 1995.

강문식 외,『15세기 조선의 때 이른 절정』, 민음사, 2014.

경기문화재단 실학박물관 편,『동아시아 실학, 그 의미와 발전』1·2, 경인문화

사, 2012.

계승범,『중종의 시대: 조선의 유교화와 사림운동』, 역사비평사, 2014.

구도영,『16세기 한중무역 연구』, 태학사, 2018.

구범진,『병자호란, 홍타이지의 전쟁』, 까치, 2019.

국립문화재연구소 편,『(역사의 숲) 조선 왕릉』, 눌와, 2007.

국립해양문화재연구소,『홍어장수 문순득 아시아를 눈에 담다』, 국립해양문
　　화재연구소, 2012.

김동진,『조선의 생태환경사』, 푸른역사, 2017.

김영진·이은웅,『조선시대 농업과학기술사』, 서울대학교출판부, 2000.

김용섭,『한국중세 농업사 연구』, 지식산업사, 2000.

김인걸,『조선 후기 향촌사회 지배구조의 변동』, 경인문화사, 2017.

박평식,『조선 전기 교환경제와 상인 연구』, 지식산업사, 2009.

방기중,『조선 후기 경제사론』, 연세대학교출판부, 2010.

배항섭·손병규 편,『임술민란과 19세기 동아시아 민중운동』, 성균관대학교출판부, 2013.

서울역사박물관,『서울역사박물관~600년 서울을 담다』, 서울역사박물관, 2013.

설석규,『조선 중기 사림의 도학과 정치철학』, 경북대학교출판부, 2009.

손병규·송양섭,『통계로 보는 조선 후기 국가 경제: 18~19세기 재정자료의 기초적 분석』, 성균관대학교출판부, 2013.

손승철,『조선 전기 한일관계, 약탈과 공존』, 경인문화사, 2017.

오영교,『조선 후기 사회사 연구』, 혜안, 2005.

윤재필,「16세기 예수회의 일본 선교 연구」, 장로회신학대학교 석사학위논문, 2013.

이경식,『한국중세 토지제도사: 조선 전기』, 서울대학교 출판문화원, 2012.

이상협,『조선 전기 북방 사민 연구』, 경인문화사, 2001.

이성무,『한국의 과거제도』, 집문당, 2000.

이세영,『조선 후기 정치경제사』, 혜안, 2001.

이수환,『조선 후기 서원 연구』, 일조각, 2001.

이순우,『광화문 육조앞길』, 하늘재, 2012.

이종봉,『한국중세 도량형제 연구』, 혜안, 2001.

이태진 편,『조선시대 정치사의 재조명』, 태학사, 2003.

정만조,『조선시대 서원 연구』, 집문당, 1997.

정진영,『혼인, 세상을 바꾸다: 조선시대 혼인의 사회사』, 한국학중앙연구원 출판부, 2015.

조광,『조선 후기 사회의 이해』, 경인문화사, 2010.

조희영,「김석문의『역학이십사도해(총해)』 다시 보기」,『민족문화연구』 88, 2020.

주경철,『대항해시대』, 서울대학교출판부, 2008.

최부, 박원호 역,『최부 표해록 역주』, 고려대학교출판부, 2006.

최부, 서인범·주성지 역,『표해록』, 한길사, 2004.

최성환,『문순득 표류 연구: 조선 후기 문순득의 표류와 세계인식』, 민속원, 2012.

최승희,『조선 초기 정치문화의 이해』, 지식산업사, 2005.

최이돈,『조선 중기 사림정치』, 경인문화사, 2017.

하네다 마사시, 조영헌 역,『바다에서 본 역사』, 민음사, 2018.

하우봉,『조선시대 바다를 통한 교류』, 경인문화사, 2016.

한국고문서학회,『의식주, 조선의 살아 있는 풍경』, 역사비평사, 2006.

한국고문서학회,『조선시대 생활사』 1·2, 역사비평사, 1996·2000.

한국고문서학회,『조선의 일상, 법정에 서다』, 역사비평사, 2013.

한국문원 편집실 편,『왕릉: 왕릉 기행으로 엮은 조선왕조사』, 한국문원, 1995.

한명기 외,『16세기 성리학 유토피아』, 민음사, 2014.

한명기,『광해군: 탁월한 외교정책을 펼친 군주』, 역사비평사, 2018.

한영우,『왕조의 설계자 정도전』, 지식산업사, 1999.

허선도,『조선시대 화약병기사 연구』, 일조각, 1994.

홍순민 외,『조선시대사』 1·2, 푸른역사, 2015.

근대

『고종실록』

『순종실록』

『조선·대한제국 관보』

F. A. 매켄지, 신복룡 역,『대한제국의 비극, 한국의 독립운동』, 집문당, 2019.

강만길,『근대 동아시아 역사인식 비교』, 선인, 2004.

강응천 외,『근현대사 신문』 1·2, 사계절출판사, 2010.

공제욱·정근식 편,『식민지의 일상, 지배와 균열』, 문화과학사, 2006.

교수신문 편,『고종황제 역사 청문회』, 푸른역사, 2005.

국사편찬위원회,『백년만의 귀환: 3·1운동 시위의 기록』, 국사편찬위원회, 2019.

국사편찬위원회,『사료 고종시대사』 1·29, 국사편찬위원회, 2015~2021.

국사편찬위원회,『재외동포사회의 역사적 고찰과 연구방법론 모색』, 국사편찬위원회, 2005.

국회도서관 편,『한말·근대 법령 자료집』 1~9, 국회도서관, 1970~1972.

김경일,『일제하 노동운동사』, 창작과비평사, 1992.

김상기,『한말 의병운동: 전기·중기의병』, 선인, 2016.

김종록,『근대를 산책하다: 문화유산으로 보는 한국 근현대사 150년』, 다산북스, 2012.

독립기념관,『독립기념관: 전시품 도록』, 독립기념관, 1992.

민영환, 조재곤 편역,『해천추범』, 책과함께, 2007.

박경룡,『개화기 한성부 연구』, 일지사, 1995.

박찬승,『한국근대 정치사상사 연구』, 역사비평사, 1992.

박찬승,『한국독립운동사』, 역사비평사, 2014.

박철희,「식민지기 한국 중등교육 연구」, 서울대학교 박사학위논문, 2002.

서울역사박물관,『정동 1900』, 서울역사박물관, 2012.

서울특별시 시사편찬위원회 편집부,『서울 2천년사』 25, 서울역사편찬원, 2014.

성주현,『근대 전환기 서구 문명의 수용과 민족운동』, 선인, 2020.

신용하,『갑오개혁과 독립협회운동의 사회사』, 서울대학교출판부, 2001.

안병직 편,『한국 경제 성장사』, 서울대학교출판부, 2001.

연갑수 외,『한국근대사』 1·2, 푸른역사, 2016.

오성철,『식민지 초등교육의 형성』, 교육과학사, 2000.

유길준, 허경진 편역,『서유견문』, 서해문집, 2004.

이건상 외,『일본의 근대화와 조선의 근대』, 모시는 사람들, 2013.

이균영, 『신간회 연구』, 역사비평사, 1996.

이송희, 『대한제국기의 애국계몽운동과 사상』, 국학자료원, 2011.

이순우, 『정동과 각국공사관』, 하늘재, 2012.

이윤미, 『한국의 근대와 교육: 서구적 근대성을 넘어』, 문음사, 2006.

이준식, 『일제강점기 사회와 문화』, 역사비평사, 2014.

인하대학교 한국학연구소 편, 『동아시아, 개항을 보는 제3의 눈』, 인하대학교
　　　출판부, 2010.

임경석 외, 『근대 전환기 동아시아 삼국과 한국: 근대인식과 정책』, 성균관대
　　　학교출판부, 2006.

전국역사지도사모임, 『표석을 따라 경성을 거닐다』, 유씨북스, 2016.

전현우, 『거대도시 서울 철도』, 워크룸프레스, 2020.

정명섭, 『그래서 나는 조선을 버렸다』, 청림출판, 2017.

정수인, 「서울의 도시 공간 구조 변화에 관한 연구: 대한제국 시기를 중심으
　　　로」, 한양대학교 석사학위논문, 2005.

정재정, 『일제 침략과 한국 철도』, 서울대학교출판부, 1999.

정재정, 『주제와 쟁점으로 읽는 20세기 한일 관계사』, 역사비평사, 2014.

정태헌, 『문답으로 읽는 20세기 한국 경제사』, 역사비평사, 2010.

조동걸, 『일제하 한국농민운동사』, 한길사, 1979.

지수걸, 『일제하 농민조합운동 연구』, 역사비평사, 1993.

하라 아키라, 김연옥 역, 『청일·러일전쟁 어떻게 볼 것인가』, 살림출판사, 2015.

한국근현대사학회, 『새롭게 쓴 한국독립운동사 강의』, 한울, 2020.

한국근현대사학회, 『한국근현대사 강의』, 한울아카데미, 2013.

한국역사연구회, 『1894년 농민전쟁 연구』 1~5, 역사비평사, 1991~1997.

한규무, 『광주학생운동』, 독립기념관 한국독립운동사연구소, 2009.

한상구, 「일제시기 지역주민운동 연구」, 서울대학교 박사학위논문, 2013.

한중일3국공동역사편찬위원회, 『한중일이 함께 쓴 동아시아 근현대사』 1·2,
　　　휴머니스트, 2012.

허수열, 『개발 없는 개발』, 은행나무, 2011.

허우긍, 『일제강점기의 철도 수송』, 서울대학교출판문화원, 2010.

현대

5·18기념재단 편, 『5·18민중항쟁과 정치·역사·사회』 3, 5·18기념재단, 2007.

강덕환 외, 『제주 4·3사건 추가진상조사보고서』 1, 2019.

강명숙, 『대학과 대학생의 시대』, 서해문집, 2018.

김성보 외, 『사진과 그림으로 보는 북한 현대사』, 웅진지식하우스, 2004.

김성보, 『북한의 역사』 1, 역사비평사, 2011.

김인걸 외, 『한국현대사 강의』, 돌베개, 1998.

민주화운동기념사업회 한국민주주의연구소 편, 『4월혁명의 주체들』, 역사비평
　　　사, 2020.

민주화운동기념사업회 한국민주주의연구소 편, 『한국민주화운동사』 3, 돌베
　　　개, 2010.

박명림, 『한국전쟁의 발발과 기원』 1, 나남출판, 1996.

박태균, 『한국전쟁』, 책과함께, 2005.

서중석 외, 『6월 민주항쟁』, 한울아카데미, 2017.

서중석, 『사진과 그림으로 보는 한국현대사』, 웅진지식하우스, 2013.

서중석, 『이승만과 제1공화국』, 역사비평사, 2007.

서중석, 『한국현대 민족운동 연구』, 역사비평사, 1991.

이종석, 『북한의 역사』 2, 역사비평사, 2011.

와다 하루키, 서동만 역, 『한국전쟁』, 창작과비평사, 1999.

위평량, 『재벌 및 대기업으로 경제력 집중과 동태적 변화분석(1987-2012)』,
　　　경제개혁연구소, 2014.

이강수, 『반민특위 연구』, 나남, 2003.

이영훈, 『한국경제사』 2, 일조각, 2016.

이완범, 『한반도 분할의 역사』, 한국학중앙연구원출판부, 2013.

정근식·권형택 편, 『지역에서의 4월혁명』, 선인, 2010.

정근식·이호룡 편, 『4월혁명과 한국 민주주의』, 선인, 2010.

정병준 외, 『한국현대사』 1·2, 푸른역사, 2018.

정해구, 『전두환과 80년대 민주화운동』, 역사비평사, 2011.

조희연, 『박정희와 개발독재시대』, 역사비평사, 2007.

채백 외, 「TV의 보급 확대와 공동체의 변화」, 『커뮤니케이션 이론』 14-4, 2018.

통계청, 『(통계로 본) 한국의 발자취』, 통계청, 1992·1995.

학술단체협의회 편, 『6월민주항쟁과 한국사회 10년』 1, 당대, 1997.

찾아보기 ^(*은 지도·그래프·계보도·표)

ㄴ

아틀라스 한국사

2004년 9월 20일 1판 1쇄
2022년 2월 28일 1판 19쇄
2022년 9월 16일 2판 1쇄
2022년 10월 31일 2판 2쇄

지은이 | 송호정·이병희·김한종·이용기

편집 | 강창훈
인문팀 | 이진·이창연·홍보람
디자인 | Map.ing_이소영
지도 원도 및 일러스트레이션 | Map.ing
제작 | 박흥기
마케팅 | 이병규·양현범·이장열
홍보 | 조민희·강효원

인쇄 | 코리아피앤피
제책 | 책다움

펴낸이 | 강맑실
펴낸곳 | (주)사계절출판사
등록 | 제406-2003-034호
주소 | (우)10881 경기도 파주시 회동길 252
전화 | 031)955-8588, 8558
전송 | 마케팅부 031)955-8595, 편집부 031)955-8596
홈페이지 | www.sakyejul.net
전자우편 | skj@sakyejul.com
블로그 | blog.naver.com/skjmail
페이스북 | facebook.com/sakyejul
트위터 | twitter.com/sakyejul

값은 뒤표지에 적혀 있습니다. 잘못 만든 책은 서점에서 바꾸어 드립니다.

사계절출판사는 성장의 의미를 생각합니다.
사계절출판사는 독자 여러분의 의견에 늘 귀기울이고 있습니다.

ISBN 979-11-6094-962-9 03910